教師の実践的知識の発達

変容的学習として分析する

田中 里佳

学文社

まえがき

　どのようにして，教師は，教えること・育てることの専門家としての成長を果たしていくのでしょうか。本書は教師の力量形成の過程を教師の学習として明らかにし，教師の発達・学習・省察と，教師の発達を支える環境について，実証的な研究から提起していきます。

　これまでも，教師の力量形成に関しては，多数の研究や提言が行われてきました。それらに対して，本書は3点の特徴を有しています。1点目は，省察の深まりから長期的な教師の力量形成の過程を明らかにしていくことです。省察的実践家論（ショーン Schön, D.A.）の提唱以来，教師の力量形成に省察は不可欠な存在となっています。しかし，その過程が十全に明らかになっているわけではありません。そこで本書では，教えること・育てることの専門家としての教師の省察の深まりを定義し，その長期にわたる過程を明らかにしていくことを目指しました。

　2点目は，欧米の教師と比較して，子どもの生活全般にまで目を配って指導する日本の教師の力量形成を明らかにするために，授業以外の教師としての経験をも研究対象としていることです。これまでの研究と同様に，本書でも教科の授業に関する力量形成も明らかにしていきます。しかし本書では，分析対象を授業や授業検討会のみに限定せず，学級指導や生活指導，部活動といった，教師としての経験全般に拡げています。それらの分析から，例えば子ども理解といった，授業を成り立たせている基盤としての力量が，どのように形成され発達していくのか，そしてそれが授業づくりや指導方法にどのように影響を与えていくのか，その点までをも明らかにしていきます。

　3点目の特徴は，教師の力量形成を支える環境の解明までを目指したことです。本書は，教師の力量形成はその個人だけの問題ではなく，その個人をとりまく人々をも含めた環境に依るという問題意識から出発しています。この点から，どのような関係性の他者がどのような貢献をなしているのか，その関係性の質までをも明らかにしていきます。

本書においては，教師の「力量形成」を「実践的知識の発達」としました。これは，指導方法や授業づくりといった目に見える教師としての行動は，信念をも含む教師としての考え方が影響を与えているからです。実践的知識については複数の定義がありますが，本書では実践的な技術・知識による「実践的な知見」と，思考方法と信念といった「実践的な見識」の双方からなるもの（佐藤学1997）ととらえています。そして，思考方法といった教師としての考え方とその発達過程を明らかにするために，変容的学習論に着目しました。変容的学習論とは，成人学習分野における主要な学習論のひとつです。変容的学習論では，おとなが判断の際に用いている考え方の枠組みを認識していないことを問題としています。省察を通じてその考え方の枠組みを認識し，検討し，最終的に，より多様で多角的な視野から物事をとらえ，判断することができるような発達を導く，という学習論がメジロー Mezirow, J. によって提起されています。この変容的学習論をもとにして，教師の実践的知識の発達過程（力量形成の過程）を教師の学習として明らかにすることを本書では試みています。

　本書の構成は次の通りです。

　序章では，先行研究の検討から本研究課題を明確にし，教師の学習の特徴から変容的学習論を研究方法として用いる理由，および研究枠組みを述べていきます。その後に，調査の概要について述べます。

　第1章および第2章では，公立中学校に勤務する教師の事例分析を行い，教師の実践的知識の発達過程を明らかにしていきます。なお，第1章ではY中学校の3名の教師を，第2章ではX中学校の3名の教師を1名ずつ分析し，各々の個人の実践的知識の発達過程を明らかにしていきます。そして，各章末の総合考察において，それぞれ3名の分析から共通点を整理し，事例ごとに明らかにした教師の学習を支える環境や他者のかかわりを総合的に考察していきます。

　第3章においては，教師の学習を支える教師として，X中学校の研究主任と学校長の事例分析を行い，教師の学習を支える教師の行為とその貢献を具体的に明らかにしていきます。

　終章では事例分析から得られた結果を整理し，本研究の結論を述べていきま

す。最後に本研究のまとめとして，教師の発達とは，教師の学習とは，教師の省察とはどのような特性を有しているのか，これらについて端的に述べ，教師の学習を支える環境について，問題提起します。

　本書の読者としては，教師の学習や実践的知識の発達に関心のある方，変容的学習に関心のある方を想定しています。また，教師を志す方，現場の教師の方々にも本書を手に取っていただきたく思っています。それは，調査にご協力いただいた先生方は，すべて公立中学校の教師であり，生活指導や生徒指導についての葛藤や苦悩を，教師としての成長に結実させているからです。それら等身大の先生方の実践的知識の発達過程（力量形成の過程）や，その「語り」から，何らかの新たな視点を読者の皆様方に提供できればと願っています。そして，「語り」を研究方法に用いているという点から，質的研究に関心のある方にも本書を手に取っていただきたく思います。変容的学習論は，北アメリカを中心として世界に広がっており，日本においてもこの学習論を教師の力量形成に活かそうという提言が見られるようになってきました。しかし，その大多数は理論研究が占めており，実証的な研究方法は未だ確立されているわけではありません。本書の研究方法についても，忌憚なき，ご意見，ご批判などをうかがえれば幸いです。

　そして何よりも，本書を通じて，現場で奮闘している先生方やその力量形成を支える関係者の皆様の一助となることができれば，望外の喜びです。

目　次

まえがき　i

序　章　研究の課題・方法　　1

第1節　研究の課題 …………………………………………………………… 1
　1　問題の所在と本研究の目的　1
　2　先行研究の検討　3
　　2−1　教師の長期的な力量形成に関する先行研究の検討　〈3〉
　　2−2　教師の実践的知識に関する先行研究の検討　〈6〉
　　2−3　教師の学習に関する先行研究の検討　〈8〉
　　2−4　残されている課題　〈11〉
　3　本研究の対象と課題　13

第2節　研究の方法と分析枠組み ………………………………………… 14
　1　変容的学習としての教師の実践的知識の発達　14
　　1−1　教師の学習と学習過程の特徴　〈15〉
　　1−2　変容的学習とは　〈21〉
　　1−3　変容的学習としての教師の実践的知識の発達　〈22〉
　2　変容的学習論から導き出される分析枠組み　25
　　2−1　変容的学習論についての先行研究の検討　〈25〉
　　2−2　変容的学習論から導き出される研究方法・分析枠組み　〈28〉
　3　用語の定義　35

第3節　調査の概要と調査協力者・調査方法 ………………………………… 36
　1　調査の概要と調査協力者　36
　　1−1　教科センター方式について　〈36〉
　　1−2　Y中学校・X中学校の概要　〈38〉
　　1−3　調査協力者の属性構成および調査実施概要　〈41〉
　2　調査方法と調査内容　43

第1章　Y中学校の教師達：実証的分析Ⅰ　　　49

第1節　事例分析：北村教師——初任教師の実践的知識の発達 …………………… 51

　1　Y中学校に着任するまでの北村教師の概要　　51
　2　分　析　　53
　　2-1　生徒指導についての意味パースペクティブの発達過程　〈53〉
　　2-2　授業についての意味パースペクティブの発達過程　〈63〉
　3　考　察　　73
　　3-1　実践的知識の実相　〈73〉
　　3-2　実践的知識の発達過程　〈76〉
　　3-3　学習を支える他者とのネットワーク　〈82〉

第2節　事例分析：西山教師——若手教師の実践的知識の発達 …………………… 85

　1　Y中学校に着任するまでの西山教師の概要　　85
　2　分　析　　88
　　2-1　授業についての意味パースペクティブの発達過程　〈88〉
　　2-2　生徒指導についての意味パースペクティブの発達過程　〈100〉
　3　考　察　　108
　　3-1　実践的知識の実相　〈108〉
　　3-2　実践的知識の発達過程　〈111〉
　　3-3　学習を支える他者とのネットワーク　〈114〉

第3節　事例分析：東教師——中堅・熟練教師の実践的知識の発達 ……………… 117

　1　Y中学校に着任するまでの東教師の概要　　117
　2　分　析　　120
　　2-1　授業についての意味パースペクティブの発達過程　〈121〉
　　2-2　生徒指導についての意味パースペクティブの発達過程　〈135〉
　3　考　察　　151
　　3-1　実践的知識の実相　〈151〉
　　3-2　実践的知識の発達過程　〈154〉
　　3-3　学習を支える他者とのネットワーク　〈159〉

第4節　Y中学校の事例分析における総合考察 ………………………………… 162

 ① 3名の事例分析・考察からの総合考察　162

  1－1　実践的知識の実相　〈162〉

  1－2　実践的知識の発達過程　〈163〉

  1－3　教師の学習を支える他者とのネットワーク　〈169〉

 ② 本章における残された課題　170

第2章　X中学校の教師達：実証的分析Ⅱ　　173

第1節　事例分析：土屋教師—初任教師の実践的知識の発達 ……………… 175

 ① X中学校に着任するまでの土屋教師の概要　175

 ② 分　析　177

  2－1　生徒指導についての意味パースペクティブの発達過程　〈177〉

  2－2　授業についての意味パースペクティブの発達過程　〈190〉

 ③ 考　察　208

  3－1　実践的知識の実相　〈208〉

  3－2　実践的知識の発達過程　〈212〉

  3－3　学習を支える他者とのネットワーク　〈220〉

第2節　事例分析：草野教師—若手教師の実践的知識の発達 ……………… 225

 ① X中学校に着任するまでの草野教師の概要　225

 ② 分　析　227

  2－1　授業についての意味パースペクティブの発達過程　〈227〉

  2－2　発達以前の授業についての意味パースペクティブの形成過程　〈237〉

 ③ 考　察　241

  3－1　実践的知識の実相　〈241〉

  3－2　実践的知識の発達過程　〈243〉

  3－3　学習を支える他者とのネットワーク　〈247〉

第3節　事例分析：青木教師—中堅教師の実践的知識の発達 ……………… 252

 ① X中学校に着任するまでの青木教師の概要　252

② 分析　255
　2-1　生徒指導と授業について意味パースペクティブの形成過程　〈256〉
　2-2　意味パースペクティブの発達過程（X中学校着任以後）　〈262〉
③ 考　察　280
　3-1　実践的知識の実相　〈280〉
　3-2　実践的知識の発達過程　〈283〉
　3-3　学習を支える他者とのネットワーク　〈288〉

第4節　X中学校の事例分析における総合考察 ………………………292
　① 3名の事例分析・考察からの総合考察　292
　　1-1　実践的知識の実相　〈292〉
　　1-2　実践的知識の発達過程　〈293〉
　　1-3　教師の学習を支える他者とのネットワーク　〈301〉
　② 本章における残された課題　309

第3章　教師の学習を支える教師：実証的分析Ⅲ　　311

第1節　事例分析：水谷教師—研究主任としての考え方の発達 …………312
　① X中学校に着任するまでの水谷教師の概要　312
　② 分　析　314
　　2-1　教師としての意味パースペクティブの形成・発達過程　〈315〉
　　2-2　教師の学習を支える教師としての考え方の発達過程　〈321〉
　③ 考　察　329
　　3-1　水谷教師の発達した考え方と教師達への学習の貢献　〈330〉
　　3-2　教師の学習を支える教師の特徴　〈333〉

第2節　事例分析：桜井教師—校長としての考え方の発達 ………………334
　① X中学校に着任するまでの桜井校長の概要　334
　② 分　析　337
　　2-1　教師の学習を支える教師としての考え方の発達過程①　〈337〉
　　2-2　教師としての実践的知識の発達過程　〈341〉
　　2-3　教師の学習を支える教師としての考え方の発達過程②　〈353〉

③　考　察　357
　　　3 − 1　桜井校長の発達した考え方と教師達への学習の貢献　〈358〉
　　　3 − 2　教師の学習を支える教師の特徴　〈360〉

第 3 節　総合考察 ………………………………………………………………… 362
　①　2 名の事例分析・考察からの総合考察　362
　　　1 − 1　教師の学習を支える教師の貢献　〈362〉
　　　1 − 2　教師の学習を支える教師の特徴　〈365〉
　②　本章における結論と残された課題　367
　　　2 − 1　本章における結論　〈367〉
　　　2 − 2　本章における残された課題　〈368〉

終　章　本研究のまとめと今後の課題　　371

第 1 節　教師の実践的知識の実相とその特長 ……………………………… 371
　①　実践的知識を構成する考え方　372
　②　実践的知識の核となっている考え方　374
　　　2 − 1　実践的知識の核となっている考え方とその影響　〈374〉
　　　2 − 2　実践的知識の核となっている考え方の形成と他の考え方との関連　〈376〉
　③　教師の実践的知識の実相とその特長　378

第 2 節　教師の実践的知識の発達過程とその特長 ………………………… 379
　①　教師の実践的知識を構成する考え方の発達過程とその特長　379
　　　1 − 1　実践的知識を構成する考え方の発達過程　〈379〉
　　　1 − 2　実践的知識を構成する考え方の省察の喚起と深まり　〈381〉
　　　1 − 3　実践的知識を構成する考え方の発達過程に関する特長　〈384〉
　②　教師の実践的知識総体としての発達過程に関する特長　386
　③　教師の実践的知識の発達過程とその特長　387

第 3 節　教師の学習を支える教師とネットワーク …………………………… 390
　①　教師の学習を支える教師達とその貢献　390
　　　1 − 1　教師の学習を支える環境についての貢献　〈391〉
　　　1 − 2　教師の学習についての貢献　〈392〉

1-3　教師の学習を支える教師達　〈395〉
　　2　他者とのネットワーク　397
　　　2-1　学校内における他者とのネットワーク　〈397〉
　　　2-2　学校外における他者とのネットワーク　〈401〉
　　　2-3　教師の学習を支える他者とのネットワーク　〈405〉

第4節　本研究のまとめと今後の課題 …………………………………………407
　　1　本研究のまとめ　407
　　2　本研究の意義　410
　　3　本研究の限界と今後の課題　412

《引用・参考文献》　415
《巻末資料》　421

あとがき　445

序章　研究の課題・方法

第1節　研究の課題

1　問題の所在と本研究の目的

　教師はどのようにして日々の生活の中で力量を獲得し発達していくのか，自己の教員として過ごしてきた年月をふり返った時，新任の時代，中堅の時代，ベテランと呼ばれるようになった時代，それぞれに新たな課題に直面していく中で，もがき続けながら教師としての発達を遂げてきたように思われる。しかし自分が教員として採用された時代と比較して，現代の教師には次々と新たな課題が課されている。

　例えば，PISA調査や全国学力調査などの大規模な学力調査への対応，それに呼応する学習指導要領の度重なる改訂など学力に関する課題，道徳の教科化やプログラミング学習の導入など新しい教育に関する課題，発達障害や食物アレルギーへの個別対応など児童生徒の指導に関する課題，子どもの相対的貧困や虐待といった保護者・家庭に関する課題，コミュニティスクールなどの自律的な学校経営に関する課題等々，これまでの経験や価値観では対処できない新たな課題が次々と学校や教師に持ち込まれている。そして，これら社会や教育行政の様々な要請に応え，授業改善や学校改善を果たしていくために，都道府県レベル・市町村レベルで様々な研修が行われている。また，教職大学院や教職免許更新制といった，教師の力量向上を目的とする新たな制度も制定されている。しかし，様々な課題に対して，短期間で成果を出すことを要求され続けている現代の教師は疲弊しており[1]，教師の力量形成のために制度化された研修が皮肉にも教師の力量形成を阻害する結果ともなっている（山﨑 2002）。

　このような現状に自分自身も教員として身をおく中で，課題に対処していくことで疲弊し，その課題対処への研修によってさらに多忙感を募らせていくのではなく，現代的な教育課題に取り組むことを契機として，教師自身がエンパワーメント[2]を実感できるような力量形成のあり方を考えることが必要なので

はないか，研修など特別な場だけではなく，日常生活の中に教師の力量が形成されるような環境を整える必要性があるのではないか，ということを問うようになった。

　日常生活，つまりインフォーマルな日々の生活にまで注目するのは，教師として過ごしてきた日々をふり返った時に，力量を得たと実感する状況や経験はフォーマルな研修ではなく，日常の児童生徒との関わりや，先輩・同僚教員との関わりの中から得たものが圧倒的に多かったからである。さらに先行研究においても，フォーマルな研修が必ずしも教師の力量形成に寄与していないこと（田中 2011），研修が次々と制度化されたことによってインフォーマルに存在していた教師の発達を支える「発達サポート機能」が失われている（山﨑 2002）という点が既に明らかになっている。これらのことから，教師としての力量はフォーマルな研修よりもむしろ，教師の思考錯誤の日々の実践によって発達していくのではないか，そこには「発達サポート機能」を担う意味ある他者の存在が重要ではないか，ということが本研究の根源的な問いである。

　そこで本研究では，教師の力量形成を実践的知識の発達とし，その発達過程をコミュニティにおける他者との関わりによる教師の学習として明らかにすることによって，教師の力量形成に寄与することを目的とする。教師の力量形成を実践的知識の発達とするのは，本研究の問題意識が現代社会における教師の力量のあり方に立脚しているからである。また，その過程を他者との関わりによる学習ととらえるのは，現代が知識基盤社会であり，変化していく社会と関わりながら成人も生涯発達を遂げていくと考えるからである。

　現代は変化が激しく，最新の知識が生まれ変わるスパンが短くなっている。このような変化の激しい社会においては，刻々と変わっていく状況を判断し，適切に対処するために実践的な知識を刷新していくことが重要である。この重要性は専門家の力量形成として，また企業の人材育成等においても共通しており[3]，教師においては 1980 年代後半から教師像が転換している。それは，一定の知識や原理を教えるルーティンワーカーとしての「技術的熟達者」という教師像から，複雑な文脈の中で経験から獲得した実践的知識を用いて問題状況に対処していく「省察的実践家」としての教師像への転換である。この転換は，

省察を通じて教えるために学び続ける教師への転換でもあり，成人の発達を学習としてとらえ，成人も生涯，学び続けるという知識基盤社会の概念を内包しているとも言えよう。それと共に，90年代からは，それら学習を個人の営みとしてとらえるのではなく，実践的なコミュニティに参加することで実践的な知識を獲得していくという，文脈や状況に学習が「埋め込まれている」ととらえる学習概念が台頭してくる（レイヴ・ウェンガー 1993）。教師の力量形成に関しても，属する職場やその地域集団の力量が教師の発達を規定するとの指摘（山﨑 2002，2012）がある。また，教師の力量形成を教師の学習としてとらえる研究においては，実践的な知識は教師という専門家共同体において習得され，同僚性や教師同士の協働が重要という点が明らかにされている。しかし同時に，教師の学習過程解明の必要性も言及され（秋田 2006，2009，島田 2009），教師の力量形成の過程を，他者や状況，学校（職場）の文化といった社会との関わりによる学習として解明することは喫緊の課題となっている。

2 先行研究の検討

　本研究では，教師の実践的知識の発達過程を，コミュニティにおける他者との関わりによる教師の学習として明らかにすることを目指す。そこで，教師の学習についての先行研究の検討を行うが，それは既に指摘されているようにこれからの研究課題のため，研究数が限られている。一方，教師の力量形成に関しては様々な観点からの研究が数多く存在し，それらの先行研究のレビュー，および分類はすでに姫野（2013）が行っている[4]。そこでこのレビューを参考に，本研究の問題関心である教師の力量形成を，社会や文化との関わりから長期間な視点で明らかにしているライフコースとライフヒストリー研究を最初に検討し，次に実践的知識に関する研究を検討する。その後に，教師の力量形成を学習と位置づけている先行研究を検討し，本研究で明らかにすべき残されている課題を明確にしていく。

2-1　教師の長期的な力量形成に関する先行研究の検討

　ライフコース研究やライフヒストリー研究は，教職に就く以前の被教育時

代・養成段階，学校現場以外の出来事まで目を配り，インフォーマルな教師の日常までをも分析の対象として，長期にわたる教師の発達過程を社会や文化の中に位置づけてとらえようとする研究方法である[5]。

　山﨑（2002，2012）のライフコース研究は，教師としての質的な転換を生み出していく転機に注目し，3つの時間（個人時間・社会時間・歴史時間）の共時化から転機となる契機を解明している。この研究の量的調査からは，どの年代においても，「教育実践上の経験」や「学校内でのすぐれた先輩や指導者との出会い」「自分にとって意味ある学校への赴任」が転機であること，特定の年代においては「職務上の役割の変化」「学校外における職務就任」が転機であること，個人や家庭生活においては「自らの出産・育児の経験」「家族の世話や介護等の経験」「自らの加齢や病気等の経験」が転機であることが明らかになっている。そして質的調査を含めた結論として，教師の発達とは一定の想定された理想像に向けて何かを獲得していく「単調右肩上がり積み上げ型」の「垂直的発達モデル」ではなく，「選択的変容型発達モデル」であることを山﨑は言及している[6]（2012a，pp.450-451）。

　「選択的変容型発達モデル」と山﨑が強調するのは，同僚教師・子ども・保護者から投げかけられた「それまでの教育の考え方や実践のあり様に変容を迫るような象徴的な表現，言葉」を受けとめた教師が，自らその意味内容を「ライフコースの文脈・状況の中で，解釈し創出し構成した」ことからである。つまり，教師が自ら意味内容を生成したことから，実際の教師の力量形成は，どのような状況においても通じるようなカテゴリーに分類された力量を数多く獲得する「脱文脈的・脱状況的」な力量ではなく，「自己生成型」の「文脈・状況依存性」の力量観であるというのである。

　この山﨑の研究からは，教師の力量形成観とその力量形成を導いた転機が明らかになっている。しかし，転機となった言葉が生み出された際に，投げかけられた言葉をどのように解釈し，意味を創出し構成したのか，という教師の思考過程が十全に明らかになっているわけではない。また，この研究の結論部分では，属する職場やその地域集団の力量が教師の発達を規定すること，すなわち属するコミュニティとその成員である他者が教師の力量形成に影響を与えて

いることを山﨑は指摘している (2002, p.385)[7]。しかし，その影響の具体的な姿が十全に明らかになっているわけではない。

　ライフヒストリー研究では，塚田 (1998)，藤原ら (2006)，高井良 (2015)，の研究がある。塚田 (1998) の研究は，教師体験からの受験体制の理解を中核に，高校教師の「等身大の姿」をライフヒストリーの聞き取りによって描き，教師としての転機を明らかにしている。しかしこの研究は，管理職への就任といった教師の立場上の変化と社会背景との関連性から教師の発達をとらえようとしており，「生徒教育志向」「組合活動志向」「専門学習志向」「管理職志向」の枠組みから教師の発達を類型化することを目指している。そのため，教師の実践的な思考や知識の発達が明らかになっているわけではなく，社会の中の教師を描くことに重点がおかれている。

　一方，藤原らや高井良の研究は，個人の実践的知識の発達に重点がおかれている。藤原ら (2006) の研究は，国語科教師1名の長期にわたる実践的知識の発達を，ライフヒストリーをもとに解明しようとしたものである。この研究では，長期にわたる発達過程が描かれているが，ライフヒストリーの手法を用いているにもかかわらず歴史との関連性への考察が十分ではない。また，授業に特化した記述のため，学級指導や生徒指導など，授業以外の教職全般の経験が授業に及ぼす影響が明らかになっているわけではない。高井良は，中年期に特化した研究を行っている。この研究では調査協力者4名の「中年期」に行われたインタビュー調査と，その10数年後に行われた「中年期」をふり返るインタビュー調査によって，教師としての成長がライフストーリーによって描かれている。しかし，教師としての実践的知識の発達や他者との関連性についてを明らかにすることを目的としている研究ではないため，それらの解釈は読者に委ねられているように思われる。

　いずれにしても，これらライフヒストリーの手法を用いた研究では，個々人特有の発達の姿を描くことと個人の側から社会全体の歴史を逆照射するねらいがある。そのため，個々人特有の発達と社会全体の歴史との関連は明らかになったとしても，属しているコミュニティの文化やその成員である他者からのどのような影響を受けているのかについては明らかになっているわけではない。

2-2　教師の実践的知識に関する先行研究の検討

　教師の実践的知識を課題とした研究を日本で先駆的に行っている佐藤，秋田ら（1990, 1991）によると，教師の知識や思考を対象化した研究はアメリカにおいて1970年代から始まり，その出発点は，Schwabであるという。佐藤らは熟練教師と初任教師の実践的思考様式の比較によって，教師としての熟達は，状況が変わる中での文脈に即した反省的思考を基本としていること，その根底において授業観や学習観などの信念に支えられていること，これら教師の実践的知識の特徴を明らかにしている。そして，熟達化解明へ向けての今後の課題として次の4点，経験を重ねることで逆に失うものは何かという経験を重ねることの負の面への考察，信念の存在の確認と信念と学習観・授業観との関連の解明，実践的知識の表現の形式としての教師の語り方への探求，教師間での相互作用の解明，これら今後の課題を挙げ，さらに，教師の成長過程を社会や文化の中に位置づけて考える必要性も指摘されている。そして佐藤は，理論的知識との比較から，実践的知識の性格5点を以下のように明らかにしている（1997, p.173）。

　1点目は「限られた文脈に依存した経験的な知識」であること，2点目は「特定の教師が，特定の教室で，特定の教材，特定の子どもを対象として形成した知識」すなわち「事例知識」として蓄積・伝承されていること，3点目は「不確かな未知の問題の発見と解決のために，目的的に統合される知識としての性格」を有すること，4点目は「意識化され顕在化している知識だけではなく，それ以上に，無意識に活用している『暗黙知』も含んで機能している」こと，5点目は「一人ひとりの教師の個性的な経験と反省を基礎として形成され，その伝承においても，受け手側の実践的な経験の成熟を基礎としている」こと，である。

　また，佐藤と共に研究を行った秋田（1992）は，教師の実践的思考と知識に関する先行研究の検討を行い，教師の知識は文脈固有の知識であり，それらが経験を通じて形成されること，属する社会文化の考え方に規制されるという個人的な性質を有していることを明らかにし，さらに教師の感情や価値観，信念など「身体表現やイメージ」を含めて包括的に教師の知識をとらえようとする

研究に発展していることも明らかにしている。そしてそれら先行研究においては，知識形成に関する研究が不足していること，経験の種類や知識の変容のプロセスまでを検討していないこと，反省内容とそのプロセスに関しての説明が十分ではないことを秋田は指摘し，教師研究の発展がアメリカに負っていることから，わが国での研究の必要性を言及している。秋田は，1990年代以降も認知心理学の立場から教師の実践的知識にかかる研究を精力的に継続しているが，一貫して，それら研究の必要性を提言している。

その後も秋田（2009）は，教育される教師から学ぶ教師へという視座の転換から先行研究を検討し，専門家の学習は知識や技能を用いて事象の再解釈・最構造化する学習が重要であること，省察を喚起するためには他者との協働が必要であることを指摘し，教師が持つ先行知識や信念の実態とその変容の過程を学習としてとらえ，明らかにする研究が今後の課題としている。同時に，教師がどのように専門的見識を獲得し，それを実際に指導で生かしているのかという，教師の学習過程に対する研究も十分ではないことが指摘されている。アメリカの先行研究も含めて教師の力量形成にかかるレビューを行った島田（2009）も，専門性が求められる教師を反省的実践家として位置づけ，研究動向を検討している。そして，省察を喚起するためには他者との協働が必要であることは明らかになっているが，それらの知見が十分ではないこと，教師の協働や省察を促進するコミュニティの形成過程を明らかにする必要性が指摘されている。

これら先行研究から，明らかになっている教師の実践的知識の特徴は次の6点である。文脈に依存した経験的な知識であること，特定の事例知識として蓄積され伝承されていること，目的に応じて統合される複合性をもつこと，暗黙知も含むこと，経験と反省から形成されること，属する社会文化の考え方に規制されていること，である。

今後の研究課題としては，包括的に知識形成をとらえることと知識形成過程を明らかにすること，さらに，教師の発達を支える他者や教師の属するコミュニティへ研究課題が拡がっていること，これらが指摘されている。包括的に知識形成をとらえることに関しては，感情や信念の実態，それら信念と学習観・授業観との関連の解明である。知識形成過程を明らかにすることに関しては，

教師が持つ先行知識や信念の実態とその変容過程の解明，どのように専門的見識を獲得し実践で生かしているのかという過程の解明である。佐藤・秋田らの研究は，自らも指摘しているが，新任教師と熟達化した教師との比較による研究であり，熟達化までのプロセスが解明されているわけではない。また，彼らの研究では校内研究やその後の授業検討を研究対象としているために，それら授業以外の経験と実践的知識の関連性も明らかになってはいない。しかし，教師の教育活動は授業だけに限定されるものではなく，例えば担任としての学級づくりの経験や，授業以外での子どもとのふれ合い，保護者との関わりによって教育実践の変化が生み出されていることは明らかである（山﨑2002，2012）。教師の発達を支える他者や属するコミュニティに関する今後の研究課題は，教師の発達過程を社会・文化の中に位置づけて考察することや教師同士の関わりの解明である。この点について秋田（2009）は，知識を協働で構築するものととらえる視点をこれまでの研究結果から提示している。しかし，秋田らの研究においては，主にフォーマルな校内研究を分析対象としたものや研究者が介在してのアクションリサーチの手法を用いているため，インフォーマルな日常の教師同士の関わりの言及までには至っていない。

2-3　教師の学習に関する先行研究の検討

　教師の力量形成を学習と位置づけている研究は途についたばかりのため，先行研究数は限られているが，本研究課題に合致する研究として次の4点がある。実践的知識の発達を教師の学習過程と位置づけている研究（丸山2014），協同的な省察場面を学習過程として位置づけ，授業力量の形成過程を解明している研究（坂本2013），コミュニティにおいて「学び合う教師」を描いた研究（福井大学教育地域科学部附属中学校研究会2011，篠原2016）である。

　丸山（2014）の研究は，国語科教師の授業にかかる実践的知識に特化し，そのあり様と形成過程を明らかにし，それを教師の学習過程として位置づけている。この研究からは教師の授業実践知は文脈依存であること，教材文の表現性・学習者の実態・教授方法などの諸要素が絡み合う複合的性質を持つことが明らかになっている。また，2名の事例分析においては，つまずくという経験

によって,「固有のものの見方」という教師の信念もまた実践的知識の存在であることが明らかにされている。しかし丸山の研究では,山﨑(2012)の教師の力量形成観にもとづき,多様な教師の力量形成を「参照理論」として提示することを目的としているため,事例に応じて学習過程としての省察の対象も異なり,信念など暗黙知の存在に言及していない事例分析もある。また,個人の実践的な知識の解明を目的としているため,他の教師との関わりが教師の学習にどのような影響を与えるのかの解明に重点がおかれているわけではない。

　坂本(2013)の研究では,教師の協同的な省察場面を学習過程として位置づけ,授業力量の形成過程を解明している。この研究は１つの学校に在籍する複数の教師の事例分析を通じて,学校内教師文化に存在する授業理念としての「話し合いの重視」が,教師の授業過程の組織の仕方や,教材研究のあり方に影響を与えるとしている。結論として,協同的な省察場面において経験年数の長い教師の視点を学習することによって,教師は学校文化を学習し,それら学習したことを個々の教師が自己の課題意識に即して再文脈化し,目指す授業を形成すると述べられている。この結論に至るにあたって坂本は,教師達は他者の言葉を媒介にして,授業から学校全体の理念や授業に対する視点,授業方法を学んでいるとしている。そして,その視点からふり返ると,自身の授業での課題がより明確になるという。しかし,学校の授業理念を受け入れることができなかった教師については検討できなかったこと,赴任して授業理念をどのように受け入れることができるかについての検討は今後の課題とされており,その学校文化となっている授業理念を受け入れることが研究の前提になっている。また坂本は,教師の課題意識は授業理念に対する教師の個人的な理解にもとづくとし,「授業理念に由来する問題枠組み」が個人によって異なることを明らかにしているが,その枠組みがどのようにして形成されたのかについては言及していない。同時に,他の教師に影響を与えている経験年数の長い教師の発達過程も明らかになっているわけではない。

　コミュニティにおいて「学び合う教師」を描いた研究(福井大学教育地域科学部附属中学校研究会2011)では,赴任してきた教師がこれまでとは異なる学校文化(校内研究文化)に出合い,省察を深めて発達を遂げていく姿が,教師自身・

先輩同僚教師・研究者の3者の視点から描かれている。この中学校の研究会のアプローチは、「参加者の目線とその背後にあるフレイムの転換を迫る」(p.277)ものであるという論述から、省察の目的が「フレイムの転換」であることが示唆される。しかし、この報告の問題関心は、築いてきた「探究するコミュニティ」の「伝統をどのようにつなげていくか」(p.iii)であり、「探究するコミュニティ」の文化を受容することが前提となっている。

篠原 (2016) は学校組織の課題から、新しい学校と教師の学習について論じている。そして、教師という専門職共同体における教師の協働的な学習がどのように生起するのかという観点から、同僚と「『行為の中の省察』を行える条件」として、「受容的に自己変革を追求できる互恵的で相補的な組織条件を整えること」(p.109)が明らかにされている。しかしこの研究は大学附属中学校の事例分析であることから、通常の学校とは異なると自ら述べている。

これら先駆的な研究からは、「固有のものの見方」(丸山 2014, p.203)、「問題枠組み」(坂本 2013, p.176)、「背後にあるフレイム」(福井大学教育地域科学部附属中学校研究会 2011, p.277) といった教師としての行動を決定している、しばしば暗黙である考え方の転換が教師の学習にとっては重要であることが示唆され、他者との関わりが「自己変革」(篠原 2016, p.109)の追求には必要であることも示唆されている。また、いずれの研究も教師の学習過程を教師のふり返り、すなわち省察として論述し、その過程を明らかにしようとしている。しかし、その省察において、何を省察するのか、という省察の対象と、どのような省察であるのか、という省察の質が研究によってさまざまであり、さらに同じ研究者においても事例によってそれら省察の対象と質がさまざまな視点から論述されており、省察の深まり、すなわち学習過程のとらえ方についての検討が十分であるとは言い難い。また、坂本 (2013)、福井大学教育地域科学部附属中学校研究会 (2011)、篠原 (2016) の研究は、確立された学校文化を受容するという教師の発達に限定されており、学校文化の受容が前提の研究となっている。そのため、それ以外の、例えば勤務校以外の他者との関わりの影響については研究の範囲外となっている。さらに研究の範囲は、授業や授業研究の協議会の経験に限定されている。しかし先述のように、勤務校以外の、例えば家族との関わりや、

授業以外の経験によって，教師の実践上の変化が生み出されていることは明らかである。

2-4 残されている課題

教師の長期的な力量形成を明らかにしようとするライフヒストリーとライフコース研究，教師の実践的知識に関する先行研究，教師の学習に関する先行研究から，教師の力量形成および実践的知識の発達に関して明らかにされているのは以下の点である。

教師の長期的な力量形成に関しては，ライフコース研究から，教師の発達は，自ら選択していくことによる変容的な発達であるという力量形成観と，「教育実践上の経験」「学校内でのすぐれた先輩や指導者との出会い」「自分にとって意味ある学校への赴任」といった力量形成の契機が明らかになっている。また，その発達の際には，他者からの言葉に自ら意味を生成していくという点も明らかになっている。教師の実践的知識に関する先行研究からは，教師の実践的知識の特徴6点，文脈に依存していること，特定の事例から形成されること，目的に応じて統合される複合性をもつこと，暗黙知も含むこと，経験と反省から形成されること，属する社会文化の考え方に規制されていること，これらが明らかになっている。また，専門家の学習は知識や技能を用いて事象の再解釈・最構造化する学習が重要であること，省察を喚起するためには他者との協働が必要であることも，アメリカの先行研究をもとに言及されている。教師の発達を学習として位置づけている実証的な研究からは，「固有のものの見方」「問題枠組み」「背後にあるフレイム」といった教師の行動を決定している，しばしば暗黙である考え方の転換が教師の学習にとっては重要であること，他者との関わりが「自己変革」の追求には必要であること，これらが示唆された。

一方，残された課題としては次の3点がある。1点目は包括的に知識形成をとらえることについての課題である。この点は実践的知識に関する研究において指摘されていたことであるが，感情や信念といった暗黙知とはどのような知識であるのかを明らかにし，それら信念が教師としての行動にどのように関連しているのかを解明する必要がある。2点目は教師の実践的知識の発達過程の

課題である。実践的知識に関する先行研究において，教師が持つ先行知識や信念の実態とその変容の過程を学習としてとらえ，明らかにする研究や教師の学習過程に対する研究が今後の課題とされていた。このように実践的知識に関する研究においても熟達化までのプロセスが明らかになっておらず，ライフコース研究においても，発達の際の他者からの言葉に自ら意味を生成していく過程が明らかになっているわけではない。教師の力量形成としての実践的知識の発達研究においては，その発達の過程を明らかにする必要がある。3点目は教師の学習への他者の貢献の課題である。先行研究においては，授業やその検討会に限定した研究やアメリカ等の先行研究にもとづく研究によって，他者との協働や「同僚性」が教師の学習に貢献することが明らかにされている。しかしアメリカとは状況の異なる日本の教師において，どのような関係性の他者との，どのような「協働」「同僚性」がどのように教師の実践的知識の発達に貢献しているのか，それらを具体的に明らかにする必要がある。

　これら教師の力量形成や実践的知識の発達を教師の学習として明らかにする研究デザインとして，2点の課題も残されている。1点目は研究対象の範囲の課題である。ライフコース研究のように長期にわたる教師の力量形成を家庭生活といった勤務校以外での経験をも含めて明らかにした研究と，実践的知識に関する研究や教師の学習に関する研究のように授業と授業検討会に特化した研究，というように，その対象とする研究範囲が二極化している。後者の研究においては，その時一度の授業検討会を対象とした研究から，1年以上の期間における複数回の授業やその検討会を対象とした研究まであり，研究対象の期間は二極化しているわけではない。しかし研究対象の範囲は，前者は勤務校以外の家庭生活にまで及ぶ視点，後者は授業に限定した視点と，二極化している。これらの研究の間をつなぐような，学級指導や生徒（生活）指導など授業以外の教師としての経験や影響も分析対象とし，勤務校以外の教師としての経験も視野に入れるような研究対象の設定によって，児童・生徒の生活全般にまで目を配って指導している日本の教師の実践的知識にかかる課題に迫る必要がある。2点目は教師の学習過程のとらえ方についての課題である。教師の学習についての先行研究においては，いずれの研究においても教師の学習過程を省察

の深まりから明らかにしようとしていた。しかし,それら研究においては省察の対象と質がさまざまであり,教師の学習過程としての省察のとらえ方についての検討が十分ではないという課題が残されている。教師の実践的知識の発達を教師の学習として解明するにあたっては,教師の学習の特徴を検討する必要がある。

3　本研究の課題

　本研究では,教師の力量形成を実践的知識の発達とし,その発達過程をコミュニティにおける他者との関わりによる教師の学習として明らかにし,教師の力量形成に寄与することを目的としている。先行研究の検討から,教師の実践的知識の発達を教師の学習として解明するにあたっての研究デザインについての課題と,解明すべき課題の双方が明確になった。研究デザインについての課題は,研究方法として次節において述べる。教師の実践的知識の発達研究として,本研究で解明すべき課題は次の3点である。

　1点目は,教師の実践的知識はどのような知識であるのか,という実践的知識の実相の解明である。本研究では佐藤(1997)に依拠し[8],教師の実践的知識は実践的な技術・知識による「実践的な知見」と,思考方法と信念といった深層レベルの暗黙知を含む「実践的な見識」の双方からなるものととらえる。教師が有する教師としての先行知識や信念など,教師としての行動を決定しているが,しばしば暗黙である考え方(「実践的な見識」)とはどのようなものか,そしてそれら暗黙の考え方の発達が,授業づくりや指導方法といった表出している実践的知識(「実践的な知見」)にどのような影響を与えているのか,という実践的知識の包括的な実相の解明を目指す。

　2点目は,授業以外の経験も関与する日本の教師の実践的知識の発達とはどのような過程であるのか,という実践的知識の発達過程の解明である。先行研究の検討から明らかになった教師の力量形成の特徴は,「教育実践上の経験」「学校内でのすぐれた先輩や指導者との出会い」といった授業にかかる経験以外をも発達のための学習資源としていること,発達する際に,これまでとは異なる新しい意味を自ら見出し,再解釈・再構成することによって実践的知識を

発達させていくこと，その過程においては暗黙である考え方の転換があること，である。しかし，それらは十全に実証的に明らかにされているわけではなく，その過程も明らかにされてはいない。教師としての実践的知識がいつどのように形成され，どのような経験をいかに活かして実践的知識を発達させていくのか，その際にはどのようにして異なる意味を見出し，考え方を転換させ，再解釈を行っていくのか，という実践的知識の発達過程の解明が2点目の課題である。

　3点目は，どのような他者が意味ある他者として，個人の実践的知識の発達にどのような影響を与えているのか，という他者との関係性の解明である。先行研究においては，「同僚性」や「協働」という表現で，教師同士の関わりによる教師の学習へ関与が述べられている。それら「同僚性」「協働」とは具体的にどのようなことなのか，どのような関わり方が実践的知識の発達にどのような影響を与えるのか，また，どのような関係性の他者が意味ある他者となって実践的知識の発達に貢献しているのか，その関係性の質までをも解明することが3点目の課題である。

第2節　研究の方法と分析枠組み

　本研究は，教師の実践的知識の発達過程を教師の学習とし，実践的知識の実相，実践的知識の発達過程，実践的知識の発達と他者との関係性，これら3点の解明を課題としている。先行研究においては，教師の学習の特徴と，教師の学習過程としての省察についての検討が十全ではないという課題が残されていた。この点から，本研究においては教師の学習を解明するにあたり，教師の学習の特徴を検討し，本研究課題解決のための方法と分析枠組みを変容的学習論から構築していく。

① 変容的学習としての教師の実践的知識の発達

　先行研究の検討から，教師の実践的知識は経験と反省から形成されること，これまでとは異なる新しい意味を自ら見出し，再解釈・再構成することによっ

て力量（実践的知識）を獲得していくこと，その過程において暗黙である考え方の転換があること，意味を見出す際には他者が影響を与えていること，これらが明確になった。これらの点から教師の実践的知識の発達を教師の学習とすると，固有の経験を発達のために用い，他者と関わりながら自ら意味を生成する学習ということが仮定される。本項においては，このような教師の学習と省察の特徴について，成人学習論と省察的実践家論から検討していく。そしてその理論的特徴から，教師の学習を変容的学習として位置づけていく。

1-1 教師の学習と学習過程の特徴
①学習資源としての教師の経験と学習

学習を定義することは，依拠する学問の領域によって考え方が異なるため慎重な検討が必要であるが，ここでは一般的に「経験により比較的永続的な行動変化がもたらされること」(中島1999, p.108) としておく。今の経験を既有の知識や既有の経験と結び付けて学習していくこと，すなわち経験によって知識を獲得し学習していくことについては，デューイ Dewey, J. にまでさかのぼり，その後にコルブ Kolb を中心に複数の論者が提唱している。

デューイは経験と教育について論じているが，すべての経験が学習に貢献するわけではないことを明確に述べ，教育に貢献する経験について，経験の理論を形成する必要があるとしている（1938/2004）。そして，経験を通じて学習を生み出すために，経験についての継続性と相互作用についてが言及されている。経験の継続性とは，「すべての経験は以前に起こったことから何かをひきつぐものであり，同時に以後起こることの質を何らかの方法で修正するもの」(1938/2004, p.47) とされ，学習をもたらすためには，その時の経験を他の経験と結びつけることの必要性が述べられている。経験の相互作用については，「経験は真空のなかで生起するものではない」「経験を引き起こす源は，個人の外にある」(p.56) と，経験が個人とその個人を取り囲む環境との相互作用によって生じることをデューイは述べている。そして，「価値ある経験の形成に寄与するにちがいないすべてのものが引き出せるように」(p.57) 教育者が環境を利用し，学習に寄与する経験を生み出すことについてデューイは言及している。

15

コルブは，このデューイの論だけではなく，ピアジェPiaget，レヴィンLewinの論を検討し，経験学習サイクル（1984）を提唱している。その学習サイクルは，「具体的経験」を学習資源として「内省的観察」を行い，そこから得られたことを「抽象的概念化」し，それを「能動的実験」によって実践に適応し，その適応したことが新たな具体的経験になる，という循環サイクルである。しかし，彼の論は学習をとらえるにはモデルが単純すぎるとの批判もあり，ジャービスJarvisによってさらに詳細な経験学習サイクルも提唱されている。いずれにしても，経験を学習資源として，今の経験を過去の経験と結びつけ，「考えられうる未来の状態に結びつけることをともなう」（メリアムら1999/2005, p.291）ことが経験と学習について共通して提唱されていることである。

　明らかになっている教師の実践的知識の特徴「経験と反省から形成されること」から，経験を資源として実践的知識が形成されていること，その形成過程では省察（反省）が行われていることは明確である。しかし，教師の学習は意図せずに行われているという特徴を有すると考えられる。例えば，山﨑（2002）が明らかにした教師の力量形成における「転機を生み出す契機」を検討してみよう。この「転機を生み出す契機」とは，力量形成をなした教師が現在から過去をふり返ってみた時に，何らかの成長を遂げたと認識できる点について，そのきっかけとなった出来事（経験）を，「転機を生み出す契機」として想起しているのであろう。この点から，「契機」となった経験を学習資源として，学習を意図せずになし得たと解釈することができる。つまり，教師は固有の経験を学習資源として意図せずに学習を行っているのである。

　そして，その学習資源としての教師の経験は，「教育実践上の経験」「職務上の役割の変化」「自分にとって意味ある学校への赴任」という職務に直接かかわる経験だけではなく，「個人及び家庭生活における変化」（「自らの出産・育児の経験」「家族の世話や介護等の経験」「自らの加齢や病気等の経験」）などの個人的な経験も力量形成の契機であることが明らかになっている（山﨑2002）。学習資源としての教師の経験は，加齢やそれに伴う職業的・社会的役割の変化と結びつき，職務上以外の経験も含む多様な広範囲な経験から構成されているという特性を有し，教師は意図せずに学習をなしているという特徴を有する。

②学習過程としての教師の省察

　経験から学習が生起するという考え方は，経験をふり返り，その経験を他の知識と関連させたりして新しい情報や価値を見出すという考え方であり，省察は学習過程の重要な部分を占めている。教師においては1980年代後半から，複雑な文脈の中で，経験から獲得した実践的知識を用いて問題状況に対処していく「省察的実践家」としての教師像が台頭し，現在では「省察」が教師にとって必要不可欠であることは自明となっている。先行研究からも，経験を資源として，省察から実践的知識が形成されることが明らかになっている。では，専門家の学習過程としての教師の省察とはいかなるものであろうか。実証的な研究から「省察的実践家」論を提唱したショーンSchön, D. A.は，プロフェッショナルにとっての省察は自己を規制している「理解の枠組み」分析であることを述べている。

　　「私たちが事例としてきた都市プランナーは，問題解決の方策については省察したが，自分の問題の設定のあり方やみずからの役割フレームや行動の元となる理論などについては省察していない。(中略) 彼らの省察は，彼らの理解の枠組みの〈中〉でしかおこなわれない。」[9]
　　「実践者は自分の役割のフレームと，対人関係における使用理論にしたがって，もしくは自分もその中で役割を果たしている学習システムに注意を向けることによって，省察における自己規制を打ち破らなければならない。」[10]

　現代社会では知識が生まれ変わるスパンが短く，確立された知識や常識では解決できない不確実な状況が発生している。これまでうまくいっていた方法や常識では対処できないような独自の個々の状況に対応するためには，現象を省察するだけではなく，どのようにその状況を自分はとらえているのかという，自己の認識や行動を決定している価値観や枠組みを省察する必要が専門家にはあることをショーンは言及している。問題状況の省察だけではなく，どうしてそのように考えるのか，どうしてそのような方法をとるのか，という「その活動を遂行している実践者自身の省察に対する省察 (reflection on reflection in action)」(佐藤 1997, p.149) が専門家の問題解決には必要なのである。

　さらにショーンは，不確実な現状に対応するためには，問題解決だけではなくむしろ問題の設定を行うことの重要性を次のように述べている。

　　「専門的知識が問題の〈解決〉のみにかかわってしめされるところでは，問題の〈設定〉が生じる余地はない。」[11]
　　「問題の解決ばかりを強調すると，私たちは，問題の〈設定〉(problem setting) を無視することになる。」「『問題状況』を『問題』へと移し変えるためには，(中略) 一定の意味を与えていかなければならない。」[12]
　　「問題の設定とは，注意を向ける事項に〈名前をつけ〉，注意を払おうとする状況に〈枠組み（フレーム）を与える〉相互的なプロセスなのである。」[13]
　　「目的が定められ明晰である時は，いかなる行為をなすべきかの決定は，それ自体道具的な問題となるだろう。しかし，目的が混乱し矛盾していると，解決できる『問題』はまだ存在しないことになる。(中略) 混乱している問題状況に枠組みを与えるのは技術的ではないプロセスであり，この非技術的なプロセスを通して私たちはようやく，達成しうる目的と，その目的の達成を可能とする手段とをともに組織し，明確なものにすることができる。」[14]

　このようにショーンは，「『活動過程における省察』を通して，解決すべき問題が絶えず再定義され，問題そのものが絶えず再構成（reframe）される」(佐藤 1997, p.147) ことを言及している。しかし，「再定義」「再構成」に至るための「非技術的なプロセス」とは何かに関しては，プロフェッショナルの「わざ」としてショーンは論を展開させ，その具体的な方法にまでは言及していない。また，自己の行為理論である暗黙の枠組みを省察することは容易ではないことをショーンは次のように述べている。

　　（都市プランナーは）「簡単に自分の前提を人前に出して，開かれた吟味にさらすことはできない。都市プランナーはもろさを自覚しているので省察を思いとどまる。(中略) さらされることへのもろさから守ることに精一杯であるため，自分の行為をかりたてる問題の設定について省察する機会はほ

とんどない。同様に，解釈の誤りを見つけ，それを通していっそう広く深い省察を進めることは考えにくい。」[15]

　教師においても，授業や指導の方法がうまくいっている場合には「理解の枠組み」への省察を行う必要は生まれてはこないであろう。特に，ある程度の経験を経ている教師は自己の教育観や授業スタイルが確立しており，行動理論である枠組みを省察することは，これまでの自己の信念や価値観をさらし疑い，ある種の痛みを伴う。そのため，省察が喚起されてもその省察は必ずしも深まっていかない場合も考えられる。

　しかし，問題行動を起こす子どもや外国籍の子どもとの出会いなど，これまでの方法では通じないような，強烈な「教育実践上の経験」を契機として，これまでとは異なる新しい意味を自ら見出すような「理解の枠組み」への省察が行われたことが先行研究（山﨑 2002, 2012）から示唆される。また，教師の学習に関する研究（丸山 2014, 坂本 2013, 福井大学教育地域科学部附属中学校研究会 2011）からも，「固有のものの見方」「問題枠組み」「背後にあるフレイム」といった教師としての行動を決定している，しばしば暗黙である考え方の転換が教師の学習にとっては重要であることが示唆されている。いずれの研究においても，どのようにして省察が深まり，考え方の転換がなされ，再解釈や再構成がなされたのかという省察過程が十全に明らかになっておらず，その解明が本研究の課題である。しかし，専門家としての教師の省察は，自己の認識や行動を決定している価値観や枠組みを問う省察という特質を有し，そのような省察を学習過程として，教師の学習が進行していくととらえることができよう。

　③社会的相互作用としての教師の学習

　1980 年代後半から「省察的実践家」としての専門家像が台頭してくるが，90 年代からは，実践的なコミュニティに参加することで実践的な知識を獲得していくという，文脈や状況に学習が「埋め込まれている」という学習のとらえ方が台頭してくる（レイヴら 1993）。この考え方は，社会的・文化的な枠組みから学習を状況的にとらえ，学習は個人のみの営みではなく，「学習者の相互作用とそれが機能する社会的環境を含む」（メリアムら 1999/2005, p.287）という考

え方である。また、学習を個人の営みとしてとらえるのか、あるいは他者や環境を含む営みとしてとらえるのか、という問いは、構成主義に関連してくる。個人的構成主義では、学習は個人的な営みであり、これまでの経験や知識から新しい経験への意味が形成され知識が獲得されるという主張である。一方、社会構成主義では、学習は社会的な営みであり、知識は人びととの対話や活動などを通じて、社会的・文化的な合意のもとに意味が形成され知識が獲得されるという主張である。

明らかになっている教師の実践的知識の特徴は、「属する社会文化の考え方に規制されていること」「特定の事例知識として蓄積され伝承されていること」が含まれている。また、教師の力量形成に寄与する省察の深まりは、教師がおかれた環境（組織形態）に依るという点も明らかになっている（田中 2011）。これらの点から、教師の実践的知識の発達を学習としてとらえる際には、状況や文脈の中に学習を位置づけ、学習は他者との関わりを通じて、その他者が属するコミュニティの社会的な慣習や文化の影響を受けていると考えるべきであろう。また、これら社会的な学習を生み出した経験は、個人とその個人を取り囲む環境との相互作用によって生じる（デューイ 1938）ことから、学習は社会的な相互作用によって生じているととらえるべきであろう。

そして、教師の学習をコミュニティにおける社会相互的な学習としてとらえる際には、教師は日常的に複数のコミュニティに参加し、それぞれの文化や慣習をまとった他者から何らかの影響を受け、あるいは与えていると想定される。学校におけるフォーマルな「職務上のつながり」を「特定の共通点」として形成された集団をコミュニティとするならば、教師同士であれば、学年や教科、分掌のつながりによるコミュニティが想定される。教師同士以外であれば、児童生徒とのつながり、保護者・地域とのつながり、行政とのつながりもフォーマルなコミュニティとして想定され、それらは教師同士のコミュニティも含めて重層的に関連している。さらに学校外では、都道府県レベルや市区町村レベルの研究会もフォーマルなコミュニティとして存在している。ノンフォーマルな自主的な研究会・勉強会や家庭生活までも含めると、教師はこれら複数のコミュニティに属し、多様な立場の人々とのネットワークを有してい

ることになる。このように教師は複数のコミュニティに属し，それぞれの文化や慣習をまとった他者との関わりによって，社会相互的な学習を行っていると想定されるのである。

1-2 変容的学習とは

変容的学習論 transformative learning theory は，メジロー Mezirow が1978年に提唱して以来，ポスト・アンドラゴジー論として成人学習分野では主要な理論のひとつとされている。アンドラゴジー論が成人は自律的で自己決定性があるという前提にもとづき，成人学習者が表明したニーズの実現を学習のゴールとしているのに対して，ポスト・アンドラゴジー論は，学習者の「ニーズの背後にある社会状況や社会的な歪みにまで目を光らせようとする点」(三輪 2004, p13) に特徴がある。変容的学習論も，大人は物事をとらえ判断する際に社会的・文化的に培ってきた独自の暗黙の枠組み（意味パースペクティブ meaning perspective）[16]を用いていると提唱している。無批判に同化され，習慣的に思考や判断・行動を決めるその枠組みは，私たちと私たちが住んでいる世界を知覚し理解するためのレンズとしてはたらくという。暗黙である枠組みに気づき，無批判に同化された枠組みを精査するために省察を通じて経験から意味を生成し，意味パースペクティブを再構成する，という学習プロセスが変容的学習である。さらにメジローは，意味パースペクティブは意味スキーム meaning scheme の「まとまり」[17]であるという。意味スキームとは「解釈をおこなうさいに必要となる特定の知識，信念，価値判断，あるいは感情」[18]であり，それらの「まとまり」が「知覚，理解，想起の諸活動を支配するコード」としての意味パースペクティブである。

この変容的学習の中心プロセスは省察である。そして，その省察には３つの型，「内容の省察 reflection on the content」「プロセスの省察 reflection on the process」「想定の省察 reflection on the premise」があることをメジローは述べている。「内容の省察」は問題の内容を省察すること，「プロセスの省察」は問題解決における方法・手段についての省察を意味する。「想定の省察」は，問題を問題として見なすことが妥当であるのか，その根拠を省察するものであ

り,「私たちが当然と思う常識や理論」を問い直すことにつながるとされている。また,メジローは省察の深まりについても次の3種類,省察 reflection「自分の信念の根拠の検証」,批判的省察 critical reflection「意味パースペクティブの前提条件の妥当性の評価とそれらの源と結果の検証」,批判的自己省察 critical self-reflection「問題とした方法と自分自身の意味パースペクティブの検証」(Mezirow 1990, p.xvi),これらを提言している。その省察においては,理性的討議 rational discourse という特別な対話の形式が不可欠とされている。これは,新しく生成された意味は不確かで不安定であるので,この討議を通じて他者の意見と比較し,合意を得た後に最終的に新しい意味づけは承認されるという。

　この変容的学習論において,学習とは「将来の行為を方向づけるために,以前の解釈を用いて,自分の経験の意味について新たな,あるいは修正された解釈を作り出すプロセス」(メジロー 1991/2012, p.18) と定義され,省察を通じて行動するための洞察力を高めることが成人の発達とメジローは述べている。この発達観から変容的学習の目的は,「より包括的で識別能力があり,より広がりがあり,より統合された意味パースペクティブ」(メジロー 1991/2012, p.11) を導くことである。したがって,変容的学習における発達とは,単に変容することが目的ではない。考え方や行動の変容が結果的にもたらされなくとも,認識されていなかった意味パースペクティブを認識し,吟味し,批判的に省察する,という学習プロセスを通じて「統合された意味パースペクティブ」を得た場合は,発達と解釈するのである。

1－3　変容的学習としての教師の実践的知識の発達

　教師の実践的知識の発達を学習としてとらえると,多様な経験を学習資源とし,自己の認識や行動を決定している価値観や枠組みを問う省察を学習過程として,意図せずに社会相互的に学習が進行していくととらえることができる。その学習過程において,自ら意味を生成し,実践的知識を再解釈・再構成することによって教師の実践的知識が発達していくと考えられる。本研究ではこのような教師の学習の解明のために,教師の学習を変容的学習として位置づけ

る。それは，教師の学習と変容的学習論の理論的特徴には共通性があり，変容的学習として教師の学習を位置づけることによって，その学習過程をより明確に描くことができるからである。

　1点目の共通性は，学習の中心は経験を解釈し，意味を付与するという点である。「成人学習者はどのように自分の経験を理解し，意味を生成するのか」（メジロー 1991/2012, p.x）というメジローの問題意識から変容的学習論は発しており，単に経験を学習資源とするだけではなく，そのための理論の構築を目指したのが変容的学習論である。メジローは意味の生成について，以下のように述べている。

　「意味とは一個の解釈であり，意味を生成するということは，経験を把握したり解釈したりすること」[19]
　「意味を生成するとは，経験に全体としての一つのまとまりを与えるということ」[20]
　「古い経験（あるいは新たな経験）を新たな一連の期待から解釈し直し，そうすることで，古い経験に対し新たな意味と見方を与える」[21]

　この経験と意味の生成についてのとらえ方が，自己の固有の経験を学習資源として自ら意味を生成するという，教師の学習と共通するのである。特に，「新たな一連の期待 expectations」から古い経験を解釈し直すことによって経験に新たな意味と見方を与える，というメジローの提言は，これまでの実践を問い直す教師の学習過程において，「固有のものの見方」「問題枠組み」「背後にあるフレイム」といった教師として教師の行動を決定している，しばしば暗黙である考え方の転換を説明することに示唆を与えるのである。

　2点目の共通性は，暗黙である考え方の枠組みへの認識を問題としている点である。メジローはデューイをはじめとし，ショーンも含めた多数の論から省察について論じており，変容的学習論では，解釈を行う際に用いられている特定の知識・信念・価値観・感情，すなわち知覚・認知の解釈のコードとして機能している意味パースペクティブが暗黙のままであることを問題としている。そしてそれらを認識し，検討するためには考え方の前提の省察が必要であるこ

とが言及され，暗黙となっている考え方の枠組み（意味パースペクティブ）への批判的な省察が学習の中心プロセスとされている。これは佐藤 (1997) が述べるところの「その活動を遂行している実践者自身の省察に対する省察」を具体的に学習プロセスとして位置づけており，教師の学習過程にある暗黙の考え方の枠組み転換への解明に示唆を与えるのである。

さらにメジローは，「想定」premise の批判的検討は問題「解決」に関係し，「前提」assumption の批判的検討は問題「提起」に関係しているとも述べ，問題「解決」と問題「提起」の異なりを明確にして省察の対象を明言している。同様に，メジローは省察についてはその深度と型についてもそれぞれ具体的に提言しており，ショーンが「プロフェッショナルのわざ」「非技術的なプロセス」として言及していない専門家の省察過程，すなわち教師の学習過程（省察）を解明するための示唆を与えるのである。

3点目の共通性は，学習は社会言語的文脈の中に存在しているとし，他者との関わりによって経験を解釈していくとする点である。メジローは変容的学習論を構築するにあたっては，「構成主義」の影響を受けていると述べている (1991/2012)。しかし，同時にウィトゲンシュタイン Wittgenstein による言語ゲームの理論から，学習は属する社会（コミュニティ）の社会的・文化的規則に規定されていることも次のように述べている。

> 「解釈は意図的な思考の結果生まれることがある。しかし解釈は，文化を通して取り込まれた学習，または〈暗黙の〉学習を組み込むことも多い」[22]
> 「文化コードは潜在的な規則の原則」[23]
> 「言語ゲームは，参加者が特定の社会的背景のなかでことばの用法を分かち合うことに，暗黙の合意をしている」[24]
> （言語ゲームは）「社会言語的な意味パースペクティブ」[25]

このように，学習が社会的文化的な規則に従っていることについて，「知っていることは，意味パースペクティブの背景のなかで，あるいは彼らがおこなっている言語ゲームの背景のなかで知られている」とメジローは述べ (1991/2012, p.76)，学習における言葉のはたらきについても言及している。

「共通言語は，対話的コミュニティのなかにいる参加者を結びつける。共有される対話プロセスがあり，そのプロセスによって，私たちは文章や表現されたアイディアが真実であることを了承し，そこでの意味が実証され妥当であるとみなせる状況を定めるようになる」[26]

「経験を概念化するさいには，私たちは記号を用いて経験を解釈する。ことばを通じて，私たちは知覚作用のなかに潜在している志向性をはっきりとことばで言い表す」[27]

「発言するとは，単にモノやできごとについて発言することを意味するだけではなく，経験を表す潜在的な基準や標準，つまり暗黙知に基づいた規則が支配する，複雑な発言をすること」[28]

この観点から，省察によって新しく見出された経験への意味づけは，他者との理性的討議という特別な対話によって合意形成を図っていくことが変容的学習には不可欠とされている。

このように学習が属しているコミュニティに埋め込まれていると論じている点が，コミュニティに属し社会相互的な学習を行っている教師の学習と共通している。また，他者と言葉を通じて経験を解釈する点が「同僚性」といった他者との関わりの影響を受ける教師の学習を解明する上で示唆を与えるのである。

[2] 変容的学習論から導き出される分析枠組み

本研究では，教師の実践的知識の発達を教師の変容的学習として位置づけ，変容的学習論の知見を活かして3点の課題を解明していくことを目指す。そのため，変容的学習論に関する先行研究を検討し，本研究課題解明のための示唆を得る。次に，変容的学習論から導き出される研究方法と分析枠組みについて述べる。

2-1　変容的学習論についての先行研究の検討

変容的学習論は，北米を中心とする海外でますます研究と著作の量が増加す

るほど主要な理論であり続け，その理論体系は拡がっている。主な研究対象は，一般の成人の個人的な課題（例えばアルコール中毒や不治の病を契機とした変容的学習）を取り扱ったもの，企業の人材育成を取り扱ったもの，大学における学生としての成人学習者を取り扱ったもの，成人教育者自身の教師としての発達を取り扱ったものなど，多岐にわたっている。

　一方，日本におけるメジローの変容的学習に関する先行研究としては，永井（1989，1991a，1991b，1995），豊田（1991），布施（2004）らがあるが，これらは理論研究にとどまり，実証的研究や実践との関係からの考察に欠けている。実践に関連しているものとしては，メジローに依拠したクラントン Cranton の論を用いて日本語教師や看護士を対象とした研究がある（例えば，池田ら 2008）。しかしそれら実証的な先行研究の数は限られており，子どもを教える小・中・高校教師の実践的知識を対象にした研究は管見の限り，見当たらない状況である。しかし，学校経営を支える中堅教師の発達という視座から熊谷（2012）は，職能成長の視点と理論として変容的学習論を紹介している。このように，日本の変容的学習に関する研究はこれから拡がっていく様相を呈しているが，現在は研究の蓄積が十分ではない状態である。そこで，多岐にわたる欧米の実証的な先行研究を定期的にレビューしているテイラー Taylor（1997，1998，2007，2009）の文献[29]をもとにした，変容的学習に関する先行研究の整理と今後の課題の検討から（田中 2012），本研究解明のために示唆を与える点について，3 点を述べる。

　1 点目は，文脈に関する点である。メジローの理論は，個人的な次元を強調しすぎており，個人をとりまく社会的な影響への注目が足りないことへの批判がある[30]。なぜいくつかの混乱するジレンマはパースペクティブ変容を導き，他はそうではないのか，という疑問への応えとして，「文脈 context」の重要性が指摘され，特別な状況での活動と他者との関係性の中に学習が位置づけられていることへの認識の必要性が言及されている。さらに，調査においては参加者の学習経験に影響を与えている，社会的な権力と政治的な権力を認識することが必要であることも指摘されている。例えば，権力の下にある教育的プログラムをやり遂げても変容的学習には至らなかったのは，プログラムを遂行す

ること自体が権力の下でどのように生き抜いていくかということの学習であったという研究結果から，文脈に影響を与えているものとして権力が挙げられている。永井 (1991a) もメジローの論では社会変革理論の欠如，現代の社会状況についての分析が十分に示されていないことを指摘している。また，変容的学習の進行過程においても，参加者の平等性が強調されるディスコースにおいても，教育者—学習者という権力関係を認めること自体が理論的矛盾であり，教育者の意識的・無意識的な影響力といった教育者の位置づけについての問題が指摘されている。

　2点目は，合理性に関する点である。研究者は理論によって定義された理想的な学習条件において変容的学習が促進することに注目しており，実践的に学習と関わり学習者を導くもの，例えば感情の影響などを見過ごしていることが指摘されている。学習プロセスには支援・信頼・友情・親友関係のような主観的な要素が必要であることも研究から明らかになっており，他者との信頼関係は，議論を戦わせ，開放的に情報を共有し，お互いの合意形成を達成することを通じて，自己の抱いている前提を批判的に省察することを可能にすると報告されている。これらの点から，変容的学習は個人の自律性を発達させることよりも他者とのつながりやコミュニティを創造することに依るという考え方もある。また，「変容的学習は合理的に意識的に進むだけではなく，意味づけ構造を修正するために合理的ではなく無意識な方法手段の多様性を組み込んでいる」(Taylor, E. 1997, p.48) という知見から，非意識あるいは無意識な学習も人の意識の外側でも生じるという学習として，意識的な学習と同様に学習方法の1つとして認めようとする考え方もある。

　3点目は調査目的と方法に関する点である。変容的学習理論がメジローの理論を基盤として，理論的に，領域的に，実践的に，北米以外にも拡がっているが，最も多いのがフォーマルな高等教育における研究（大学院生，大学教員，ワークショップの参加者らが対象）である。調査がフォーマルな状況に排他的に制限されていることから，高等教育以外での状況における実証的な研究や，よりインフォーマルな状況やインストラクターなど教育者によるコントロールがより少ない状況での調査の必要性が言及されている。また，調査方法ではすべての研

究が質的方法を用いており，大半がインタビューによる回顧法であるが，より客観性を得るために，サーベイ調査との併用や長期的な調査，ジャーナル分析を用いるなど，多様な調査デザインが増えてきている。なかでも，長期的な調査とアクションリサーチが台頭している。また，省察の多様なタイプ（例えば，内容，プロセス，根拠）によっては重要な違いがあるという指摘から，より実存的なデータを示すべきという言及もある。

これら先行研究の知見から，教師の実践的知識の発達を変容的学習として解明するに当たっては，学習が生起している文脈，および他者とのつながりやその関係性を明らかにし，それらが個人の学習に与える影響を明らかにすることが必要である。また，個人の学習過程においては無意識の学習も生起していた可能性があり，それらを表出させるようにするとともに，実践的に学習と関わり学習者を導くもの，たとえば感情などの存在も視野に入れて包括的に学習をとらえて明らかにしていく必要がある。調査方法においては，質的方法が適していると考えられるが，より客観性を高めるための調査をデザインすることが必要である。また，教育者によるコントロールがより少ない状況や理想的な条件ではない状況での学習を分析対象とする研究が必要とされている。分析においては，省察のタイプが明らかになるような調査データを示すことが肝要である。

2-2 変容的学習論から導き出される研究方法・分析枠組み

①研究の範囲（Figure：0-1）

教師の力量形成と実践的知識の発達の検討から，研究対象の範囲が二極化しているという課題があることは第1節において述べた。山﨑（2002）のライフコース研究では，「教育実践を成り立たせている三重の場」として，「教室・授業」を中心として，「学校・職場」，「地域・社会」が同心円によって描かれている（p.20）。この「三重の場」から，授業と授業検討会に特化した先行研究をとらえると，「教室・授業」の教科の授業に限定しての研究ということになる。本研究では，研究対象の範囲が二極化している先行研究の間をつなぎ，児童・生徒の生活全般にまで目を配って指導している日本の教師の実践的知識を解明

していくことを目指
していく。そこで本
研究においては，教
科の授業だけではな
く学級指導や生活
(生徒) 指導など授業
以外の教師としての
経験や影響も研究・
分析の対象とし，勤

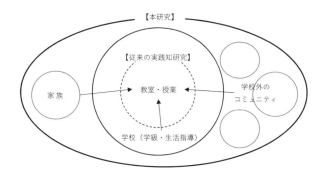

Figure：0-1　研究の対象・分析範囲

務校以外の教師としての経験，例えば勤務校外の研究会や他者との関わりも同様に研究・分析の対象とする。また，子どもを教える教師として自分の子どもといった家族との関わりの影響も視野に入れ，調査データを収集していく。

②研究の方法と調査デザイン

教師の実践的知識の発達過程を変容的学習として解明するためには，教師の学習の特徴と変容的学習の理論的特徴から，次の3点を表出させる必要がある。1点目は，考え方の源や前提条件を問う省察過程や，経験を解釈し意味を付与する過程を明らかにするために，無意識のうちに行われた学習をも表出させること，2点目は，暗黙である考え方と，それが何に影響を受けているのかを表出させること，3点目は，他者やその属するコミュニティの文化・慣習との関わりを明らかにするために，学習が生起している文脈を表出させること，である。

これら3点を表出させる研究方法として，教師の「語り」を分析する。本研究において「語り」を分析に用いるのは，次の理由からである。1点目は，語る行為によって省察過程が表出するからである。メジローは，「理解とは，ことばを通じて獲得したカテゴリーを用いて，経験をまとまりあるものにするプロセス」[31]「私たちはことばを通じて，経験の流れに区切りをつけ，時間と空間のなかでの位置を見つけ，概念をとらえてモノやできごと，感情，状況，文脈を認識する」[32]と述べている。また桜井 (2012) は，「語りは，いわば体験をめぐって反省的にとらえられた経験をもとにしている」(p.19)，「自己を物語るこ

とは,単純に過去の自己を語るのではなく,過去の出来事や経験について現在の自己と往復しつつ反省しながら語ること」(p.43)と述べる。経験をふり返って語るという行為は,さまざまな出来事や時間の流れを整理し,経験と経験とを結び付けて関連させ,「経験の組織化」(やまだ2002, pp.4-5)を成すものである。これは,進行中であった学習が完結し,自己の考え方や行動の変容が認識できるようになった時に行うことができる行為である。経験をふり返って語ることによって,当時は認識していなかった省察の過程が表出されると考えるものである。

2点目は,教師自身の経験への解釈に注目するからである。メジローは,「経験を概念化するさいには,私たちは記号を用いて経験を解釈する。ことばを通じて,私たちは知覚作用のなかに潜在している志向性をはっきりとことばで言い表す」[33]「発言するとは,単にモノやできごとについて発言することを意味するだけではなく,経験を表す潜在的な基準や標準,つまり暗黙知に基づいた規則が支配する,複雑な発言をすること」[34]と述べている。やまだ(2007)もナラティヴ研究法の特徴を「論理実証的モードに対して物語モード」(p.65)と述べ,事実の真偽を問うよりも,語る人の意味づけ,つまり解釈を明らかにしようとする点にその意義があることを述べている。解釈にはその人がこれまで生きてきた社会・文化・言語的背景の影響が表出される。語りを分析することによって,教師としての考え方や行動を規定している価値観や信念がどのように形成されたのか,何に影響を受けているのか,を導くことができる。また,現時点から過去の出来事を語ることによる「語り手」自身の新たな意味付与を分析することもできよう。深層レベルの暗黙知を含む実践的知識の実相を明らかにするために,語り手自身の解釈に注目するものである。

3点目は,実践的知識が形成・発達する文脈や状況を明らかにし,他者との関係性や属するコミュニティからの影響を表出させたいからである。実践を通して知を生み出していくような,コミュニティ固有の知の構築・共有のシステムは,複雑な因果関係を内包し「理解する必要があるが記号化や一般化がしにくい暗黙の背景」(ウェンガー 2002, p.247)を有している。それを説明できる方法は物語(ストーリーテリング)であり実践者であることから,「語り」を分析に用

いるものである。

　調査デザインとしては，変容的学習に関する先行研究の検討から，本研究においてもインタビューによる「語り」の収集を行うが，より客観性を得るために，長期的な複数回の調査を行い，ジャーナルなど書面になっているものを併用していく。さらに，同じコミュニティに属する複数の調査協力者の「語り」から，他者との関係性をより明確にし，実践的知識が形成・発達する文脈を羅生門的手法によって描き出していく。分析においてはより実存的なデータを示し，「語り」の再解釈性を担保する。

③分析の方法と分析観点・分析枠組み（Figure：0-2）

　本研究では教師の実践的知識の発達を変容的学習として位置づけ，教師の実践的知識の実相，実践的知識の発達過程，個人の実践的知識の発達と他者との関係性を解明することを研究課題としている。

　研究課題1点目の実践的知識の実相の解明においては，実践的知識を意味パースペクティブととらえ，実践的知識はどのような考え方で構成されているのかを明らかにする。本研究においては，実践的知識は実践的な技術・知識による「実践的な見知」と，思考方法と信念といった深層レベルの暗黙知を含む「実践的な見識」の双方で構成されているととらえる。意味パースペクティブは意味スキームのまとまりであるというメジローの提言から，実践的知識を複数の考え方（意味スキーム）で構成されている意味パースペクティブととらえ，

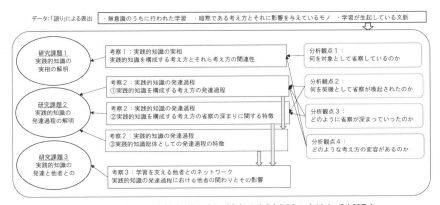

Figure：0-2　調査協力者1名に対する事例分析の方法と分析観点

どのような考え方で意味パースペクティブは構成されているのかを明らかにする。その上で，各々の考え方の関連性を考察することによって，他の考え方に影響を与えている信念といった深層レベルの考え方をも明らかにすることを目指す。

　研究課題2点目の実践的知識の発達過程の解明は，変容的学習の中心プロセスとしての省察の深まりの分析を通じて，実践的知識を構成する考え方の発達過程を解明していく。その際には1点目で述べたように，意味パースペクティブを構成する考え方を明らかにするために，何を対象として省察しているのかを分析観点の1点目とする。分析観点の2点目は何を契機として省察が喚起されたのか，3点目はどのように省察が深まっていったのか，4点目は考え方にどのような変容があるのか，とし，どのような経験をどのように活かして考え方を発達させていくのか，どのようにしてこれまでの経験に異なる意味を見出し，再解釈を行っていくのかを明らかにしていく。

　省察の深まりについては，メジローの提起する3種類の省察概念と，それを実証的な研究で用いているクラントン（1992/1999）の論を検討し，ショーンの論を加えて分析枠組みを構築した（Table：0-1）。これは，次の理由による。メジローは省察の深まりについて3種類を提起しているが，彼は理論を提起しているのみで実証的な研究を行っているわけではない[35]。そのため彼の論に依拠して実証的な研究を行っている研究者は，それぞれ異なる解釈で3種類の省察，省察 reflection，批判的省察 critical reflection，批判的自己省察 critical self-reflection を定義し，あるいは定義せずに分析している。またメジローは省察の3つ型についても提起し，「想定の省察」が「私たちが当然と思う常識や理論」を問い直すことにつながるとし，「想定」premise の批判的検討は問題「解決」に関係し，「前提」assumption の批判的検討は問題「提起」に関係していると，それらの異なりを明確にしている。しかし，これら省察の3つの型と3種類の省察の関係性については言及されておらず，そのまま分析枠組みとして用いることは困難である。そのため彼の論に依拠しているクラントン（1992/1999）は，3種類の省察の深まりを解釈し，わかりやすく図示している（p.206）。しかしクラントンの解釈においては，考え方の発達の最終段階として

序　章　研究の課題・方法

Table：0-1　分析枠組み　省察・批判的省察・批判的自己省察の定義についての比較および本論文の定義

	Reflection	Critical reflection	Critical self-reflection
Mezirow (1990) [1]	Recleciton : Examination of the justification for one's beliefs, primarily to guide action and to reassess the efficacy of the strategies and procedures used in problem solving.	Critical reflection : Assessment of the validity of the presuppositions of one's meaning perspectives, and examination of their sources and consequences.	Critical self-reflection : Assessment of the way one has posed problems and of one's own meaning perspectves.
	その人の信念の根拠の検証、主に行動を左右し、戦略の有効性と問題解決に用いた手続きを再評価するための	その人の意味パースペクティブの前提条件の妥当性の評価とそれらの源と結果の検証	その人が問題提起した方法とその人自身の意味パースペクティブの検証
Mezirow, J.(1990)の定義の和訳 [2]	省察「自分の信念の根拠を吟味すること」	批判的省察「その人の意味パースペクティブの前提条件が妥当かどうかを評価すること」	批判的自己省察「自分がどのように問題としたかを評価し、自分自身の意味パースペクティブを評価すること」
Cranton,P.(1992/1999)の解釈 [3]	「ふり返り」「前提に気づく・前提を吟味する」	「ふり返り」「前提の源と結果の吟味」	「批判的なふり返り」「前提は正しいか」
本研究分析枠組み	考え方の源や根拠に気づく・突き止めること 具体的には、考え方の源となっている信念の根拠を述べること	考え方の枠組みの前提条件を突き止め、検討し評価すること 具体的には、物事を判断したり問題解決に用いた考え方とその根拠を検討し、評価すること	問題提起をしながら考え方を検討すること 具体的には、問題解決ではなく、自分がどのように問題とするのかという新たな問題設定や問題提起することによって考え方を検討し、発達させること

1) Mezirow, J. & Associates (1990) *Fostering Critical Reflection in Adulthood*, Jossey-Bass.
2) Cranton, P. (1992) *Working with Adult Learners*. ＝入江直子・豊田千代子・三輪建二訳(1999)『おとなの学びを拓く自己決定と意識変容をめざして』鳳書房, p.210。
3) 同上、p.206の図からの引用。

の批判的自己省察は「前提は正しいか」と表現されており、これまでの考え方を再構成したり再解釈するという点は含まれていないように思われる。

　いずれにしても、メジローもクラントンも一般的な成人を対象とした論である。この点から、本研究においては専門性を有する教師の省察として、問題解決ではなく問題そのものの設定というプロフェッショナルの省察的実践の観点（ショーン 1983/2007, pp.40-42）を重要ととらえ、メジローの論にショーンの提言を加えて次の分析枠組みを構築した。省察 reflection とは、考え方の源や根拠に気づく・突き止めること、具体的には、考え方の源となっている信念の根拠を述べること、批判的省察 critical reflection とは、考え方の枠組みの前提条件を突き止め、検討し評価すること、具体的には、物事を判断したり問題解決に用いた考え方とその根拠を検討し、評価すること、批判的自己省察 critical self-reflection とは、問題提起をしながら考え方を検討すること、具体的には、問題解決ではなく、自分がどのように問題とするのかという新たな問題設定や問題提起することによって考え方を検討し、発達させること、とする。この分

析枠組みによって，省察の深まりから考え方の発達過程を明らかにしていく。

研究課題3点目は，個人の実践的知識の発達と他者との関係性の解明である。この解明については，省察が喚起された状況や省察が深まった文脈を明らかにし，考え方の発達過程において，どのような他者がどのように関わり，具体的にどのような発達への影響があったのかを抽出し，分析していく。

④調査協力者

調査協力者は，公立中学校の教師を対象として依頼する。これは，本研究の問題意識が現代社会における教師の力量形成にあるからである。義務教育段階の公立小・中学校の教師は，学習指導要領の度重なる改訂など，国や社会の要請から多大な影響を直接的に受けている。その中でも本研究において中学校の教師を調査協力者とするのは，教師の実践的知識の発達と他者との関係性を明らかにすることが本研究課題には含まれているからである。複数のコミュニティに同時に属し，多様な他者と関わっていることが教師の学習の特徴の1つであるが，教師同士のコミュニティを想定した場合，一般的に小学校の教師は全科を担っているため，教科の結びつきが弱く学年の結びつきが顕著である。それに対して中学校では，全教師が専科であることから同じ教科の結びつきと学年の結びつきの双方があり，実践的知識の発達と他者とのネットワークの関係性を考察するために，より適していると想定したからである。

調査協力者は，複数の学校勤務経験がある公立中学校の教師とし，さらに，同じ職場に勤める教師を複数含むようにする。これは，1人の教師の学習過程を長期的な視点から分析し，複数の職場（コミュニティ）での学習を支える，あるいは阻害する文脈を比較検討すること，同一のコミュニティに属する複数の調査協力者の分析を通じて，1人の教師の実践的知識の発達と他者との関連性を明らかにすること，これらの目的がある。さらに，その教師の実践的知識の発達を他の教師の語りからも抽出することによって，変容的学習論の先行研究で指摘されている回顧によるインタビュー調査を補完し，客観性を担保する意味もある。「語り」を分析に用いる際の限定性，およびインタビュー調査の特質については，調査の概要とともに次節において述べていく。

3　用語の定義

　本研究で用いる主要な言葉については先述したが，再度，提示し，定義を示しながら本研究上での解釈と用い方を述べる。

　実践的知識とは佐藤 (1997) に依拠し，実践的な技術・知識による「実践的な知見」と，思考方法と信念といった深層レベルの暗黙知を含む「実践的な見識」の双方から成るもの，ととらえる。すなわち，総体としての実践的知識は性格の異なる複数の知識によって構成されていると本研究では解釈する。しかし，実践的知識の実相を解明することが本研究の目的の1つであることから，「知見」「見識」を一旦，一律に教師としての「考え方」とし，分析において教師の実践的知識を構成する「実践的な知見」「実践的な見識」を具体的に明らかにしていく。

　学習とはメジローに依拠し，「将来の行為を方向づけるために，以前の解釈を用いて，自分の経験の意味について新たな，あるいは修正された解釈を作り出すプロセス」(メジロー 1991/2012, p.18) とする。この意味から変容的学習の目的は，「より包括的で識別能力があり，より広がりがあり，より統合された意味パースペクティブ」(メジロー 1991/2012, p.11) を導くこと，である。ゆえに，変容的学習における発達とは，考え方や行動の変容が結果的にもたらされなくとも，認識されていなかった意味パースペクティブを認識し，吟味し，批判的に省察する，という学習プロセスを通じて，より広い視野，より多角的な視野から物事を解釈できるような「統合された意味パースペクティブ」を得た場合は，発達と解釈する。なお，本論文において，「考え方の発達」と述べる場合は，分析枠組みにもとづき，1つの事柄に対する1つの考え方が批判的自己省察に達し，発達するという意味である。

　本研究においては，3種類の省察を用いて実践的知識を構成する考え方の発達過程を分析していくが，本研究で用いる分析枠組みの省察 reflection は，一般的に用いられている省察と区別するために，英単語を併記して示す。この場合は，分析枠組みにもとづき，考え方の源や根拠に気づく・突き止めること，具体的には，考え方の源となっている信念の根拠を述べることという省察を意味する。

第3節　調査の概要と調査協力者・調査方法

1　調査の概要と調査協力者

　本研究においては，現代的な教育課題として，教科センター方式に取り組むY中学校とX中学校の教師達に調査の協力を依頼した。調査協力者選定に際しては，教科センター方式という現代的な教育課題についてこだわったわけではなく，教科センター方式という新しい教育課題に取り組みながら授業改善を目指している学校という共通点を両校が有すると同時に，研究課題を解明するにあたって比較検討できる異なりも有していたからである。この点については，教科センター方式についての概要を述べた後に，調査の概要とともに説明していく。

1-1　教科センター方式について

　教科センター方式とは，国語・数学等，従来普通教室で行われていた教科を含めた全ての教科の授業を専用の教室で行うだけではなく，それら教科毎の教室をオープンスペースや教科の教師ステーションと組み合わせて教科センターとして配置し，それら教科センターで学校全体を構成し運営する方式のことである。

　教科センター方式という呼び名をつけた長澤（2004）は，建築の立場から，施設のあり方によって無意識のうちに教育の方法や生徒の動きは制約を受けると述べている。その教科センター方式と教室を並べた従来の教科教室型との違いは，生徒の自主的な学習を支えるための図書や資料・コンピュータ・作品などを備えたメディアスペース（オープンスペース）と教科教室とが組み合わされているだけではなく，明確な意図をもって学校づくりを行っていると説明されている。また，教科センター方式導入が学校改善の機会となった学校については，計画段階で教職員を交えた検討プロセスに十分に時間をかけていること，建築の機会が学校全体の教育方針を明確にする機会であったこと，これらが強調されている。

この教科センター方式の取り組みは20年ほど前から可能性が注目され，徐々に拡がっているという（長澤2010）[36]。その導入については校舎の建築を伴うため，学校設置者の意向によって決定される。教科センター方式の流れを生み出す源となったのは，「荒れた学校を立て直す」ことを発端とした学校改革であったという。しかし現在，教科センター方式導入において目指されているのは，21世紀の知識基盤型学力である思考・判断・表現を育むための授業改善である。そのためには，教師が一方的に知識を注入するような授業ではなく，生徒が主体的に学習に取り組む，協働・参加型の学習を推進する必要があるとされている（松木2010）。教科教室型による学校運営の課題を調査・研究した長澤（2010）も，教科センター方式導入の「最大の狙い」は，「教科の充実，主体的に学習に向かう態度の育成にある」と述べ，教科指導面の有効性が認められるとも述べている。

　しかし，この教科センター方式実施は，従来の中学校での生徒と教師の動きを大きく変えるものである。これまでは，生徒は自分の教室におり，そこに教師が出向いて授業をするという教師が動くスタイルであった。一方，教科センター方式では，教師が教科教室におり，音楽・美術・技術・家庭科などのいわゆる実技教科以外のすべての教科においても，生徒が移動して授業を受けるというスタイルになる。オープンスペースなど自由な空間も多くなり，時間的にも空間的にも生徒にとっては自由度が高まることから自律性や自主性が求められるようになる。教師にとっては生徒の動きを把握するのが難しくなる。それは，学年ごとにまとまったエリアに教室が並ぶ従来の校舎とは異なり，教科センター方式では，生徒は学校全体に配置されている教科教室を時間割に従って毎時間，移動するためである。また，生徒の動きが増すだけではなく，教師も職員室だけではなく，教科のエリアや教師ステーション（教科のエリアにある規模の小さな職員室）が日中に過ごす場所として加わる。

　このような教科センター方式の実践を担う教師の意識について，調査からは，教科センター方式実施以前は「期待と不安が両方あった」が60〜70％であったこと，実施後は教科指導についての評価は総じて高いこと，一方で生徒の持ち物管理や生徒の落ち着きなどのいわゆる生活面での評価は学校ごとに

よって違いがあること，同じ学校でも教師の行為と場所は教師によって異なり，学校ごとにも傾向があること，などが明らかにされている（長澤2010）。

1－2　Y中学校・X中学校の概要
①調査協力校選定の理由

　Y中学校とX中学校の教師達に調査の協力を依頼したのは，共通点を有し，同時に本研究課題解明のために比較検討できる異なりも有していたからである。共通点としては3点ある。1点目は教科センター方式という現代的な教育課題に取り組みながら授業改善を目指していること，2点目は数名の教師が同じ教職大学院に派遣されていること，3点目は同規模の学校であること，という点である。しかし2点目については，教職大学院に派遣された個人からとらえると共通点であるが，学校全体としての教職大学院との関わりとしては異なる点がある。この点も含め，異なる点は次の3点である。

　1点目は立地の違いである。Y中学校は県庁所在地であるが地方の都市，X中学校は首都圏に位置している。2点目は教職大学院との関わり方の違いである。両校とも教科センター方式実施に際し，1～2名の教師が教職大学院に派遣され，職務を担いながら大学院にも在籍している。しかし，Y中学校では新校舎設計段階から大学教員が関わり，教師も毎年継続的に教職大学院に派遣され，教職大学院との連携は強固である。一方，X中学校では教科センター方式実施の告知（2010年度）の翌年，2011年度から2012年度の新校舎建設中，教科センター方式実施の準備のために2名の教師が教職大学院へ派遣されたが，派遣はその2名のみ，一度限りであった。3点目は，新しい教育課題への取り組みの定着度の違いである。調査を計画した当時（2012年）のY中学校は，教科センター方式に取り組むことが決定し，授業改善に着手（2005年）して8年目（1回目調査当時），新しい校舎に移転開校（2008年）して5年目（1回目調査当時）と，その独自の取り組みが定着してきた時期であった。一方，X中学校は教科センター方式実施が通達され（2010年），その準備とともに授業改善に取り組んでいる渦中であった。この点からY中学校においては取り組みの定着してきた時期における実践的知識の発達を，X中学校の調査においては，現代的な教

育課題に取り組むことによる実践的知識の発達を，同時進行的に調査できると想定した。

　このように，共通点とともに異なりがある2校の学校の比較検討から，個々の文脈における実践的知識の発達の多様性と共通性を明らかにしていく。しかしY中学校では生徒指導上の問題が発生し，1回目調査後の2013年度からはこれまでの取り組みを変更せざるを得ない学校改革に取り組むこととなる。報道されるような生徒指導上の問題はどの学校でも起きることではないが，程度の差はあっても公立の中学校において生徒指導上の問題は，避けて通れない最も現代的な教育課題でもある。授業改善以外の課題に直面し，貴重な経験をした教師達が，その経験をどのように実践的知識の発達として結実させるのか，この点を明らかにすることは，子どもの生活全般にまで目を配って指導している日本の教師の実践的知識の発達を解明していくことでもある。そのため，Y中学校への調査を継続したものである。

②Y中学校・X中学校の概要

　Y中学校は，中部地方の県庁所在地から車で30分ほどの田畑・住宅地に位置する，一学年4～5学級編成の中規模校である。学校移転に伴う校舎の建て替えから教科センター方式実施が教育行政によって決定され，2008年度に新校舎に移転した。Y中学校の2011年度の研究紀要に依れば，開校3年前の2005年度から「本格的に授業改革に着手」し，校舎建設に関しては，その計画段階から「設計者と打合せを繰り返し」これからの学校建築と教育との関係について考えてきたという。このように新しい教育を担う学校として移転開校したY中学校では，「異学年型教科センター方式」を実施している。

　「異学年型」とは，各学年1クラス，合計3クラスを1つの集団単位「クラスター」として異学年で構成し，そのクラスターを生活集団とするものである。Y中学校では基本的に5つのクラスターを組織している。5つの「クラスター」は5教科（国語・数学・社会・理科・英語）を核として，その教科の教師と実技教科（音楽・美術・体育・技術家庭）の教師，養護教師や特別支援学級の教師が性別や年齢，校務のバランスを考えて配置されている。生徒においては，例えば，1年生の時はレッドクラスター，2年生の時はグリーンクラスター，3

年生の時は…という生徒もいれば，3年間，同じクラスターで過ごす場合もある。教師の方は教科ごとに配置されているので，基本的にはY中学校に勤務している間は同じクラスターで過ごすことになる。しかし，年齢や性別の関係から，自分の教科ではないクラスターに配置されることもあるという。このような先進的な取り組みには計画段階から地元の大学教員も関わり，Y中学校が移転・開校後も継続的に大学関係者が校内研究に携わって問題解決型学習の実践が目指されている。また，移転開校と同時期にY中学校は教職大学院の拠点校ともなり，毎年，1～2名の教員が職務を担いながら大学院に在籍している。

　このように，新しい取り組みを行う学校として移転開校前から準備を進め，その後も問題解決型学習の実践を積み重ねてきたY中学校であったが，移転開校5年目の2012年7月に警察の出動を要請する生徒指導上の事件が校内で発生し（1回目調査直前），地方新聞でも報道されることとなった。そのため，翌年（2回目調査）には独自の取り組みである70分授業を50分に変更し，異学年クラスターでの活動を縮小し，学年毎の活動にも重点をおくようになったという。また，2013年度の研究紀要に依れば，学校長をはじめとして教職員の約半数近くが入れ替わり，移転開校以来，掲げてきた「学びと生活の融合」という校内研究のテーマを学校の現状から「学びと生活の向上」とし，「安心，安全な学校づくり」「規範，学力，有用感」の育成に重点をおくようになったという。調査当時（2012年・2013年・2015年）のY中学校は，授業改善に着手（2005年）して8年目（調査1回目当時），新しい校舎に移転開校（2008年）して5年目（1回目調査当時）と，その独自の取り組みが定着してきた時期と思われたが，生徒指導上の問題から学校改革に取り組んでいる最中であった。

　X中学校は首都圏の主要な駅から電車で30分ほどの住宅街に位置する，一学年4～5学級編成の中規模校である。校舎の老朽化や耐震化，学校を取り巻く住環境への対応から，校舎の建て替えが2009年に決定される。そして，新校舎建設に際しては，教科センター方式を導入することが行政によって決定され，それがX中学校に通告されたのは，翌年の2010年であった[37]。X中学校は2007年度から2009年度まで，区の小中一貫教育指定校として3年間の校内

研究を行い，それが終了した直後であったが，教科センター方式導入に伴い，2011年度から「指導力向上特別研究指定校事業」に指定される。そしてこの年度から，教科センター方式実施および授業改善に向けて，先進的にこの方式を提唱している教職大学院の教員が校内研究に携わるようになる。同時に，この教職大学院に2名の教師（水谷教師・青木教師）が職務と並行して派遣される。しかし，教職大学院への派遣研修は2011・2012年度のみ，この2名のみの特別な派遣であり，継続的に順次，他の教員が派遣されることはなかった。

　2013年度には新校舎が完成し，本格的に教科センター方式が開始される。2014年度からはX中学校は指導力向上研究推進校となり，引き続き授業改善に取り組んでいる。しかしこれらの研究指定校は地区の研究指定校であり，2016年度X中学校が所在する地区において，何らかの研究指定校になっているのは小学校52校中19校，中学校23校中17校である。その中でもX中学校と同じ指導力向上研究推進校はX中学校を含めて4校あり，研究指定校になること，それ自体は非常に特別なことではない。しかし，この地区での教科センター方式導入はX中学校が第1校目であり，「新しい教育のモデル」(教育委員会配布パンフレットより)として，この地区ではパイオニア的な位置づけである。調査当時（2012年・2013年・2014年・2016年）のX中学校は，教科センター方式実施が通達され（2010年），その準備とともに授業改善に取り組んでいる渦中であった。そして2013年に新校舎が完成して教科センター方式が実施されていく。

1-3　調査協力者の属性構成および調査実施概要

　本研究では教師の学習と他者との関係性を明らかにする必要から，教科のネットワークに着目し，縁故法によって個別に調査協力を依頼した。また，調査協力の対象者としては，複数の学校勤務経験がある公立中学校の教師としたが，何らかの共通点を有すコミュニティの成員の調査を行う必要から，新規採用教師も調査協力者となっている。しかし，同じ新規採用教師であっても常勤の講師経験は実質的な教師としての経験であり，その経験から教師としての学習をなして実践的知識を形成・発達させていると考えられる。この点から，採

用以前の常勤の経験を有する教師も複数の学校勤務経験があると本研究では解釈する。調査協力者はX中学校の教師5名，Y中学校の教師3名の計8名である（Table：0-2）。両校の所在地は離れているが，X中学校の水谷教師と青木教師，Y中学校の東教師は同時期に同じ教職大学院に在学しており，面識がある。なお，調査協力者の氏名はすべて仮名である。

調査は継続的に複数回の実施を基本とし，約1年ごとの実施を計画した。Y中学校の1回目調査は2012年8月に行い，英語科の東教師，西山教師への調査を実施した。2回目調査は1年後の2013年8月に東教師，西山教師に2度目の調査協力を依頼し，実施した。同時に，英語科というつながりのある北村教師に1度目の調査を実施した。2014年はさまざまな事情から調査実施は叶わず，3回目調査は2015年8月に行った。この時も2回目調査と同様に，英語科の教師3名，東教師，西山教師，北村教師への継続調査を実施した。

X中学校の1回目調査は2012年7月・8月・12月に行い，社会科の水谷教師，理科の草野教師，管理職の桜井校長への調査を実施した。水谷教師と草野教師についてはそれぞれ1度，桜井校長は2度にわたり調査を実施した。桜井校長への調査を短期間の間に2度行ったのは，桜井校長への1回目の調査は正式に予定していたものではなく，草野教師への調査終了後の挨拶時に，X中学校の取り組みについてたずねたところ，桜井校長が対応してくださったことから偶発的に始まったものであった。そのため，2回目調査を正式に依頼し，1回目調査において不十分な点を中心に質問したものである。

X中学校の2回目調査は，1年後の2013年7月に理科の青木教師に実施した。青木教師に調査協力を依頼したのは，草野教師の実践的知識の発達に青木

Table：0-2　調査協力者一覧

		教科	性別	年齢	調査年月日			その他
X中学校	土屋教師	理科	男性	20代	2014.8.1	2016.5.21		
	草野教師	理科	女性	30代	2012.8.3			
	青木教師	理科	男性	30代	2013.7.31	2014.8.1		教職大学院在学（2012～2013年度）
	水谷教師	社会科	男性	40代	2012.7.13			教職大学院在学（2012～2013年度）
	桜井校長	管理職	男性	50代	2012.8.3	2012.12.21		
Y中学校	北村教師	英語科	男性	20代	2013.8.19	2015.8.21		
	西山教師	英語科	男性	30代	2012.8.4	2013.8.19	2015.8.21	
	東教師	英語科	男性	40代	2012.8.4	2013.8.19	2015.8.21	教職大学院在学（2012～2013年度）

教師が影響を与えていることが分析から明らかになったことからである。3回目調査は2014年8月に実施し，理科の青木教師と土屋教師に調査協力を依頼した。青木教師への調査は2013年からの継続調査として，土屋教師は新規採用教師であるが，草野教師，青木教師と同じ教科である理科というつながりがあることから調査協力を依頼したものである。土屋教師への調査については，2016年5月にも継続して実施した。

　なお，教師の学習過程を長期的な視点から明らかにするため，また，回顧法によるデータ収集を補完するためにも調査は継続的に行うことを基本としたが，草野教師と水谷教師の調査は1度限りとなっている。これは，草野教師への2度目の調査を2014年に予定していたが，配偶者の転勤に伴う国外への転居のために草野教師が2013年度末に退職し，調査が継続できなかったためである。水谷教師については，教職大学院においてこれまでの教師としての軌跡を描いた341ページに及ぶ冊子『学校改革実践研究報告書』を1度目の調査から1年半後に提供をうけ，それが調査で訊ねたいことを網羅していたことから再度の調査を必要としなかったためである。

2　調査方法と調査内容

　調査においては調査的半構造化面接法（以下，インタビュー調査と呼称）を用い，いずれの調査協力者の場合も勤務校において調査協力者1名と筆者のみで実施し，1人当たり1時間から2時間のインタビュー調査を実施した。インタビュー調査の特質から，本研究において留意した点について述べておく。

　インタビュー調査は，どのような形式をとっていても「聞き手」と「語り手」との相互行為によってなされるものであり，語り手だけではなく聞き手もデータにおける意味の生成に関わっているという特質を有している[38]。そのため，調査から考察までの過程においてはいくつかの留意すべき点が指摘されており，本研究では次のように取り扱った。

　1点目はデータを得るため方法である。インタビューにおいては「方向づけられたもの」と「方向づけのない，あるいは制限のない」もの（L. L. Langness, and G. Frank 1981/1993, p.64）という2種類があるが，語り手が聞き手による影

響を受けないよう,「方向づけのない,あるいは制限のない」形式が望ましいと考えられる。しかし,実際のインタビュー調査において,全く無制限である場合には,調査項目から大きく外れる可能性もあり,その場合はもとの話題にもどるよう促す必要がある。また,用意したトピックについて語ってもらう場合に,全く自由に,あるいは聞き手が全く関与しない場合には,語り手の表面的な回答しか引き出せないという問題が残る。そのため,まったく「方向づけのない」形式は本調査の目的には適さないと判断し,半構造化の面接法を用いた。しかし語り手の回答が聞き手によって過度に方向づけられないよう,質問事項についてはトピックのみ提示し,自由にそのトピックについて語ってもらうという形式をとった。そして,語り手が十分に語った後に質問を行い,語り手の方向性を妨げないようにした。また,聞き手の用意したトピックについてすべて質問を終えた後に,もっと語りたいことはないかと促し,語り手自身がトピックを設定して,語り手の最も強く感じていること,共感していることやこだわっていることなどについて回答を得る場面を設定し,聞き手による過度な方向づけを避けるようにした。

　2点目はデータを得る状況である。インタビュー調査は,聞き手からの影響を全く排除することは実際には難しいことは述べたが,聞き手と語り手との関係が影響を与えるという指摘もある。この点においては,調査の目的が研究のデータを得るためであり,その内容が教育委員会や管理職,同僚に開示されることがなく,それらへの配慮を行う必要がないことから,調査の目的を妨げるものではないと考える。また,ラポール(信頼関係)形成の観点においては,聞き手である筆者と語り手が,公立学校の教師という同等の立場にあり,権力関係が存在しないことから今回の調査に必要と考えられるラポールは形成されたと考える。

　3点目は分析におけるデータの処理についてである。語られた内容については,聞き手と語り手の理解のずれを生じないよう,インタビュー中,あるいは終了後に確認を行い曖昧な部分を残さないようにした。また,インタビュー調査において録音した語りは,語り手の言葉をそのまま文字に起こし,加工はしていない。分析においては,文字に起こしたデータをなるべくそのまま生かし,

語り手の意味生成を成している前後関係や語り手を取り巻く状況との関連性が残るようにした。そのため，事例分析においては「語り」の引用部分がやや長めになっている部分もあるが，過度にデータを切片化するのではなく，語り手の省察過程やその時の状況が残るようにすることで，「語り」に含まれる意味内容の再解釈性を担保し，データの信頼性を高めるようにした。

　以上，3点の配慮を行ったが，「語り」は相手が存在して成り立つものであり，聞き手の存在によって語り手は「語り」を再構成している。その意味から，本研究における「語り」は，聞き手である筆者との特定な状況における相互行為の結果の「語り」であり「協同的な産物」(Holstein, J. A., Gubrium, J. F. 1995/2004)という性格を有している。同時に，聞き手が異なれば異なる「語り」になる性格を有する。また，語り手は意識的に，あるいは無意識的に，質問に対して必要と思われることや語りたいことを選択して語る。語られなかった部分に重要な情報を有している可能性もある。分析データとしてこのような限定がある上で，それを補完するために，複数の調査協力者の語りの分析を通じて，1つの状況や文脈を羅生門的手法によって明らかにするようにした。また，その時には語られなかった部分を他の調査協力者の語りから推論し，再度，調査を実施することによってデータを充実させるようにした。

　最後にインタビュー調査においてのトピックを5点示すが，半構造化面接法のためその順序は回答者によって異なる。また，そのトピックについて語り終え，他のトピックを語った後に，もう一度，語るという場合もあった。1点目は現任校での立場や新しい課題（教科センター方式実施と授業改善）に関する取り組み，2点目は新しい課題の実際と運営，3点目は取り組みを通じての自分の考え方・仕事の仕方の変容，4点目は取り組みや変容に関与している他者，5点目は教師としての経歴や印象深い出来事，である。5点のトピックについての質問終了後に，語り手が語り足りない点や筆者が設置しなかった話題についても自由に語ってもらった。これは，語り手が最も関心をもっていることをとらえ，語り手の意味構築・生成がどのような背景を持つものかを把握する意図からである。また，学習資源としての教師の経験は，職務上以外の経験も含む広範囲な多様な経験から構成されているという特徴を有することから，5点の

トピックの語りの中で学校以外の経験についてまったく触れられていなかった場合は，学校外の経験について，補足的に質問を行った。なお，語りを補足するデータとして，X中学校については2010年度・2011年度（平成22・23年度）の『研究集録』，2011年度・2012年度（平成23・24年度）の『公開授業・研究協議会の学習指導案及び研究資料』，2013年度の指導力向上特別研究指定校研究発表会で配布された『「アクティブラーニング」の勧め』を参照し，Y中学校については『研究紀要』(2010年度・2011年度・2013年度・2014年度) を参照した。また，水谷教師と東教師がそれぞれ教職大学院において執筆した『学校改革実践研究報告書』も参照し，一部を分析のデータとして用いた。

序　章　注記

1) 文部科学省初等中等教育局 初等中等教育企画課による『教員のメンタルヘルスの現状 平成24年1月22日』において，次のように述べられている。「精神疾患による病気休職者数は，増加傾向」「在職者に占める精神疾患による病気休職者の割合は，10年間で約3倍に」「教員は，一般企業の労働者よりも疲労度は強い」「教員の『仕事や職業生活におけるストレス』は，一般企業の労働者よりも6ポイント以上高い。また，ストレスの内訳は，『仕事の量』と『仕事の質』が，一般企業の労働者より高い」。
2) ここで用いるエンパワーメントとは「自分や集団の力量を高め，社会の矛盾に立ち向かう力を得ること」という意味である。三輪健二（2009）『おとなの学びを育む―生涯学習と学びあうコミュニティの創造』鳳書房，p.137。
3) 例えば組織学習論の領域からは，Schön（1983）や野中（1990）らが知識創造の重要性を指摘している。
4) これまでの教師研究の変遷を8つの領域に分け，レビューを行っている。8つの領域は，「専門性・仕事・役割」「成長プロセス・ライフヒストリー」「人事・研修」「多忙化・メンタルヘルス」「知識・技術・信念」「教員養成カリキュラム」「学校組織・教師文化・校内授業研究」「教師教育の連続性」である。
5) ライフヒストリー研究を端的に述べれば，語り手が個人的な解釈・意味づけをしながら構築した「ライフストーリー」を，さらに聴き手が客観化・対象化作業して「ライフヒストリー」として再構築するもので，個人の側から社会全体の歴史を逆照射する狙いと個々人特有の発達の姿を描くという特徴がある。それに対してライフコース研究は，再構成された「ライフヒストリー」の中のコーホート性を重視し，個々人の「ライフヒストリー」を乗り越え，個人の固体性・多様性を含みつつも同一の集団に属する一定の共通性や傾向性を確認していくことに特徴がある。
6) 「選択的変容型発達モデル」については，次のように述べられている。「変化する状況（社会・職場・子ども，そして自分自身の加齢や私生活の変化）に対応しながら，教師個々人

序　章　研究の課題・方法

の直面した課題を解決するために，困難さを克服するための新しい力量を獲得していくことによって，あたかも結果として古い衣を脱ぎ捨てながら新しく変容していくようなモデル（歴史性・多様性・変容性といった概念で特徴づけられる発達の姿）」（山﨑 2012b, pp.115-116）。

7) 正確には結論部分の注記において，個人と教師集団との関連性を述べている。
8) 佐藤は次のように述べている。「『実践的知識』は，特定の文脈に規定された『事例知識』としての個別の『知見』（技術知）のレベルだけではなく，授業者の選択や判断の原理として深層で機能している『見識』のレベルまで含めて捉えることが求められる」（p.177）。
9) Schön（1983/2007, p.300）。
10) 前掲書，p.301。
11) 前掲書，p.18。
12) 前掲書，p.40。
13) 前掲書，p.41。
14) 前掲書，pp.41-42。
15) 前掲書，p.244。
16) 意味パースペクティブとは，「知覚，理解，想起の諸活動を支配するコード」「知覚や認知の作用を律する規則のシステム」「これまでの経験を同化させて新しい経験へと変容させることのできる，認識的，文化的，心理的な前提の構造」と説明されている（メジロー 1991/2012, p.7, p.9, p.84）。
17) 前掲書，p.xv。
18) 前掲書，p.9。
19) 前掲書，p.8。
20) 前掲書，p.8。
21) 前掲書，p.17。
22) 前掲書，p.19。
23) 前掲書，p.79。
24) 前掲書，p.75。
25) 前掲書，p.77。
26) 前掲書，p.78。
27) 前掲書，p.31。
28) 前掲書，pp.79-80。
29) テイラーの変容的学習論の批判的レビューは，不合理や不足があるというメジローの理論への批判に対して，それが理論と実践とのかかわり合いからの議論ではないため，実証的な研究から変容的学習の理論的な基礎構築を行うことを目的としている。また，変容的学習が25年を超えても調査され議論され続けている理論であり，医療教育，高等教育，ビジネス分野など多様な学問分野に拡がり，北米以外にも拡がっているにもかかわらず，それらに対する批判的なレビューがないということから網羅的なレビューを通じて今後の調査や実践に適応できる知見を提供することを目的としている。この目的には，メジローの理論を直接的に参照する研究だけではなく，彼の理論に関する他の変容的学習に関する研究があることを認識することも含まれており，実証研究を抽出するための基準が設定されている。1997年の抽出基準は2点，(a) 研究の目的，枠組み，デザインにおいてメジローの理論や関係する構成要素を含んでいること，(b) 用いた研究の方法論が明確に記述され，概念的な研究課題ではなく実証的な研究であること，である。2007年の抽出基準は3点，

(a) 主要な理論的枠組みとして変容的学習理論を用いていること，(b) 明確な方法論を用いていること，(c) 変容的学習理論の研究に知見を与えていること，である。また，抽出はどちらとも多様なデータベース（ERIC, Wilson, Proquest, Medlin, Lumina）を用いたことが明記されている。

30) この批判に対してメジローは2000年に著した著書で，「学習は，複雑で制度的で対人関係的な，そして歴史的な状況の中の現実の世界において」生じると，それら関係性の重要性を自らも認めている。また，平等ではない権力関係が学習プロセスにはあることも認めており，このように権力関係がないことは成人教育の理想であり，それはそのようなセミナーの経験が必要だと述べている。このように批判とそれに対しての往還があることから，常葉－布施（2004）が述べているようにメジローの変容的学習理論はいまだに発達中の理論である。

31) メジロー（1991/2012），pp18-19。

32) 前掲書，p.79。

33) 前掲書，p.31。

34) 前掲書，pp.79-80。

35) 厳密に述べれば，メジローは成人教育者として実践を行っており，その実践は変容的学習論を想起するもととなっている。しかしながら変容的学習論を提起して以来，この論を実証するような実践的研究を彼は行っているわけではない。詳細はメジロー（1991/2012）を参照されたい。

36) 2004年の『文教施設』(p.47)によれば，教科教室型中学校として全国39校が竣工，7校が設計中～工事中と記載されている。しかし記載されていた学校の中には，2015年現在では，校舎は教科教室型であっても，教科センター方式を行っていない学校もあり，この方式を採用している中学校の正確な数字は定かではない。

37) 教育委員会配布のパンフレットに依れば，教職員へのヒアリングは2009年6月から開始されたと明記してある。しかし，調査協力者の語りから，本論文においては2010年とした。

38)「インタビューに参加するインタビュアーも回答者も両方ともに，（中略）どちらも意味を作り出す作業に関わっている。（中略）意味は，インタビューにおけるインタビュアーと回答者の出会いにおいて，両者が積極的に関わり，コミュニケーションを行うことを通して組み立てられていくもの」(Holstein, J. A., Gubrium, J. F. 1995/2004, p21)。

| 第1章 | Y中学校の教師達：実証的分析Ⅰ |

　Y中学校は，中部地方の県庁所在地から車で30分ほどの田畑・住宅地に位置し，一学年4～5学級編成の中規模校である。Y中学校では校舎の老朽化に伴った新校舎建設を機に，「異学年型教科センター方式」を実施している。

　「異学年型教科センター方式」とその実施までのY中学校の取り組みに関しては，序章・第3節にて述べたとおりである。2008年度の新校舎への移転開校後も問題解決型学習の実践を積み重ねてきたY中学校であったが，移転開校5年目（2012年度）に生徒指導上の事件が発生する（1回目調査直前）。そのため，2013年度（2回目調査）からは独自の取り組みであった70分授業を50分に変更し，異学年クラスターでの活動を縮小し，従来の中学校のように学年毎の活動にも重点がおかれるようになる。また，移転開校以来，掲げてきた「学びと生活の融合」という校内研究のテーマも「学びと生活の向上」とし，「安心，安全な学校づくり」「規範，学力，有用感」の育成にも重点がおかれるようになる。さらに2013年度には，学校長をはじめとして教職員の約半数近くが入れ替わる。調査当時のY中学校はこのように学校改革に取り組む渦中であった。

　調査協力者についてはそれぞれの節にて述べているが，3名の関係性は以下のとおりである（Table：1-1）。東教師（教職歴25年・3回目調査当時）はY中学校が移転開校して3年目に着任し，北村教師（教職歴4年・2回目調査当時）と西

Table：1-1　Y中学校の概要と調査協力者3名の関係性

年度	Y中学校の主な出来事	調査協力者着任時期(調査実施月日)			
2003	建設基本計画策定委員会設置				
2004					
2005	授業改革着手				校長在職期間
2006	70分授業導入				
2007	クラスター試行				α校長
2008	移転開校				
2009		東教師			β校長
2010					
2011			西山教師	北村教師	γ校長
2012	生徒指導上の「荒れ」・新聞報道	(2012.8.4)	(2012.8.4)		
2013	50分授業への変更・学校長を含む36名中15名の教職員の入れ替わり	(2013.8.19)	(2013.8.19)	(2013.8.19)	δ校長
2014			(在職3年後異動)		
2015		(2015.8.21)	(2015.8.21)	(2015.8.21)	ε校長

山教師（教職歴8年・3回目調査当時）は，Y中学校の移転開校5年目に着任する。3名は英語科を中心とするクラスターにて3年間をともに過ごしている。学年所属はそれぞれ異なるが，北村教師は産休に入る教師の学級を担任として引き継ぐまでの着任後半年間，東教師の学級の副担任として，東教師と共に学級指導を行う。各々の実践的知識の発達過程とそのあり様を省察の深まりから分析し，3名の教師達の関わりが実践的知識の発達にどのように関与しているのかをも明らかにしていく。

　データとして示す語りに記した整理番号は，左側は調査の回数（1は1回目調査，2は2回目調査）を表し，右側はその調査における語りの順序を表す通し番号である。通し番号は，語られた内容から判断して一連の語りを1つとしてまとめてふっており，複数のやりとりが含まれている場合もある。筆者の発言は（　）でくくり，筆者発言と明記した。データは再解釈性を担保するために中略等はできるだけ避け，調査協力者が語ったそのままを文字に起こしたものを示す。しかし，公表するに差しさわりのある部分は内容に応じて略し，氏名や地名，学校名など固有名詞は仮名または記号に置き換え，意味が通りにくい部分は〔　〕内に補足のための文言を加えてある。

　なお，データとして示す語りに引いた下線は，分析の根拠としている部分である。また，省察の深まりを示している語りには3種類の下線を次のようにつけ，省察の深まりを明示した。省察 reflection（考え方の源に気づく・突き止める，具体的には，考え方の源となっている信念の根拠を述べること），批判的省察 critical reflection（考え方の前提条件を検討し評価する，具体的には，物事を判断したり問題解決に用いた考え方とその根拠を検討し，評価すること），批判的自己省察 critical self-reflection（問題提起をしながら考え方を検討する，具体的には問題解決ではなく，自分がどのように問題とするのかという，問題設定や問題提起をすることによって考え方を検討し，発達させること）。省察の深まりが表出している語りについては本文中に，それ以外の分析の根拠とした語りについては巻末にまとめて提示する。

第1節　事例分析：北村教師 ── 初任教師の実践的知識の発達

1　Y中学校に着任するまでの北村教師の概要

　北村教師は20代，教職4年目の中学校・英語科の男性教師である（2回目調査当時）。北村教師は，「もともと自分，理系だった」といい，「先生はなりたい仕事では特になかった」という。医療系への進学を希望した北村教師であったが「受からずみたいな感じで，そこで悩み」，「1年のときに全員共通で入って，2年になるときに教科を選べるっていうところがあったので。選べるしいいな」「とりあえず教育，受けに行こうかみたいな感じで」地元の隣接県の国立系大学に進学する。

　大学2年になり，北村教師は「英語かなっていうふうな感じで，それでパッと選んだ」と教科を選択する。その「きっかけ」は，1カ月のイギリス留学で「まずは英語で話したりすることがすごく面白いな」と気づいたこと，「あとは英語の授業のそういった講義とか，そういった授業を見ていく中で英語の授業ってすごく奥が深いな」ということにも気づいたからだという。また大学時代，北村教師は専攻が英語科ではなく教育学であったことから，大学教員に「行ってきなさい」と勧められ，「富山の堀川〔小学校〕だったり，長野の伊那〔小学校〕であったり，奈良の奈良女〔奈良女子大学附属小学校〕だったり」という「特殊な実践」を行っている学校を訪問したという。しかし，大学3年時の教育実習では「授業がうまくできるできんじゃなくて，授業が作れないってところでまず悩み。授業ができんし，その実習の先生も結構，厳しい方でバンバンバンバン言われるので。自分できんわみたいな感じで思っていたんですが。そこで結局何も。授業も失敗し続けという形で」「全然

Table：K1　北村教師の教師歴と調査年月日

勤務校	所属学年	教職年数	年齢
1校目 Y中学校	1年副担任→2年担任	1	23
	1年（第1回目調査　2013.8.19）	2	24
	2年	3	25
	3年（第2回目調査　2015.8.21）	4	26

うまくいかず」，北村教師は「自分〔教師に〕なれるんかなとか，英語自信ないなとか思いながらやっていた」という。そのため「正直，先生になりたいかどうか，全然悩んでいて」という北村教師であった。しかし教員採用試験に際し，「昔のこと思い出してみると」教師を志す「きっかけ」があったという。それは，北村教師の小学校5・6年の担任教師との出会いである。小学校3年生の時は，「いじめ」や「学校の先生ともいろいろトラブルがあって」「基本的に学校が嫌いやった時期」があったという。しかし5・6年生の担任教師は，「若い先生で新採の先生だったんですけど」「すごく話もよくしてくださったし。一生懸命自分のこと教えてくださって」という教師だったという。「5・6年の担任の先生見ていて，先生すごいなって純粋に思って」「自分もこうやって学校行きたくないっていう経験もしたし，ほかの子どもらかってそんなつらい思いしてる子，いるんちゃうかなっていうふうに思ったのと。やっぱり自分みたいになってほしくないなっていうのがあって」と北村教師は教師になることを決意し，地元の都道府県の採用試験を受け合格する。

　大学卒業後，直ちに教員としてY中学校に着任した北村教師は，担当教科英語科の他，1年生の副担任として英語科の先輩教師である東教師の学級をともに指導する。着任1年目の後半からは，産休に入った教員の学級を引き継ぎ，2年生の担任となるが，担任学級の生徒の反発を受け，「その時点でズーンとなってしまった」という。着任2年目は1年生を担任し，その学年を3年生まで担当し，Y中学校着任4年目（2回目調査当時）となった北村教師は次のように述べている。「教員という仕事が一番，自分が合ってるなというか，これからもやりたいなと思う仕事」「仕事の忙しさもありますが，でもそれ以上にその分子どもらが伸びてくれたりとか，子どもらがうまくいったときとか，子どもらが嬉しいという言葉を出したりとか表情を見せてくれたりしたら，それはやっぱり嬉しいなと思う」と，「教員という仕事」に北村教師は手ごたえを持つようになっている。そして授業については，「英語を使って自分の言いたいこと。自分の言いたいことをちゃんと言えるようになるということが生徒に育ってほしい」「そのためにはやっぱり英語が面白いって，やっぱり生徒達が思えることと，英語で話せて英語が伝わったらなんか良かったなと思えるように

なること」「そういう気持ちに生徒達がなってほしいなと思うのを常に大事にして」と，生徒の気持ちを重視する授業を構想するようになっている。また，「本当に理解がなかなか難しい生徒に対しての〔学力を〕付けるための手立て」を「突き詰めて，突き詰めた授業を英語の授業でできるようになれるといい」「そういった学習指導の研究もしながら」「その中に生徒指導の自分のスキルをベースに授業ができるようになりたい」「授業づくりは本当に生徒指導が基盤にあって，普段の授業の学びがある」「そういったところを，両輪をしっかりできるような英語の教員になりたい」と，学習指導と生徒指導とを結び付けて考えるようになっている。

このような考え方がどのように形成・発達されていったのかを北村教師の語りから分析していく。

2 分 析

あらかじめ述べると，北村教師の事例においては授業に関する考え方の発達は生徒指導に関する考え方の発達の影響を受けている。このことから，生徒指導についての意味パースペクティブの発達過程を先に述べ，その後に授業についての意味パースペクティブの発達過程を述べていく。分析に用いたデータは，1回目調査（着任2年目）は1-1から1-39，2回目調査（着任4年目）は2-1から2-44である。

2-1　生徒指導についての意味パースペクティブの発達過程
①省察の喚起・考え方の形成

大学を卒業し，Y中学校に着任した北村教師は，同じ英語科の東教師の学級の副担任となる。担任である東教師が不在時のみに代わりに指導するのではなく，北村教師はティーム・ティーチングのように学級指導に参加する。常に東教師の指導を「見て学ぶ」中で，北村教師は「自分もこの子たちにどんどん言葉をかけてあげたいし，この子たちを指導したいし，この子たちを伸ばしてあげたいし，っていう気持ちが多くなって」「自分もクラス持ちたいなって気持ち」が強まる。また，北村教師は東教師との「一緒にやってく感覚」「あうんの呼吸

みたいなの」を感じるようになり,「東先生はこうしたいんやろな」と東教師の指導の真意を汲み取り,「ここは少し後ろから出て相手の子とちょっと話をした方がいいんだな」と,副担任としての立場から自己の指導を具体的に考えるようになる。そしてY中学校着任1年目の後半,産休に入る教員の学級を引き継ぎ,北村教師は2年生の担任となる。担任を持ちたいと思い始めて担任となった北村教師であったが,その学級では「あんた担任としてやなんだけど」と最初から生徒からの反発に遭い,「学級としては,到底,学級じゃないクラス」と北村教師が述べるような困難な状況が続く。そのような状況の中で3月の修学旅行が近づき,北村教師は「子どもに言わなあかんことは言わなあかんってことでしゃべって。いろいろしゃべりかけながらやってましたけど。正直,何をやってるんかっていうのはあまり見えてなかった」と指導しながらも混乱状況にあった。そして翌年度,北村教師は4月当初から1年生の担任となる。

着任1年目の困難な学級指導の経験を経ての着任2年目の夏（1回目調査当時）,「1人1人にやっぱり手をかけて指導してくっていうことが大事」「白黒つけていきたい」という考え方を北村教師は形成している。これらの考え方は,Y中学校着任1年目の学級指導（生徒指導）,「まずあんた担任としてやなんだけどっていう話から入ったので。まずその時点でズーンとなってしまった」という,衝撃的な経験への批判的な検討を通じて形成されている。北村教師はこの時の自己の指導について,次の2点の批判的な検討を行っていた。

1点目は,「2年生のクラス見れてなくて」という生徒理解に関する点である。北村教師は,東教師と共に1年生の学級を指導していたが,クラスター制での異学年交流の実践を通じて,2年生の生徒のことも「見れて」いると考えていた。しかし,2年生の担任になってみると生徒のことを「見れて」いなかったことに北村教師は気づく。この「見れて」いなかったという点から,「今年は手をかけるというか。今年は細かく丁寧に」指導を行いたいという意欲が生まれ,「1人1人にやっぱり手をかけて指導してくっていうことが大事」という考え方が形成される。この考え方の形成においては,生徒についての批判的な検討も関連している。北村教師は,「子どもがめちゃめちゃやんちゃしてる

のを客観的に教員が見たら，こいつら大変やなって思うんですけど。子どもの心の中が大変」と生徒の側から問題行動をとらえ，批判的に検討する。その上で北村教師は，「子どもの悩みを分かってあげられんかったらやっぱりいじめはずっと起こるやろし」と，生徒理解の必要性という視点を明確にし，生徒の悩みに「気づくのがすごく今自分にとって大事」，「少しでも〔生徒を〕見ようと，見ようと今，心掛けてる」と，生徒を理解しようとする。そしてこの生徒理解という視点から，「1人1人にやっぱり手をかけて指導してくっていうことが大事」と北村教師は生徒指導について考えるようになったと推察される。

　2点目の批判的な検討は，生徒との関わり方についてである。北村教師は着任1年目途中から担任した学級指導について，「自分がすごく引いたところが多かった」ことから，「今年は自分が教員として〔生徒と〕どう接せなあかんのかっていうのをやっぱり考えながら学級経営しようと思ってます」「子ども達の関わりを変えていこうという気持ちがある」と，生徒との関わり方を問い直す。その際に北村教師は，同じ英語科の東教師の実践から，「東先生と子どもの関わりを見ていて，東先生は近いんだけどものすごく距離感をバーンとちゃんと保ってらっしゃって，要は先生と生徒だよねっていうのが見てて分かった」と，生徒との関わり方について批判的に検討する。この批判的な検討に関連して，北村教師は，大学時代の教育実習時の生徒との関わり方についても，「〔自分が〕大学生やからすごい〔生徒と〕距離も近いやろし，子どもとよう話せるかなと思って話すんですけど。ただそれは先生としてしゃべってるんじゃなくて，大学生としてしゃべってる」と，過去の実践を批判的に評価する。このような批判的な評価を通じて，「ただ親密的にいくんじゃなくて本当に教員」と，教師としての生徒との関わり方の必要性に気づいた北村教師は，「白黒つけていきたい」と考えるようになる。

　教師としての生徒との関わり方の必要性に気づいた北村教師は，着任2年目に1年生の担任となり，「指導せなあかん場面のときにバーンって」指導を行う。その指導の結果としての生徒の状態について，北村教師は，「状態としては，まだ自分と〔生徒と〕はちょっと遠いなって感じ」と生徒との関わり方を批判的に検討する。そして，「すごい厳しくバーンっていったときにも，やっ

ぱり子どもからこっちのほうに関わってくる」「反発というよりも反省をちゃんとできることは，するっていう状態になったときが一番，自分としての〔生徒との〕距離は近づいたんかなって感じはする」「親密だけで距離が近づいたとは全然思っていない」と，北村教師は指導の結果を生徒の状況から批判的に評価する。さらに，生徒の状況からの批判的な検討・評価を通じて，北村教師は「あなたを育てるための要は手伝う人やっていうことの気持ちを子どもが持ててるかどうか」を問うようになる。また，「あかんことをちゃんとどうあかんって伝えるか」「良かったことをどう子どもに返してやるか」と，生徒指導の方法を具体的に北村教師は構想するようになる。

このように教師としての経験から，1回目調査（着任2年目）当時，生徒への批判的な検討を通じて「1人1人にやっぱり手をかけて指導してくっていうことが大事」という生徒指導についての考え方，他者（東教師）の実践への批判的な検討を通じて「白黒つけていきたい」という生徒との関わり方についての考え方が形成されており，「あなたを育てるための要は手伝う人やっていうことの気持ちを子どもが持ててるかどうか」ということを北村教師には問うようになっている。一方，大学生時代の経験から，北村教師には学級指導やどのような生徒に育って欲しいかという，生徒への「願い」についての考え方もこの時点で形成されている。

大学時代，専攻が教育学であった北村教師は，学習指導という観点から著名な実践を行っている教師の実践を参観し，インタビューを行っている（巻末資料K1）。北村教師は，「〔子どもが〕意見を言ったときに，僕はその君の意見に対してこう思うんだけどっていうことでつながっていく」という実践に接し，「自分らでどんどんどんどん学びを深めていくようになるには」という点について，その実践を行っていた教師にインタビューをしたという。そのインタビューから，「相手のことを思うことが必要」，学級としての「温かさって大事」という視点を北村教師は見出す。そしてこの視点から北村教師は，「お互いを受け入れる温かさ」「相手のことを思える人になってほしい」「自分をちゃんと持った子になってほしい」という「願い」をY中学校着任2年目には明確にし，「相手の話をやっぱりちゃんと聞く場面をしっかり設けてあげること」「お

互いがちゃんとコミュニケーション取れるように。やっぱり班の中で関わりをしっかり持たせてあげるっていうこと」という学級指導を実践しているという(語り1-21)。

②省察の深まり

1回目調査(着任2年目)当時,北村教師は1年生を担任していたが,その後,この学年を持ちあがり,2回目調査(着任4年目)当時は3年生を担任していた。生徒指導において,北村教師は「自分がすごく引いたところが多かった」と1回目調査当時から述べていたが,その「引いた」という自分の指導について,1回目調査時点では批判的な検討が行われていなかった。しかし,1回目の調査から約2年間の実践を経て,2回目調査においては,自分自身の指導についての批判的省察から,複数の考え方が批判的自己省察に達し,発達している(資料K2)。

1点目は,生徒との関わり方についての考え方の発達である。1回目調査当時,北村教師は「自分がすごく引いたところが多かった」という点から生徒との関わり方についての批判的省察を深め,教師としての関わり方が必要という点に気づき,「白黒つけていきたい」という考え方を形成していた。しかしこの時は,東教師という他者の実践からの気づきと教育実習時の省察に留まり,教員となった自分自身への省察は行われていなかった。しかし2回目調査の語り(資料K2語り2-21・2-22)においては,教員としての自分自身の実践を批判的に検討し評価したことが表出している。

北村教師は,「引いた」という着任1年目の自分の指導について,「引いてしまうと見逃しているというか目をつぶってしまう」「見逃してた」「意識的にもあるし無意識的にもある」(語り2-22)と述べ,「引いた」ということは生徒の問題行動に「目をつぶって」「見逃していた」と当時の自分の指導についての考え方(「無意識」の行動)の源を突き止めている(省察reflection)。そして「見逃していた」のは,「怖いなと思って生徒を見てた」「こうなったら怖いなとか,こういうふうにガー責められらまたやだなぁとかっていう気持ちがすごくあった」と考え方の前提条件を北村教師は批判的に検討し,「やっぱりそれが引いてたところもあるだろうし,自分からちょっとやめとこうと思ってたところも

資料K2：生徒との関わり方についての語り

語り2-18「（前略）普通に若い先生だから生徒が普通に寄ってくるというところもあるんですけど，自分が生徒指導で大事にしていきたいのは白黒させたい気持ちにあるんです。気持ちの近さっていうのもあるんですが，だんだん考えるようになってきたのはもう常にあなたのことを大事に思って指導をしているから，一緒に頑張っていこうよっていうような雰囲気を普段の指導で出すこと。普段から伝えていくことっていうところが一番大事なのかなと思って。ただガーンとまあ怒ることはすごく自分も多いんですが，ただ怒る中にも今までだったらガツンと怒って全然フォロー入れなかったりとか，怒ったあとになんで怒るのっていう部分が生徒に伝わってなかったりっていうことがあって，関係がうまくとれなかったところもあるので，叱るにしろ，叱るとき，こういったことを大事にしてほしいから，今，叱っとるんやっていうことを伝えるようなことをしたりとかしながらやるといいのかなと思うので，やっぱり［あなたのことが］大事だよって伝えることが，今，すごく生徒指導で一番大事なのかなと思って考えています。」

語り2-21「やっぱり新採用，あそこまで自分が引けてしまって，関係つくるといっても子どものペースに乗って関係をつくってるので，結局，自分が本当に導きたいところに導くというよりも子どもの思うままにというところが多かったのかなと思っていて。1年目の時にいろんな生徒指導のすごい先生もたくさんいらっしゃって，その先生たちの指導の仕方をいろいろと見て勉強しながらやってったときに，自分がたぶん変わったのは，本気で子どもをなんと言えばいいですかね。怒るし本気で褒めるし，その分，普段から結構子どもに，さっき言った大事だよじゃないけど，あんたのためを思ってるんやっていう雰囲気とか，そんなことをすごく出すようになったので，その分，子どもらは僕が怒るとちょっと聞くようになったというか，ああそうなんやというようなことをちょっと納得できるようになってきたのかなと思って。でも基本的に，ただ本気で怒っても，ただ本気で褒めても，それが伝わる本気なのか伝わらないのかはやっぱり普段の，普段から一緒に会話をどんどんこっちからしようとしたりとか，やっぱり自分からどんどんいかな子どもらからは認められないというか。認めてもらって，あの先生はなんかすごい力があるぞとか，あの先生はなんかすごいおもろいぞとかって思ってもらえたら，こっちもうまく入れるので，そこをこれからも，普段の関係づくりからやっぱり切り込んでいくじゃないけど，そういう指導をしていきたいなと思っていますし。1年目の時はそれが全くできなかったので。」

語り2-22「細かいところを絶対見逃さないようにするというか。結構，引いてしまうと見逃しているというか目をつぶってしまうので，目の前で堂々と服装もだらしないことをしたりとか，あかんことを言うたりとか，そこも徹底的にもう何かあったらもう許すじゃないけど，まあ見てなかったらあれですけど，見逃すことは絶対にしないと。見てて目の前でやってるのに，それをただぼーっと見てて，なんかこっちも何も反応しなかったら向こうはまたさらに別のことをするので，そういったことはするべきじゃないなと思って，今はそんなことはしないようにっていうことは心掛けながら今，指導をしていますが。」

> (筆者発言：それは見逃してた自分がいたっていうことですか。)
> 「見逃してたと思います。見逃してたと思います。」(筆者発言：それは意識的に。無意識的に。)
> 「意識的にもあるし無意識的にもあるんですけど，なんか怖いなと思って生徒を見てたので。なんかこうなったら怖いなとか，こういうふうにガー責められたらまたやだなぁとかっていう気持ちがすごくあったので，やっぱりそれが引いてたところもあるだろうし，自分からちょっとやめとこうと思ってたところもあるので。今考えるとすごい情けなかったなと思って。今あの子らと関わっていてうまくいくかどうかはあれですけども，間違いなく指導の仕方は途中で持とうが最初から持とうが，次の日から全然違う指導をしてると思うので。それは自分で思います。」

ある」「今考えるとすごい情けなかった」と当時の指導を批判的に評価している(批判的省察)。この批判的な評価(批判的省察)の結果として，「細かいところを絶対見逃さないようにする」という自分の指導についての考え方が北村教師に形成される。

また，「見逃していた」という点から，生徒との関わり方について，「あそこまで自分が引けてしまって，関係つくるといっても子どものペースに乗って関係をつくってる」と，生徒との関係性について北村教師は批判的に検討している(批判的省察)。そして，生徒の問題行動を「見逃していた」ことから「自分が本当に導きたいところに導くというよりも子どもの思うままにというところが多かった」(語り2-21)と当時の指導が批判的に評価される(批判的省察)。その上で，北村教師はあらためて生徒との関わり方について問い直し，「自分が本当に導きたいところに導く」ためという問題設定において，「生徒指導で大事にしていきたいのは白黒させたい気持ちにある」(語り2-18)と生徒との関わり方についての考え方は批判的自己省察に達している。このように，1回目調査当時に形成されていた「白黒つけていきたい」という考え方は，自分自身の指導への批判的省察を通じてあらためて承認され，生徒との関わり方についての考え方はより安定的なものへと発達している。

2点目は，生徒との「関係づくり」についての考え方の発達である(資料K2語り2-18・2-21)。1回目調査当時，北村教師は実践への批判的な検討から「あなたを育てるための要は手伝う人やっていうことの気持ちを子どもが持ててるかどうか」という新たな省察を喚起していた。2回目調査においても北村

教師は実践から,「ガツンと怒って全然フォロー入れなかったりとか,怒ったあとになんで怒るのっていう部分が生徒に伝わってなかったりっていうことがあって,関係がうまくとれなかったところもある」(語り2-18)と生徒との「関係づくり」という点を批判的に検討している。この批判的な検討から北村教師は,「叱るとき,こういったことを大事にしてほしいから,今,叱っとるんやっていうことを伝える」という,生徒に叱る理由を「伝える」という必要性に気づく。その「伝える」ということについての批判的な検討の過程が語り(語り2-21)に表出している。北村教師は,「生徒指導のすごい先生」の実践から,「本気で」「怒るし本気で褒める」ためには「あんた〔生徒〕のためを思ってるんやっていう雰囲気」を「普段から」出すことが必要という視点を見出す。これら見出した2つの視点,「本気で」叱る・褒める,「普段から」「伝える」,これらを実践において試す中で,「子どもらは僕が怒るとちょっと聞くようになった」「あぁそうなんやというようなことをちょっと納得できるようになってきた」とその新しい視点は批判的に評価されていく。そして,「あなたのことを大事に思って」指導していることを生徒に伝えるには,「普段から一緒に会話をどんどんこっちからしようとしたり」という「普段から」の「関係づくり」によって,生徒に「認めてもらって」成り立つという新たな問題設定がなされる(批判的自己省察)。このように,1回目調査当時の「あなたを育てるための要は手伝う人やっていうことの気持ちを子どもが持ててるかどうか」という北村教師の問いは,「普段から」の「関係づくり」を行うことによって生徒に「認めてもらって」成り立つというという新たな問題設定を行うことによって,「常にあなたのことを大事に思って指導をしているから,一緒に頑張っていこうよっていうような雰囲気を普段の指導で出すこと。普段から伝えていくことっていうところが一番大事」「普段の関係づくりからやっぱり切り込んでいく」(資料K2語り2-18・2-21)という考え方の発達を導いている。

　3点目は,生徒指導の方法についての考え方の発達である(資料K3語り2-4)。「これまでの生徒指導をふり返った」という北村教師は,生徒指導場面において「自分の気持ちをストレートに言ってなかった」と,生徒指導についての考え方(「無意識」の行動)の源を突き止める(省察reflection)。そしてその考え

> 資料 K3：生徒指導についての語り

語り 2-3 後半 （着任3年目の2年生の学級指導について）「大事にしていたのは，子ども達にかける言葉の中で，あなたたちのこういったことが良くなるとこういうことになるし，先生はあなたたちのことがすごく大事なんやっていうことをすごく言葉の。あなたたちのことが大事っていうのを言葉でバンバン自分が言うようになっていったことに気づいて。それを言いながら生徒達に，すごい先生は見ているからねということをアピールしながらつないでいったときに，最初からふり向いてた生徒達もグッとこっちのほうを向くようになって，修学旅行とかその辺りに関してもすごくこっちのほうを向きながら，しかも自分たちで結構判断して行動，動けるようになっていったのかなと思って1年間ふり返っています。」

語り 2-4 「きっかけは，やっぱりなんかずっと自分が生徒指導をふり返っていったとき，それは周りの先生の影響ももちろんあるんですけれども，自分のこれまでの生徒指導をふり返ったときに，自分の気持ちをストレートに言ってなかったような気がしたんですけれども。それはやっぱり初任の時に，だいぶ生徒達がバーッと反発をして，それで自分が引いてしまったっていうところもあったし，1年生の〔担任の〕時はすごく様子を見ながらやっていったんですが，それが2年生の時も様子を見ながらだけどぶつかっている状態で，じゃあどうしようっていうときに，周りの先生からのアドバイスもあって，やっぱり自分がきちんとどんな生徒に育てたいんかっていうところを，指導1つとっても，指導が終わったらどんなふうな態度をとらせたいのっていうところまで，要は落としどころを考えて指導するといいよとアドバイスをいただいたので，そう考えたときにきちんと，まあ気持ちを受け止めるじゃないけど，この先生，僕のこと分かってるみたいな感じで思ってもらえるように，こっち，自分の気持ちをちょっと言ってみようということで，結構ストレートに言うようになりまして。そこからは結構素直に，うん分かったみたいな感じで聞くようになってきて。もう，ものすごい反発することなんかもうほとんどなくなりましたし，3月頃になったら，なんかすごく気持ちで訴えられるようになってきたといいますか，もう生徒達も，本当は頑張りたいんだけどっていう〔生徒の〕気持ちに指導の中で寄り添えるようになってきて，やっぱり指導の中でも本気でガーンと怒ったときには生徒達も本当に涙を流しながらガーッと，本当に心から謝罪ができるようになりつつあって，そこまで指導の中でいけるようになったのがすごく自分としては良かったのかなって。気持ちを言うことがすごくいいのかなと思って見ています。」

方（「無意識」の行動）は，「初任の時に」生徒達に反発されて「自分が引いてしまったっていうところ」にあったと考え方の前提条件が明らかにされ，その前提条件があったためにY中学校2年目の学級指導においても「すごく〔生徒の〕様子を見ながらやっていった」とこれまでの指導の方法が批判的に検討される（批判的省察）。このY中学校2年目の時点で，生徒指導の方法について，

このような省察と批判的省察が明確にあったのかどうかは語りからは判別できない。しかし，「1年生の〔担任の〕時はすごく様子を見ながらやっていったんですが，それが2年生の時も様子を見ながらだけどぶつかっている状態で」と，Y中学校着任3年目の2年生の学級指導においては，同じように生徒の「様子を見ながら」であるが「ぶつかっている状態」とその違いを北村教師は述べている。この点から，生徒指導において北村教師が自分の指導を変化させていたことがうかがえる。そして，生徒と「ぶつかっている状態」を「じゃあどうしようっていうときに」，北村教師は「周りの先生からのアドバイス」を受けたという。そのアドバイスから，「自分がきちんとどんな生徒に育てたいんかっていうところ」「指導が終わったらどんなふうな態度をとらせたいのっていうところ」までを考えて指導するという点に気づいた北村教師は，生徒の「気持ちを受け止める」という視点を見出す（語り2-4）。

　この語り（2-4）では述べられていないが，1回目調査当時（Y中学校着任2年目）に「あなたを育てるための要は手伝う人やっていうことの気持ちを子どもが持ててるかどうか」という点を北村教師は問うようになっており，その問いへの応えとして，北村教師は生徒の「気持ちを受け止める」という視点を見出したのであろう。生徒が「僕のこと分かってるみたいな感じで思ってもらえるように，こっち，自分の気持ちをちょっと言ってみようということで，結構ストレートに言うようになりまして」と，その新たに見出した視点を北村教師は実践で試す。実践で試された新たな視点は，「そこからは結構素直に，うん分かったみたいな感じで聞くようになってきて」という生徒の反応から価値づけされ，「あなたたちのことが大事っていうのを言葉でバンバン自分が言うようになっていった」（語り2-3後半）と，北村教師は生徒指導の方法を変化させる。さらに，その変化させた指導によって「最初からふり向いてた生徒達もグッとこっちのほうを向くようになって」という生徒の反応から，生徒の「気持ちを受け止める」という新しい視点はさらに評価される。そして，この視点が最終的に生徒指導の方法においての新しい問題の設定の仕方となって批判的自己省察に達し，「本当は頑張りたいんだけどっていう〔生徒の〕気持ちに指導の中で寄り添えるようになってきて」（語り2-4）という指導の変容を導いて

いる。

2-2　授業についての意味パースペクティブの発達過程
①省察の喚起

　大学卒業後，直ちに採用された北村教師は，まず最初にY中学校独特の70分授業，教科センター方式，異学年クラスター制，教科センター方式のための校舎，これら4つに「驚いた」という。その中でも「今まで経験したことの長さ」の70分授業を「すごい壁に感じ」，問題解決型授業も行わなくてはならないことから，Y中学校における授業実践は「求めてるものが自分からしたらものすごく高い位置にある」と北村教師は感じる。さらに，先輩英語科教師達の授業は「今まで自分が受けた英語の授業とか実習で見てきた授業とかと全然違っていて」，「本当にコミュニケーションを取らせるっていうような。コミュニケーションの力をつけるんやなっていうのが見てる側も感じられるような授業」と北村教師は解釈し，再び「求めてるレベルがすごく高いなっていうこと」に驚く。新任教師である自分も「レベルがすごく高い」授業を行わなくてはならないこと，教師として「自分が教員の経験も全くなく」ということから，北村教師は「本当に自分はゼロからや」「ゼロから成長するならどうやって成長するんか」と考え，「自分がやったことをふり返る」「人の5倍6倍努力せなあかん」と，毎時間の「授業中の子どもの様子，子どもの発言を書けるだけ書いて。授業終わったあとにまとめをする」「自分の中で，あぁこれこういうことやったんだ」という「ふり返り」を繰り返したという。また，「たくさんの授業を見ようと思って」と，自己の授業をビデオカメラで撮影して見るだけではなく，先輩教師達の授業も撮影して見たという。このような授業の「ふり返り」を着任当初の4月から7月の3カ月間，「人一倍，学ぼうかなっていうような形で時間はかけていた」という北村教師は，さらに学校外の「自主的な研究の場」で，「今の授業，壊すっていう視点」での授業研究を行う（巻末資料K4語り1-28・1-29）。

　このように，自分の授業を高めたいという意欲からの自己の授業実践への「ふり返り」「壊す」という視点からの授業研究，さらにその学校外での研究会

で行い始めたアクションリサーチを通じて北村教師の省察は喚起され，1回目調査当時（Y中学校着任2年目），授業づくりについて，授業プロセス（授業の展開・指導）について，学習指導について，これらへの批判的な検討がなされ，さらに新たな省察を喚起させたりていることが語りに表出している（資料K5）。

資料K5：授業についての語り

語り1-7　「分かったことは，何で英語，勉強するんかな，っていうところをちゃんと持たな教えられんなっていうのが分かったんですけれども。ねらいってすごく大事だなと今，思っていまして。授業するんでも，なんで今，その教材使うのとか。なんで今，その授業でこの単元，今してるんだけど，子どもにとって何の意味があるんやろうっていうのだったり。教え方ってたくさんあるけど，一番子ども達に，今の子ども達に必要な教え方ってなんやろう，っていうのをすごく考えなあかんなというか。考えることが今大事だなと思ったのと。自分が結局，授業したいなと思ってやっても，子どもがちゃんとそれを楽しめる授業かどうかってまたずれがあって。それをちゃんと教員が見極めて，それをちゃんと見ながら子どもに合うような授業を展開していくことを学んでかなあかんのやなっていうようなことはノートずっと書いててそれはすごく分かりました。」

語り1-12　「1年目は目の前の子どもに対していろいろするんですけど。目の前の子どもが結局，何の課題を感じてるかっていうのが自分が見えてなかったと思うんです。今年に入ってアクションリサーチっていう取り組みを最近し始めまして。自分の授業改善するためにどうしようかっていうときに，子どもが今，何の課題を感じてるかっていうのを自分なりには結構，冷静に分析しているというか。見ようとしてます。今。子どもが今，授業が例えば逃げてるというか。授業から逸脱していてしゃべっていたり，授業から飛び出したり別のことをしていたりってことがあったんですけど。なんでそんなことすんのっていうことであったり。その子を引き戻すための指導は，ただ単に怒鳴りつけてしかって，強い指導で机の上に座らすっていうのも1つの手やと思うんですけど。じゃなくて怒鳴りつけて座らせたら，その次の手立てがちゃんとないとあかんなっていうことに気づけたりっていうことデータもう1つは，子どもらなんでそんな逃げてくんやろうっていうとこまで。そこをもう一度あらためて考えるようになったのが2年目に入ってからかなっていうふうに思います。手法はいろんな先生に学んだんですけど。自分がその手法をどういうねらいで使うんかっていうところを考えるようにはなりました。そこをずっと考えていなかったところもあったのデータ単にこういう展開すればいいなっていう感じやったんですけど。自分もそこまで余裕がなく見えてなかったとこなんですが。ただ今年に関してはそういった手法をどうやって自分がねらいで使ってくんかなっていうのを考えながら今やってます。」

語り1-25　「一番つけたい力はコミュニケーションをつけよう，っていうふうになるんですけれども。なかなか自分も英語を学習する上ですごく苦手なところがたくさんあって，実際，自分も英語が得意では全くないんですけれども。やっぱりためらってしまっ

たり。海外とか行くときにも，どんどん自分から積極的に意見を主張できるかっていったらなかなか難しいんです。今，考えてることは，自分の意見とか考えとか気持ちっていうのをどんどん発話する訓練っていうのをしていきながら。どんどん積極的に自分からコミュニケーション取ろうとするっていう態度はすごく大事やと思ってます。ただそれを現実的にどうしていくかっていうのを考えていくと，やっぱりなかなか積極的になれるかっていうとそれが難しいところもあるので。自分は英語をする上でやっぱ大事なのは，どうその持ってる知識を使えるような状態にしていくかっていうことかなと思ってまして。(中略)慣れてくるのも大事なんですけど，自分で考えてこうこうこういうことを言いたいからこういう英語を今使うんや，っていうのを考えれるようになってほしいなと思ってますので。頭使いながら英語しゃべれる人になってほしいなって思ってます。いろいろ去年は，本当にそういった英語のそういった部分はあまり考えられていなかったので，今年になって考えたのは態度面だけじゃなくて，技術面で大事なのは，やっぱり頭を使って英語をしゃべれる人になることかなっていうふうに今考えてはいます。」

　授業づくりについて，北村教師は「ただ単にこういう展開すればいいなっていう感じやった」とこれまでの考え方の源を突き止め (省察 reflection)，「ただ単にこういう展開すればいい」という考えに疑問を持たなかったのは，「手法はいろんな先生に学んだんですけど。自分がその手法をどういうねらいで使うんか」「そこをずっと考えていなかった」(語り1-12)と考え方の前提条件を明らかにし，批判的に検討する (批判的省察)。そして北村教師は，「何で英語，勉強するんかな，っていうところをちゃんと持たな教えられん」「ねらいってすごく大事」と，新たな視点を見出す (語り1-7)。その上で，「この単元，今してるんだけど，子どもにとって何の意味があるんやろう」「すごく考えなあかんなというか。考えることが今大事」(語り1-7)と，北村教師は見出した「ねらいってすごく大事」という視点にもとづいて，さらに省察を喚起させる。このように授業づくりについての考え方においては，省察，批判的省察を経て新たな視点が見出され，さらなる省察が喚起される。しかし，授業プロセス(授業の展開・指導)と学習指導については，実践への批判的な検討のみから，さらなる省察が喚起されている。

　授業プロセスについて，北村教師は「自分が結局，授業したいなと思ってやっても，子どもがちゃんとそれを楽しめる授業かどうかってまたずれがあって」と，実践を批判的に検討し，「教え方ってたくさんあるけど，一番子ど

達に，今の子ども達に必要な教え方ってなんやろう」「それをちゃんと教員が見極めて，それをちゃんと見ながら子どもに合うような授業を展開していくことを学んでかなあかん」とさらなる省察と意欲を喚起させている（語り1-7）。学習指導についての考え方も同様に，学校外の研究会のメンバーとのアクションリサーチを通じて，「1年目は目の前の子どもに対していろいろするんですけど。目の前の子どもが結局，何の課題を感じてるかっていうのが自分が見えてなかった」と北村教師は実践を批判的に検討する。そして，「怒鳴りつけて座らせたら，その次の手立てがちゃんとないとあかん」「子どもらなんでそんな〔授業から逸脱したり〕逃げてくんやろうっていうとこまで。そこをもう一度あらためて考えるようになった」と，北村教師はさらなる省察を喚起させる（語り1-12）。このように，授業づくりについて，授業プロセスについて，学習指導については，批判的省察や批判的な検討を通じてさらなる省察が喚起されている。

　一方，生徒に培いたい力ついての考え方は，英語の学習における「コミュニケーション」についての批判的な検討から考え方が形成される。北村教師はY中学校の英語科教師達が目指しているのと同様に，「コミュニケーション」の力を「一番つけたい」と考える。しかし，「積極的に自分からコミュニケーション取ろうとするっていう態度はすごく大事」であるが「ただそれを現実的にどうしていくかっていうのを考えていくと，やっぱりなかなか積極的になれるかっていうとそれが難しい」と現実的な課題から省察を喚起させる。そして，コミュニケーションをとる場面では「ためらってしまったり」「自分から積極的に意見を主張できるかっていったらなかなか難しい」と，北村教師は自己の経験から，英語での「コミュニケーション」についての課題を批判的に検討する。そして，「英語をする上でやっぱ大事なのは，どうその持ってる知識を使えるような状態にしていくかっていうこと」と新しい視点が見出される。この視点から生徒に培いたい力は，「態度面だけじゃなくて，技術面で大事」なことも含まれるようになり，「やっぱり頭を使って英語をしゃべれる人になること」「自分で考えてこうこうこういうことを言いたいからこういう英語を今使うんや，っていうのを考えれるようになってほしい」という考え方が形成される。

②省察の深まり

　Y中学校に着任して4年目の夏（2回目調査当時），生徒に培いたい力について，授業づくりについて，授業プロセスについて，学習指導についての4つの考え方において，考え方が発達していることが北村教師の語りから認められる。また前者3つの考え方においては，「生徒指導も変わって授業づくりも変わった」，生徒の「気持ち」を「大事にできるようになったのは，生徒指導を自分の中で1人1人にできるようになったとこから」（資料K6語り2-33）と北村教師が述べているように，生徒指導において見出された視点から考え方の発達が導かれている。

　授業づくりについての考え方は，1回目調査（着任2年目）当時，既に「ただ単にこういう展開すればいいなっていう感じやった」と考え方の源と「手法はいろんな先生に学んだんですけど。自分がその手法をどういうねらいで使うんか」「そこをずっと考えていなかった」とその前提条件が明らかにされ，批判的省察に達していた。そして，この批判的省察から「ねらいってすごく大事」（資料K5語り1-7）という新たな視点が見出され，「この単元，今してるんだけど，子どもにとって何の意味があるんやろう」「考えなあかん」という新たな省察が喚起されていた。そこに生徒指導における変化から見出された新しい視点，生徒の「気持ちを受け止める」（資料K3語り2-4），「子どもの反応を見る」（資料K6語り2-6）という視点が加わり，これら生徒指導において見出された2つの新しい視点にもとづいて，批判的な検討がなされた過程が北村教師の語り（資料K6語り2-33，2-34）に表出している。

　授業づくりについて，「ずっと自分の授業は教材研究をしてきたんですけれども，その教材が生徒達に教えたときにやっぱりそこでじゃあちゃんと意見が言えるようになってるかどうか」（語り2-33）と，北村教師は生徒の「反応」を問うようになり，「子どもの様子をより深く，子どもがやる，子どもの様子を見ながら」（語り2-33）と「子どもの反応を見る」という新しい視点からの実践を行うようになる。そして，「子どもの様子を見ながら楽しんで自分も授業を仕掛けられるようになったのが去年の秋ごろ」（語り2-33）と，Y中学校着任3年目の「秋ごろ」には新しい視点での実践が定着しつつあったと考えられる。

| 資料K6：省察の深まりが表出している語り |

語り2-6「自分の子どもの反応を見るようになりました。見て、ああこの子まだちょっと頭に入ってないなとか思いながらとか。もうこの一声が、かけるといいんかなと考えながら、指導の中で本当にやってった形なのデータくさん通らなかったこともありますし、いろんな先生に入って複数で指導をしながらフォローという形で自分がしゃべったこともありますし。それはさまざまなんですけれども。」

語り2-33「授業もその頃からです。授業についてもずっと自分の授業は教材研究をしてきたんですけれども、その教材が生徒達に教えたときにやっぱりそこでじゃあちゃんと意見が言えるようになってるかどうか、授業の自分が、精査というかふり返りをする中で、子どもの様子をより深く、子どもがやる、子どもの様子を見ながら楽しんで自分も授業を仕掛けられるようになったのが去年の秋ごろなので。授業づくりはだいぶその辺り、生徒指導も変わって授業づくりも変わったように思いますので。英語も特に反応というか、英語が入ったときの生徒の気持ちというか。そこにさらに付け込んだり、そこにどんどん英語浴びせたり、英語で受け答えしたりとかをやり取りをできるようになってきたので、これがすごく授業の中ですごく、心の中は自分の言いたいことを言えたとかっていう気持ちになりますし。やっぱりそこを大事にできるようになったのは、生徒指導を自分の中で1人1人にできるようになったとこからスタートしたので。」

語り2-34（筆者発言：ではそれまではどっちかって言うと生徒の反応を見るというか自分のプランというか。）
「これ自分のプランです本当に。自分のプラン通りにいってるかどうかのところもあって、生徒を見てるはずだったんですけれど、見てるはずだったんだけど生徒に合った英語を言えてないとか。こちらが生徒の1人1人に合った英語を言えてないとか。理解度に合った英語を伝えられてないとか。そこが1つ言葉の中で、1つ1つ工夫とかできるようになってきたのが去年の秋ごろなのかなと思うんです。それは生徒指導が変わったというのもあるんですけども。」

語り2-12「大事にしていることは、まずは英語を使って自分の言いたいこと。自分の言いたいことをちゃんと言えるようになるということが生徒に育ってほしいということで、普段の授業づくり、もしくは年間の授業づくりの中でもそれを意図して、授業を組み立てていくようにしています。そのためにはやっぱり英語が面白いって、やっぱり生徒達が思えることと、英語で話せて英語が伝わったらなんか良かったなと思えるようになることの、この2つがすごく大事なのかなと思って、そういった達成感とか英語言えたぞっていう、やっぱりできたことが嬉しいというのは大きいので、やっぱりそういう気持ちに生徒達がなってほしいなと思うのを常に大事にしています。」

授業プロセスにおいても同様に、「生徒に合った英語を言えてないとか。こちらが生徒の1人1人に合った英語を言えてないとか。理解度に合った英語を

伝えられてないとか」(語り2-34)と北村教師は生徒の「反応」を問い，批判的に検討する。このような生徒の「気持ち」や「様子」といった生徒の「反応」に立脚した実践を行い，それらへの批判的な検討を通じて，生徒の「心の中は自分の言いたいことを言えたとかっていう気持ち」を「大事」にするという新しい問題設定が明確にされる(語り2-33)。他の語り(語り2-12)においても，「達成感とか英語言えたぞっていう，やっぱりできたことが嬉しいというのは大きいので，やっぱりそういう気持ちに生徒達がなってほしいなと思うのを常に大事にしています」と，「言いたいことを言えたとかっていう気持」を「大事」にするという新しい問題設定が明確にされている。

そして，この「言いたいことを言えたとかっていう気持ち」を「大事」にするという新たな問題設定にもとづいて，生徒に培いたい力については，「英語を使って自分の言いたいこと。自分の言いたいことをちゃんと言えるようになるということ」，授業づくりについては「それを意図して，授業を組み立てていく」こと，授業プロセスについては「英語が面白いって，やっぱり生徒達が思えることと，英語で話せて英語が伝わったらなんか良かったなと思えるようになること」という3点の考え方の発達が導かれている。これら考え方の発達では，生徒に培いたい力についてと授業づくりについての考え方が関連するようになっており，「それを意図して，授業を組み立てていく」という語りに，生徒に培いたい力を「ねらい」とした授業づくりの考え方が表出している(語り2-12)。

授業づくりについての考え方は，1回目調査(着任2年目)当時の省察の深まりから「ねらいってすごく大事」(資料K5語り1-7)という新たな視点が見出され，「この単元，今してるんだけど，子どもにとって何の意味があるんやろう」「考えなあかん」と省察が喚起されていた。約2年間の実践とその実践への批判的な検討を経て，この省察への応えとして「ねらいってすごく大事」という見出されていた視点があらためて価値付けされ，承認され，いわば授業づくりについての考え方の前提条件となって「ねらい」を「意図」した授業づくりを構想するようになっているのである。

このように北村教師は，生徒指導から見出した，生徒の「気持ちを受け止め

る」「子どもの反応を見る」という新しい視点から省察を深め，生徒に培いたい力と授業づくりについての考え方を関連させて2つの考え方を発達させている。また，授業プロセス（授業の展開・指導）における考え方においても省察の深まりが語りに表出している（資料K6語り2-34）。北村教師は，授業において生徒を「見ているはずだった」と逆説的に「見ていなかった」という真の行動を突き止め（省察reflection），「見ているはずだった」のに見ていなかったのは「自分のプラン通りにいってるか」ということを重視していたためと，その前提条件も明らかにしている。そして，授業づくりについての考え方と同様に，生徒指導から見出した新たな視点，「子どもの反応を見る」にもとづいて，「見てるはずだったんだけど生徒に合った英語を言えてないとか。こちらが生徒の1人1人に合った英語を言えてないとか。理解度に合った英語を伝えられてない」と自己の指導プロセスが批判的に検討されている（批判的省察）。当時，北村教師が考え方の源を突き止めた上で自己の実践を批判的に検討していたかどうかは明確ではないが，授業づくりについての考え方と同様に，生徒の「気持ちを受け止める」「子どもの反応を見る」という新しい視点にもとづく実践を積み重ねる中で，実践への批判的な検討がその新しい視点から行われ，次第に「自分の言いたいことを言えたとかっていう気持ち」を「大事」にするという，新しい問題設定が明確にされていったのであろう。そして，新しい問題設定をなしたことによって，授業プロセスについても，「英語が面白いって，やっぱり生徒達が思えることと，英語で話せて英語が伝わったらなんか良かったなと思えるようになること」（資料K6語り2-12）という考え方の発達が導かれる。

　一方，学習指導についての考え方の批判的な検討においては，北村教師は大学時代に形成された考え方について検討を行っている（資料K7語り2-37）。北村教師は，「学習指導っていうとイコール教え方っていうところだけ切り取ってる」と，大学時代に形成された学習指導についての考え方の源を突き止めている（省察reflection）。そして，そのように考えていたのは学習指導（教え方）だけを「一般化」していたからだと考え方の前提条件が明らかにされ，「それだけを，その教え方は一般化できない」とこれまでの考え方が評価される（批判的省察）。この批判的省察に際して北村教師は，各教師の「取り組み」には「生

第1章　Y中学校の教師達：実証的分析Ⅰ

資料K7：学習指導についての語り

語り2-37　「生徒指導は本当に大事なんだなというところにはと言うよりは，自分が大学の研究を今振り返ってみると学習指導っていうとイコール教え方っていうところだけ切り取ってる感じがしたので，それだけを，その教え方は一般化できないので，それだけじゃないっていうのに気づけたのが今，この教員4年目までなので，やっぱりただの取り組みだけをまねするんじゃなくて，その取り組みの背後にあるのは，それぞれの先生がその取り組みをするまでにこんなことを考えてしようとか，その生徒の実態がこうあるから〔このような授業や指導方法で〕やろうっていうのを考えてやってる結果なので，それの成果が出てるから報告をしてるので，やっぱりそういったところまできちんと読み取って，自分も生徒指導っていう部分を注目しながら，そういう学習指導のところの絵をこれからも見つめられるといいのかなと思って。大学のときにはそんなところまで見えてなかったなと思っています。」

語り2-36　「もちろん英語の教員としてすごい高いところというふうな，すごく授業が本当に上手な先生とかっていうふうにもなりたいし，その分生徒指導がきちんとできる教員にもなりたいし，あと自分ができるようになりたいのは結構，自分もともと研究してたこともあって，授業とか子どもの学力をどう付けるのかっていう部分であったり，そういったところをずっと学んできたり，例えば本当に理解がなかなか難しい生徒に対しての〔学力を〕付けるための手立てはこんなんとか，そういう学習指導のことをすごく興味もあったので，そういったところを突き詰めて，突き詰めた授業を英語の授業でできるようになれるといいなと思ってますので，そういった教員になれるなら。だからそういう学習指導の研究もしながら，もちろん英語の授業とか，英語の授業部分の研究をしながらその中に生徒指導の自分のスキルをベースに授業ができるようになりたいな。だからよく言うのがあの先生のまねはできないとか，あの先生の授業ってすごいよねっていうところには，結構，その先生の生徒指導，日頃の生徒指導がきちんと行き届いていたり，あの先生のためやったら自分らもしゃべってもいいなと思う生徒の思いだとかあったりするので，授業づくりは本当に生徒指導が基盤にあって，普段の授業の学びがあるわけですからね。やっぱりそういったところを，両輪をしっかりできるような英語の教員になりたいなと思ってます。」

徒の実態がこうあるから〔このような授業や指導方法で〕やろうっていうのを考えてやってる」「取り組みだけをまねするんじゃなくて」「そういったところまできちんと読み取って」と，授業の「背後」，すなわち「生徒指導っていう部分」に「注目」する必要があると新たな視点を見出し，学習指導についての考え方を批判的に検討している。もう1つの語り（資料K7語り2-36）においても，北村教師は，「すごいよね」という授業には「その先生の生徒指導，日頃の生徒指導がきちんと行き届いていたり」「先生のためやったら自分らもしゃべても

いいなと思う生徒の思いだとかあったりする」と，授業の「背後」にあるものを検討している（批判的省察）。その上で北村教師は，大学時代の興味，「子どもの学力をどう付けるのか」「理解がなかなか難しい生徒に対しての〔学力を〕付けるための手立て」を「突き詰めた授業」を目指す。それとともに，授業実践には生徒指導が関与しているという新たな問題設定がなされ，「授業づくりは本当に生徒指導が基盤にあって，普段の授業の学びがある」と，学習指導についての考え方は批判的自己省察に達し，発達している。

　このように学習指導についての考え方が批判的自己省察にまで達する過程で見出された新しい視点，授業には「背後」があるという視点は，Y中学校着任3年目の研究授業の経験から明確になったものである。研究授業後，「お互いがあんだけなんか嬉しそうに話てたりとか，あんな笑ってるのはなんでとか，こんな雰囲気どうやってできるのっていうところ」について，参観者に「何が今まであったのっていうところを突っ込んでいただいた」という。その疑問に「語りながら自分でまとめたり」した北村教師は，「生徒指導が今まできちんとやってきたところもあったから，授業の中で子どもらが一生懸命頑張りたいと思えるようになった」という点に気づいたという。「そういった学習指導だけじゃなくて生徒指導すごく大事だなって身を持って知りました」と北村教師は述べており，この経験から，「学習指導だけじゃなくて生徒指導すごく大事」，授業には「背後」があるという視点が見出され，この視点から学習指導についての考え方の省察が深まったのである。

　しかし，もともと北村教師には学級づくりと学習指導を結び付けて考える経験が大学生時代にあった。大学時代の専攻が教育学であったことから，北村教師は著名な実践を行っている教師の実践を見たり，インタビューを行っている（巻末資料K1語り1-22）。「発表する子に対して発表しっぱなしに終わらせない」「〔子どもが〕意見を言ったときに，僕はその君の意見に対してこう思うんだけどっていうことでつながっていく様子」という実践に接した北村教師は，「自分らでどんどんどんどん学びを深めていくようになるには」，「相手のことを思うことが必要」，学級としての「温かさって大事」という視点を見出していた。そして，この視点から北村教師は「お互いを受け入れる温かさ」「相手のことを

思える人になってほしい」という「願い」をY中学校着任2年目には明確にし，特別な支援を必要とする生徒や不登校傾向のある生徒を「サポートしたりとか，受け入れたりっていうような雰囲気」「そういったことを大事にしようということは言い続けて」「温かい雰囲気」のある学級づくりを行ってきている。大学時代において見出された学級としての「温かさって大事」という視点は，教師としての実践を通じてあらためて授業には「背後」があるという視点となって北村教師の中で統合され，学習指導についての考え方の発達を導いたと考えられる。

3 考　察（Figure：K1, Figure：K2）
　北村教師の実践的知識を，生徒指導に関する意味パースペクティブと授業に関する意味パースペクティブに大別し，その発達の過程を分析してきた。これら大別して得た分析結果を総合し，実践的知識の実相，その発達過程と特徴，発達を支えている他者とのネットワークを考察していく。

3-1　実践的知識の実相
　北村教師の最終的に発達を遂げた実践的知識は，次の考え方から構成されている。生徒指導に関する意味パースペクティブは，生徒への「願い」について，生徒との関わり方について，生徒指導について（自分の指導についても含む），生徒との「関係づくり」について，という4つの考え方から構成され，授業に関する意味パースペクティブは，生徒に培いたい力について，授業づくりについて，授業プロセス（授業の展開・指導）について，学習指導について，という4つの考え方から構成されている。
　しかしこれら8つの考え方は並列の関係性ではなく，大学生時代の経験から形成されていた「お互いを受け入れる温かさ」「相手のことを思える人になってほしい」「自分をちゃんと持った子になってほしい」という生徒への「願い」についての考え方は，言わば北村教師の教師としての信念となって，「授業づくりは本当に生徒指導が基盤にあって，普段の授業の学びがある」という学習指導についての考え方の発達を導いていた。すなわち，北村教師においては，生

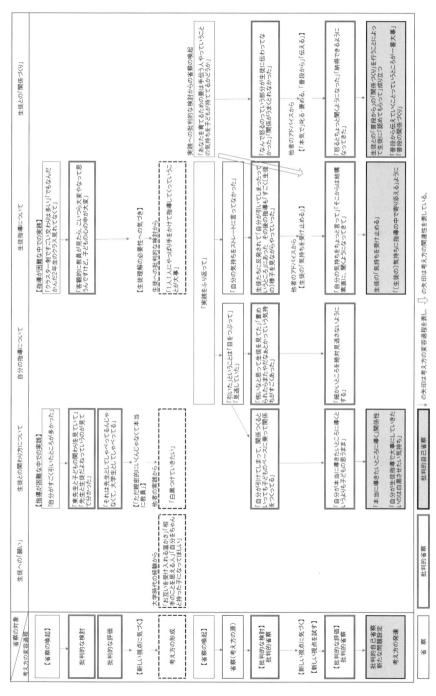

Figure：K1　北村教師の生徒指導に関する意味パースペクティブの発達過程と構造

第1章　Y中学校の教師達：実証的分析Ⅰ

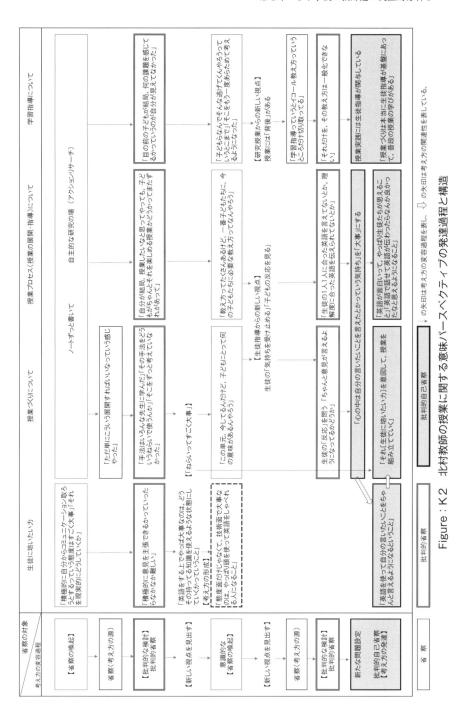

Figure: K2　北村教師の授業に関する意味パースペクティブの発達過程と構造

徒への「願い」についての考え方が他の考え方に影響を与える核となる考え方だったのである。

3-2　実践的知識の発達過程
①実践的知識を構成する考え方の発達過程

生徒指導に関する意味パースペクティブを構成する考え方としては，4つの考え方が認められたが，生徒への「願い」についての考え方は，著名な授業実践に接するという大学時代の経験から形成されていた。その他の3つの考え方（生徒との関わり方について，生徒指導について，生徒との「関係づくり」について）の発達は，省察の深まりによって導かれており，その発達の過程は次の通りであった。

1）困難な状況での実践からの省察の喚起。
2）自己の実践以外への批判的な検討からの新しい視点の抽出
3）考え方の形成
4）形成された考え方にもとづく自己の実践への批判的な検討
5）新たな省察の喚起
6）自己の実践への省察の深まり（省察 reflection，批判的省察）
7）b：他者の言葉からの新たな視点の抽出
8）b：新たな視点にもとづく実践
9）a：自己の実践への批判的な評価（批判的省察）
　　b：新たに見出した視点からの批判的な評価
10）批判的自己省察（考え方の発達）

授業に関する意味パースペクティブを構成する考え方においては，生徒に培いたい力についての考え方以外の3つの考え方（授業づくりについて，授業プロセスについて，学習指導について）が省察の深まりによって発達した。その発達過程は次の通りであった。

1）自分の授業を高めたいという意欲からの省察の喚起

2）a：自己の実践への省察の深まり（省察 reflection，批判的省察）
　　b：自己の実践への批判的な検討
3）a：新たな視点の抽出と省察の喚起
　　b：新たな省察の喚起
4）新たな視点の抽出
5）新たな視点にもとづく実践
6）a：新たに見出した視点からの実践への批判的な検討
　　b：新たに見出だした視点からの省察の深まり（省察 reflection，批判的省察）
7）批判的自己省察（考え方の発達）

　省察の深まりによって発達した6つの考え方の発達過程の共通性を整理したものがTable：K2である。生徒指導に関する意味パースペクティブはまず考え方が形成され，その後に発達したが，その形成以降の考え方の発達過程と授業に関する意味パースペクティブを構成する考え方の発達過程はおおよそ次の6つの過程を経ている。

1）省察の喚起
2）自己の実践への省察の深まり（あるいは批判的な検討）
3）新たな視点の抽出
4）新たな視点にもとづく実践

Table：K2　北村教師の意味パースペクティブを構成する考え方の発達過程

生徒指導に関する意味パースペクティブ	授業に関する意味パースペクティブ
1) 省察の喚起	
2) 批判的な検討からの新しい視点の抽出	
3) 考え方の形成	
4) 形成された考え方にもとづく自己の実践への批判的な検討	
5) 新たな省察の喚起	1) 省察の喚起
6) 自己の実践への省察の深まり（省察reflection, 批判的省察）	2) a：自己の実践への省察の深まり（省察reflection, 批判的省察） 　b：自己の実践への批判的な検討
	3) a：新たな視点の抽出と省察の喚起 　b：新たな省察の喚起
7) b：他者の言葉からの新たな視点の抽出	4) 新たな視点の抽出
8) b：新たな視点にもとづく実践	5) 新たな視点にもとづく実践
9) a：自己の実践への批判的な評価（批判的省察） 　b：新たに見出した視点からの批判的な評価	6) a：新たに見出した視点からの実践への批判的な検討 　b：新実に出だした視点からの省察の深まり（省察reflection, 批判的省察）
10) 批判的自己省察（考え方の発達）	7) 批判的自己省察（考え方の発達）

5）新たな視点からの実践への批判的な検討・評価（あるいは省察の深まり）
6）批判的自己省察による発達

　つまり，自己の実践へ省察が喚起され深まっていこうとするときに，新たな視点が見出され，見出された新たな視点が実践によって試され，批判的に検討され，評価され，承認され，次第に新たな視点が新しい考え方へと確立していくのである。なお，北村教師の授業における意味パースペクティブを構成する考え方の発達では，上記の過程に加えて，a：自己の実践への省察の深まり（省察 reflection，批判的省察）による新たな視点の抽出と省察の喚起，b：自己の実践への批判的な検討による新たな省察の喚起という，複数回の省察が批判的省察あるいは批判的な検討によって喚起されていた。

　②実践的知識を構成する考え方の省察の深まりに関する特徴
　北村教師の実践的知識を構成する考え方の発達過程における省察の深まりに関与する特徴として，次の4点が見出せる。
　1点目は，「書く」・質問に答えるという行為によって，省察を深めていた点である。北村教師はY中学校に着任し，自分や先輩教師の授業を撮影して見てもいたが，毎時間の「授業中の子どもの様子，子どもの発言を書けるだけ書いて」「思ったことを全部バーっともうたくさん書いて」という「まとめ」を行っていたという。このように継続的な「書く」行為によって自分の考えが整理され，省察の喚起とそれに続く最初の批判的な検討が導かれていた。またその書かれた記録を読むことは，「自分が今考えてることとかをまた見たときに，これこんなことしてたって思いながらまた次の授業作ったりっていうことをしてく」と批判的な検討を生かし，新たな挑戦的な実践を行っていくことを導いている。さらに，北村教師の場合は，着任3年目に行った研究授業での生徒の様子への参観者の疑問に，「語りながら自分でまとめたり」したことによって，「学習指導だけじゃなくて生徒指導すごく大事」，授業には「背後」があるという視点が見出され，この視点から省察が深まっていった。このように，「書く」，質問に答えるという自らの実践を客観化する機会によって，省察の喚起，批判的な検討，新たな挑戦，新たな視点の抽出が導かれている。

2点目は，1点目の特徴に関連して，大学時代に受けた教育が教師としての実践的知識の発達に直接的な影響を与えている点である。1点目で述べた実践への「ふり返り」は，「教育実習の時にノートつくれっていう風に言われて」「まとめなあかんっていうようなことを指導を受けて」という，大学時代の「指導」から「ノートを使うのは大事」ということに北村教師が気づいて自ら行うようになっている。また，北村教師は大学教員から著名な実践を参観することも勧められており，この参観した授業から北村教師は「学びを深めていくようになるには」，「相手のことを思うことが必要」，学級としての「温かさって大事」という視点を見出している。この大学生時代に見出した視点をY中学校着任2年目当時，北村教師が明確に結びつけていたのかどうかは語りからは明らかにできない。しかし，北村教師は「温かい雰囲気」のある学級づくりをその時に明確に目指していた。そして，大学時代において見出された学級としての「温かさって大事」という視点は，教師としての実践を通じてあらためて授業には「背後」があるという視点となり，学習指導についての考え方の発達を導いていた。このように，北村教師においては大学時代に受けた教師教育が実践的知識の形成・発達に直接的な影響を与えている。

3点目は，新たな視点を見出す際や省察が深まる際にはコミュニケーション的学習が行われている点である。コミュニケーション的学習とは，メジローが説明している学習概念であり，彼は学習を「道具的学習」と「コミュニケーション的学習」に大別している。前者は認知的な関心の中の技術的領域であり，他者や環境をコントロールすることに関心がある学習，後者は実践的な関心の領域であり，「ほかの人びとが意味するものを理解しようとする学習であり，また自分自身を理解してもらおうとする学習」と説明されている（メジロー，1991/2012, p.104）。例えば，大学時代に参観した授業から，「自分らでどんどんどんどん学びを深めていくようになるには」「相手のことを思うことが必要」，学級としての「温かさって大事」という視点が見出されているが，その際にはその実践を行った教師の行為の意味を理解しようとして，北村教師はインタビュー調査を行っていた。また，授業づくりと授業プロセス（授業の展開・指導）についての考え方の省察の深まりは，生徒指導から見出した「生徒の気持ちを

受け止める」「子どもの反応を見る」という視点から導かれていた。この視点自体が生徒を理解しようとするコミュニケーション的学習の視点，そのものであった。メジローが提唱している変容的学習論は，学習プロセスである省察 reflection，批判的省察そのものが自分自身の考え方を理解しようとする自分に対してのコミュニケーション的学習であるが，教師の場合は生徒を理解しようとするコミュニケーション的学習が省察を深めさせるという点が本事例から見出された。

　4点目は，特定の他者ではなく，多様な他者からの影響を受けている点である。北村教師は批判的な検討の度に新しい視点を見出しているが，その際には自分の実践への批判的な検討だけではなく，他者の実践や他者からのアドバイスから視点を見出し，それを試してその見出した視点に価値づけを行って省察を深めている。この他者は同じ英語科の先輩教師（東教師，西山教師）だけではなく，他の教科の教師も含まれる。生徒指導に関して，北村教師は東教師の実践から生徒との関わり方について批判的に検討しているが，「生徒指導のすごい先生」の実践からも，「本気で」「怒るし本気で褒める」ためには「あんた〔生徒〕のためを思ってるんやっていう雰囲気」を「普段から」出すことが必要という視点も見出している。また，「周りの先生からのアドバイス」から，「自分がきちんとどんな生徒に育てたいんかっていうところ」「指導が終わったらどんなふうな態度をとらせたいのっていうところ」までを考えて指導するという点に気づかされ，生徒の「気持ちを受け止める」という視点を北村教師は見出している。また，分析においては省察への深まりへの直接的な関与は明らかにはなっていないが，北村教師は国語科や数学科教師の実践から生徒理解や授業展開についての新しい視点を見出そうとしていた（巻末資料K8語り1-10）。さらに授業に関しては，学校外での私的な研究会での「壊す」という視点からの授業研究やアクションリサーチから省察が喚起され，批判的な検討が行われていた（巻末資料K4）。このように，北村教師の場合，学校内と学校外の双方において，多様な他者との関わりがあり，それが省察の深まりを導いている。なお，これら他者との関係性においては後述する。

③実践的知識総体としての発達過程の特徴

北村教師の事例から，次の２点の特徴が見出される。

１点目は，並列していた考え方が関連し合って発達し，最終的にいくつかの考え方を融合した考えを形成していることである。分析においては，２つの意味パースペクティブに大別して分析してきたが，北村教師の授業に関する意味パースペクティブを構成する考え方（授業づくりについて，授業プロセスについての考え方）は，生徒指導についての考え方の発達過程において見出された新たな視点（生徒の「気持ちを受け止める」「子どもの反応を見る」）によって省察が深まり，批判的自己省察に達している。この批判的自己省察から，生徒の「気持ち」を「大事」にするという授業づくり・授業プロセスについての考え方の発達が導かれ，それがさらに生徒に培いたい力の考え方の発達も導いている。そして，発達した授業に関する３つの考え方，生徒に培いたい力について・授業づくりについて・授業プロセスについての考え方は関連している。しかし，発達以前の最初の批判的な検討の時点ではこの３つの考え方は並列しており，関連してはいなかった。また，生徒指導に関する考え方とも関連していなかった。このように，北村教師の意味パースペクティブの発達は，並列していた考え方のいくつかが関連して発達することによって導かれており，最終的に，生徒指導に関する意味パースペクティブと授業に関する意味パースペクティブを融合させて「授業づくりは本当に生徒指導が基盤にあって，普段の授業の学びがある」という教師としての実践的知識が形成されている。

２点目は，大学時代に見出した視点を実践的知識へと発達させていることである。先述のように，北村教師は大学生の時に行った学習指導に関する研究から，「自分らでどんどんどんどん学びを深めていくようになるには」という点について，「相手のことを思うことが必要」，学級としての「温かさって大事」という視点を見出していた。この視点から「お互いを受け入れる温かさ」「相手のことを思える人になってほしい」「自分をちゃんと持った子になってほしい」という，生徒への「願い」についての考え方が形成され，この考え方にもとづいて，「相手の話をやっぱりちゃんと聞く場面をしっかり設けてあげること」「お互いがちゃんとコミュニケーション取れるように。やっぱり班の中で関わ

りをしっかり持たせてあげるっていうこと」という学級指導を行っていた。つまり，北村教師はもともと学習指導と生徒指導を関連させた考え方を形成していたのである。しかし教育実習では学級づくりから関わるわけではなく，授業の実践に重点がおかれる。そのために，授業に関する考え方は大学時代にある程度，形成されるが，生徒指導に関する考え方は教師となって学級を任され，実践した後に初めて形成される。そしてその実践的知識の形成のタイミングの違いによって，大学時代に形成されていた学習指導と生徒指導を関連させた考え方は実践的知識となり得ずに，それぞれの考え方が並列していたのであろう。それが，教師としての実践を経て，大学時代において見出された学級としての「温かさって大事」という視点があらためて授業には「背後」があるという視点となって北村教師の中で統合され，学習指導についての考え方の発達を導いたと考えられる。

3-3 学習を支える他者とのネットワーク

北村教師の事例から北村教師の他者とのネットワークを抽出し，その関係性を考察していく。北村教師はY中学校に属し，その中でも英語科教師を中心とするクラスターに所属している。また学校以外では，Y中学校が所在する県の英語研究会にも所属している。さらに，Y中学校の英語科の先輩教師である西山教師の大学時代の先輩達がつくった，私的な英語教育の研究会にも属している。これらの他者とのつながりと省察への影響を考察する（巻末資料K8）。

先述のように北村教師には英語科教師以外の教師との関わりがあり（語り1-10），「周りの先生からのアドバイス」や「生徒指導のすごい先生」の実践，国語科や数学科の教師の実践から何らかの視点を見出してそれを試したり，それらアドバイスや実践の意味を解釈して新たな視点を見出し，省察を深めていた。これらの関係性は，新任である北村教師が先輩教師達からアドバイスを受けたり実践を参観するという一方向性の関わりであるが，北村教師がそれらアドバイスや実践を解釈している点から一方的に教えられるような関係性ではない。また，北村教師がアドバイスを受ける教師や参観する教師を自由に選択できる余地がある。Y中学校の英語科教師達との関わりは，「〔東〕先生が〔北村

教師の授業を〕見てくださったときもあって。自分はこういう授業を今してるんだけれどもっていうことで，自分から話したり」と情報を共有し，「このアイディア面白いねとかっていう形で，英語科の先生と話し広まって」(語り1-8) という双方向性の関わりである。そしてそれは，「教科会っていうわざわざこんな時間を持たなくても，普段の時間の中でお互い自分の思ってることを語り合える関係がある」(語り2-39) と北村教師が述べるように，日常的なインフォーマルな「語り合える」関係性である。このような関係性は，「東先生の授業にちょっとお邪魔してみたり」「◯◯先生の授業にお邪魔したときに感動したときに，先生，こんなとこ良かったですわって話をすると，自分もこんなとこ良かったと思っててみたいなことをお互いに語り合うことがすごく多くて」(語り2-39) というような，他者に自分の授業を開示するというオープンな関係性が日常的でインフォーマルな対話を可能にしている。また，その話題は授業に限定されず，生徒指導など教師としての実践についての話題であることが推察され (語り2-39)，それら対話によって新しい視点や考え方が承認されていったと考えられる。

　一方，学校外の私的な研究会 (巻末資料K4) は，「別の高校の先生だったりすごい研究されてる先生もいらっしゃったり」という英語についての専門性がより高い，まったく「自主的な」研究会である。その研究会は，「あの授業もっとこうすりゃよかったよとかじゃなくて」「ぶった切る」というような研究会であるという。しかしそれについて北村教師は，「一般の実践の現場ではどういう授業作っていくかっていうところに視点が向く」「今の授業，壊すっていう視点ではなかなか授業は研究されない」「それはやっぱり研究っていう視点で見るときにできるもの」とこの研究会を意味づけている (語り1-28)。そしてこの研究会では，「そんなん最初に入れんでいい，なんていうところからまず入る」「根本的なところをやっぱりバーンってこう突っ込んでくれる」(語り1-29) というように，北村教師が暗黙的に当然と考えていることを指摘されることによって，これまでの実践を「見直すっていうところから始まる」と省察の喚起を促すものである。このように「自分の授業ボコボコにたたいてくれる」(語り1-28) という直接的な関わりだけではなく，この研究会の教師達と北村教師の

関わりは,「決して直接的に教えてくれるわけじゃなくて,見てしゃべりながら気づけっていうようなスタンス」でもある。この「スタンス」は,「どんどん教えてあげるからこの授業やってみなさいじゃなくて。コピーなんじゃなくて。自分で気づかないと分からんので」と北村教師も述べているように,自ら新しい視点を見出すことを導き,自身の実践を批判的に検討することを導いているのである。

また,北村教師は県の英語研究会にも参加している(巻末資料K8語り2-10)。この会も英語科教員の集まりであり,「議論」しながらリーディングテスト作りを行っているという。北村教師の省察の深まりへの影響について,分析においてはこの研究会との直接的な関連性は明らかになってはいない。しかし,この研究会での「読む読み物が生徒にとってきちんと意味のあるものなのかどうか」「読み取ってほしいメッセージをちゃんと読み取らせるための設問になっているかどうか」という「議論」は,「子どもにとって何の意味があるんやろう」という点を批判的に検討したり,「ねらい」が生徒に伝わる点を批判的に検討することに繋がった可能性があると考えられる。

次に,これら北村教師のもつネットワークの質を考察する。Y中学校の英語科教師達以外との関係性は,北村教師がアドバイスを受ける教師や参観する教師を選択する余地のある自由度の高い関わり方である。さらに,受けたアドバイスや参観した実践の意味を北村教師が解釈するというものであり,新任教師である北村教師が一方的に教えられるような権力関係に立脚している関係性ではない。英語科教師達との関係性は,オープンにお互いの実践を参観して情報を共有し,日常的にインフォーマルに「語り合える」双方向性の関係性であり,英語科という専門性を媒介として,権力関係の無い関係性である。「助け船を求めるというよりも自分で考えてやってみて,あとあかんかったところをこうした方がいいなとかっていうのを相談したりとかすることが多い」(巻末資料K8語り2-40)と北村教師が述べているように,これら権力関係の無い関係性が,自分で見出した新しい視点を試し,批判的に検討することを可能にしている。また,「相談したり」という対話によって,新しい視点や考え方が承認され,批判的自己省察を導くと考えられる。

一方，学校外の研究会は，双方とも英語科教師達の集まりであり，双方とも英語科という専門性を有している。しかし，私的な研究会は高校教師もメンバーとなっており，より幅広く研究的な視点から既存の授業を「壊す」という挑戦的で革新的な場である。この場は私的な研究の場であることからもともと権力関係は存在しておらず，Y中学校と同様に若い北村教師が一方的に教えられるような関係性でもない。それに対して県の研究会はより実際的に生徒に寄り添うような視点で実践（テスト作り）を問い直す場である。勤務時間外に勤務校を離れて「議論をしながら1つのテストを作っていく」という場は，私的な研究会の様相を呈しており，北村教師の語りにおいてもその場が権力関係に立脚しているとは考えられない。

　このように北村教師はY中学校を含めて多様な教師達とのネットワークを有しており，それが省察の喚起・深まりに影響を与えている。分析において明らかにその関連性が表出しているのは，Y中学校の英語科以外の教師達と英語科教師達，および私的な英語の研究会であった。関連性があると推察されるのは，県の英語の研究会であった。北村教師の事例において特筆すべき点は，英語科という専門性を有している点では共通していながら，それぞれ異なる性質を有している複数の英語科教師コミュニティに北村教師が属していることである。Y中学校は情報を共有し日常的な対話が生起するコミュニティ，私的な研究会は挑戦的で革新的な視点のコミュニティ，県の研究会は実際的に生徒に寄り添う視点のコミュニティと考えられる。英語科という専門性は有していながらもこれら性質の異なるコミュニティに属していることによって，それぞれの多様な視点からの他者との対話や関わりが北村教師を刺激し，省察の喚起と深まりを導いているのである。

第2節　事例分析：西山教師——若手教師の実践的知識の発達

1　Y中学校に着任するまでの西山教師の概要

　西山教師は30代前半，教職8年目の中学校・英語科の男性教師である（3回目調査当時）。西山教師は，「中学校の時にはもうなろう」と教師を志していた

という。それは,「学校が好き」「中学校が特に好き」だからであるという。西山教師の中学時代,2年・3年時の担任教師は「すごく自分らのことを考えてくれる」教師であったが,「めちゃめちゃ荒れたクラス」であったために学級委員だった西山教師は「対教師,対クラス」の「板ばさみ」になったという。「これはひどい」と思った西山教師であったが,「荒れたクラス」が「最後はもう,まとまるかっていうぐらいまとまって」いったことから,「ひとつひとつ解決していってまとまっていく,これが中学校なんだなっていうことをぼんやりと感じ」,「そういうところで,ずっと仕事としてやっていけたらなぁという思い」から教師を志したという。その一方で西山教師は「英語,もともとめっちゃ嫌い」で,中学校時代の英語のテストは「50点あるかないか」であったという。しかし,「今,風潮的にあまりない」「今の英語の世の中でそんな授業は評価されない」という高校2年時の英語の授業,「ノートに今日のテキストを写して全部訳して答え合わせの授業」を通じて「むちゃくちゃ力がつき」,西山教師は「〔英語への〕抵抗感」がなくなったという。そして西山教師は教師になることを目指して地元の国立系大学の言語教育コースに入学し,英語を専門とする。

西山教師の大学時代には「すごくいい出会いがたくさん」あったという。その1つが「今でもつき合いがある」先輩であり,西山教師が大学1年生の時に留学から戻ってきた「むちゃくちゃすごい」4学年上の先輩である。その先輩は「英語の論文とか読みまくって,学会とかで発表して,英語めっちゃできて」という先輩であり,「TOEICやTOFLEとかの勉強会」を開催して「おいでよ」と誘っ

Table:N1　西山教師の教師歴と調査年月日

勤務校	所属学年	教職年数	年齢
1校目 大学附属 中学校	(講師)	1	24
2校目	1年	2	25
	2年	3	26
	3年	4	27
3校目 Y中学校	3年 (第1回目調査 2012.8.4)	5	28
	3年 (第2回目調査 2013.8.19)	6	29
	1年 英語研究大会発表	7	30
4校目	2年 (第3回目調査 2015.8.21)	8	31

てくれたという。西山教師はその先輩が所属していた「人数が少ない厳しい」ゼミに「自然と入門」し,「そこでしゃべっていくうちに英語の授業って面白いな」と思うようになったという。もう1つの出会いとして西山教師が挙げたのは,教育実習の時に指導を受けた大学附属中学校の英語科教師である。西山教師が大学生だったその時は,「素敵だけど,あまりに〔自分の授業とは〕遠過ぎて,自分の初めて授業するイメージも持てないまま結局,よくわからずに終わって」という「出会い」であったという。この「出会い」によって「圧倒的に英語は自分がしゃべれないと話にならないっていう挫折感」を感じた西山教師は,「あんな先生のような授業がしたいという漠然とした思い」を抱くようになり,大学卒業後に1年間留学をする。

　帰国後,西山教師は教育実習を行った大学附属中学校で英語の講師として勤務する。この時に西山教師は,教育実習時代に指導を受けた英語教師から「許可が無くてもいつでもおいで,っていうか,来い」と促され,「後ろでこうやって見てても身につかないから」「常に黒板側に,TTという形で授業に参加させてもらった」という。このような環境で西山教師は1年間を過ごし,教科指導についての「イロハを教えてもらったというか,こうあるべきだっていう英語の授業をずっと見せてもらった」という。翌年度,西山教師は地元の都道府県で採用され,教員として1校目,教師として2校目の中学校に着任する。授業については,「附属とは違う普通の公立中の子ども達に対しての授業っていうのにシフトするのは,ちょっと苦労した」西山教師であったが,附属中学校での経験から,「初任者で新しい学校に行った時も,授業に関して最初,困ることが無くって」「どうしたらいいか分からないっていう状態いうのがあんまり無くって」という教員としてのスタートであった。生徒は,「反抗期とかないんかな,この子らっていう感じ」「中学生かお前らっていうぐらい落ち着いていた」という。この中学校で西山教師は1年生から3年生までを担任として持ち上がり,3年間を過ごした後にY中学校に異動する。

　3回目調査当時,西山教師は3年間を過ごしたY中学校から異動し,教員として3校目,教師として通算4校目の中学校に着任したばかりであった。西山教師は3年間のY中学校勤務を経て「指導っていうものの見方が変わった」

と述べており，「あっち〔生徒の〕目線で全てやっていくことが大事」と生徒主体の指導観を有するようになっている。また，西山教師が教師としての「心構え」と呼称する教師観については，「子ども達とやっていく。創っていく。（中略）けれど同じ人としてやっていくってのが大事」「教えて教わるじゃなくて学ぶ空間を創る」と，教師－生徒の間にある既存の権力関係に依拠して一方的に教えるという教師ではなく，生徒を同じ人として認めて向き合う教師という教師観を持つようになっている。そのような教師観のもと，生徒の学びが成立するような空間（環境）を創ることが教師の役目と考えるようになっている。また，授業については，対話を行いながら生徒に「本当に考えさせる」ことや「気持ちに変化のあるようなコミュニケーション」によって「英語の魅力」に惹きつけていく授業を構想するようになっている。

このような考え方がどのように形成・発達されていったのかを西山教師の語りから分析していく。

2 分析

あらかじめ述べると，西山教師の実践的知識の発達過程では授業に関する考え方と生徒指導に関する考え方が関連し，複数の考え方において省察が深まっていく。その過程を授業に関する意味パースペクティブと生徒指導に関する意味パースペクティブに大別して分析していく。分析に用いたデータは，1回目調査（着任1年目）は1-1から1-45，2回目調査（着任2年目）は2-1から2-45，3回目調査（Y中学校から異動後1年目）は3-1から3-36である。

2-1 授業についての意味パースペクティブの発達過程
①省察の喚起

教員としての採用以前の1年間，大学附属中学校での講師時代に西山教師は「英語教師として僕のゆるぎない憧れ」である附属中学校教師の授業にTT（ティームティーチング）として参加し，「こうあるべきだっていう英語の授業をずっと見せてもらった」という。この経験から附属中学校教師の授業を「コピー」した西山教師は，採用された1校目の学校では授業については「困るこ

とが無くって」という教員としてのスタートであったという。しかしY中学校に異動した西山教師は，授業について2点の悩みをもつ。

　1点目はY中学独特の70分授業についてである。70分授業では授業回数が50分授業よりも減少する。そのため，「英語はどっちかというと技能というか，体育に近いかなと思うと，細かく何回もやった方がいいだろう」ととらえた西山教師は，1週間に2回の70分授業において「どういう風に力つけていける授業を創っていくといいのか」「どういう授業を目指せばいいのかなっていうイメージがわかなくて」と戸惑う。また，「現状今の自分の中で，力をつけるってことは具体的にどうしてやればいいかってわからない」と西山教師は悩む。しかし西山教師は，「実際その場で授業が分からない，って言って来る子もいる中で，そこで力をつけてあげられる授業，Y〔中学校〕の一員として70分授業でもちゃんと基礎基本もついてるし，高校受験にも対応するし，将来に役立つ力もつくっていう授業」を目指してもいた。70分授業の実践から，西山教師は，「50分が染みついている部分があるので〔残りの20分間は〕何かをやらせるということになってしまう」「自分もやって辛いのに子どももつらいだろう」「すごくしんどい授業になってしまう」と自己の実践を評価し，「それはもう自分の〔授業についての〕デザイン力」と授業づくりについての省察を喚起させる。そして，この70分授業の悩みについて，西山教師は英語科の先輩教師である東教師の授業から，「こうしてやればいいやっていう」「ヒント」をもらったり，「じゃあこうしようかっていうのも話し合ったり」したという。しかし，「70分を何とか集中力を持たせるための活動を入れたりはするんですけど，大きく変えてるつもりはあまりない」と，授業づくりについて喚起された省察は，Y中学校着任1年目の夏（1回目調査）の時点では深まりは認められない。

　もう1点の悩みは，Y中学校が校内研究で取り組んでいる問題解決型学習についてである。「英語科だとY〔中学校〕のやり方に合わせるのがすごく難しい」「英語をしゃべるっていうことが課題なんだから，探究的に話し合うっていうことをしようと思っても，その話し合う道具を今，勉強してるんだから」という悩みである。この悩みについても英語科教師達との対話から，「コミュニ

ケーションをとれるための英語を中心にやっていこうっていうことをY中じゃなくてもどこでも今やり始めている，それを大事にしていけばいい」「それほど気構えてしなくてもいいんじゃないかっていう理解」を西山教師は得て，「授業の場でいいコミュニケーションをとるっていうことを目標というか目的にして，子ども達に〔英語を〕使わせていきたい」と考える。

　西山教師がY中学校に着任して2年目，着任1年目に起こっていた生徒指導上の困難は継続しており，Y中学校では「学校を立て直す」「普通の学校のきちっとできることをさせていかないと理想は追えない」ということから，異学年クラスターの取り組みを縮小して学年のつながりを強め，70分授業を50分授業へと変更する。後述するが，このY中学校着任2年目の時点で，西山教師は学級における生徒指導について，「本当にその子に応じてやってあげないと，こちらの先生としての都合でやってても見向きもされないし成り立たない，通じていかない」と「先生としての都合」にもとづく指導に限界を感じ，生徒指導についての省察は批判的省察に達していた。しかし授業における指導については，「授業がつまらないからとか，面白くないからとか，英語が嫌いだからそっぽ向かれるんなら頑張れるんですけど。なんかそれ以前の問題で授業から遠ざかった時に，どうすりゃいいんやろう」「授業を面白くしたって，個別につながらない子ども達とどうやってコミュニケーションをとっていけばいいのかが分からなくなって」と，西山教師は混乱の渦中にあった。

　一方，授業づくりにおいては70分授業での授業づくりと50分授業との比較から，「70分だと準備なしで思いつきでとか単発でっていうのは絶対成り立たなかったし。間が持たないし。毎回の授業を自分の中で完結させていかないと持たなかった」「〔50分授業だと〕逆にやりにくくて。じっくりできない」と西山教師は省察を喚起させる。しかし，50分授業であれば昨年度行った教材研究と資料を用いて授業を行えることから，「今年，何もしてない」「生徒指導を理由にプリントに逃げている部分もあって。授業は今年あんまり頑張れてない」と喚起された省察は深まってはいない。そして3年生の担任ということから，「とにかく学力を上げること」「やっぱりテストの点数を上げていかないと」(巻末資料N1語り2-32)と西山教師は考え，「英語なんて特に嫌いな子にとって

はもう無理なので」「〔授業に〕食い付かすためのモチベーション上げる」(語り2-32) ための授業づくりを構想する。

　また，問題解決型の授業については，生徒が「問題解決の課題あげると逃げる」「そのレベルに達してない」(巻末資料N1語り2-33) ことから，「英語の力が関係ない時」「日本語だけで話ができる」場面で問題解決型の授業を西山教師は構想し，その点については「迷いない」と述べている。それは，受験に直面している3年生にとって，「とにかく学力を上げること」「進路実現」が最も大切な授業の目的と西山教師がとらえていたからである。しかしその一方で，「英語使うっていう感覚が子どもらになくて，使えるようにさせたいっていう思い」(語り2-44) を西山教師は有しており，「それを授業中でそうなるための努力っていうところが結びついていかなくて」と理想と現実のギャップを抱えていた。しかし，「授業だけで英語しゃべれるようにできないけども。そのための基礎を作る場所ではありたい」「だから今はあまりできてないですけど。読んで書いてだけじゃなくてしゃべって聞いて。本当に4技能使って」「動いて疲れた」というような授業を西山教師は目指してもいる。

　このように西山教師はY中学校に着任し，70分授業に際して授業づくりについての省察を喚起させる。また着任2年目にも，70分授業の50分への変更を機に，それらへの比較から授業づくりについての省察が喚起される。しかし，昨年度の教材研究と資料を用いて50分授業を行えることから，この時点では西山教師の悩みは解決された状況にあり，喚起された省察は深まってはいない。もう1点の悩みである問題解決型学習についても，「それほど気構えてしなくてもいいんじゃないかっていう理解」を西山教師は得て悩みが解決し，省察は喚起されていない。同様に，着任2年目，生徒の実態と受験への対応から，「英語の力が関係ない時」「日本語だけで話ができる」場面で問題解決型の授業を西山教師は構想するが，この判断は「迷いない」判断であることから西山教師にとって悩みは解決されており，省察は喚起されない。つまり，Y中学校独自の70分授業と問題解決型学習に取り組む経験においては，当初は前任校とは異なる独特の授業形態に悩み，授業づくりについて省察を喚起させた西山教師であったが，何らかの解決を得たことから喚起された省察のその後の深まり

は，着任2年目（2回目調査）の時点では認められない。一方，授業における指導については，「モチベーション上げる」授業を構想して実践しても授業が成立しない事態に西山教師は直面し，混乱の渦中にあった。

②省察の深まり

Y中学校着任1・2年目に喚起されたが深まってはいなかった授業づくりについての省察は，2回目調査（着任2年目）から2年後の3回目調査の語りにおいて，Y中学校着任3年目を経て批判的自己省察に達したことが認められる。また，授業における指導についての省察も次のように深まっていることが同様に認められる（資料N2）。

西山教師は授業について（語り3-8），「50分っていうのがすごく恐怖だった」と授業についての考え方の源を突き止める（省察 reflection）。そして「すごく恐怖だった」のは，「子ども達が反応しないと」「その間がつらくて」と考え方の前提条件を明らかにし，生徒達は「もしかしたらちゃんと課題について考えていたのかもしれないのに，こっちがその間がつらくてしゃべりまくっていた。だからやってることは〔附属中学校教師と〕一緒だと思いつつもやってなかった」と批判的に自己の授業（指導）を検討している（批判的省察）。また，この批判的な検討の際に，西山教師は自己の授業を附属中学校教師の「コピー」ではなく「さるまね」と表現し，その違いを痛烈に批判している。さらに西山教師はその違いを，先輩で同僚の東教師の実践から，「すごく対話をしてるというか子どもと」「必ず子ども達の発言からそこまでもっていくっていう，子どもが中心」という点を見出し，授業は教師が「一方的な与えるものじゃない」と新たな問題提起をしながら批判的自己省察に達している。また，他の語り（語り

資料N2：省察の深まりが表出している語り

語り3-8　「未だに〔憧れである附属中学校教師に〕追いつけてないというか。やってることは変わらないんだけど，子ども達の姿は違う。同じ指示をしてるつもりなのに同じ手順を踏んでるはずなのに，子ども達はめっちゃしゃべ……例えば英語でしゃべりなさいって言ったらしゃべる。そこは違うなと。附属にいて，附属に私がいた時は<u>50分っていうのがすごく恐怖だった</u>というか，授業っていうのが楽しいと思えるまですごく時間がかかったし，<u>その先生のさるまねをしながら子ども達が反応しないと，もしかした</u>

らちゃんと課題について考えていたのかもしれないのに，こっちがその間がつらくてしゃべりまくっていた。だからやってることは〔附属中学校教師と〕一緒だと思いつつもやってなかったんだろうなって。少し教員になってそのさるまねが全く通用しなかった数年，○○〔前任校の所在地の名称〕であって，Yにきたら東先生の授業を見て，すごく対話をしてるというか子どもと。なんか授業っていうよりなんだろう，って言葉にならないんですけど，一方的な与えるものじゃないし，活動もいい発問だったりいい活動っていう。もちろんそれも意識されてのことだと思うんですけど，必ず子ども達の発言からそこまでもっていくっていう，子どもが中心というか，なんかゆったりしてたんですよね。そのゆったり感が僕の授業にもほしいなと思ったのが大きかったかなと思うんですね。だから東先生の授業を見て，また少し自分の授業を変えてみようって思ったのかもしれないですね。」

語り3-9 「なんか英語って子ども達が嫌いだって思……まあもちろん嫌いな子は多いと思うんです，できない子はできないし。だからといって，英語嫌いでも英語の授業は好きって言わせたかったので，なんかいろんな仕掛けを。歌うたうとかペアでしゃべらせてトピックを面白いことをしゃべらせて意欲付けしたり，全てこっちがどわーってテレビ番組のバラエティみたいに数分ごとに面白いことを与え続けていく。それで視聴者をただただ惹きつけていくっていう，こっちの準備となんだろう。けど，そうだとうまくいく授業は，きちんとそれが準備されていたり子どもと教員がたまたま惹きつけられる。けどそうじゃない授業は，それが全くないので英語それ自体に惹きつけられたわけじゃなくて。なので英語の授業が面白いと思ってたわけじゃない。だから英語の授業は楽しみにはしてなかったなって。それは，こちらが一方的に与え続けていて子ども達の言葉を聞いてなかったからかなと。東先生の授業はそうじゃなくて，子ども達がそこにいて，そこから何かが疑問が生まれたり。あくまで課題はこっちで準備してるんだけど，そこにたどり着かせたり。」

語り3-10 「(前略) こっちがこっちがっていうのが。本買ってきて，こういう手法があるとかなんかネタがあったらっていう，ネタをとにかくとにかく出してっていう。そのおかげで今，ネタはいっぱい持ってるんですけど，そのネタを投げてただけで，そこに子ども達をもってくるっていう視点を気づかせていただいたというか。でなかったら，いまだに与えまくってる授業もしてただろうなと思うし，それで満足して，今ある程度，生徒指導的な変な力もついてきたので，授業として落ち着いちゃうと疑問も持たないだろうなって。」

語り3-17 「少し待てるようになりましたね。聞いた子どもに発問した時に，英語で聞かれて分からないのか考えてるのかまずどっちかなって見ながら，でも周りの雰囲気を見ながら，分かってる子は分かってるなとか思いながら。それを待つのがすごく嫌だったので前は。この子もつらいだろうなと思ってて。でもつらいだろうな，じゃあ次いこかって言っちゃってないがしろにしてしまった方がつらいだろうなって。その子になんとか言わせて，みんなの前で称賛してあげた方が次につながるな。だから待つことがすごく怖かったんですけど〔今は〕待とうとはしてますね。」

3-17)においても、授業についての考え方の源が明らかになっている。西山教師は、「待つのがすごく嫌だった」「待つことがすごく怖かった」という授業についての考え方の源を突き止めている（省察 reflection）。そして「待つのがすごく嫌だった」のは、「この子もつらい」という発問に答えられない生徒のつらさと、答えられない生徒を待つ「その間がつらい」いう西山教師自身のつらさという考え方の前提条件を明らかにし、「次いこかって言っちゃってないがしろにしてしまった方がつらい」と生徒のつらさの意味をとらえ直し、これまでの考え方を批判的に検討している（批判的省察）。そして、「なんとか言わせて、みんなの前で称賛してあげた方が次につながる」と、目の前の「つらさ」よりもこれから先の生徒の育ちという新たな問題設定から批判的自己省察に達している。

　他の語り（語り3-9）においては、授業（指導）についての考え方の源として、授業づくりの目的という考え方があったことが表出している。西山教師は授業づくりの目的について、「英語嫌いでも英語の授業は好きって言わせたかった」という考え方の源があったことを突き止める（省察 reflection）。そして、「好きって言わせたかった」のは、「英語って子ども達が嫌い」ととらえていたという前提条件を明らかにして、「英語嫌い」な生徒達を「ただただ惹きつけていく」という目的のために、「テレビ番組のバラエティみたいに数分ごとに面白いことを与え続けていく」という授業づくりを行っていたと西山教師は批判的に検討する（批判的省察）。さらに、そのような授業を「英語それ自体に惹きつけられたわけじゃなくて」「英語の授業が面白いと思ってたわけじゃない」「英語の授業は楽しみにはしてなかった」と生徒の立場から西山教師は評価する（批判的省察）。最終的に、「それは、こちらが一方的に与え続けていて子ども達の言葉を聞いてなかったから」と新たな問題提起をなし、授業についての省察は批判的自己省察に達する。その際に西山教師は、東教師の実践と自己の授業を比較し、東教師の実践から「子ども達がそこにいて、そこから何かが疑問が生まれたり」「あくまで課題はこっちで準備してるんだけど、そこにたどり着かせたり」という「子どもが中心」の視点を見出している。

　西山教師の授業（づくり）についての考え方が批判的省察、批判的自己省察

にまで達する過程では，次の３つの経験によって西山教師が省察を深めていったことが語りから見出される。１点目は，Y中学校着任２年目の３年生での対話の成り立った授業の経験である（巻末資料Ｎ３語り3-11）。この授業は，「何か問いをあげてもみんなが本当に考える。英語ができない子もたくさんいたけど日本語でもいいから〔返答が〕返ってくる」という授業であったという。この授業によって西山教師は，「こっちの技量じゃなくて子ども達がこんなに〔返答を〕出してくれれば授業って成り立つ」「子ども達が英語楽しんでるし，これでいいんじゃないか」「そういう雰囲気が創れるといいのかな」と考えるようになる。この経験は，授業は教師が「面白くしてモチベーションを上げる」のではなく，生徒が「本当に考える」ことによって，「英語ができない子も（中略）〔返答が〕返ってくる」ということに西山教師が気づく経験であった。また，生徒からの返答によって「授業が成り立つ」，さらにこのような対話の授業によって「子ども達が英語楽しんでる」ということを知る経験でもあった。この授業の意味を西山教師がその時点で明確にとらえていたかどうかは明らかではない。しかし，この「３年生の授業で感じていたものがあった」ことから，着任３年目，「〔生徒達の〕反応があったけど英語ができないっていう」１年生の授業において，「子ども達の言葉を拾う。聞くっていうこと」（巻末資料Ｎ３語り3-12）を西山教師は意図的に行い，新しく見出した視点，生徒の発言を核として生徒と共に創っていく授業という視点を実践において試していくのである。

　２点目は，先輩である同僚の東教師の実践を見る経験である。西山教師が「東先生の授業とかその２年目の３年生の授業で感じていたのもあった」と述べているように，西山教師は東教師の授業から指導についての考え方の源に気づいている（巻末資料Ｎ３語り3-12）。西山教師は東教師の指導に接し，自己の指導についての考え方が「怒る時って何かいつもこっちの大人の都合を押し付けている」という，「大人の都合」にもとづく考え方であったとその源に気づく（省察 reflection）。そして「教えなきゃいけないんですけど，それを直球で言ったって子ども達は分からない」「怒らなきゃいけない場面でも怒らずに何か子ども達に気づかせる」と，「子どもが中心」の視点から，指導について西山教師は批判的に検討する。さらに，それら生徒指導場面における指導についての考

え方と授業における指導についての考え方を「英語の授業でも一緒で」と西山教師は結びつけ，大人の都合や考えを「押し付けてもしょうがなくて」「分からない子に（中略）伝える」「教えるじゃなくて伝える」と，「子どもが中心」の視点から指導についての考え方を批判的に検討する。後述するが，Y中学校着任2年目に西山教師は，自己の学級指導を通じて，指導についての考え方の源が「先生としての都合」(資料N7語り2-16)という教師主体であったことに気づいていた(省察 reflection)。それが着任3年目では自己の実践だけではなく東教師の実践からも批判的な検討が行われ，東教師の指導がどの場面でも「子どもが中心」で，授業づくりにおいてもその考え方が貫かれていることに西山教師は気づいていく。そして東教師の授業から，「子ども達がそこにいてそこから何かが疑問が生まれたり」(資料N2語り3-9)「必ず子ども達の発言からそこまでもっていくっていう子どもが中心」(資料N2語り3-8)という「子どもが中心」の授業づくりを明確にした西山教師は，それが「一方的な与えるものじゃない」(語り3-8)と解釈する。

　また，西山教師は，東教師の授業が「子ども達の発言」「対話」によって創られている点にも着目する。そして，「東先生の授業とかその2年目の3年生の授業で感じていたのもあった」(巻末資料N3語り3-12)と，東教師の授業と自己の実践から「子どもが中心」という新たな視点を見出した西山教師は，「自分の授業を変えてみよう」(語り3-8)と，「子ども達の言葉を拾う。聞く」という新たな視点からの実践を行い，その視点を試していく。その中で，「子どもが中心」という新たな視点は検討され，価値づけされていったのであろう。さらに西山教師は価値づけを行うだけではなく，「子どもが中心」という新たな視点から自己の授業を問い直し，生徒は「英語の授業自体が面白いと思ってたわけじゃない」，それは「こちらが一方的に与え続けていて子ども達の言葉を聞いていなかったから」(資料N2語り3-9)と授業づくりと指導方法についての省察を深めていったと考えられる。

　3点目は，複数の都道府県にまたがる英語の研究大会での発表に向けて授業づくりを行い，実践を発表した経験である(巻末資料N4)。この時の大会では，「英語で自分の意見とか考えを表現させたり，やり取りさせたりする授業のた

めにどうしていくか」(語り3-15)ということを発表のテーマとしたが，当初は異なっていたという。「東先生としゃべってた時はどんなテーマでやるといいっていう話をしてて，自己決定っていうキーワードでやろう」ということになったという。その「キーワード」になったのは，「生徒指導のリーフレットか何か」に掲載されていた「生徒指導する時は教員の押しつけじゃなくて子ども達に選択させなきゃいけない」という一文から発想し，同様の考え方で「英語〔の授業〕でもやってきている」から「研究としてまとめるのはいい」といった東教師との対話から生まれたアイディアであったという。西山教師にとって，この「自己決定」という「キーワード」での授業を構想することは，「できない子にとって」は「Yes, Noを考え」「意見を考え」というような，「できない子」も参加できる授業を構想することであり，さらに「本当に考えさせる実践」を具体的に構想する経験であった。また，「子ども達に意見，考えを言わせなきゃいけない，書かせなきゃいけないしやり取りさせなきゃいけない」ためには，「こっちがしゃべりまくってたってしょうがない」と教師主体の指導方法を問い直す経験でもあった。

　このように，この「自己決定」という「キーワード」で授業を構想する経験は，「子どもが中心」という生徒主体の授業づくりと指導方法を具体的に構想する経験であり，これまでの西山教師の行っていた実践を問い直す機会となったのである。さらにこの実践は，大学時代や教員になっても「言われてた」「意見，考えを英語で」(語り3-16)という点をあらためて考え直す機会ともなり，これまでの実践が「さるまね」であったことに気づかされる機会ともなっていったのであろう。そして，新しい考え方で実践した授業を研究大会で発表したことは，「今まで目指していたものが自分の実践を説明する言葉になって」「やり取りの中でこういう風に自分はこういう風なことを大事にして実践していますっていう，受け売りのものじゃなくて，自分の言葉になったうえでイメージでもこういう風なことを目指したいっていうことがもてた」「発表でしゃべりながらつながっていった」(語り3-16)と，西山教師が自分の考え方や目指すものを明確にしていく機会となったのである。

　これら複数の経験を通じて，西山教師の授業づくりと指導についての考え方

は省察を深めていった。しかしそれだけではなく，これら2つの考え方の省察の深まりに影響を与えているのは，後述する，生徒についての考え方の変化である（巻末資料N5）。Y中学校着任1年目の西山教師は，英語の授業を受ける生徒について，「将来的に使うのは，本当に数パーセント」「クラスで1人いればいい方」（1-15）と考えていたが，着任2年目には「みんながみんな英語をやるわけじゃないからっていうのは最近あまり思わなくて。せっかく英語の授業受けるんだから，少しでもできるようになったらいい」「前向きにやらせたい」（語り2-45）と生徒についての考え方を変化させる。この変化は，西山教師が2年目に担任した生徒達が「根性がないとか，続かないっていう子達」であったことから，そういう生徒達に「ネガティブな言葉をかけたくない」「自分がそういう心持でやりたくない」と西山教師が考えたからであった。しかし同時に西山教師は，「英語なんて特に嫌いな子にとってはもう無理」（巻末資料N1語り2-32）「英語って子ども達が嫌い」「できない子はできない」（資料N2語り3-9）という生徒についての考え方も抱いていた。この生徒についての考え方は，西山教師が中学校時代には英語が苦手だったことや高校時代の英語の授業が英文和訳中心の授業であったことから，英語は「受験教科でしかなかった」（巻末資料N1語り2-44）「自分の受けてきたような授業」は「苦痛」（巻末資料N5語り3-24）で，「嫌いな子にとってはもう無理」「英語って子ども達が嫌い」という生徒についての考え方が形成されたと推察される。そしてこの生徒についての考え方のもと，「英語嫌いでも英語の授業は好きって言わせたかった」という目的が授業づくりの源となって，先述のように西山教師は英語の授業に「ただ惹きつけていくため」に「面白いことを与え続けていく」授業づくりを行っていたのであろう。

　しかし，担任している生徒の実態から「ネガティブな言葉をかけたくない」「自分がそういう心持でやりたくない」と西山教師は自分の考え方を変化させる。また，着任2年目の3年生での対話の成立した授業は，「英語ができない子もたくさんいた」が「英語に対してポジティブな感情を持っている子」が多数おり，この授業から西山教師は，「子ども達がこんなに〔返答を〕出してくれれば授業って成り立つ」「子ども達が英語楽しんでるし，これでいいんじゃな

いか」「そういう雰囲気が創れるといいのかな」(巻末資料N3語り3-11)と考えるようになる。この経験は、「英語ができない子」でも返答したり、「本当に考える」ことによって「英語それ自体」に生徒が惹きつけられて「子ども達が英語楽しんでる」という、これまでの西山教師が抱いていた授業観や生徒観(生徒についての考え方)を覆す経験であった。着任2年目に変化した西山教師の生徒についての考え方とこれまでの授業観・生徒観(生徒についての考え方)を覆す授業を経て、着任3年目には「英語ができたらいいよっていうことを分かってもらいたい」「どうせやらなきゃいけない道なら楽しくやってほしい」(巻末資料N5語り3-21)と生徒についての考え方が変化している。そして、生徒が「楽しく」授業を受けるためには「英語の魅力っていうものが授業中にあって」と、「英語の魅力」によって「英語それ自体」に生徒を惹きつける授業づくりを西山教師は構想するようになる。

このように、西山教師の授業づくりの考え方の根底には生徒についての考え方があり、それが変化することによって、授業づくりの考え方が批判的自己省察に達したと考えられる。そして批判的自己省察に達した新しい考え方のもと、西山教師は、自分が受けてきた英文和訳の「教科書」を教わる授業を「子ども達も絶対に面白くない」「それは違う」と否定し、「教科書で教えたい」(巻末資料N5語り3-22)と明確に述べている。

③批判的自己省察以降の考え方と実践(巻末資料N6)

批判的自己省察に達した後の「教科書で教えたい」という授業において、西山教師は教科書の読み物の内容を読み取るだけでは「表面的に終わっちゃう」と考え、「トピックを幸せについて考えてみようっていうふうにして、教科書をゴールじゃなくて教科書を材料にして考える」(語り3-25)という授業をデザインしたという。この授業は、生徒に「カカオ豆を採って生活してる子ども達」と自分たちとを比較させ、「どっちが幸せそうっていうふうなチャットでやり取りをしたりしながら」「今、自分は学校に来られて本当に幸せかどうか」を本当に「考えさせる」ことによって、「英語の教科書でも読み物として読書をして、自分の中の気持ちに変化」を生み出す授業であったという。この授業において西山教師は、「自分の中の気持ちに変化があるような実践ができるとそ

れってコミュニケーションだろうな」と述べており，そこには単に「コミュニケーションの仕方」を培うことを超えた「コミュニケーション」の質を問う意味合いが含まれている。しかしこの「自分の中の気持ちに変化があるような実践」に関連する視点は，Y中学校の前任校での一番印象深い出来事として，1回目調査（着任1年目）の時点で既に述べられていた。

　西山教師はその一番印象深い出来事として，合唱コンクールとその後の英語の研究授業を挙げ，生徒に「言いたいっていう気持ちを創ることができたのは，一番よかった」(語り1-33)と述べている。「一番よかった」と西山教師が表現したのは，その授業が「クラスがひとつになった」合唱コンクールを題材にし，「英語で言うと難しい内容だろう」ということでも生徒が「英語で言えた」ことから，「言いたいっていう気持ちを創る」ことが西山教師の中で何かしら意味のあることとして残っていたからであろう。しかし，それがどのように意味があるのかが明確に認識されないまま残っていたために，西山教師自身の中学時代と同様の「クラスがひとつになった」イベントとしての合唱コンクールの印象深さと共に，「言いたいっていう気持ちを創ることができたのは，一番よかった」という語りとなって，授業づくりについての考え方が発達する約2年前に既に表出したと考えられる。そして，その時点では明確にその意味が認識されていなかったであろう新たな視点は，英語の研究大会に向けての授業づくりと実践，その後の発表を通じて次第に明確になり，「言いたいっていう気持ちを創る」という既に見出されていた新たな視点は「気持ちに変化がある」という表現になり，「気持ち」を伴う実践こそが「コミュニケーション」と西山教師は明確に考えるようになっていったと推察される

２－２　生徒指導に関する意味パースペクティブの発達過程
①省察の喚起
　「すごく田舎の学校」で「ある意味，幼くて純な子が多かった」という前任校からY中学校に着任した西山教師は，Y中学校独特の70分授業やクラスター制といった「制度，システム的なところ」よりも，「少し町になって，やっぱりいろんな子がいる」と「戸惑い」「驚き」を感じたという。そしてY中学

校で勤務する中で，「ルールとかしつけというか，基本的な生活習慣」について「すごくたくさん，問題」がある，「教員によって言っていることが違う」「共通理解を図っておくべきことはたくさんある」と，Y中学校の課題を西山教師は感じる。同時に，「今，すごくゆらいでいる」「こちらの問いかけとか指導に関しても，すっと心を向けてくれない。どうすれば，自分が目指しているところが，ほんまにどういう風にひっぱっていけばいいんだろうっていうのが，今〔着任1年目当時〕も全然わからなくて」と，西山教師は生徒指導に苦悩する。しかしこの生徒指導上の困難は西山教師のみの悩みではなく，Y中学校では夏休み直前に生活指導についての問題が起こり，学校外にまでそれが知れ渡る事態も発生していた。この「荒れ」の状況は収まらず，「荒れた後でそれを継承した」「〔着任した〕2年目の3年生がめちゃくちゃひどかった」と西山教師が述べるように，指導が困難な状態は次年度に継続されていく。Y中学校では「生徒指導の諸問題等が大きな学校の課題」として「安全，安心な学校づくり」を目指し，「規範，学力，有用観」の育成を教育目標として掲げるようになる。

　異動して2年目，西山教師は昨年度に引き続いて3年生を担任する。しかし，「生徒の質的な部分も〔昨年度の3年生とは〕大分違うので，手を焼く子が多い」「不良というよりは幼稚なねんねくさいやんちゃもできないような子達が散らばっている」「指導が指導にならない感じ」「単なる注意とか単なる指導ではそっぽむく」と，これまでとは異なるタイプの生徒指導に西山教師は苦慮する。2年続けて継続的に指導が困難な状況に直面する中で，「先生の仕事って何なんかなって思うことがずーっと去年からあって」（資料N7語り2-16）と，「先生の仕事」についての省察が西山教師に喚起され，生徒指導についての考え方が批判的に検討されたことが，2回目調査（着任2年目）の語りに次のように表出している。

　西山教師は「先生として気張ってた部分が全部，今ない」と，これまで「先生として気張って」指導を行っていたという生徒指導の考え方（「無意識」の行動）の源を突き止めている（省察 reflection）。同時に，これまでの指導は「先生としての都合」で行っていたと，生徒指導の考え方（「無意識」の行動）の源も突き止められている（省察 reflection）。そして，そのような指導では「〔生徒から〕見

> 資料Ｎ７：生徒指導の苦悩について・「先生の仕事」についての省察の喚起の語り
>
> 語り２-16 「前の学校にいた時と言ってることは多分，大分変ってるなって最近思うんです。前の学校にいた時に，荒れてる学校の友達の話を聞いた時には言いたい放題言えたので。(中略)今，自分の目の前にそれがあって，なんにもうまくいかない時があって。すると先生の仕事って何なんかなって思うことがずーっと去年からあって。ある意味先生として気張ってた部分が全部，今ないですね。こうせなあかんとか。こういうふうにしてかないといけない，っていうものが根底にはあると思うんですけど。本当にその子に応じてやってあげないと，こちらの先生としての都合でやってても見向きもされないし，成り立たない，通じていかない。ただ今それをやりすぎて失敗してる部分もあるのかなって思うんですけど。」
> (筆者発言：失敗っていうのは，今年の３年生の担任としてですか。)
> 「寄り添いすぎたかなっていう部分はあって。やっぱりいろんな子がいるので，それをある程度分かってくれる子達は，今の子達だから，先生はそういう対応してるんだって思うのと。なんであの子達だけって思う子達。(中略)だから一貫して取らなきゃいけない態度もあるし。でも個人的に見てあげないきゃいけない態度もある。そのバランスが取りづらいな難しいなって。それが前の学校では思ってなかったなって思う。全体指導でなんとかなってたから。個別につながってなんとかしてやろうって思う必要がなかったから。」

向きもされないし成り立たない，通じていかない」とこれまでの指導が批判的に検討され，「本当にその子に応じてやってあげないと」と，指導について新たな視点が見出される。また，担任している生徒が昨年度と比較して「いろんな子がいる」ことから，「一貫して取らなきゃいけない態度」と「個人的に見てあげなきゃいけない態度」，双方の「バランス」が指導には必要という視点も西山教師は見出している。同時に，「個別につながって何とかしてやろうって思う必要がなかった」というように，これまでの指導を批判的に西山教師は検討する。その中で，前任校では「全体指導で何とかなっていた」，それ以上の手立てを講じる「必要がなかった」ために「先生としての都合」「先生として気張って」の指導が成り立っていたとの考え方の前提条件が明らかにされている（批判的省察）。

このように指導についての省察が批判的省察に達している着任２年目の時点において，Ｙ中学校の先輩教師達との関わりによって西山教師に変容への意欲が具体的に生まれている。西山教師がＹ中学校に着任した２年目，学校全体

の教員が「半分替わって」「名だたる先生が集まった」という。西山教師は，それら教師達の実践に接したり彼らとの対話から，目標とする教師達は「どんなことがあってもぶれてない」「判断に迷わないし。したことに関して説明ができる」と先輩教師達の共通点を見出す。そして，自分は「ぶれぶれだし。何が正しいのかもよく分からない」と彼らと自己との比較を通じて，「やり方に憧れててもしょうがないから，なんか根本的に見つけていかないといけない」「人を見てなくて自分で考えてかなきゃいけない」「こうだっていうものが持てる教員になりたい」と，変容への意欲を生起させる。

②省察の深まり

Y中学校着任2年目，西山教師は2年続けて指導が困難な状況に直面する中で，「先生の仕事って何なんかなって思うことがずーっと去年からあって」（資料N7語り2-16）と，「先生の仕事」についての省察を喚起させていた。また，生徒指導について，「先生として気張ってた部分が全部，今ない」と自己の変化を西山教師は認識し，「本当にその子に応じてやってあげないと，こちらの先生としての都合でやってても〔生徒から〕見向きもされないし成り立たない，通じていかない」と，「先生としての都合」にもとづく指導の限界を感じ，生徒指導についての省察は批判的省察に達していた。そして先述のように，授業を批判的に問い直す中で，西山教師は「怒る時って何かいつもこっちの大人の都合を押しつけている」（巻末資料N3語り3-12）と生徒指導における考え方の源を明らかにし（省察 reflection），「怒らなきゃいけない場面でも怒らずに何か子ども達に気づかせる」，指導すべきことを「直球で言ったって子ども達は分からない」と生徒指導の方法について批判的に検討していた。さらに，「それが英語の授業でも一緒で」と生徒指導と授業における指導への考え方を融合させ，「子どもが中心」という新しい視点を西山教師は見出していた。このように批判的な検討まで進んだ生徒指導についての考え方への省察は，西山教師が「心構え」と呼称する教師のあり方（教師観）についての考え方への省察と関連し，批判的自己省察に達していることが3回目調査の語りに表出している（資料N8語り3-30）。

西山教師は着任2年目の時点で，既にこれまでの指導は「先生としての都合」

| 資料N8：指導についての考え方が批判的自己省察に達している語り |

語り3-30「心構えとしては，教師として指導しなきゃいけないっていう肩ひじ張ってた部分が，大分，なくなっちゃったかなっていう。もちろん教師としてやらなきゃいけないんですけど，教師としてやったら子ども達に伝わらないだろうという思いがあって，これはなんだろう。ある意味，俺として言わなきゃいけないんだろうなと思って。なんて言うか，誰が言っても同じような指導じゃなくて，俺がお前に言ってるんだぞっていう，その本気感というか，仕事だからやってる感で伝えると伝わらないなと。いろんな，それが歌の指導とか，合唱コンクールとかしてても，歌を歌わないやつを叱るっていうことをしなくなったなって。逆に自分も嫌いだったし合唱コンクール。じゃあどうやったら楽しくなるだろう，どうやったら乗るだろう，どうやったら達成感味わえるだろうって，少しなんか指導っていうものの見方が変わったかなって。目にもの言わせて，力ずくでやらせるっていうのもひとつ，それはそれでその先生のスタイルだしいいと思うんですけど，僕の性格的に合わないなと。子ども達とやっていく。創っていく。それが教員としても，それはプロとしてやらなきゃいけないし，けれど同じ人としてやっていくってのが大事なのかなって思いますね。なんか教員としてというのは，Y〔中学校着任〕の１年目にガタガタっと崩れちゃったので。そこで肩ひじ張っててももう駄目なんだなって。特にたぶん，今の子達はっていう言い方になると思うんですけど。そういう人は信頼しないだろうなっていう。そうやって人を見て判断してくるから，こっちのやることは変わらないし，言わなきゃいけないことも変わらないんだけど，言い方は言う言い方というか言う目線は変えなきゃいけないんだろうなと。それは授業も一緒だし，教えて教わるじゃなくて学ぶ空間を創るというか。あっちの目線で全てやっていくことが大事なのかなって思います。」

語り3-32「僕，楽しくやりたい方なので，学校が子どもを指導する場ってとらえるとすごく面白くないんですけど，子どもが楽しむ場って考えて，そのための指導だって思えば。子どもが楽しもうと思ったら毎日怒られたら嫌だし，じゃあ怒られない工夫をさせていかなきゃいけないし，ただ怒ってるだけなら誰でもできるし，それを積極的な仕掛けを創って〔生徒を〕進ませるのが，そういう仕事なんだろうなって。それは多分，Yの方向性としてもあったし，そういう先生方にたくさん出会えたなって思いますね。」

で行っていたと，生徒指導の考え方の源（「無意識」の行動）を突き止めていた（省察reflection）。しかし着任３年目では，「教師として指導しなきゃいけない」という「心構え」のもと，「肩ひじ張って」指導していたと，これまでの指導についての考え方の源（「無意識」の行動）とその前提条件が教師としての「心構え」であったことが明らかにされている（省察reflection，批判的省察）。そして，「目にもの言わせて，力ずくでやらせるっていうのもひとつ，それはそれでその先生のスタイルだしいいと思うんですけど，僕の性格的に合わない」と，「力ず

くでやらせる」という指導を西山教師は批判的に検討し，否定する。その上で，「子ども達とやっていく。創っていく。それが教員としても，それはプロとしてやらなきゃいけないし，けれど同じ人としてやっていくってのが大事」と，権力関係に依らない教師−生徒の関係性という新たな問題設定から，教師の「心構え」について考え方は批判的自己省察に達している。

　同様に，この語りには，もう1つの批判的自己省察も表出している。西山教師は，「教員としてというのは，Y〔中学校着任〕の1年目にガタガタっと崩れちゃったので。そこで肩ひじ張ってももう駄目なんだ」と，「教員として」という「心構え」のもとで「肩ひじ張って」の指導を行っていたと考え方の源（「無意識」の行動）とその前提条件を突き止めている（省察 reflection，批判的省察）。そして，「今の子達は」「そういう人は信頼しない」「そうやって人を見て判断してくるから」と，「教員として」「肩ひじ張って」の指導を行う教師を生徒は信頼しないと西山教師は批判的に検討し，「こっちのやることは変わらないし，言わなきゃいけないことも変わらない」と指導の内容についてはこれまでの考え方を肯定する。しかし指導方法については，「言う言い方というか言う目線は変えなきゃいけない」と批判的に検討され，指導についての考え方は，「子どもが中心」という新たな問題設定から「あっちの目線で全てやっていくことが大事」と批判的自己省察に達する。教師の「心構え」についての考え方も，「教えて教わるじゃなくて学ぶ空間を創る」と権力関係に依らない教師−生徒の関係性という新たな問題設定から批判的自己省察に達している。さらに，これらの考え方に影響を与えている学校についての考え方が存在していたことが他の語りに表出している（資料N8語り3-32）。

　この語りにおいて西山教師は，「学校が子どもを指導する場ってとらえるとすごく面白くないんですけど，子どもが楽しむ場って考えて，そのための指導だって思えば」と述べており，考え方の発達以前は「学校」を「子どもを指導する場」ととらえていたということが表出している。しかし「学校」についての考え方が「子どもが楽しむ場」と変化したことから，指導についての考え方は，「子どもが楽しむ場」「そのための指導」という新たな視点，すなわち「子どもが中心」の視点から批判的に検討されている。それが「子どもが楽しもう

と思ったら毎日怒られたら嫌だし，じゃあ怒られない工夫をさせていかなきゃいけないし，ただ怒ってるだけなら誰でもできる」という語りにも表出している。そして，「怒る」に象徴される一方的な教師－生徒の権力関係性は否定され，「積極的な仕掛けを創って〔生徒を〕進ませる」「そういう仕事なんだ」と，権力関係に依らない教師－生徒の関係性という新たな問題設定から，「先生の仕事」についての考え方は批判的自己省察に達している。この批判的自己省察は，着任2年目に喚起された「先生の仕事って何なんか」への応えとなっているのである。このように，「先生の仕事」についての考え方は，最終的に教師としての「心構え」(教師観)への省察として深まっていったが，「子どもを指導する場」という学校についての考え方が「教師として指導しなきゃいけない」という教師としての「心構え」の前提条件となり，「教員として」「肩ひじ張って」という，指導についての考え方の前提条件ともなっていたのである。

　このようにして，西山教師の生徒指導に関する3つの考え方(生徒指導とその方法について，教師としての「心構え」について，学校について)は発達を遂げていったが，これらの発達には次の3点の経験が影響を与えていると考えられる。1点目は，新たな指導方法による指導の経験である（資料N8語り3-30）。西山教師は合唱コンクールのエピソードを挙げて語っているが，「歌を歌わないやつを叱るっていうことをしなくなった」という。その代わりに西山教師は，「教師としてやったら子ども達に伝わらない」「仕事だからやってる感で伝えると伝わらない」「俺として言わなきゃいけない」「誰が言っても同じような指導じゃなくて」と考え，新しい指導方法を試したのである。この時点において，西山教師は既に「先生として気張ってた」「怒る時って大人の都合を押しつけてる」という生徒指導について考え方の源を突き止め，「本当にその子に応じてやってあげないと，先生としての都合でやってても〔生徒から〕見向きもされないし成り立たない，通じていかない」「押し付けててもしょうがなくて」「怒らなきゃいけない場面でも怒らずに何か子ども達に気づかせる」と批判的な検討を行っていた。このような生徒指導とその方法について批判的な検討から，西山教師は「自分も嫌いだった」と生徒の立場から合唱コンクールをとらえ，「歌を歌わないやつ」が「どうやったら楽しくなるだろう」「どうやったら達成感味わえ

るだろう」と，「子どもが中心」という視点を実践において用いている。これら新たな視点をその時点で西山教師が明確に認識していたかどうかは定かではないが，新しい視点からの指導によって「少しなんか指導っていうものの見方が変わった」という。批判的な検討にもとづく「俺としての指導」という新たな指導方法を試したことによって，見出されていたが明確ではなかった新たな視点が価値づけされて次第に明確になり，明確になった「子どもが中心」の視点から「心構え」への批判的な検討が行われ，「教師として指導しなきゃいけない」というこれまでの「心構え」が突き止められていったと考えられる。

　2点目は，西山教師が着任2年目の対話の成立した授業を契機として，3年目には「生徒の言葉を拾う，聞く」という，生徒とともに創っていく授業を行うようになっていったことである。対話の成立した授業（巻末資料N3 語り3-11）においては，「生徒の返答で授業が成り立つ」「子どもが楽しんでる」「こちらも楽しい」という「雰囲気」にも西山教師は価値を見出していた。このような生徒とともに創る授業づくりを通して，見出されていた「子どもが楽しんでる」「こちらも楽しい」という「雰囲気」が次第に価値づけされ，承認されていったのであろう。そして，「学校が子どもを指導する場」ではなく「子どもが楽しむ場」と西山教師がとらえるようになっていったと考えられる。また，教師と生徒がともに「創る授業」は，「教えて教わる」という教師−生徒の既存の関係性を否定し，「先生の仕事」は「雰囲気」も含めて「学ぶ空間を創る」という表現へとつながっていったと推察される。さらに，「学ぶ空間を創る」という点に関しては，次に述べるクラスターにおける指導の経験も関与している。

　3点目は，西山教師がこれまで抱いていたイメージを超える生徒や生徒を育てる環境に気づく経験があったことである（巻末資料N9）。Y中学校着任1年目に西山教師が「1番最初に驚いたのはクラスター長のスピーチ」（語り3-31）であったという。クラスターというのはY中学校の独自のシステムで，1年生から3年生の各ひとクラスずつが縦割りで編成された異学年生活集団である。その3年生の「クラスター長のスピーチがあまりにも大人びていて，けど原稿がそこになくて，（中略）あの子達が考えたっていうか，その場で言って

るっていう。それって教員と同じだなと思って」と，西山教師は述べている。この経験は西山教師が抱いていた生徒観を超える生徒の一面に気づく経験であった。また，3年生が1年生に掃除のやり方など中学校生活を教えるというクラスターの活動で，3年生を褒めた西山教師にその3年生は，「［西山］先生のクラスの3年生が私たちにやってくれたんですよ，2年前」(語り3-5) と言ったという。この生徒の言葉から，「一緒に生活をしたから，自然な縦のつながりというのがあったんだろう」「こうやって子ども達がつながるんだっていう。教員の力ではなくて」と，西山教師は「一緒に生活」をするという環境によって生徒同士がつながり，教師が教えなくとも生徒が育っていくことを見出している。そして，そのような異学年の生徒達のつながりは，「子ども達だけでつながっていけるっていう雰囲気」(語り3-4) を創りだす教師達の支援によって成りたつという点も，西山教師は東教師との指導の中で気づいている。このようなクラスターにおける指導の経験から，「教員と同じ」力を持つ生徒がいることや「教えて教わる」という既存の教師－生徒の関係以外の教育力に西山教師は気づき，教師の権威に依拠する指導や教育についての考え方を否定するようになったと推察される。その結果，生徒を「同じ人として」とらえ，「教えて教わるじゃなくて学ぶ空間を創る」，「積極的な仕掛けを創って〔生徒を〕進ませる」のが「先生の仕事」という表現となって，西山教師の語りに表出したと考えられる。

3 考 察 (Figure.：N1，Figure.：N2)

　西山教師の実践的知識を，授業に関する意味パースペクティブと生徒指導に関する意味パースペクティブに大別し，その発達の過程を分析してきた。これら大別して得た分析結果を総合し，実践的知識の実相，その発達過程と特徴，発達を支えている他者とのネットワークを考察していく。

3-1 実践的知識の実相

　西山教師の最終的に発達を遂げた実践的知識は，次の考え方から構成されている。授業に関する意味パースペクティブは，生徒について，授業づくりの目

第1章 Y中学校の教師達：実証的分析Ⅰ

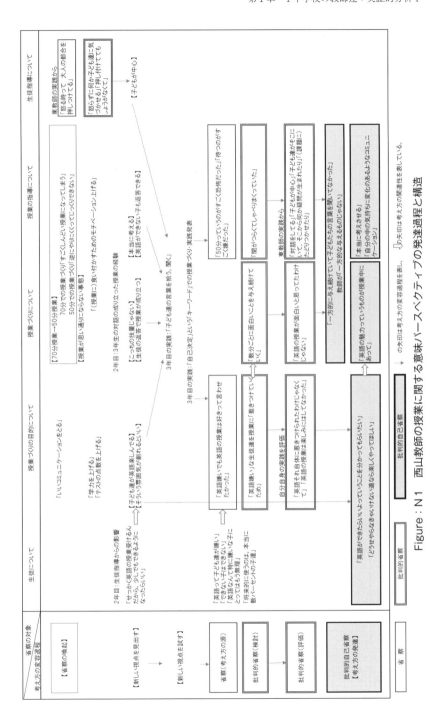

Figure：N1 西山教師の授業に関する意味パースペクティブの発達過程と構造

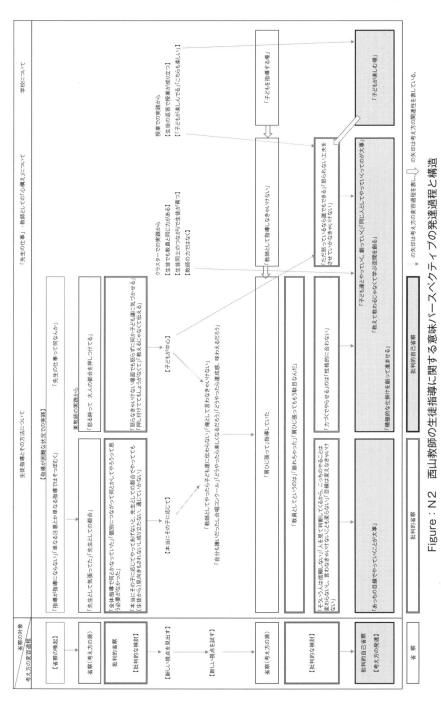

Figure：N2　西山教師の生徒指導に関する意味パースペクティブの発達過程と構造

的について,授業づくりについて,授業の指導について,という4つの考え方から構成されており,生徒指導に関する意味パースペクティブは,生徒指導とその方法について,教師としての「心構え」(「先生の仕事」),学校について,という3つの考え方から構成されている。

授業に関する意味パースペクティブにおいては,「英語なんて特に嫌いな子にとってはもう無理」「英語って子ども達が嫌い」という生徒についての考え方が「英語嫌いでも英語の授業は好きって言わせたかった」という授業づくりの目的についての考え方の前提条件となって,授業づくりとその指導についての考え方と行動を決定していた。同様に,生徒指導に関する意味パースペクティブにおいては,「子どもを指導する場」という学校についての考え方が「教師として指導しなきゃいけない」という教師としての「心構え」の前提条件となって,「肩ひじ張って」の指導という考え方と行動を決定していた。

すなわち,実践的知識を構成する複数の考え方の中の1つが意味パースペクティブ全体の暗黙の前提条件となって,教師としての実践的な思考方法を決定し,行動を決定させていたのである。そして,この意味パースペクティブの前提としての機能を果たしている考え方は,被教育時代の経験や教職への社会化によって形成されていた。

3-2 実践的知識の発達過程
①実践的知識を構成する考え方の発達過程

西山教師の授業に関する考え方においては,状況への折り合いから喚起された省察の深まりは停滞したが,その発達過程は生徒指導に関する考え方の発達過程と共通しており(Table:N2),意味パースペクティブを構成する考え方の発達過程は,おおよそ下記の過程であった。

1) a:解決されない問題からの省察の喚起
   b:状況の変化からの省察の喚起
2) a:自己の実践や他者の実践からの省察の深まり(省察 reflection,批判的省察)
   b:状況への折り合いからの省察の深まりの停滞
3) 他者との関わりによる変化・変容への意欲の喚起

他者の実践と自身の実践，想定を超える経験からの新たな視点の抽出
4）新たな視点にもとづく実践
5）省察の深まり（省察 reflection，批判的省察）
6）批判的自己省察（＝考え方の発達）

この考え方の発達過程では，西山教師は授業に関する考え方においても生徒指導に関する考え方においても複数の新たな視点を見出しており，それら新たな視点の意味を明確に認識してはいなくとも，それらを実践で取り入れ試すことによって，新たな視点は徐々に価値づけされていった。そして，見出された新たな視点が最終的に新たな問題設定の枠組みとなって，批判的自己省察がなされたのである。また，批判的な検討においては見出された新たな視点が価値判断の基準ともなっていた。これらのことから，新たな視点を見出すことが省察の深まりには必須であると言えよう。

②実践的知識を構成する考え方の省察の深まりに関する特徴

西山教師の実践的知識を構成する考え方の発達過程において，省察の深まりに関与する特徴として，次の２点が見出せる。

１点目は，省察の深まりにおいてはコミュニケーション的学習[1]を通じて新たな視点が見出されていることである。「子どもが中心」の視点について，西山教師は「１年目で感じられなかった」「そういうことに気づけたのは３年目」と述べているが，Y中学校着任１年目も２年目も西山教師は東教師の実践に接する機会は多数あった。しかしそれまでは，「自分が70分もたすことに精一杯だったので。人の授業，どうやって70分もたすんだろうっていう疑問のまま

Table：N2　西山教師の意味パースペクティブを構成する考え方の発達過程

生徒指導に関する意味パースペクティブ	授業に関する意味パースペクティブ
1）解決されない問題からの省察の喚起	1）状況の変化からの省察の喚起
2）自己の実践や他者の実践からの省察の深まり（省察reflection，批判的省察）	2）状況への折り合いからの省察の深まりの停滞
3）他者との関わりによる変化・変容への意欲の喚起	3）他者との関わりによる変化・変容への意欲の喚起
他者の実践と自身の実践，想定を超える経験からの新たな視点の抽出	他者の実践と自身の実践からの新たな視点の抽出
4）新たな視点にもとづく実践	4）新たな視点にもとづく実践
5）省察の深まり（省察reflection，批判的省察）	5）省察の深まり（省察reflection，批判的省察）
6）批判的自己省察（＝考え方の発達）	6）批判的自己省察（＝考え方の発達）

を見てた」と,「もたす」という「手法」についての省察がなされており，それは道具的学習であった。しかし，新たな視点を見出す場面ではそれに先駆けてコミュニケーション的学習がなされている。着任2年目の対話の成立した授業では，対話によって「子ども達が英語楽しんでいる」「授業者も楽しい」という生徒と自分を理解しようとするコミュニケーション的学習が，生徒指導に関する批判的な検討においては，「本当にその子に応じてやってあげないと」という生徒を理解しようとするコミュニケーション的学習がなされている。特に後者は，「こちらの先生としての都合でやっても見向きもされないし，成り立たない，通じていかない」という，教師としてのアイデンティティを脅かす生徒指導上の課題から発していた。そのため，批判的な検討が進み，コミュニケーション的学習が導かれたと考えられる。このように，複数のコミュニケーション的学習の累積によって，その時点でその意味を西山教師が明確にしていなかったとしても，着任3年目に「子どもが中心」という新たな視点が明確に見出されたのであろう。

　2点目は，省察の喚起や深まりには，これまで抱いていた授業観や生徒観を覆す経験があったことである。学級指導における省察は，解決しなくては教師としてのアイデンティティを脅かされる差し迫った問題であった。ゆえに省察が深まったと考えられる。それに対して，授業づくりについての省察は，何らかの解決策によって差し迫った問題ではなくなったために深まっていかなかったのである。しかしそれでも最終的に省察が深まったのは，西山教師が抱いていた，これまでの授業観や生徒観を覆す経験があったからである。対話の成立した授業では，「英語ができない子」でも返答したり，「本当に考える」ことによって「英語それ自体」に生徒が惹きつけられ，「子ども達が英語楽しんでる」という，これまでの西山教師の授業観や生徒観が覆される経験であった。また，「クラスター長のスピーチがあまりにも大人びていて，けど原稿がそこになくて」という経験も，これまでの生徒観を超える生徒の一面に気づかされる経験であった。このような経験が複数あったことによって，生徒を理解しようとするコミュニケーション的学習が促進されたり，その経験自体がコミュニケーション的学習となって，1点目で述べたように，省察の深まりが導かれたので

あろう。
　③実践的知識総体としての発達過程の特徴
　西山教師の事例から，授業に関する考え方と生徒指導に関する考え方が関連し，最終的に実践的知識総体としての発達をなしているという特徴が見出される。
　生徒指導に関する考え方においては，「指導が指導にならない」「単なる注意とか単なる指導ではそっぽむく」という，教師としてのアイデンティティが脅かされる指導困難な状況が継続していたために，省察の喚起から批判的省察まで省察は深まっていった。しかし授業に関する考え方においては，何らかの解決策を得たことから喚起された省察の深まりは停滞した。それでも最終的に省察が深まったのは，生徒指導に関する経験から生徒についての考え方を西山教師が変化させたことと，東教師の実践から生徒指導についての省察を深めて「子どもが中心」という視点を見出したからである。先述のように，生徒についての考え方は授業に関する意味パースペクティブの前提条件となっており，それを変化させたことが授業に関する考え方の発達に影響を与えているのである。また，「子どもが中心」という視点を見出した西山教師は，「自分の授業を変えてみようと思った」と，次の年度には「子ども達の言葉を拾う。聞く」という，対話による授業づくりを行い，新しい視点を試していった。それが授業づくりについての考え方と授業の指導についての考え方の省察を深めさせていったのであった。

3-3　学習を支える他者とのネットワーク

　西山教師の事例から西山教師の他者とのネットワークを抽出し，その関係性を考察する。西山教師はY中学校に属し，その中でも英語科教師を中心とするクラスターに所属している。また学校外では，Y中学校が所在する市の英語研究会にも所属している。さらに，分析においてはふれなかったが，西山教師の大学時代の先輩達がつくった英語教育の研究会にも属している。これらの他者とのつながりと省察への影響を考察する。
　Y中学校の英語科教師達とのつながり（巻末資料N10）は，「普段からお互い

の授業を知っている分，わかって言い合える」「普段，同じ子ども達を見て，同じお互いの授業を見合っている中，同じ70分でやってる，っていうところで，言い合える」(語り1-40) という，「同じ子ども」に対して情報を共有し,「70分授業」や「課題解決型の授業」という同じ課題に挑戦している当事者同士の討論が行われていた。また,「見られることなんとも思わなくなってる」(語り2-82) というオープンな関係性において,「お互いの授業見合って変えていける」と他者の実践から何かを見出して試すことを可能にしている。またそれらは，研究授業のような特別な限られた時間ではなく,「ちょっと呼んで2人でTTを始められる」ような日常的な関わり合いである。それに対して市の研究会は「人間関係」と情報を共有していなことから対話の深まりはないが,「自分の実践をふり返るチャンス」「自分が目指すべきところ，みんなが英語科としてやろうとしているところからずれてないかなっていう確認」「いろんなアイディアがもらえる」場としてY中学校1年目では位置づけられている。しかし，3年目には市の代表として新しい視点からの授業づくりを行い，その実践発表を行う過程で,「素敵な授業をされている先生と意見交換ができて，アドバイスをもらいながらもう1回授業してみて」(語り3-16) というような,「意見交換」があった。さらに西山教師は私的な英語科の授業研究を行っている研究会にも属している（巻末資料N11)。その研究会は,「学会とかで発表する」(語り2-85) ような専門性を追求する大学時代の先輩が中心となって発足した研究会である。

　これら西山教師のもつネットワークの質を考察する。Y中学校の英語科教師達の関係性は，生徒についての情報を共有し，同じ課題を共に追及している当事者同士という権力関係のない平等な関係性である。またそれは，オープンな関係性において，日常的なインフォーマルな関わり合いが行われ，他者の実践から何かを見出して試すことを可能にしている。市の研究会の関係性はややフォーマルなものと推察されるが，ここではY中学校よりも多くの人数で構成されており，より多くの他者との関わりから「自分が目指すところ」を確認し，見極める場となっている。そしてこの場での「素敵な授業」を行っている教師達との関わりは専門性を有していると考えられる。さらに西山教師は私的

な専門性を追求している他者とのネットワークをもう1つ有しており，ここでは自由で挑戦的な試みが行われている。このように西山教師は，Y中学校での英語科教師とのネットワーク以外に，市の英語科研究会という，いわば伝統的な英語科の授業研究の文化をまとった専門性を有するネットワークと，これまでの英語科の授業研究の伝統に縛られない先進的な専門性を有するネットワークとの双方のネットワークを有している。分析においては，後者の先進的なネットワークの影響は明らかではないが，このネットワークにはY中学校の同僚教師の北村教師もメンバーなっていることから，北村教師の分析において明らかになった点から，第4節の総合考察において後述する。

　一方，英語の授業以外の省察に関わる他者としては，東教師以外にもY中学校の「方向性」，さらに家庭生活（西山教師の子どもの誕生）というネットワークが，次のように関連していると考えられる。「怒られない工夫をさせていかなきゃいけない」という批判的省察に達する際には，「Yの方向性としてもあったし，そういう先生方にたくさん出会えた」（資料N8語り3-32）というY中学校全体の「方向性」が影響を与えている。同様に，「クラスター長のスピーチがあまりにも大人びていて…」という生徒観を覆す経験においては，「子どもに預けてしまう勇気」「それは絶対この学校じゃないとなかった」（巻末資料N9語り3-31）と，こちらもY中学校の指導における方向性が西山教師に影響を与えている。

　また，分析においてはその関連性が明確に表出していなかったが，西山教師は「子ども達のことを知る上では，自分の子どもができたっていうのは大きい」と家族の影響力を挙げている（3回目調査）。「15歳の子ども達と出会って15歳の子に指導してきたけど，0歳児を見てると15年目の子ども」「その瞬間の子どもじゃなくて，親と15年歩んできた子ども達を預かってる」「その上でいろんなことを考えないといけないなと。親の気持ちだったり，子どもがどうだったかっていうのを」と，西山教師は自分の子どもの誕生から新たな視点に気づき，「親の気持ち」や生徒を理解しようとするコミュニケーション的学習を生起させていたのである。

　このように西山教師は複数のコミュニティに属し，それらコミュニティに属

している他者とのネットワークを有し，それが省察の深まりに影響を与えている。分析において明らかにその関連性が表出していたのは，Y中学校の英語科教師およびY中学校の教師達がつくっている「方向性」，市の英語科研究会であった。関連性があると推察されるのは，私的な英語の研究会と家族であった。

第3節　事例分析：東教師——中堅・熟練教師の実践的知識の発達

1　Y中学校に着任するまでの東教師の概要

　東教師は40代後半，教職25年目の中学校・英語科の男性教師である（3回目調査当時）。東教師は，高校時代には医師か「カウンセリングというのか心理学を勉強したい」と思っていたという。しかし「25年ぐらい前ではカウンセラーという役職だけで職はない」ということから，「最終的に何番目かになりたかった教師」という進路を東教師は大学受験の際に選んだという。小学校教員養成課程において体育を専門にできる大学にも合格し，「体育なのか英語なのかで迷った」東教師であったが，父親も高校の英語教師ということから，国立系の語学を専門とする大学に進学する。就職においては企業からの内定も得ていたが，「形式にとらわれない仕事，自由な仕事をしたい」，「子どもも好きだし大人も好きだし，人と交わって」と，東教師は最終的に教師を選択する。

　大学卒業後，東教師は直ちに採用され，1校目の学校に着任する。新規採用で着任したその中学校は，「1学年9クラス350人ぐらい」「全校で900,1000人弱」の「超マンモス校」

Table：A1　東教師の教師歴と調査年月日

勤務校	所属学年	教職年数	年齢
1校目	(7年間)	1	24
2校目	(5年間) 3年目　英語研究大会発表	8	31
3校目	(7年間)	13	36
4校目 Y中学校	3年	20	43
	3年　教職大学院1年目	21	44
	1年　教職大学院2年目 　　　（第1回目調査　2012.8.4）	22	45
	2年　（第2回目調査　2013.8.19）	23	46
	3年	24	47
	1年　（第3回目調査　2015.8.21）	25	48

であり,「今一番荒れてる」と言われる中学校であったという。東教師の教師としてのスタートは,「当時はスケバン刑事が流行ってた年なので,もう金髪の子がソバージュというかこんな頭でたばこふかして,こんな化粧して,こういうスカートの女の子達らをどこどこでたばこ吸ってるから捕まえてきてくれ,って言われて,休み時間,捕まえに行くっていう,そういうことが日常的」というものであった。この1校目の中学校において,東教師は着任2年目には2年生の担任となり,3年も担任し,卒業させる。次の3年間も東教師は担任として1年生から学年を持ち上がり,教師としての経験を積み上げていく。その中で東教師は生徒会の担当ともなり,「1000人近くの生徒を動かす方法や工夫」「生徒を陰で支える重要性」を先輩教師から学び,進路指導,部活動指導も一通りの経験を積み,「中学校教員のすべての基本」を学んだという。

　しかし教科指導においては「可視化できるモデル」に東教師は校内では出会うことはできず,「どういうふうにしたらいいのかっていうのがわからずに模索」していたという。英語科の先輩教師は3名在籍していたが,彼らの授業は「詰め込みプリントプリントっていうような感じの,これでいいのかなってコミュニケーションじゃない」「点数を上げることもう抜群にすごいんですけどもコミュニケーションじゃない」という,東教師の「イメージしてた英語の授業」とは異なるスタイルであった。

　このように授業について模索していた東教師は,新規採用1年目の夏,英語科教師達で行う「サマーセミナー」にスタッフとして参加する。その「サマーセミナー」で東教師は,「英語教師としてイメージしてた通り」「これだ」と思える他校の先輩教師の実践に出会い,「感覚的にはこういうことなんだっていうのがちょっと見えて」きたという。それは,「事務的にそのプリントプリントって授業じゃなくてコミュニケーションを大事にして」という授業であった。そして東教師はその先輩教師の実践から,「授業も非常にコミュニカティブな授業を仕組んでいったり,そういうところが結局,子どもを大事に,コミュニケーションを大事にしている授業」と,求める授業スタイルを明確にしていく。

　初任校7年間を経て,東教師は2校目の中学校に異動する。この中学校は,

「一学年 20 人前後の小規模」な学校で,「田舎のちっちゃな地域の子でかわいらしい」「地域もあたたかい」という中学校であった。この中学校で東教師は 5 年間を過ごすが,異動 3 年目に,「年齢も 40 後半」「女性で小さな体の先生」が「やんちゃ坊主たち」を「手のひらで転がす」という実践に出会う。その女性教師の「構成的エンカウンター」の手法を用いた指導によって,生徒と生徒が「つながる」という実践を目の当たりにした東教師は,「ハードな部分だけじゃない生徒指導」「カウンセリングマインドも含めた生徒指導」を実践するようになったという。

　また,この 2 校目の学校は小規模校で,英語科の教員は東教師のみであったことから,思い通りの授業を実践できたという。東教師は後に教科でも取り入れられた「チャットタイム」という取り組みを「トーキングタイム」として構想し,「必ず授業の最初はペアで話す活動をやっていくっていう授業づくり」を実践していく。その実践で,「面白いように子ども達が伸びていく」ことを実感した東教師は,「授業ってこういうふうに,やっぱりコミュニケーションっていう部分に自信を持てた」という。この 2 校目の中学校着任 3 年目には,複数の都道府県にまたがる英語科教育研究会において,県の英語科研究会の代表として発表も行い,実践してきた「トーキングタイム(チャットタイム)」を授業における「コミュニケーション」の核とする授業スタイルが確立されていく。しかし東教師はこの 2 校目の中学校が「一番辛かった」ともいう。それは,小規模校のために教員 1 人にかかる校務分掌が初任の大規模校と比較して「5 倍」くらいに増え,学校外の英語科研究会の「見えない仕事が山ほど来て,もう自分が一杯一杯になってる時」があったからであった。自分の「未熟さと〔仕事への〕軽重のつけ方が分からなかった」という東教師であるが,その英語科の研究発表の準備で「毎日〔午後〕7 時半からそこに集まって,毎日,午前様,12 時過ぎるのは毎日」であったという。

　教職 13 年目となった東教師は,「非常に生徒指導が困難だった」という 3 校目の学校に異動する。この中学校において,「そのスピーディさであるとか,外部とのつながりとかも,警察・裁判所等も含めてのやり方というか,そういうものを本当に学んで,だからぶれない自分というのが,そこで生徒指導面で

できた」と東教師は述べている。また，その生徒指導は「ハードなだけかというと，やっぱりきちっとカウンセリングマインドというか，話をするっていう部分も持ち合わせながら，ここは絶対に譲らないぞいう基準を子どもに示すこともできる」指導と，生徒指導の方法はさらに確立されていった。この3校目の学校では，教科においても「自分が結構，やっぱり中心的になっていた」という東教師であったが，「ちょうど僕の5つぐらい上から7つぐらい〔年齢が〕上の人たちで，こういう上司というか，主任クラスになりたいなっていうリーダー像が正にできてきたのがこの時」であったという。

　このように東教師は3校の中学校勤務（7年・5年・7年）を経て，生徒指導においても教科指導においても経験と実績を重ね，教職20年目（2010年度）にY中学校に異動する。新校舎にて本格的に教科センター方式を実施して3年目のY中学校に着任した東教師は，着任1年目から3年間，Y中学校の特色でもある70分授業での「問題解決型学習」と異学年クラスター制の実践に取り組むが，着任4年目には50分授業への移行を経験する。この間，Y中学校着任2年・3年目に，東教師は勤務と並行して教職大学院に在学している。しかしこれは東教師だけに特別なことではなく，Y中学校では毎年，数名の教員が教職大学院に在学している。3回目調査（Y中学校学校着任6年目）当時，東教師は授業づくりにについて，「目標があって達成して評価というスタイルの学習」から「課題があって探究があってそれを表現するっていう形」へと考え方を発達させ，生徒が主体の「学びを仕組む」という考え方を有するようになっている。また生徒指導においては，「心の教育」を最も重要なことと考え，「いかに丁寧に子ども達に接していって，あるときはやっぱり子どもを信じてきちっと待ってあげる」，保護者とも「丁寧に」「つながる」という考え方を有するようになっている。

　このような考え方がどのように形成・発達されていったのかを東教師の語りから分析していく。

2　分　析

　東教師の実践的知識の発達過程を，授業に関する意味パースペクティブと生

徒指導に関する意味パースペクティブに大別して分析していく。分析に用いたデータは，1回目調査（着任3年目）は1-1から1-82，2回目調査（着任4年目）は2-1から2-43，3回目調査（着任6年目）は3-1から3-52である。また，東教師が教職大学院2年目に執筆した実践研究報告書（着任3年目）も，語りを補足するデータとして用いたが，個人を特定する人名は記号や仮名に置き換えて示す。

2-1　授業についての意味パースペクティブの発達過程
①省察の喚起

　1校目の中学校において，東教師は求める授業スタイルとして「コミュニケーション」を大事にする授業を明確にし，2校目の学校においてそれを「トーキングタイム（チャットタイム）」として構想し，「必ず授業の最初はペアで話す活動をやっていくっていう授業づくり」を実践する。その実践で，「面白いように子ども達が伸びていく」ことを感じた東教師は，「トーキングタイム（チャットタイム）」を核とした授業づくりに確信を持つようになる。また，この「トーキングタイム（チャットタイム）」による「コミュニケーション」を大事にする授業づくりが「外の授業研究会っていうところでの実践発表にもつながって」，「非常に生徒指導が困難だった」3校目の学校においても「柱になって」，「コミュニケーション」を大事にするという東教師の授業づくりへの考え方はY中学校着任までに確立されていく。授業実践の累積だけではなく，複数の県をまとめたエリアの英語教育研究会での実践発表，県の英語研究会での授業研究を通して，「英語科として考えるコミュニケーションを重視した授業，それを通して英語としてのねらいである力をつける授業」に対しての「自信」を，東教師は持つようになった。しかし，Y中学校に着任し，問題解決型学習の実践に際して，「英語科における問題解決型の授業ってなんだ」と省察が喚起される（資料A1語り1-62）。

　問題解決型学習の実践について，「問題課題を与えて子ども達が自分で問題意識を持ってそれを解決していくっていう，日本語でも難しい」「じゃあ英語の授業で，それ〔問題解決〕を日本語で全部やっていたら英語の授業じゃなくな

資料 A1：Y中学校着任3年目における授業づくりについての語り（1回目調査）

語り 1-62　「やっぱり自分の授業を一回崩すと。70分授業をどう崩して問題解決のために授業にするのかというところは全員がやっぱり通る道だと思うんですよ。」
「コミュニケーションを重視した英語の授業をすればいい授業っていう意味じゃないんですけど，やっぱり英語科として考えるコミュニケーションを重視した授業，それを通して英語としてのねらいである力をつける授業を僕らで，こう研究をして一緒に作ってきたっていう自信もあったんですけど，じゃあ英語科における問題解決型の授業ってなんだっていうのを模索して苦しみました，みんなで。今も模索中です。（中略）問題課題を与えて子ども達が自分で問題意識を持ってそれを解決していくっていう，日本語でも難しいじゃないですか。じゃあ英語の授業で，それ〔問題解決〕を日本語で全部やっていたら英語の授業じゃなくなるんですよ。だから英語の授業にするためには英語を使うという必然性をつくらなければならないし，解決したいと思う課題設定が必要になるじゃないですか。じゃあそれは英語でやり取りするのは無理だろうって，だから英語での，英語の問題解決は無理だっていう結論づけもできるんです。英語の世界の中には。でもそれではY〔中学校の授業〕じゃなくなってしまうので，英語科における問題解決ってなんだろうっていうのを模索して，なんとなく答えをみんなで今，見つけて，これでいいんやなって，こんなもんでいいんやっていうのを，ちょっと楽な感じで今探してます。」

語り 1-63　「（前略）70分の問題解決型学習をどう作るかと，具体的には定着させたい言語材料，文法というか判断，文法事項もありますよね。例えばI want toを使って定着したいという活動をさせようって言ったら，自分の食べたいものを言ってみましょうI want to eat an appleとかI want to eatって言ってだめなら，機械的に，例えば絵を見て食べたくないもの〔を〕機械的に言わせることメカニカルドリルっていうんですけど，そういうのも全然ダメ。じゃあ自分の言いたいもの言ってみようって言わせるだけ。それでもやっぱりね，言う訓練にはなってるんだけども訓練で終わってるというか，じゃあそれが言いたくなるようなものはなんだろうっていうときに，それが英語科の課題。具体的にじゃあどうするかというと，今日むちゃくちゃ暑いよなって，今，何食べたい，今，なんというか一番食べたい食べ物，人気ナンバーベストスリーを今から15分間で探してみようっていう課題を与える。じゃあそのためには，食べたいものをお互いに聞きあう，課題を解決するには，どうやってお互いにコミュニケーションをしたらいいんだろうか，何食べたいって聞くよなって，そうすると，どうやって聞いたらいいんだろうかって疑問が生まれますよね。そしたらwant to eatっていうことを初めてそこで導入ができて，What do you want to eatで持っていって，I want で me too，そこで俺もこれ食べたいっていうような知りたいことが生まれてお互いがつながって，これが真のコミュニケーションじゃないですか。それをたくさんの子に聞いていくというような必然性が生まれてるから，今，この暑いこの教室で食べたい食べ物ベストスリーを探せという課題が解決できるっていう活動に使われていくっていう。こんな程度で英語科の問題解決型学習はいいんじゃないの，レベル低く聞こえるかもしれませんがアプローチの視点の違いでいいかな。その課題の与え方もキャッチーな言葉であったり，子どもがうきうきするような，それを英語科ではトピックと呼んでるんですが，そう考え

第1章　Y中学校の教師達：実証的分析Ⅰ

> <u>るとそのトピックで研究発表したのが〔平成〕21年の○○〔前任校名〕最後の年の県の英語研究会のときに行った研究発表会の，このプレゼン本番のときのこの考え方と一緒につながっていくことに気づいて，僕たちが英語でやってきたこともかけ離れてることじゃなくて，子どもが生き生きと活動するためにはね，子どもの意見考え気持ちを大切にしたこういう活動を仕組んでいく。そのためには手立てとしてトピックというのに注目して，それはY〔中学〕でいうと課題だ。じゃあ課題をしっかり考えて授業づくりをすれば，子ども達は生き生き活動をして，目標となる英語の力がついていくんだっていう結論に達する</u>んだね，っていう（後略）」

る」「じゃあそれは英語でやり取りするのは無理だろうって，だから英語での，英語の問題解決は無理だっていう結論づけもできる」「でもそれではY〔中学校の授業〕じゃなくなってしまう」と，東教師は問題解決型学習の授業づくりについて「模索」する。そのような中で東教師は，Y中学校着任1年目の6月に，2年生と3年生合同の「修学旅行の楽しさを伝えよう・知ろう」という研究授業を行う。3年生は聞き手の2年生を意識して「修学旅行の楽しさ」を伝え，2年生は3年生から「楽しさだけではなく英語の表現方法をも学ぼうとする授業になった」と東教師は自己の授業を評価した。しかし，参観した他校の英語科教師からは「2年生にとっては，3年生から学ぶことは多いと思うが，3年生の学びは少ないのではないか」「この活動は，学活や総合などでやればいいことで，わざわざ英語でする必要がないのではないか」という「批判的な意見」が出たという。このことから「問題解決型学習で英語の力がつくのか」という疑問が生まれた東教師は，英語科の目標としての「英語によるコミュニケーション能力の育成」，すなわちコミュニケーション・スキルを習得するために，これまで取り組んできたチャットタイムを「質問の達人になろう」という長期的な課題として設定する。

　この実践において東教師は，まだ教えていない文法事項を用いないと言うことのできない質問であっても，「その表現を使いたい時（自然な場面）で導入して使ってみる。文法事項を教え，練習問題によって機械的に定着を図るのではなく，使いたいときに使う，自然な場面の中で繰り返し活用することを心がけてスキルの習得を目指した」という。そして次に東教師は，コミュニケーション・スキルを問題解決型学習に活かす実践を行う。東教師は来日して日も浅い

ALT（Assistant Language Teacher 外国語指導助手）への質問を中心とした「Nancyのことをたくさん知ろう」という単元を設定してカリキュラムを再構成したという。それは，「Nancyの自己紹介を聞こう・質問しよう」「Nancyの家族について知ろう」「Nancyの学校と比べてみよう」という構成であった。これらの実践を通じて東教師は，生徒が「知りたいことを英語で聞いて，新しいことを知る喜びを体験している」ことや，「教科書にはない本当に自分たちが聞きたい質問」を生徒が行うことを経験する。また，ALTと生徒のやり取りの中で「history」という生徒達にとって聞いたことがない教科名が出てきた場面で，1人の生徒が「What's ヒストリー？」と質問をしたことを，東教師は「自然なコミュニケーションが生まれた瞬間」と解釈し，「コミュニケーション」について，それが単なる「コミュニケーション」ではなく「自然な」という点に価値を見出していく。

　これら着任1年目の授業実践について，東教師は「会話の継続時間を延ばしたり，ゲーム的要素の強いコミュニケーション活動を楽しんだりするだけで，コミュニケーション・スキルを育成できるか疑問」と批判的に検討を行う。そしてこの批判的な検討から，「生徒が『生き生きと自分の思いを伝え合うコミュニケーション活動』を行うには，生徒に『自分の思いや考えを伝えたい』という気持ちにさせるための動機づけが大切」「その動機づけとなるものが『課題』であり英語科で言うところの『トピック』である」と，これまで市や県の授業研究で取り組んできた「トピック」を問題解決型学習における「課題」とする新たな視点を見出していく。さらに，他の教師からも「英語の問題解決場面はどこ？」と質問され，東教師は「言語形式面での課題解決だけでは不十分」「もっと内容面で『解決したい課題』」が必要と，新たな省察を喚起させる。しかし，授業を参観した他の教師の感想，「本当にナンシー先生の学校生活について彼らが聞きたかったことなのかという疑問が残った。ナンシーの学校生活をもっと詳しく知りたいという欲求とそれを探究していく必然性が必要だったのではないだろうか」という感想について，東教師は教科書の題材との関連や生徒の様子から「必然性があった」「必要十分な課題だった」と，この時点でこの感想からの省察の喚起は認められない。

②省察の深まり

　着任2年目，東教師は「自分の好きなものを気持ちを込めて語る」という課題に「挑戦」する。この課題は，「生徒の感受性を大切にし何とか英語で表現しようという意欲を喚起」すること，すなわち「感受性」という生徒の内面・感情面に注目し，表現したいという意欲の喚起をねらったものであった。そのために東教師は独自のカリキュラムをデザインし，アラスカの美しい写真から感じたことを表現しよう，という実践と，それら生徒が表現した文章をアラスカ州知事に送る，という実践を行う。アラスカ州知事への手紙を書く実践においては，「書きたいことがありすぎて，書き切れん！」という生徒の言葉や，実際に届いたアラスカ州知事の手紙に「没頭」して「必死にメッセージを読み取ろうと悪戦苦闘している」生徒の「様子」から，東教師はこの授業実践が「真のコミュニケーションであった」と評価する。そして，「生徒に『自分の考えや思い，感じたことなど伝えたい』という気持ちにさせるための動機づけが大切」と明確に考えるようになる。さらに，「その動機づけとなるものが『課題』であり，英語科で言うところの『トピック』である」と，Y中学校着任以前までに英語研究会で取り組んできた考え方を新たな問題点から再解釈し，価値づけしていく。

　これら2年間の授業実践を経て，Y中学校着任3年目の夏（1回目調査），「英語の授業にするためには英語を使うという必然性をつくらなければならないし，解決したいと思う課題設定が必要になる」(資料A1語り1-62)と，問題解決型学習の授業づくりにおいては英語を使うための「必然性」と，生徒が「解決したい」と思えるような意欲を喚起する課題設定が必要という新しい問題設定から，授業づくりについての考え方は批判的自己省察に達している。しかし，この授業づくりについての考え方の発達は，「コミュニケーション」についての考え方の発達から導かれている。(資料A1語り1-63)。

　東教師は教師となって着任した2校目の学校において，「英語科としてのねらいである力をつける」ために，「コミュニケーションを重視した授業づくり」として「トーキングタイム（チャットタイム）」を授業の最初に位置づけていた。この時のことを東教師は「必ず授業の最初はペアで話す活動をやっていくって

いう授業づくりを自分の中で取り組んでいって」と述べており，この時点では英語を用いての生徒同士のやり取りを「コミュニケーション」としており，「コミュニケーション」そのものについての検討はなされていなかったと推察される。しかし，Y中学校着任3年目において，東教師は「生徒同士のやり取り」，すなわち「コミュニケーション」を省察の対象として批判的に検討している（資料A1語り1-63）。東教師は，「例えば絵を見て食べたくないもの〔を〕機械的に言わせることメカニカルドリルっていうんですけど，そういうのも全然ダメ。じゃあ自分の言いたいもの言ってみようって言わせるだけ。それでもやっぱりね，言う訓練にはなってるんだけども訓練で終わってる」と，「コミュニケーション」の質を批判的に検討し，「訓練」に終始する「コミュニケーション」を批判的に評価して否定している。その上で「知りたいことが生まれてお互いがつながって，これが真のコミュニケーション」と，新たな問題設定を行いながら「コミュニケーション」についての考え方は批判的自己省察に達している。この発達した「コミュニケーション」についての考え方から，授業づくりについての考え方も次のように批判的自己省察に達している。

　東教師は問題解決型学習について，「課題を解決するには，どうやってお互いにコミュニケーションをしたらいいんだろうか」「どうやって聞いたらいいんだろうかって疑問」が生徒に生まれた時に，「具体的には定着させたい言語材料」「文法事項」を「導入」として教え，「知りたいこと」を「たくさんの子に聞いていくというような必然性が生まれてるから，今，この暑いこの教室で食べたい食べ物ベストスリーを探せという課題が解決できる」と語っており，英語を使うための「必然性」と，生徒が「解決したい」と思えるような意欲を喚起する課題設定という新たな問題設定から，授業づくりについての考え方は批判的自己省察に達している。この授業づくりについての新しい考え方は，「どうやって聞いたらいいんだろうかって疑問」が生徒に生まれた時に，教師が教える「文法事項」を用いて，「知りたいこと」を「たくさんの子に聞いていく」という授業デザインである。そしてそれは，「知りたいことが生まれてお互いがつながって，これが真のコミュニケーション」という，「コミュニケーション」についての新しい考え方を実現させる授業デザインになっている。つまり，

「コミュニケーション」についての考え方の発達が授業づくりについての考え方の発達を導いているのである。

このように，授業づくりについての考え方は批判的自己省察に達して発達していた。しかしその省察の深まりは，これまで抱いていた考え方の源を明らかにし（省察 reflection），その考え方の前提条件を批判的に検討するという，批判的省察を経た批判的自己省察ではなく，自分が問題解決型学習についてどのように問題とするのかという批判的な検討を経ての批判的自己省察であった。それでも授業づくりについての考え方の発達がなされたのは，Y中学校に着任するまでに東教師が県の英語科研究会において行ってきた「トピック」の研究を，問題解決型学習という新たな観点からとらえ直したことによると考えられる。

Y中学校着任1年目の実践への批判的な検討から，東教師は，「生徒が『生き生きと自分の思いを伝え合うコミュニケーション活動』を行うには，生徒に『自分の思いや考えを伝えたい』という気持ちにさせるための動機づけが大切」「その動機づけとなるものが『課題』であり英語科で言うところの『トピック』」と新たな視点を見出していた。着任2年目の実践への批判的な検討からも，「生徒に『自分の考えや思い，感じたことなど伝えたい』という気持ちにさせるための動機づけが大切」「その動機づけとなるものが『課題』であり，英語科で言うところの『トピック』」とY中学校着任以前までの考え方を再解釈して価値づけしていた。つまり，着任1年目に見出されていた，「トピック」を問題解決型学習の「課題」と位置づける視点は，着任2年目の実践で試されて価値づけされ，そのことによって，Y中学校着任以前に構築されていた考え方は問題解決型学習の観点からとらえ直され，再構築されていったのである。それが，「こんな程度で英語科の問題解決型学習はいい」「アプローチの視点の違いでいい」という語りに端的に表出している（資料A1語り1-63）。東教師は，約2年間の実践を経て，これまで県の英語科研究会で行ってきた「トピック」の研究と，Y中学校における問題解決型学習の「課題」における考え方に共通点があることに気づいたことを次のように語っている。「研究発表会の，このプレゼン本番のときのこの考え方と一緒につながっていくことに気づいて，僕たちが英語でやってきたこともかけ離れてることじゃなくて，子どもが生き生きと活

動するためにはね，子どもの意見考え気持ちを大切にしたこういう活動を仕組んでいく。そのためには手立てとしてトピックというのに注目して，それはY〔中学〕でいうと課題だ。じゃあ課題をしっかり考えて授業づくりをすれば，子ども達は生き生き活動をして，目標となる英語の力がついていくんだっていう結論に達する」と，東教師はこれまでの経験を問題解決型学習という観点から再解釈し，批判的に検討し，見出した新たな視点を評価して価値づけしてこれまでの考え方を再構築しているのである。

そしてこの再構築された考え方には，「子どもが生き生きと活動して，目標となる英語の力がついていく」という授業づくりの目的も含まれており，それはY中学校着任1年目に喚起された「問題解決型学習で英語の力がつくのか」という省察への応えである。その上で英語科における問題解決型学習について，「英語の授業にするためには英語を使うという必然性をつくらなければならないし，解決したいと思う課題設定が必要になる」と新たな問題設定がなされ，授業づくりについての考え方は批判的自己省察に達しているのである。

さらに，以前の考え方の再構築，すなわち授業づくりについての考え方の批判的自己省察には，先述のように「コミュニケーション」についての考え方の発達が関与している。批判的自己省察に達した授業づくりについての考え方は，「真のコミュニケーション」が生起する授業という，授業についての新たな考え方から導かれており，これまでの考え方をただ再構築しただけではない。つまり，授業づくりについての考え方の発達も，「コミュニケーション」についての考え方の発達も，トピック（課題）について・授業づくりについての考え方への批判的検討から新たな視点が見出され，生徒の言動からは「自然な」コミュニケーションという視点が見出され，それら複数の新たな視点が関連することによって，授業づくりについての考え方はトピック（課題）についての考え方を統合して批判的自己省察に達し，コミュニケーションについての考え方は授業についての新たな考え方として批判的自己省察に達したと推察される。

このように，東教師は問題解決型学習の実践に際して省察を喚起し，批判的な検討から新しい視点を見出して考え方を発達させた。これら考え方の発達に

は次の2点の経験が関与している。1点目は他者から批判的な意見を述べられたり質問を受ける経験である。東教師はY中学校着任1年目の6月に研究授業を行ったが,「2年生にとっては,3年生から学ぶことは多いと思うが,3年生の学びは少ないのではないか」「この活動は,学活や総合などでやればいいことで,わざわざ英語でする必要がないのではないか」という「批判的な意見」を受ける。このことから東教師は「問題解決型学習で英語の力がつくのか」とさらに省察を喚起させ,この点にこだわった実践,コミュニケーション・スキルの習得を目的として,これまで取り組んできたチャットタイムを核とした「質問の達人になろう」という長期的な実践を行う。そしてこの実践についても「『英語の問題解決場面はどこ？』」と質問されたり,「ナンシーの学校生活をもっと詳しく知りたいという欲求とそれを探究していく必要性が必要だったのではないだろうか」という意見を受ける。前者の質問から,東教師は「もっと内容面で『解決したい課題』」が必要と新たな視点から省察を喚起させ,Y中学校着任2年目に新たな実践を構想して取り組んでいく。しかし後者の意見からは,「必然性があった」「必要十分な課題だった」と東教師は実践を価値づけ,この時点でこの点についての省察の喚起は表出していなかった。しかし,Y中学校着任3年目（1回目調査）には発達した考え方として,「英語の授業にするためには英語を使うという必然性をつくらなければならない」「必然性が生まれてるから」（資料A1語り1-62, 1-63）と,「必然性」という言葉を東教師は複数回,述べている。またその後の語り（3回目調査・Y中学校着任6年目）においても,「やっぱり必然性」（資料A3語り3-15）と東教師は述べており,この時の他者からの意見が東教師の中でひっかかり,それが新たな視点となって省察の深まりに影響を与えていたと考えられる。

　2点目は,他の英語科教師達と共に授業を創る経験である。東教師がY中学校着任2年目に英語科の若手教師が着任し,東教師を含めて4名の英語科教師達の対話は,「授業づくりというか授業の話もどんどん広がっていって楽しくなっていった」という。また東教師がY中学校着任3年目には,「大きくメンバーが変わって」新規採用の北村教師と西山教師がY中学校に着任し,東教師は「大きな刺激」を受けたという（巻末資料A9語り1-14）。東教師はベテ

ラン教師であるが，若手教師とともに授業を創る経験は，「新しいアイディアを 20 代の彼とか新採用の彼が考えてきたことを吸収して，これ面白いなってやってみる。新採用の彼がやっていたことをちょっと僕らもアレンジしてうまく動くようにすぐ次の授業でやってみる」というような，新しい挑戦的な実践を可能にさせている。また，他者と一緒に授業を創ることによって，その実践について対話することが実践を批判的に検討することとなり，省察を深めさせたのであろう。さらに，教科センター方式のために建築された校舎は，英語の授業を行う教室のかたわらに教科の職員室が位置しており，その物理的な距離の近さが英語科教師同士の対話を促進させて「毎休み時間が教材研究」ということを可能にさせ，東教師の省察の深まりに影響を与えたと考えられる。

③批判的自己省察以降のさらなる考え方の発達（資料 A 2）

着任 3 年目の時点（1 回目調査）で，東教師はこれまでの経験を再解釈し，新たな問題設定を行うことによって，授業づくりについて，授業（「コミュニケーション」）についての考え方は批判的自己省察をなしていた。しかしこの時は，これまで抱いていた考え方の源を明らかにし（省察 reflection），その考え方の前提条件を批判的に検討するという批判的省察ではなく，自分が問題解決型学習についてどのように問題とするのかという批判的な検討を経て批判的自己省察に達していた。しかし，着任 6 年目（3 回目調査）の時点では，発達以前の考え方の源とその前提条件を突き止め，その上でさらに発達させた考え方を東教師は述べている。その際には，「知りたいことが生まれてお互いがつながって，これが真のコミュニケーション」(授業についての考え方)・「英語の授業にするためには英語を使うという必然性をつくらなければならないし，解決したいと思う課題設定が必要になる」(授業づくりについての考え方) という発達した考え方を新たな視点，あるいは価値基準にして，省察を深めていったことが語りに表出している（資料 A 2）。

東教師は，「前まではやっぱり語学の習得だから訓練。ただあれもドリル的な訓練じゃなくて自分の意見を伝える。その言語形式を使って伝える。また相手の意見を聞くというその活動がやっぱり英語の力を支えるもの」(資料 A 2 語り 3-23) と，Y 中学校着任以前の授業についての考え方を語っており，英語の

授業について「語学の習得だから訓練」という考え方の源を抱いていたことを突き止めている (省察 reflection)。同時に東教師は,「ドリル的な訓練じゃなくて」と「訓練」の質を限定し,「自分の意見を伝える。その言語形式を使って伝える。また相手の意見を聞くというその活動がやっぱり英語の力を支えるもの」と, 英語科の学力 (コミュニケーション・スキル) を培う上で「語学の習得だから訓練」という考え方の前提条件を批判的に検討している (批判的省察)。そして東教師は,「ただ訓練というか, 語学の習得ということだけで授業をしてしまってはやっぱり駄目」(語り3-22) と,「訓練」「語学の習得」に終始する授業を否定し,「その課題とか活動をどこにどれぐらい何のために持ってくるのか」(語り3-22)「問題解決的・課題解決的な学習を仕組んでる」(語り3-23) と,「訓練」「語学の習得」に終始しない「真のコミュニケーション」が生起する授業という発達した考え方を価値基準として, その方策 (授業づくり) を述べている。

　また, 具体的な授業づくりについての語りにおいても (資料A2語り3-24), 発達以前の考え方を明確に東教師は述べている。「これも課題を解決するっていう1つのあり方」「読む読み取りの必然性を仕組んでる」と東教師は授業づくりについての発達した新しい考え方を最初に明確に述べ, この新しい考え方から授業づくり (学習スタイル) についての自己の考え方の変容を,「目標があって達成して評価というスタイルの学習から, やっぱり課題があって探究があってそしてそれを表現するっていう形」と述べている。この語りにおいて, 東教師は発達以前の授業づくり (学習スタイル) の考え方の源が「目標があって達成して評価というスタイルの学習」であったことを突き止めている (省察 reflection) が, その前提条件は述べてはいない。しかし, 一連の語りから, 東教師は授業について「語学の習得だから訓練」, すなわち授業を「訓練」ととらえていたために, その授業づくり (学習スタイル) は「目標があって達成して評価」ととらえていたと推察される。先述のように, 授業づくりについての考え方は「コミュニケーション」についての新しい考え方を実現させる授業デザインとして発達していたが, 新しい考え方を価値基準として学習スタイルへの批判的な検討が行われ, 発達以前の授業づくり (学習デザイン) についての考え方の源と, さらに発達させた考え方「課題があって探究があってそしてそれを

資料 A 2：授業づくりについての語り（3 回目調査）

語り 3-22　「(前略)だから課題が，子ども達が活動したい学びたいって思える活動課題。それがやっぱりしっかりしているときは 50 分じゃ足りないんですよね。例えば理科の授業で予測を立てて，そしてそれを実験してまとめまでやろうと思うと 50 分では足りないんですよね。同じように英語の授業でも課題がしっかりしていて，そういうときには 70 分の授業が有効だなって思うときもやっぱりあります。でもやっぱり語学なので週に 2 回しかなかったっていう頻度は，子どもの英語学習にとってはマイナスの部分もあったと思うんです。ですから 50 分になったことによって（中略）週 5 日のうち週 4 回授業があるので，1 日以外は授業があるという点では，英語学習という視点から見るとプラスです。じゃあその 50 分をただ訓練というか，語学の習得ということだけで授業をしてしまってはやっぱり駄目だと思ってます。その課題とか活動をどこにどれぐらい何のために持ってくるのかと。今まで少しそこに時間的に 20 分かけてたことを，15 分という 5 分短縮したことによって，じゃあどこの部分を削るのかとかそういうふうな，やっぱりもう一遍，自分の授業づくりの変更というのは必要ですよね。(後略)」

語り 3-23　（筆者発言：その 70 分経験したっていうのは時間の長さだけじゃなくて，たぶん問題解決型の授業っていう視点が取り入れての今の 50 分の授業づくりっていうところではどうなんですか。）
「もうおっしゃる通りで，今までというか前まではやっぱり語学の習得だから訓練。ただあれもドリル的な訓練じゃなくて自分の意見を伝える。その言語形式を使って伝える。また相手の意見を聞くというその活動がやっぱり英語の力を支えるものなんですけども，そこに問題解決的・課題解決的な学習を仕組んでるというと，ここで 70 分やっぱり必要だなって思うときがあるんですね。その視点を得ることができたっていうのは，やっぱり Y 中学校へ来てよかったなって思っています。」

語り 3-24　（筆者発言：それを入れての 50 分の実践っていうのを今はなさっているんですか。）
「例えばさっき言った，これも 1 つは課題解決的なことなんですね。アプローチの仕方っていう形で提案をしているけども，子ども達にはじゃあだからこの物語の 1 枚目の絵だけを提示して，じゃあこの物語の続きをグループで協力して作ってみようというふうな形。全部これも英語で指示しながらですけども，そういう，これも課題を解決するっていう 1 つのあり方かなと思ってます。それで去年の 3 月 2 月かな，（中略）その授業で去年の 3 月にやったのは，50 分の中でグループの中で 1 枚の絵について，写真についてタイトルを付けるという授業実践をしました。それが課題。グループで写真について写真のタイトルを付けようっていう課題ですよね。グループでああだこうだ言いながら星野道夫さんの 1 枚の写真について付けるんだけども，その写真のテーマを付けようとしたときに，そのテーマを裏付ける文章が教科書に載ってるんですね。鋭い子はパッと教科書を開いて何かいい参考になる言葉ないかなとか，そういうメッセージないかな。あっこれじゃないとかって言いながら，そこに読む読み取りの必然性を仕組んでるっていう。それでそれを写真の横に自分たちのグループで決めたタイトルを書いて，そして

> 発表。だから目標があって達成して評価というスタイルの学習から、やっぱり課題があって探究があってそしてそれを表現するっていう形の実践の１つかなって思います。」

表現」が明確になったのであろう。

　このような授業と授業づくりについての考え方の発達から，授業づくりの目的について考え方のさらなる発達も導かれている（資料A3）。東教師は，教職大学院２年目（着任３年目）に執筆した実践研究報告書に授業改革をなしたと書いたが，「授業の中で生徒指導もしていくっていう考え。でも授業はあくまで楽しく活動をやっぱりメインにやりながら」と当時（着任３年目）の授業についての考え方を明確に述べている（語り3-15）。つまりこの時点での授業づくりの目的には「楽しく」という観点が含まれている。しかし発達した新しい考え方では，授業づくりの目的は「どうやって子ども達が意欲的に取り組めるか」（語り3-14）「学習意欲って言うんか，そこをどうやって高めるか」（語り3-15）と，授業づくりの目的が「楽しく」から「学習意欲」へと発達している。これは，「解決したいと思う課題設定が必要になる」という発達した授業づくりについての考え方がはたらきかけ，授業づくりの目的が生徒の「学習意欲」の喚起に焦点化されたからであろう。さらに，発達した授業づくりの目的（生徒の「学習意欲」の喚起）と関連して，学習形態（「活動を支える仕掛け」）についての考え方も次のように発達している。

　授業づくりについての語りにおいて（語り3-15），東教師は，「グループ活動で仕込んでいるので，非常に英語力の低い苦手な子でも友達の助けを借りたり，（中略）協働的な学びを仕組んでいって，自然にこれを読む必然性をつくったような導入の仕方」と，学習形態（「活動を支える仕掛け」）についての発達した考え方を述べている。これは，「学習意欲っていうんかそこをどうやって高めるか」という授業づくりの目的に対応して述べられている。東教師は，「英語力の低い苦手な子」でも「学習意欲」を高めるという授業づくりの目的にかなう学習形態（「活動を支える仕掛け」）として「グループ活動」を位置づけ，それを「協働的な学び」として構想しているのである。そして学習形態（「活動を支える仕掛け」）についての考え方は，「グループ活動」についての省察の深まり

| 資料A3：授業づくりについての語り（3回目調査） |

語り3-14「（前略）授業改革はY〔中学校〕って〔実践研究報告書に〕書きましたが，やはりチャットタイム，子どもの活動を支える仕掛けであったり，授業中のコーディネートする仕方というか，授業の中で生徒指導もしていくっていう考え。でも授業はあくまで楽しく活動をやっぱりメインにやりながら，というふうに考えてました。もう1つ大きなというのは，同僚性というか10個下の後輩がちょうどそこ〔3校目の学校のこと〕でいまして，（中略）2人で授業づくりをどんどんやっていって。例えばそこで開発をした読み物教材。ちょっと昨日，英語の研究会，昨日，第1回目だったんですけども，そこでもみんなが英語教員としてぶち当たるのがコミュニケーション。だから聞く話すは当たり前のようにやってるんだけども，読み物教材をどうやって子ども達が意欲的に取り組めるかっていうのがやっぱり試行錯誤，もう苦労してると。（後略）」

語り3-15（筆者発言：具体的に言うとどういうふうにすると読み物教材がこう。）「それはすごく専門的な。昨日の資料もここにまだありますが，やっぱり必然性。バーンとわれわれでも200語300語または英字新聞を広げられたら読む気なくしますよね。子どもにとってはもっとそれが大きいと思うので，例えば補助教材として絵を使う。（中略）教科書の4ページ分を8枚の英文のカードに切ってそれをマッチングさせていく。マッチングさせるためにはただ想像で絵を並べるだけでは英語の学習活動にはならないので，それを支える手掛かりとして英文がある。じゃあそれをするためには英文を読まなければならない。でもこれをグループ活動で仕込んでいるので，非常に英語力の低い苦手な子でも友達の助けを借りたり，1本の木があるからtreeっていう単語を探したらこれじゃないかなと。そういうような協働的な学びを仕組んでいって，自然にこれを読む必然性をつくったような導入の仕方っていうのを昨日，アプローチの仕方を提案をしました。内容が少し分かると，じゃあ僕も頑張って次，個別リーディングをしますが，ここで読むときに内容がなんとなく分かったから読めるかなっていう。やっぱりその学習意欲っていうんかそこをどうやって高めるか，っていうところにちょっと重点を置いてアプローチを。研究って大げさですが実践して，少しそれを今考えたとこです。」

語り3-16「英語の授業でグループ活動っていうのは非常にやっぱり難しいですね。やっぱり英語を使わなかったら意味がないので。だから基本はやっぱりペアが中心でした。それをやっぱり問題解決型，課題解決型，または探究的な学習を英語でどうやって仕組むか，どうやって実践するかっていうのは，やっぱりY〔中学校〕に来てから自分の授業改革で取り組んだことですかね。英語でもできるぞと。全てほかの教科のように使用言語が日本語ではないので，英語を使いながら，または英語の学習はどの部分がグループでできるか。これはペアではちょっと負担が大きいので，4人グループまたは3人グループという形でできる活動として，今回，だいぶ悩んだんですけどもちょっとひらめいてやってみました。（中略）僕ら英語ではインタラクションって，やり取りをするという意味でつないでいくような，教師がファシリテーター的な役割であるとか，コーディネーター的な役割を，英語でやり取りをやってましたね。」
「活動内容によって違いますが，その中でもじゃあ今出てきたアイディアをペアで意見

> 交換してごらんというような。やっぱり英語の授業で英語の使用頻度というか，英語の発話量を多くするためにはペアが一番多いですよね。同時に活動が起こるから。やっぱりグループにすると傍観者がいるっていうことがありますよね。だから基本，英語をたくさん使うためにペア活動を中心でしたね。」

によって，次のように批判的自己省察に達している（資料Ａ3 語り3-16）。

　発達以前の学習形態（「活動を支える仕掛け」）について，「英語の授業でグループ活動っていうのは非常にやっぱり難しい」「ペア活動が中心でした」と東教師は考え方の源を述べ（省察 reflection），それは「グループにすると傍観者がいる」「英語の発話量を多くするため」とその考え方の前提条件も明らかにしている。しかし，発達した「学習意欲っていうんかそこをどうやって高めるか」という授業づくりの目的に対応して，学習形態（「活動を支える仕掛け」）については「これはペアではちょっと負担が大きいので，4人グループまたは3人グループという形で」と，グループ活動を英語の使用頻度という観点からではなく，「協働的な学び」に位置づけて批判的な検討がなされている（批判的省察）。つまり東教師は，「グループ学習」について「傍観者がいる」という前提条件を否定し，「非常に英語力の低い苦手な子でも友達の助けを借りたり」して学習に取り組める「協働的な学び」という新たな観点から「グループ学習」の意味を見出し，学習形態（「活動を支える仕掛け」）についての考え方を発達させているのである（批判的自己省察）。

　このように，Y中学に着任して約2年間の問題解決型学習への取り組みから発達させた，授業づくりについて，授業（「コミュニケーション」）についての考え方を新たな視点，あるいは価値基準にして，東教師はそれら2つの考え方への省察を深め，その考え方の源と前提条件を突き止め，さらに，授業づくりの目的について，学習形態についての考え方を発達させていったのである。

2-2　生徒指導に関する意味パースペクティブの発達過程
①省察の喚起と深まり

　東教師は「今一番荒れてる」といわれる中学校で教職をスタートした。この1校目の中学校で東教師は6年間を過ごし，学級指導や進路指導，部活指導も

一通りの経験を積み，「中学校教員のすべての基本」を学ぶ。2校目の中学校に異動した東教師は，「構成的グループエンカウンターのスペシャリスト」の女性教師と出会いう。「やんちゃ坊主たちがその先生の手のひらで転がす」「踊るっていうかね，つながる」という実践を目の当たりにした東教師の指導は，「やっぱり強い指導，ばかやろうって言い方してしまう指導」から「カウンセリングマインドを用いた生徒指導」へと変化していく。その中で，「子どもをつなげたり，子どもと教師がつながったり，ハードな部分だけじゃない生徒指導，カウンセリングマインドも含めた生徒指導の原点」を得た東教師は，3校目の学校に異動してもこの「原点」にもとづいた指導を行っていく。この3校目の中学校は「非常に生徒指導が困難」な学校であったというが，問題行動への対応等を「本当に学んで，だからぶれない自分というのがそこで，生徒指導面でできた」という。さらに東教師は，「生徒指導で手のかかった」生徒の言葉，「見て見ぬふりをする先公が俺は一番むかつくって言った」生徒の言葉を「自分の中で大事にしなければならない」という。「見て見ぬふりというのは意識的に見ないでおこうとしてる自分がいる」「だからどんなことでもその子をまず見るっていう。で目線を合せてやっぱり話をする」「いくら暴言を吐いてね，殴りかかってこようが，やっぱり目力ってある」「どんなに荒れ狂ってる子どもでも伝わるっていうか，人と人だから伝わるところがある」と，東教師は「非常に生徒指導が困難」な経験から生徒指導についての確信を得る。
　このように東教師は3校の中学校において経験を積み重ね，「ハードなだけかというとやっぱきちっとカウンセリングマインドというか話をするっていう部分も持ち合わせながら，でもここは絶対に譲らないぞという基準を子どもに示すこともできる」という生徒指導についての考えを形成し，教職20年目にY中学校に着任する。
　Y中学校に着任した東教師は，直ちに「疑問」「苛立ち」を感じる。例えば禁止事項を守らない生徒に注意をした時に，「聞いてないし言われたことないし，っていうような答えが返ってきて」東教師は驚く。その点についての生徒指導の「部長」を務める教師の応えは，「クラスターごとに結構自治は任されてるから，学校の細則はあってもそれをどう守っていくかとかっていう意識は

クラスターで結構任されてるものがあるから，あまり指導の徹底って無いかな，だから黙認してるところがある」というものであったという。その応えに対して東教師は，「黙認って何っていうのをすごく強烈に自分は思って，これでいいのかＹ中」と「疑問を抱えた」という。また，他の案件についても「子どもに任せてある」という応えから，「問題視，問題意識がないのか」と東教師は「生徒指導面の疑問」「不安，または苛立」を感じる。それだけではなく，これまで３年生の担任を複数回行い，Ｙ中学校着任１年目にも３年生の担任となった東教師は，生徒についても「違和感」を感じる（資料Ａ４語り1-59）。Ｙ中学校では教科センター方式実施のために校舎が設計・建築されており，従来の学校のように学級に割り当てられた教室では授業を行わず，生徒が教科の教室を移動する。そのため教科の授業以外のホームルームや給食は，ホームベースと呼ばれる一般的な教室よりも狭い空間の教室で行われ，その座席配置も従来のように黒板や教師の方を生徒が向いておらず，「子ども達が自然に向き合えるような形」であった。そのような教室や座席配置について，「ねらいがある」と東教師は理解していたが，「子ども達にきちっと話をしたいときに子ども達は話が聞けない。ワーワーと班でしゃべった状態」「〔生徒の椅子に〕背もたれが無いんで，座る椅子の横にあぐらをかいて，ああってお茶を飲みながら帰りの会をやってる」という生徒の状況を東教師は経験する。「こんなにも話が聞けないのかＹ〔中学校〕の子たちは，っていう思いがあって違和感を感じ」，「同時にストレスも感じたし，これでいいのか」と東教師は思ったという。「話を聞けっていうのが僕の最初の口癖」だったという東教師だが，「話が聞けない」生徒の状況をＹ中学校と生徒の課題と感じるとともに，「僕の課題」として「子ども達を惹きつけるだけの話ができなかった」と東教師は省察を喚起させる。そして，その際に批判的省察が行われたことが次のように１回目調査の語りに表出している（資料Ａ４語り1-59）。

　東教師は生徒が「話が聞けない」のは「まだ関係ができてなかったから」とも検討するが，「もしかすると先生の話です，ってやっぱりきちっと前を向いてるから話を聞くことが当たり前」と，生徒が「先生の話」を「聞くことが当たり前」ととらえていたという考え方の源を突き止める（省察 reflection）。同時

資料A4：着任3年目夏までの生徒指導の変化についての語り

語り1-59　「(前略) クラスター制とかじゃなくて慣れない部分ですけど，ここのホーム。狭い空間でこのテーブルで子ども達が自然に向き合えるような形になっていて，教員の立ち位置とか座る位置，話をする場所もいろいろ変わるっていうか，もちろんねらいがあるんですけども。ですから子ども達にきちっと話をしたいときに子ども達は話が聞けない。ワーワーと班でしゃべった状態のままっていう。で話を聞けっていうのが僕の最初の口癖でした。こんなにも話が聞けないのかY〔中学校〕の子たちは，っていう思いがあって違和感を感じ，それは課題でもあると思うし，僕の課題で言うと子ども達を惹きつけるだけの話ができなかったというか，まだ関係ができてなかったからそういう部分もあるんだなっていう，もしかすると先生の話です，ってやっぱりきちっと前を向いてるから話を聞くことが当たり前。今まではそういうふうにしつけをしてきたし，管理をしてきたし，指示をしてきたし，でも聞かない。(後略)」

語り1-53　(筆者発言：先生の中で4校目のY中学に至るまでずっとその生徒指導っていうかクラス指導っていうかそれは全く変わってない。全くとは言いませんが。)
「変わりました。何が変わったかっていうと強い指導を，やっぱり〔自分が〕中心になってきたことを一歩自分がちょっと引いて，なぜというか，うん待てるようになったというか，考えさす。子どもにやった行動を考えさせる時間を作るというか，待てるようになったというか，それはこのY〔中学校〕の考え方，指示と規制から自立と協働へっていうテーマがあるんですけども，指示と規制，大事な部分はあると思うんですけども，やっぱり自立するためにまず子どもに考えさせるっていう機会を設けながら，生徒指導生活指導をしようと考えれるようになって，少しそれが効用として自分でも表れるようになってきたかなって思ってる。だからやっぱりここのY〔中学校〕の考え方のおかげで自分が変わったというのは大きく言えると思います。」

語り1-54　(筆者発言：その3校目の学校，○○中学校のときにはそういう視点はなかったんですか。)
「ありました。少しあったと思いますが，やっぱりその指示と規制ということが中心。どの学校にもあると思うんですけど，3年生は2年生1年生の校舎へ行くな。隔離をしていく。その校舎の交わるような渡り廊下のところには教員が立っているっていう，今でもあの姿になりますが，でもそれってやっぱりおかしいなって今，自分，思ってます。それをやってきた自分なのに，当然どこでも子どもって交わるじゃないですか。ね。それを規制しすぎるから違うところで交わっていく。普通の社会も我々教員の社会も全部交わっているのに，交わった中でトラブルが防げる，トラブルを防ぐっていうのは対処的なトラブルを防ぐんじゃなくって心を育てていくとか長期的なことでね，道徳の授業も含めてだけど，そういうふうにやる部分とトラブルが起こったときに，じゃあどういうふうに考えて子どもに考えさせたりっていうそこの部分，なぜこれが起こったのか，なぜそうしてしまったのかっていうことを，今までも理由を聞いたりいろんなことしてましたが，考えさせるっていう視点をより多くもてるようになったかなと。その一方で厳しく指導する部分は甘くなってる自分がいるし，全体的にもその基準，まぁ甘い甘く

> ないっていうのは，その基準は難しいと思うんですけど，もっと徹底的にだめなことはだめで教えるべきこともあるなと思います。はい。それがY〔中〕の課題でもあるかな。」

に，「きちっと前を向いてるから」という物理的な条件と，「先生」という権威に対して，その話を「聞くことが当たり前」ととらえていたのではないかと東教師は批判的に検討する。そして，生徒が「先生の話」を「聞くことが当たり前」ととらえていたのは，「今まではそういうふうにしつけをしてきたし，管理をしてきたし，指示をしてきた」と，「しつけ」「管理」「指示」という考え方の前提条件にもとづくと批判的に検討する（批判的省察）。東教師がこの時点で，このように生徒指導についての省察の深まりを明確に認識していたかは定かではない。しかし，今までの指導方法では「聞かない」生徒を目の前にして，東教師は生徒指導の方法を変化させる。東教師は，生徒に「今はここは大事な話，このときだけはしっかりこちらを向いて，それ〔を生徒が〕するまで話をしなかったり」「なぜ話をするときに話をする人の方見るのかっていうところから話をしながら，先生だから話をするんじゃない」「逆に話をしてるときに聞いてくれなかったらどうっていう話をしながら」「ゆっくりと，時間とともにこちらのその信念」を伝えるという指導を行う。このような東教師の「信念」を生徒も「わかってくれて」，「最後は涙涙の卒業式」になったという。そして次の年度も3年生を担任した東教師は，Y中学校着任3年目の夏の時点（1回目調査）において，生徒指導の目的と生徒指導の方法についての考え方が批判的自己省察に達していることが語りに表出している（資料A4語り1-54）。

東教師は，「3年生は2年生1年生の校舎へ行くな。隔離をしていく」「指示と規制ということが中心」とこれまでの生徒指導についての考え方の源を突き止め（省察 reflection），その考え方は「どの学校にもある」「それをやってきた」という教職への社会化によるものと考え方の前提条件を明らかにしている。その上で東教師は，「当然どこでも子どもって交わる」「それを規制しすぎるから違うところで交わっていく。普通の社会も我々教員の社会も全部交わっているのに，交わった中でトラブルが防げる」と批判的に検討し，「それってやっぱりおかしい」とこれまでの生徒指導についての考え方を批判的に評価する（批

判的省察)。そして東教師は「トラブルを防ぐ」という観点から,「トラブルを防ぐっていうのは対処的なトラブルを防ぐんじゃなくって心を育てていくとか長期的なこと」と,生徒指導の目的について新たな問題設定を行いながら批判的自己省察に達している。このように,東教師は生徒指導についての省察を深める中で,「指示と規制ということが中心」という生徒指導の方法が「トラブルを防ぐ」という目的に依っていたことを明確にしており,生徒指導の目的についての考え方が批判的自己省察に達し,「トラブルを防ぐ」から「心を育てる」へと考え方が発達している。生徒指導の目的についての考え方が発達したことによって,目的に適うように生徒指導の方法(生徒指導プロセス)についての考え方も,「指示と規制」「隔離する」から生徒に「考えさせる」へと発達している。東教師は,「トラブルが起こったときに,じゃあどういうふうに考えて子どもに考えさせたりっていうそこの部分」「今までも理由を聞いたりいろんなことしてましたが」と,これまでも行っていた指導方法を新しい考え方である生徒指導の目的「心を育てる」に即して検討し,「考えさせるっていう視点をより多くもてるようになった」と,あらためて「考えさせる」という指導方法へ価値づけを行い,考え方を発達させている。

　同様に,生徒指導の目的から新たな問題設定を行うことによって,東教師はもう1つの生徒指導の方法(生徒指導プロセス)についての考え方も発達させている(資料A4語り1-53)。東教師は指導方法の変化について,「強い指導を,やっぱり〔自分が〕中心になってきたことを一歩自分がちょっと引いて」「待てるようになった」「子どもにやった行動を考えさせる時間を作る」と語っている。この語りからは,自分が主導する教師中心の「強い指導」というこれまでの指導方法についての考え方の源を突き止めていることが表出している(省察 reflection)。この語りにおいて東教師は,生徒指導の方法についての考え方の前提条件が「指示と規制」にあったために,教師中心の「強い指導」を行っていたという点を明確に述べてはいないが,「指示と規制,大事な部分はあると思うんですけども」と前提条件を批判的に検討している(批判的省察)。そして,「自立するためにまず子どもに考えさせるっていう機会を設けながら」と,生徒の「自立」のためという生徒指導の目的から新たに問題設定を行い,「まず

子どもに考えさせる」と生徒指導の方法について，東教師は批判的自己省察に達している。

　このように東教師が着任3年目の夏には生徒指導の目的と生徒指導の方法（生徒指導プロセス）についての考え方を発達させていたのは，次の2つの経験が影響を与えている。1点目は先述のように，これまでの生徒指導の方法（生徒指導プロセス）を変化させた経験である。東教師は「話が聞けない」という生徒の実態に応じて，生徒が納得するように「伝える」というように，これまでの生徒指導の方法を変化させた。その変化させた指導方法が生徒の「わかってくれて」という批判的な評価を経て承認されたことによって，生徒指導は「時間をかけて」行う，「強い指導」で生徒を無理やり変化させるのではなく「変化してもらう」という新しい視点を東教師は見出したのであろう。このことが「強い指導を，やっぱり〔自分が〕中心になってきたことを一歩自分がちょっと引いて」「待てるようになった」という点につながっていったと推察される。

　2点目は，Y中学校独自のクラスター制による生徒指導の経験である。東教師は，「今まで完全に隔離してた，分離させてたものをつながってるっていうのはどうなんか」と，着任当初は異学年クラスター制をとらえていたが，それを経験する中で，「リーダー性とか，まとめる力とか視野の広さ」「自治的なというかリーダー的なそういう資質」が「半年，早く育っている」という，3年生の「姿」に驚かされる（1回目調査の語りより）。その「姿」から，それが「クラスター制の活動による子どもの育ち」であること，さらにその「育ち」は，「教えられるのでなくて一緒に活動しながら学ぶ」という点に東教師は気づく。こうして東教師はクラスター制を経験する中で，異学年が「一緒に活動しながら」生徒が生徒から「学ぶ」，教師から「教えられる」のではない「子ども達の育ち」という新たな視点を見出し，異学年を「隔離」するのではなく，関わることが「自然な姿」ととらえるようになったのであろう。そしてそのような異学年が関わる「自然な姿」においては，「当然トラブルも起こる，そのトラブルをどうやって回避したり解決していくかっていうそれが問題解決の力でもあるんじゃないか」と，教師が「トラブル」自体を回避させるのではなく，「当然」「起こる」こととして「トラブル」がとらえ直され，その「トラブル」を生

徒が主体的に「回避したり解決していく」ことによって，「問題解決の力」が生徒に培われると東教師は考えるようになっている。このクラスター制から見出された新たな視点が，先述したような省察の深まりを導いたと考えられる。

②さらなる考え方の発達

東教師の生徒指導の目的と生徒指導の方法（生徒指導プロセス）についての考え方は，これまで述べたようにY中学校着任3年目の夏には約2年間の学級指導とクラスター制における生徒指導の経験によって，批判的自己省察を経て発達していた。しかしこの年度（着任3年目・1回目調査）の夏休み前，Y中学校では生徒指導上の問題が発生し，「秋ごろは落ち着いていくべき3年生が全くそれどころかさらに荒れが広がっていき，全く学習に取り組めるような雰囲気じゃなかった」という。その「荒れ」は翌年度（着任4年目）も収まらず，「落ち着かない状態。学習に向けない」状況が続く。さらに，その「荒れ方」は，「社会に対する怒りとか教員に対する怒りをぶつけてきたような」「落ち着いたときに，人対人で話をして筋が通るというか，仁義が分かるような」東教師が1校目の学校や3校目の学校で経験した「荒れ方」ではなく，「小学校3年生4年生ぐらいのやんちゃさが体だけ大きくなってしまって暴れている。自分のやりたいことを阻止されると，駄々っ子のようになんか暴れて物を壊したり殴りかかってきたりっていう。ある意味歯止めがきかない」「幼稚さが全面に出ている」という質の異なる「荒れ方」であった。

このような「荒れ」と「学習に向けない」状況からY中学校では「安心安全な学校づくり」を「最優先」し，クラスター制での取り組みを縮小して従来の中学校のように学年での活動を増やす。また，70分の授業時間を50分に変更し，ホームベースでの学級活動を十分な広さのある教科教室において行うことによって，生徒が前を向くことのできる机配置にするという変更を行う。これらY中学校の特色であった点を従来の中学校に近づける変更について，東教師は，「本来ある学びの姿を追求して理想を追い求めてつくったこの学校。理想倒れになってたところも正直あるんですけれども」「何を今優先するのか。どちらに重きを置くのか」と，「本来ある学びの姿の追求」と「生徒指導で落ち着いた学校づくり，安心安全な学校づくり」との間で葛藤する。そして東教

師は「理想を捨てちゃいけない」としながらも，「理想と現実をきちっと見極めて，何を今すべきかということの判断というのは，やっぱりしっかりしていかないといけない」と，この葛藤から次の2点についての批判的な検討が喚起される（巻末資料A5語り2-30）。

　1点目は生徒指導の目的についての批判的な検討である。東教師はY中学校着任3年目の夏に，クラスター制での生徒指導を通じて，「トラブルを防ぐっていうのは対処的なトラブルを防ぐんじゃなくって心を育てていく」と既に生徒指導の目的についての考え方を発達させていた。しかしこの時点（2回目調査・着任4年目）では，主に担任している生徒の現状から，生徒指導の目的への検討が行われている。東教師は担任している学級の現状，「人への暴言。（中略）〔暴言の〕行為がある」という現状から，「やっぱり思いやりの心」「心の教育っていうかな，それを最優先すべき」と，既に発達していた生徒指導の目的への考え方をあらためて検討して承認している。

　2点目は，生徒が生活する物理的な環境についての批判的な検討である。東教師は担当している学年の生徒の現状，「数年前までの子ども達だったらできたことが，去年今年の子ども達。幼稚園からこの子たちは問題行動があるなって見えてたような子たちが集まってきた」「やっぱり子どもっていうのはなかなかそう簡単には変わりません」という生徒集団の現状から，「やはり何もない状態は今あの発達段階の子たちにとってはちょっと無理がある」「学校の構造上のこれだけオープンなスペースもあるので。子どもを掌握するというのも難しい」と，生徒が生活する物理的な環境について批判的な検討を行っている。そして，「環境がやっぱり大事だなという部分。環境からきちっと落ち着いた場所を整えてあげる」（語り2-8）と生徒が生活する環境という新たな視点を見出し，その重要性に気づく。

　これら批判的な検討を経た後のY中学校着任6年目（3回目調査），東教師はこの質の異なる「荒れ」という経験をふり返って，生徒指導に関する考え方として，さらに発達した3つの考え方を述べている（巻末資料A6）。1点目は生徒指導の目的についての考え方である。東教師は，「いかに子どもの心を育てるか」と「心の教育」が生徒指導の目的あることを明確に述べている（語り3-

8)。先述のように，東教師の生徒指導の目的についての考え方は，クラスター制での生徒指導を通じてY中学校着任3年目には批判的自己省察に達し，「心を育てていく」と発達していた。それが着任4年目では担任している生徒の現状を通じて生徒指導の目的への批判的な検討が喚起され，それを経て，「やっぱり思いやりの心」「心の教育っていうかな，それを最優先すべき」と，既に発達していた生徒指導の目的への考え方があらためて承認され，さらに安定した考え方となっている。

2点目は，生徒指導プロセスについての考え方である。東教師は生徒指導プロセスについて，「いかに丁寧に，子ども達にやっぱり接していって，あるときはやっぱり子どもを信じてきちっと待ってあげる。でも絶対に超えてはいけない壁というのについては，はっきりとした基準を示しながら指導を続ける。その部分は今まで自分もやってきた」「やっぱり丁寧に子ども達を見ていくというか，その点はやっぱり自分が大きくまた変われた」と述べている（語り3-8）。また，「丁寧な指導」については，「考えさせたときに（中略）判断させて実行できるように，やっぱり支えていくっていう，そういう指導の仕方」と説明されている（語り3-36）。これら語りには，東教師が，質の異なる「荒れ」という新たな経験を通じて，新たに形成した考え方（「丁寧な指導」）と，これまでの考え方をあらためて承認して安定させた考え方（「絶対に超えてはいけない壁というのについては…」），を統合させ，生徒指導プロセスについての考え方をさらに発達させていることが表出している。生徒指導の目的についての考え方と同様に，生徒指導プロセスについての考え方も，Y中学校着任3年目には批判的自己省察に達し，「心を育てていく」という目的に適うように，「考えさす。子どもにやった行動を考えさせる時間を作る」と発達していた。それが，質の異なる「荒れ」という新たな経験によって，異なる視点からの批判的な検討が加えられ，「考えさす」という新しい考え方があらためて承認されただけではなく，「丁寧」という新たな視点による新たな考え方が加わっているのである。

東教師は「丁寧に，子ども達にやっぱり接していって」「丁寧に子ども達を見ていく」と新しく形成された考え方を述べているが，この「丁寧」という視点は書籍から見出したという。東教師はある書籍から，「丁寧に保護者ともやっ

ぱりつながっていくっていう言葉」「それが僕の中にすごく落ちた言葉」と、「丁寧」という視点を見出したことについてを述べている（巻末資料A6語り3-9）。この「丁寧」という視点が見出されたのは、Y中学校着任2年目（教職大学院1年目）の3月頃～次年度5月頃と推定され、「丁寧」という視点を見出したから実践が影響を受けたのか、新たな実践として行ったことが「丁寧」という言葉に合致したのかは明らかではない。しかし、着任3年目に1年生の学級を担任することになった東教師は、保護者との関わり方を「オープン」にして「保護者の方も巻き込んで学級づくり」を行うようになる。この「保護者の方も巻き込んで学級づくり」についての語りからは、生徒の「成長」を「意識的に発信」することによって「丁寧に保護者とも」「つながっていく」という点と、「丁寧に子ども達を見ていく」という点が表出している。このように、新しく形成された考え方である「丁寧な指導」は、生徒との関係性だけではなく保護者との関係性も内包されている。そして東教師は、質の異なる「荒れ」という経験を通じて、「子どもはいくら反発しても信念を持って大事にするっていう。いつか分かってくれるかなっていう希望。親はそういうわけにいかないじゃないですか。学校の様子見えてないから。だからしっかり関係をつくってしまおう」と、保護者との関係性構築についての必要性を批判的に検討し、生徒指導プロセスについての考え方を、保護者を含むものとして拡げ、統合的に発達させているのである。

　3点目は、「学級づくり」についての考え方である。先述のように、東教師はY中学校着任4年目（2回目調査）において、「理想と現実をきちっと見極めて、何を今すべきかということの判断というのは、やっぱりしっかりしていかないといけない」と、「理想」と「現実」への葛藤から批判的な検討を喚起させ、「環境がやっぱり大事」「環境からきちっと落ち着いた場所を整えてあげる」（巻末資料A5語り2-8）と、生徒が生活する環境という新たな視点を見出していた。この見出した新たな視点からあらためて批判的な検討がなされ、「学級づくり」についての考え方が発達している（資料A7）。

　東教師は「理想は教科センター」「教科センター方式がいい」としながらも、「ただ1つ問題があるのは学級という、学級づくり」と述べ、「やっぱり学力を

> 資料A7：生徒と環境についての語り

語り3-38　（筆者発言：先生はやっぱり教科センター方式はいいと思っていますか。）
「はい。僕は100パーセント。教科センター方式がいいと思っています。ただ1つ問題があるのは学級という，学級づくり。やっぱり学力を支えるものの中に学級の雰囲気というのはあるじゃないですか。落ち着いた学級。何を言っても受け入れてもらえるような温かいベースがあるという，そういう学習の環境づくり。その母体はあくまで学級なので，今の状態でいくとY中学校は学級づくりというのがやっぱり難しい。前はこのホームベースっていうところを朝の会，帰りの会，給食をしていましたが，落ち着きを取り戻すために2年前から教科教室でやっている。そうすると学級の，例えば掲示物とか個人の持ち物であるとかロッカーがないんですよね。だから，後でまた見てもらうといいと思うんですけども，教科の部屋でありながら半分は学級のものを掲示し，じゃあ教科のものが今がくっと減ってしまっている。子どもの所属感というと，きちっと名前を貼ったシールを，貼った机椅子はないんですよ。固定の座席はあってもそこには朝の会が終わったら違う学年，違うクラスの子が座る。だから子どもの落ち着いた居場所っていう所属感っていうのもやっぱりやや薄い。」
（筆者発言：やっぱりそれは必要ですか。）
「絶対必要だと思いますね。だから理想は教科センターなんだけども，子ども達の，自分のやっぱり居場所と言える教室であったり持ち物，机椅子も，やっぱり自分たちの持ち物としてあると大事にするんじゃないんかなって。だから今うちのY〔中〕の子たちは，この建物っていうか教科センター方式のせいかどうか分かりませんが，机とか椅子を大事にしません。自分のものじゃないからね。平気で机に寝そべったり，テーブルの上に寝転んだり座ったりっていうことがあります。だから半分かわいそうだなって思うところと，やっぱり学級っていう，学級王国をつくるんじゃないんだけども，やっぱり子どもにとっての居場所。学級づくりっていうのがやっぱりとっても大事かなっていうのを今思いますね。」

語り3-39　（筆者発言：それはやってみて分かったことですか。この構造の中でやってみて。）
「そうですね。ずっと学級担任をここで6年か，ここでもしてるので思いますね。やっぱり所属感。それから自分の持ち物。それからちょっとしたやっぱり居場所。ふっと動きたくないなって思うときあるじゃないですか。われわれもちょっと自分の机に座ってのんびりしたいときにまた移動。移動，移動，移動。だから今，意図的にこのホームベースが給食を食べるだけの場所になってるんだけども，自分はその良さ，ホームベースの活用の良さも分かるので，そこで授業してます。（後略）」

支えるものの中に学級の雰囲気というのはあるじゃないですか。落ち着いた学級。何を言っても受け入れてもらえるような温かいベースがあるという，そういう学習の環境づくり。その母体はあくまで学級」と語っている（資料A7語り

3-38)。この語りにおいて東教師は，「学習の環境づくり。その母体はあくまで学級」という考え方の源を明らかにし（省察 reflection），「落ち着いた学級。何を言っても受け入れてもらえるような温かいベース」という「学級の雰囲気」が「学習を支える」と考え方の前提条件を明らかにしている（批判的省察）。そして，「子どもの所属感というと，きちっと名前を貼ったシールを，貼った机椅子はない」「固定の座席はあってもそこには朝の会が終わったら違う学年，違うクラスの子が座る。だから子どもの落ち着いた居場所っていう所属感っていうのもやっぱりやや薄い」(語り3-38)「ふっと動きたくないなって思うときあるじゃないですか。われわれもちょっと自分の机に座ってのんびりしたいときにまた移動。移動，移動，移動。」(語り3-39) と，教科センター方式における現状を生徒の立場から東教師は批判的に検討する（批判的省察）。その上で，「やっぱり子どもにとっての居場所。学級づくりっていうのがやっぱりとっても大事」(語り3-38)「やっぱり所属感」(語り3-39) と，物理的な観点からの生徒の「居場所」と生徒の情緒の安定からの「所属感」としての学級という新たな問題設定を行いながら，「学級づくり」についての考え方は批判的自己省察に達している。この「学級づくり」についての考え方に関しては，3回目調査（着任6年目）に初めて語られたものであるが，一連の語りから，生徒の「居場所」と「所属感」としての学級の大切さを東教師は認識しないまま当然のこととしてとらえてきたと推察される。それが従来の中学校とは物理的な環境が大きく異なるY中学校で生活したことによって，生徒の問題状況を物理的な観点からとらえることができたのであろう。そして，これまで抱いていた考え方があらためて目の前の生徒の状況から批判的に検討され，承認されて発達している。それが「やっぱり子どもにとっての居場所」「やっぱり所属感」という語りの「やっぱり」という表現に端的に表出している。

　このように，東教師は着任6年目の夏には，生徒指導の目的，生徒指導プロセスの考え方をさらに発達させ，加えて学級指導についての考え方を発達させていた。特に，生徒指導プロセスについての考え方は保護者との関係性をも内包して，Y中学校着任3年目に発達させていた考え方をさらに統合的に発達させていた。このように東教師が保護者との関係性をも内包して，考え方を統合

的に発達させていった根底には,「保護者と同じスタンス」という視点を東教師が見出したことに依る。東教師はＹ中学校３年目から５年目までの３年間をふり返り,「今までの指導方法では通用しない子ども達集団」に出会い,その中で「試行錯誤しながら」見つけていったのが「保護者と同じスタンス」だったと語っている（資料Ａ８語り３-10）。「親と教員という立場は違ってもその子を成長させたい,この子に成長してほしいという気持ちで,こういう方法で指導,または支援をしていくと。一緒にそこを協力してほしいっていう,あの子の将来のためにって,そういう強い思いをお家の方にもやっぱり伝えながら」という実践を通じて,東教師は保護者との関係性をも内包する生徒指導プロセスの考え方をさらに発達させていったのである。この発達には次の２つの経験が影響を与えていると考えられる。

　１点目は教職大学院での批判的な検討の経験である。東教師はＹ中学校着任２年目から２年間,勤務と並行して教職大学院にも在学していたが,批判的な検討によって「冷静な対応」ができるようになったという。「省察的実践,自分のやってたことをなんでここで親が怒ったんかな。なぜトラブルが起きたのかなってちょっと省察してみて,それを実践するにはどうしたらいいかってことを。去年〔着任３年目のこと〕１年間は記録をずっと細かく取りながらまとめていったものが１つ,自分の中にあるから。いろんなことが起こっても冷静に対処してる自分というのは,今年〔着任４年目〕はあったかもしれません」「教職大学院で自分の実践をふり返ってまとめるという。しゃべるだけじゃなくてやっぱり書く作業ってつらいですよね。それによって自分の中で１つ冷静な対応ができるものができた」と東教師は述べている。この語りから,「記録をずっと細かく取りながら」「書く作業」を行ったことによって「自分のやってたこと」への批判的な検討が深まり,保護者の立場を慮れるようになったと推察される。それが「試行錯誤しながら見つけていった」「保護者と同じスタンス」という視点を見出すことにつながっていったと考えられる。

　２点目は東教師が親になったという経験である。東教師は自分の子どもを通じて生徒についての考え方の省察を深め,批判的自己省察に達していたことが語りに表出している（資料Ａ８語り１-48）。東教師は生徒を「子ども」ではなく

> 資料A8：保護者との関わりについて・親になっての変化についての語り
>
> **語り3-10**「やっぱり今までの指導方法では通用しない子ども達集団だったんですね。だからやっぱり僕らも試行錯誤しながら，今までAという方法とBという方法のどちらかがあればだいたい指導が通っていったことがそれも通用しない。だからCという方法Dという方法。そういうものをやっぱりわれわれが試行錯誤しながら見つけていったのかなって。その1つとして，やっぱり保護者と同じスタンスというかね。親と教員という立場は違ってもその子を成長させたい，この子に成長してほしいという気持ちで，こういう方法で指導，または支援をしていくと。一緒にそこを協力してほしいっていう，あの子の将来のためにって，そういう強い思いをお家の方にもやっぱり伝えながら，それから足しげくやっぱり通って。電話だけじゃなくて家庭訪問したり，都合がつけば学校に来ていただいたりしながら一緒に，やっぱり手を組んでいったっていう。(後略)」
>
> **語り1-48**「子どもって子どもなんやって。生徒っていう目で見てたんですよ。中学生っていう目で見てたので。新採用の●●中学校時代に僕バスケ部を7年間，自分がやっていたバスケ部を持っていて，子どもより僕の方ができる時代だったんですね，まだね。でなんでこんなこともできないんやっていう，1人とっても上手な子がいたんですけども，そいつとぶつかったときに親が文句を言いに来て，まだつっぱってた自分がいたときにその保護者の方に言われたのが，先生はまだ結婚してないでしょ。それから親になってないでしょ，だから子どもの気持ちがわからないんやって言われたことがあったんですよ。そのときは，そんなもん教員だから子どもの気持ちわかる。あんた母親より長い時間こっち一緒にいるんやし，部活で付き合ってるんやし，わかってる。子どもがいないからわからないってことは否定してた自分が，子どもが産まれて，子どもっていう目で見れるようになったときに，ああやっぱりあのときに言われたことは本当だったっていうか，子どもができて初めてこの子が苦しんでることとか，それから親が，たとえ我が子大事で自分の子どもが言うこと鵜呑みにして，文句を言ってきたり相談してくるという，その気持ちが親としてわかるから，保護者への対応もやっぱり柔らかくなったというか，まず聞く。そうですよねそうですかって共感できるようになったかなっていう思いがあります。それと今，女子のテニス部を持ってるんですけど，うちの娘も運動神経悪いんですよ。でなぜかテニス，お父さんとやりたいっていうから一緒にやるんですけど，なぜうちの今，テニス部の女の子がこの動きができないのかというのが運動ということを通しても見えてきました。僕男やし，男子ずっと持ってきたし，強かった時代もあって全国大会行く子もいましたから，できて当たり前っていう，これができないことがわからない。でもそのできない子は，できるためにどう工夫したらいいのかっていうことが見えてきたっていう，自分の子どもを通して。やっぱりできない子をどうやってできるように支援っていうか，サポートするのか，教師の工夫をどうしたらいいのかっていうことが見えるようになってきたかな。」

「生徒っていう目で見てた」「中学生っていう目で見てた」と生徒についての考え方の源を突き止めている(省察 reflection)。その考え方の前提条件についても，

「生徒っていう目で見てた」のは「子どもがいないから」「子どもの気持ち」がわからなかったという考え方の前提条件も明らかにしている（批判的省察）。これは，親になっていないから「子どもの気持ちがわからない」と保護者から言われた際に，「子どもがいないから〔子どもの気持ちが〕わからないってことは否定してた」という東教師の語りから明らかである。そして，「子どもが産まれて，〔生徒を〕子どもっていう目で見れるようになったときに，ああやっぱりあのときに言われたことは本当だった」「子どもができて初めてこの子が苦しんでることとか，それから親が，たとえ我が子大事で自分の子どもが言うこと鵜呑みにして，文句を言ってきたり相談してくるという，その気持ちが親としてわかる」という批判的な検討を経て（批判的省察），親の気持という新たな問題設定のもとに「子どもって子どもなんや」と，生徒についての考え方は批判的自己省察に達している。そして，この生徒についての考え方の発達に伴って，「保護者への対応もやっぱり柔らかくなったというか，まず聞く。そうですよねそうですかって共感できるようになった」と，生徒指導プロセスの変化も導かれる。このような生徒についての考え方への省察の深まりがあり，それが「試行錯誤しながら見つけていった」という「保護者と同じスタンス」に繋がり，最終的に生徒指導プロセスについての統合的な発達が導かれたと考えられる。

　同様に，部活動の指導からも東教師は生徒指導プロセスへの省察を深めている。東教師は生徒に対して，「できて当たり前」という考え方の源を抱いていたことを突き止め（省察 reflection），それは「僕男やし，男子ずっと持ってきたし，強かった時代もあって全国大会行く子もいましたから，できて当たり前っていう，これができないことがわからない」と，生徒が「できないことがわからない」という考え方の前提条件が明らかにされている（批判的省察）。そして東教師は，「自分の子どもを通して」「できない子は，できるためにどう工夫したらいいのか」と批判的に検討し，「できない子をどうやってできるように支援っていうか，サポートするのか，教師の工夫をどうしたらいいのか」と，「できない子」についての支援という新たな問題設定のもとに生徒指導プロセスについての考え方を発達させている。この考え方の発達が新たな視点となって，

さらなる生徒指導プロセスについての考え方,「考えさせたときに(中略)判断させて実行できるように,やっぱり支えていくっていう,そういう指導の仕方」という考え方の発達を導いたものと考えられる。このように複数の生徒についての考え方への省察の深まりから,さらなる生徒指導プロセスについての統合的な発達が導かれているのである。

3 考　察 (Figure：A1, Figure：A2)

　東教師の実践的知識を,授業に関する意味パースペクティブと生徒指導に関する意味パースペクティブに大別し,その発達の過程を分析してきた。これら大別して得た分析結果を総合し,実践的知識の実相,その発達過程と特徴,発達を支えている他者とのネットワークを考察していく。

　3-1　実践的知識の実相

　東教師の最終的に発達を遂げたパースペクティブは,次の考え方から構成されている。授業に関する意味パースペクティブは,授業づくりの目的について,授業プロセス(トピック・課題)について,授業づくりについて,授業(コミュニケーション)について,という4つの考え方から構成されており,生徒指導に関する意味パースペクティブは,生徒指導の目的について,生徒指導プロセス(指導方法)について,「学級づくり」について,という3つの考え方から構成されている。

　これら複数の考え方の中の1つが意味パースペクティブ全体の前提条件として機能し,教師としての実践的な思考方法を決定し,行動を決定させていた。授業に関する意味パースペクティブにおいては,「語学の習得だから訓練」という授業についての考え方が「目標があって達成して評価」という授業づくりについての考え方を決定していた。その授業についての考え方が「真のコミュニケーション」が生起する授業へと発達することによって,授業づくりについての考え方も「課題があって探究があってそしてそれを表現するっていう形」へと発達していったのであった。生徒指導に関する意味パースペクティブにおいても同様に,「トラブルを防ぐため」という生徒指導の目的についての考え

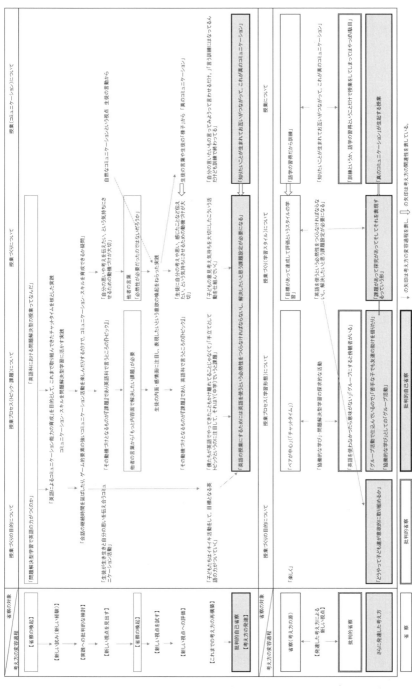

Figure：A1　東教師の授業に関する意味パースペクティブの発達過程と構造

第 1 章　Y 中学校の教師達：実証的分析 Ⅰ

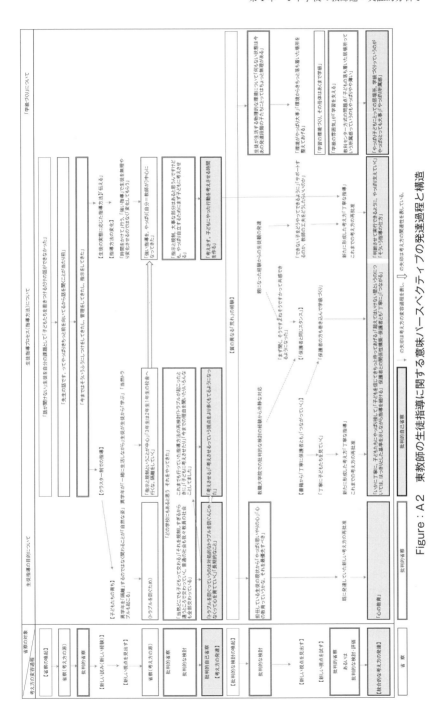

Figure：A2　東教師の生徒指導に関する意味パースペクティブの発達過程と構造

153

方が，異学年を「隔離していく」という生徒指導の方法を決定し，さらに教師中心の「強い指導」という考え方にも影響を与えていた。その生徒指導の目的についての考え方が「心を育てる」へと発達したことによって，生徒指導の方法も生徒に「考えさせるっていう視点をより多くもてるようになった」と発達しているのである。

３−２　実践的知識の発達過程
①実践的知識を構成する考え方の発達過程
　東教師の実践的知識を構成する考え方の発達過程をまとめたのが Table：A2 である。
　東教師の授業に関する意味パースペクティブと生徒指導に関する意味パースペクティブは，双方とも複数の考え方が関連して発達していった。しかし，その発達過程は，次のように異なっていた。授業に関する意味パースペクティブは，新たな課題（問題解決型学習）に際して省察が喚起され，省察 reflection，批

Table：A2　東教師の意味パースペクティブを構成する考え方の発達過程

生徒指導に関する意味パースペクティブ	授業に関する意味パースペクティブ
1）経験したことのない状況に際しての省察の喚起	1）新たな課題に際しての省察の喚起
	2）新たな試み（＝新しい経験）
2）省察の深まり（省察reflection，批判的省察）	3）実践への批判的な検討
	4）新たな視点の抽出
	5）さらなる省察の喚起
3）（あるいは1）2）と同時）新しい経験と新しい試み（実践）	6）新たな視点からの新しい挑戦的な試み
4）新たな視点の抽出	7）新たな視点への評価
5）省察の深まり（省察reflection，批判的省察）	8）新たな視点からのこれまでの考え方の再構築
6）批判的自己省察（＝考え方の発達）	9）批判的自己省察（＝統合的な考え方の発達）
7）これまで経験したことのない事態による葛藤	10）新しい考え方を価値基準とした省察の深まり
	（省察reflection，批判的省察）
8）a：批判的な検討・評価による新しい考え方の再批准	
b：批判的な検討によって見出された新たな視点による省察の深まり	
（省察reflection，批判的省察，批判的自己省察）	
c：「試行錯誤」によって見出された新たな視点による実践と	
新たな視点の評価・批准	
9）a：新しい考え方が安定的になることによるさらなる考え方の発達	11）批判的自己省察（＝考え方のさらなる発達）
b：新たな観点による考え方の発達（考え方の認識）	
c：新たな観点の加味による統合的な考え方の発達	

判的省察を経ずにこれまでの考え方を再構築して新たな問題設定から批判的自己省察に達している。そして，新たな考え方にもとづく実践が行われた後に新しい考え方を価値基準として，省察 reflection，批判的省察がなされ，あらためて批判的自己省察に達し，授業に関する意味パースペクティブはさらなる発達を遂げている。一方，生徒指導に関する意味パースペクティブは，経験したことのない状況（これまでの指導では通用しない生徒達）に際して省察が喚起され，直ちに省察が深まり（省察 reflection，批判的省察），新しい実践と経験を経てさらに省察が深まり（省察 reflection，批判的省察），批判的自己省察に達する。そして，これまで経験したことのない事態（質の異なる「荒れ」）による葛藤から3種類の発達の過程を経て，生徒指導に関する意味パースペクティブはさらなる発達を遂げる。

　生徒指導に関する考え方において直ちに省察が深まったのは，これまで通用していた生徒指導の方法が通じないという，東教師の教師としてのアイデンティティを脅かすような問題が省察を喚起させたからであろう。しかし授業においてはそういった緊急性のある状況からの省察の喚起ではなく，これまで市や県の英語科研究に中心的に関わって創り上げてきた授業や授業方法でも通用するにもかかわらず，自ら「崩す」，「自分の授業を一回崩す」(資料A1語り1-62) という挑戦的な省察の喚起であった。このように，緊急性のある状況からの省察の喚起ではなくともそれが深まっていったのは，複数の新たな視点が見出されたことによると考えられる。

　授業に関する意味パースペクティブの発達過程は，新しい実践を行い，それを批判的に検討することによって新たな視点を見出し，さらに省察を喚起させて見出した新たな視点を実践で試していく過程であった。そして，それら見出された新たな視点が次第に価値づけされ，その価値づけされた新たな視点が考え方を検討・評価する際の観点となっていった。つまり，新たな視点が実践を通じて徐々に承認され，それが新たな価値基準となっていったことによって，これまでの考え方が批判的に検討され，最終的にこれまでの考え方が新たな問題設定から価値づけられて再構築されたのである。その考え方の再構築の際には，以前の考え方を新たな問題設定から再解釈するだけではなく，新たな視点

を加えて再構築されている。これらのことから，省察を喚起させた出来事の緊急性が省察の過程に影響を与えること，緊急性の伴わない省察の喚起でも，複数の新たな視点を見出すことによって批判的自己省察が導かれるといえよう。

②実践的知識を構成する考え方の省察の深まりに関する特徴

東教師の意味パースペクティブの発達過程における省察の深まりに関与する特徴として，次の2点の特徴が見出せる。

1点目は，省察の深まりを導く新たな視点は，新しい経験や直接的な実践とともに，書籍や家族からももたらされていることである。授業（コミュニケーション）についての考え方においては，新たな実践から自然なコミュニケーションという視点が見出され，最終的に考え方の発達が導かれていた。生徒指導の目的と方法についての考え方の発達においても，経験したことのないクラスター制における指導経験から，異学年が「一緒に活動しながら」生徒が生徒から「学ぶ」などの複数の新たな視点が見出されていた。生徒の実態に即して学級指導を変化させた経験からも，指導は「時間をかけて」行う，といった新たな視点が見出され，「学級づくり」についての考え方の発達においても，教科センター方式の従来とは異なる校舎で生活した経験から，「環境がやっぱり大事」という視点が見出されていた。このように，新たな経験から複数の新たな視点が見出されている。

一方，生徒指導の方法についての考え方の発達においては，「丁寧」という視点と「できない子をどうやってできるように支援っていうか，サポートするのか，教師の工夫をどうしたらいいのか」という新たな視点が見出されている。前者は書籍から見出され，後者は東教師が親となった経験からの生徒についての考え方の発達によって導かれていた。そして，この「できない子をどうやってできるように支援」「サポートするのか」という新たな視点は，「グループ活動で仕込んでいるので，非常に英語力の低い苦手な子でも友達の助けを借りたり」という，授業プロセス（学習形態）の考え方にも共通した視点となっている。これら指導方法の発達を導いた生徒についての考え方の発達は，自分の子どもが誕生し，保護者に「共感」できるようなったという経験からもたらされている。さらに，最近の経験としても自分の子どもと一緒にテニスをするという経

験から，「できない子」への「支援」や「教師の工夫」という視点が導かれている（資料A8語り1-48）。このように，省察を導く新たな視点は，新しい経験や直接的な実践からだけではなく，書籍や家族を通じても見出されているのである。

　2点目は，批判的な他者からの言葉を取り入れてこれまでとは異なる問題設定を行い，それを実践することによって，新たな視点がもたらされることである。着任1年目の研究授業での「3年生の学びは少ないのではないか」などの「批判的な意見」から，「問題解決型学習で英語の力がつくのか」という省察が東教師に喚起され，コミュニケーション・スキルを問題解決型学習に活かす実践が行われていく。そしてこの実践についても，「英語の問題解決場面はどこ？」「必然性が必要だったのではないだろうか」という他者の言葉から，「もっと内容面で『解決したい課題』」が必要と新たな視点からの省察が喚起され，生徒の内面・感情面に注目し，表現したいという意欲の喚起をねらった実践を東教師は行っていく。そして最終的に，「英語の授業にするためには英語を使うという必然性をつくらなければならないし，解決したいと思う課題設定が必要になる」と授業づくりについての考え方は批判的自己省察に達する。

　このように，東教師は，自己の実践を批判的に検討してさらなる問いを生起させ，新たな実践を行い，批判的な検討を深めていった。その際に東教師は，他者からの批判的な言葉を取り入れて，その都度，突き止めたい問題を設定し直して実践を行っていた。つまり，他者からの言葉を手掛かりとして，問題状況から問題を設定し直して，徐々に批判的な検討を深めていったのである。そして，その他者からの言葉がキーワードとなって新たな視点をもたらしていた。例えば「必然性」という言葉は，言われた当時は「必然性があった」「必要十分な課題だった」と東教師は実践を価値づけるが，その言葉は東教師の中で焦点化され，実践を通じて「必然性」という言葉が解釈され，「英語の授業にするためには英語を使うという必然性をつくらなければならない」「必然性が生まれてるから」「やっぱり必然性」と「必然性」が新たな視点となり，最終的に批判的自己省察を導くキーワードとなっていた。緊急性の伴わない省察の喚起でも，複数の新たな視点を見出すことによって批判的自己省察が導かれると述

べたが，その際には批判的な他者からの言葉を取り入れて，これまでとは異なる問題設定を行って実践することによって，新たな視点がもたらされる可能性が高い。

③実践的知識総体としての発達過程の特徴

東教師の事例から，次の2点の特徴が見出される。

1点目は，これまで形成してきた意味パースペクティブを否定するのではなく，再解釈することによる刷新という発達もあり得るということである。授業に関する意味パースペクティブは，省察 reflection，批判的省察を経なくとも，これまでの考え方を新たな問題設定から再構築することによって批判的自己省察に達していた。東教師は教師歴が長く，さらに市や県の英語科研究会において中心的存在として授業づくりや研究に携わっていた。そのようにして形成された授業に関する実践的知識は，例えば「英語科として考えるコミュニケーションを重視した授業」というような，教科の真性に関わる知識も形成されており，新たな問題（問題解決型学習）に対しても耐えうる実践的知識であったと推察される。だからこそ，新たな視点を得ることによって，これまで形成してきた実践的知識をすべて否定するのではなく，再解釈することによって考え方を刷新し，新たな視点を加えて再構築することができたのであろう。新たな視点からの再解釈による刷新という発達である。

2点目は，これまでの考え方を再解釈したり再承認しながら新たな考え方を加えていくような，統合的で拡がりのある発達が見られたことである。授業づくりについての考え方の発達においては，これまで形成してきた考え方をすべて否定するのではなく，再解釈することによって考え方を刷新し，新たな視点を加えて考え方を再構築して発達させていた。生徒指導の方法についての考え方の発達においても，これまで行ってきた指導方法を再承認するだけではなく，「丁寧」という視点や生徒を「支える」という観点が加わって統合的に発達していた。また，生徒指導に関する意味パースペクティブを構成する考え方として，学級づくりについての考え方もあらためて明確に認識されて加わっている。このように，東教師の意味パースペクティブの発達においては，これまで形成されてきた実践的知識が省察の深まりを経て，否定されるよりもむしろ

再解釈や再承認によって刷新され，そこに新たな問題状況から見出された新たな視点が加わることによって，統合的で拡がりのある実践的知識が形成されているのである。

3-3　学習を支える他者とのネットワーク

東教師の事例から東教師の他者とのネットワークを抽出し，その関係性を考察する。東教師はY中学校に属し，その中でも英語科教師を中心とするクラスターに所属している。また学校外では，Y中学校が所在する市と県の英語研究会にも所属している。さらに，Y中学校着任2年目と3年目には教職大学院にも在学していた。これら他者とのつながりと省察への影響を考察する。

東教師とY中学校の英語科教師達とのつながりは，西山教師と北村教師が着任したことによって関係性の質に変化がもたらされている（巻末資料A9）。彼らの着任以前は，東教師と同年代や教職歴が長い教師といった，同質の教師達とのつながりであった。そのつながりにおいては，「大学でやってるような英語の研究会，行ってないので我流でやってること多い」「授業のやり方もなかなか昔ながらのやり方であったり，こちらのアイディアを結構盗んでもらうっていうことが多かった最初の2年間」(語り1-69)という，従来の知識や考え方を用いての授業づくりや指導方法の工夫であったと推察される。また，東教師が「アイディア」を提供する側であった。それが西山教師と北村教師がY中学校に着任したことによって，新たな知識がもたらされたことが東教師の語りから推察される。西山教師は北村教師も誘って，母校の大学の英語の研究会に参加しており，その研究会から「最新のやっぱり理論とか英語の教授法」を学んでいるという。そのような「最新の」「理論とか英語の教授法」は，「音読1つにしてもそのアイディアってどうやってやってるの，教えてとかって」(語り1-70)と東教師にもたらされている。またそれは，教科の教室が隣接し，隣の教室の気配が伝わる「環境」によってもたらされている。「授業しながら子どもがガッとこう集中して活動してるとほったらかしで，今ね，こんなことやってるんですけど，これ面白いですよとかって，逆にエリアで生活ノート見ながら僕らも授業見ていて，面白いと僕らも入っていくんですよ。」「英作文書いて

ると何書いてるんやと見に行ったり，自由に出入り。」(語り1-70)というインフォーマルでオープンな関係性において，「最新の」「理論」を取り入れたアイディアの共有は日常的になされている。そして彼らと東教師との関係性は，「僕がレクチャーすることでもそんなんじゃなくって，授業実践をいっつも一緒にしながら，これでいいんかな，やっぱこれだめやね」(語り1-64)というような，教え教わる関係性ではなく，問題解決型学習の実践という目的と「子ども達にいい英語の力をつけさせたいとかっていうね，そういう目指す生徒像」の共有のもと，ともに試行錯誤を行う関係性である。このようなY中学校の英語科教師達の関係性は，教科の専門性を有し，目的（問題解決型学習の実践・目指す生徒像）を共有し，最新の理論や教授法を取り入れてともに挑戦的な実践を行っている権力関係がない関係性である。さらに，インフォーマルで，日常的で，オープンな関係性でもある。そしてこのような関係性の質が，「模索をして，仲間が近くにいるからこう話し合いができて，授業を目の前で，お互い毎時間見ながら考えてっていうその繰り返し」と東教師が述べるような，新たなアイディア（視点）を試して，批判的に検討し，対話によって批判的な検討を深めるという，新しい挑戦的な実践を可能にさせている。また，他者と一緒に授業を創ることによって，その実践について対話することが実践を批判的に検討することになり，省察を深めさせる。さらに，教科センター方式のために建築された校舎は英語の授業を行う教室のかたわらに教科の職員室が位置しており，その物理的な距離の近さが「一緒に授業を創って」「毎休み時間が教材研究」(語り1-14)というインフォーマルで，日常的で，オープンな関係性を支えている。

　また，学校外の英語科教師とのネットワークとして，東教師は市・県の英語科研究会とのつながりを有している（巻末資料A10）。この研究会は，「学校の仕事とは別のその世界は，今でも自分の英語教師の一番の中心」という位置づけである。その他者とのつながりは，研究大会の発表を任されることを通じて，「やらされるだけじゃなくて，ずっといつも一緒にいて，発表原稿も一緒に創って，たまたま僕が発表させていただいただけで，創ったのは一緒にというか，むしろその人たち，僕にそのチャンスを舞台を，一番おいしいところをこうくださった」(語り1-29)という，授業を一緒に創りながら若手教師を育てるとい

う機能をもったながりであった。そして，かつて東教師が複数の県にまたがる研究会での発表者になったように，西山教師（Y中学校着任3年目，東教師は着任5年目）もその発表者となって，彼らはともに授業を創っていた[2]。この研究会において，東教師は他者と共に授業を創ることを通じて，先輩英語科教師達が培ってきた実践的知識を自分の中に取り入れ，今度は若手教師達と挑戦的な実践を行うことによって，新たなアイディアをともに発案して取り入れ，それらを試しながら新たな視点を得ていたのであろう。この研究会における他者との関係性の質は，Y中学校の英語科教師達の関係性と共通する点が複数あるが，人数も年齢構成もより幅広い英語科教員とのつながりにおいて，教科の専門性を有し，悩みや英語科としての目標を共有し，新たな授業実践をともに想起する権力関係に立脚しない関係性である。また，この研究会は，指導主事といった制度上の職層によって運営されているわけではなく，自主的な様相を帯びていることから，インフォーマルな関係性でもある。

　一方，教職大学院（Y中学校着任2年・3年目）は実践を「ふり返る」場，批判的な省察を経験する場として位置づけられている。東教師は教職大学院にて「学ぶということを学んだ」(語り2-14)と述べ，批判的な省察の経験を得たことについて次のように述べている。「それまで学んでるんだけども，それをあまり意識せずに経験的に学んできたことを，きちっと学ぶとはどういうことか，なぜ学ぶのかを考えるし。学んだこととかをやっぱりちゃんとふり返る」「省察していく中で次の自分の学びであるとか，やるべきことを考えて」と，「ふり返る」経験を積んだことが，次に「やるべきことを考えて」という意図的な実践を導いていたのである。その繰り返しが批判的自己省察を導き，考え方の発達を導いていた。この教職大学院における他者と関係性については具体的に語られていなかった。しかし，実践の場（勤務校）を離れた大学院という学問の場で，書籍や理論とのつながりを得たことが，実践を理論から位置づけ，その意味を検討し，理解することにつながったと推察される。「本に書いてあることなんですけども，それがやっぱり実践，自分たちの生活と意識の中で結びついて。架橋理論だったものがこういうことなんだなと自分の実践とつながるようになってきた」「そういうことを考えることすらなかったのが教職大学院

で考える機会を得た」(語り2-20)という東教師の語りは,ミドルリーダーについての語りであり,授業に関するものではないが,この語りからも理論的な知識を得たことによって,実践の意味を検討し,理解することにつながっていることが推察される。

　このように東教師は,Y中学校の英語科教師達,市・県の英語科研究会,教職大学院という複数のコミュニティに属し,それらが新たな実践を想起する場,実践を行い批判的に検討する場,実践をふり返りその意味を検討し理解する場として,省察の深まりを支えていたことが明らかになった。また,それら省察の深まりを支えている他者とのネットワークにおいては,教科の専門性を有し,目的を共有し,新たな方法やアイディアを取り入れて挑戦的な実践を行っている権力関係が無い関係性,インフォーマルで,日常的で,オープンな関係性が省察の深まりを支えていることも明らかになった。さらに,これら他者とのネットワークの他にも,家族(自分の子ども)との関わりが「できない子」への支援や「教師の工夫をどうしたらいいのか」という視点の抽出の契機となっており,省察の深まりに影響を与えるネットワークには家族も含まれるのである。

第4節　Y中学校の事例分析における総合考察

　3名の事例分析および考察から,本研究の課題である実践的知識の実相,発達過程,他者との関係性について整理し,それら3名に共通する点を中心に総合考察として述べる。次に,Y中学校の事例分析における残された課題について述べる。

1　3名の事例分析・考察からの総合考察
1-1　実践的知識の実相
　実践的知識を構成する考え方については,各々の事例分析にて述べたとおりである。3名各々の実践的知識の実相が見られたが,他の考え方に影響を与える核となる考え方の存在が明らかになった。

北村教師の場合は,「お互いを受け入れる温かさ」「相手のことを思える人になってほしい」「自分をちゃんと持った子になってほしい」という大学時代の経験から形成された生徒への「願い」についての考え方が北村教師の信念となっていた。そして，その考え方にもとづく実践を通じて,「授業づくりは本当に生徒指導が基盤にあって，普段の授業の学びがある」という学習指導についての考え方が形成されていた。西山教師の場合は，学校についての考え方と教師としての「心構え」についての考え方の発達によって，生徒指導とその方法への考え方が発達していった。同様に，生徒についての考え方の発達が授業づくりの目的についての考え方と授業づくりについての考え方の発達を導いていた。東教師の場合も，トラブルを防ぐため，という社会文化的に培われた生徒指導の目的についての考え方が生徒指導に関する意味パースペクティブ全体の前提となって，他の考え方に影響を与え,「語学の習得だから訓練」という授業についての考え方が，授業づくりと授業プロセスの考え方に影響を与えていた。

　このように，3名の事例分析から，複数の考え方の中の1つが意味パースペクティブ全体の前提条件として機能していたり，他の考え方に影響を与えていることが明らかになった。

1-2　実践的知識の発達過程
①実践的知識を構成する考え方の発達過程

　3名の考え方の発達過程は多様であったが，共通する1点と，個人に特有な特徴として1点が見出された。

　1点目は，3名に共通する特徴である。それは，考え方の発達過程はおおよそ6段階の過程があり，2段階目の新たな視点を見出すことが批判的自己省察につながり，最終的に考え方の発達が導かれるということである。3名の教師達の実践的知識の発達過程をまとめたものが Table：1-2 である。北村教師と西山教師は，授業に関する意味パースペクティブと生徒指導に関する意味パースペクティブの発達過程に共通性があることから，各々の考察にて，その発達過程をまとめた。しかし，東教師の場合は2つの意味パースペクティブの

発達過程が異なるため，双方を示してある。なお，西山教師の場合は，a：は生徒指導に関する意味パースペクティブ，b：は授業に関する意味パースペクティブの発達過程である。3名の事例分析から，実践的知識の発達過程は各々異なる点はあるが，次の6段階であることが明らかになった。

1段階目　新たな課題や状況の変化などによる省察の喚起
2段階目　省察の深まり，あるいは停滞
3段階目　新たな視点の抽出
4段階目　新たな視点にもとづく実践
5段階目　省察の深まり（省察 reflection，批判的省察）
6段階目　批判的自己省察による考え方の発達

2段階目と4段階目に省察の深まりがあるが，前者は新たな視点を見出すことにつながる実践への批判的な検討あるいは省察 reflection，批判的省察 critical reflection，後者は批判的自己省察につながる省察の深まり（省察 reflection，批判的省察 critical reflection）であった。しかし，西山教師，東教師の事例にて顕著に表れたが，生徒指導に関する意味パースペクティブと授業に関する意味パース

Table：1-2　3名の教師達の実践的知識を構成する考え方の発達過程

	北村教師	西山教師	東教師（授業）	東教師（生徒指導）
省察の喚起	1) 省察の喚起	1) a：解決されない問題からの省察の喚起　b：状況の変化からの省察の喚起	1) 新たな課題に際しての省察の喚起	1) 経験したことのない状況に際しての省察の喚起
省察の深まりあるいは停滞	2) 自己の実践への省察の深まり（あるいは批判的な検討）	2) a：自己の実践や他者の実践からの省察の深まり（省察 reflection，批判的省察）　b：状況への折り合いからの省察の深まりの停滞	2) 新たな試み（＝新しい経験）　3) 実践への批判的な検討	2) 省察の深まり（省察reflection，批判的省察）　3)（あるいは1)2)と同時）新しい経験と新しい試み（実践）
新たな視点の抽出	3) 新たな視点の抽出	3) 他者との関わりによる変化・変容への意欲の喚起　他者の実践と自身の実践，想定を超える経験からの新たな視点の抽出	4) 新たな視点の抽出	4) 新たな視点の抽出
新たな視点に基づく実践	4) 新たな視点に基づく実践	4) 新たな視点に基づく実践	5) さらなる省察の喚起　6) 新たな視点からの新しい挑戦的な試み	
省察の深まり	5) 新たな視点からの実践への批判的な検討・評価（あるいは省察の深まり）	5) 省察の深まり（省察reflection，批判的省察）	7) 新たな視点への評価　8) 新たな視点からのこれまでの考え方の再構築	5) 省察の深まり（省察reflection，批判的省察）
発達	6) 批判的自己省察による発達	6) 批判的自己省察（＝考え方の発達）	9) 批判的自己省察（＝統合的な考え方の発達）	6) 批判的自己省察（＝考え方の発達）

ペクティブの発達過程には異なりがあった。つまり，これまでの指導が通じないといった教師としてのアイデンティティを脅かすような問題から喚起された省察は直ちに深まるが，危機的な状況ではない場合には省察の深まりが停滞する場合がある。では，どのようにして省察が深まっていったのか。西山教師の事例では，一度は省察の深まりは停滞したが，複数の新たな視点が見出されていた。それら新たな視点の意味を明確に認識してはいなくとも，それらを実践で取り入れ，試すことによって，新たな視点は徐々に価値づけされ，最終的にそれら新たな視点が新たな問題設定の枠組みとなって批判的自己省察を導いていた。東教師の事例では，緊急性の伴わない省察の喚起でも，複数の新たな視点を見出すことによって批判的自己省察が導かれていた。つまり，新たな視点が見出され，それを実践で試すことによって徐々にその新たな視点が承認されて新たな考え方の枠組みとなり，批判的自己省察につながる後者の省察の深まりを導くのである。であるから，2段階目の新たな視点を見出すことが変容的な実践的知識の発達を導くためには必須である。

発達過程に関する特徴の2点目は，東教師のように教師歴の長い教師の実践的知識の発達過程に特有の特徴と考えられる。それは，これまで形成してきた意味パースペクティブを否定するのではなく，再解釈することによる刷新という発達のあり様もあり得るということである。新たな視点を得ることによって，これまで形成してきた実践的知識をすべて否定するのではなく，その実践的知識を再解釈することによって考え方を刷新し，新たな視点を加えて再構築するという発達のあり様である。

②実践的知識を構成する考え方の省察の深まりに関する特徴

総合考察として，省察の深まりに必要不可欠である新たな視点を見出す観点から，省察の深まりが停滞することもある授業に関する意味パースペクティブと省察が直ちに深まる生徒指導に関する意味パースペクティブの比較から，あらためて考察を加えると，以下4点が明らかになってくる。

1点目は，生徒指導に関する考え方の場合は，他者からの実践とこれまでとは異なる方法を試し，自己の実践から新たな視点を見出していることである。これは経験したことのない状況に接し，目の前の生徒に応じてこれまでのやり

方を変えざるを得ないことから見出される視点である。また，そのような状況においては，他者からアドバイスを受けたり（北村教師），他者の経験を聞いたり（西山教師），他者に働きかけて新たな視点を見出そうとしていた。熟練教師である東教師も同様に，他者からのアドバイスを受けたり他者の実践を参考にしていたが，書籍や家族（自分の娘）から新たな視点を見出していた。この点から，省察を導く新たな視点は，新しい経験や直接的な実践からだけではなく，書籍や家族など広範囲の経験からももたらされる可能性がある。

　2点目は，授業に関する考え方の場合は，授業実践における生徒の言動からと，異質なコミュニティに属している他者に接し，新たな視点を見出していることである。前者に関しては，西山教師の場合，対話の成り立った授業において，「子ども達が英語楽しんでる」「そういう雰囲気が創れるといい」という視点や「こっちの技量じゃない」生徒の返答で授業が成り立つという視点，さらに「本当に考える」ことによって「英語ができない子」も返答できるという視点を見出していた。東教師の場合には，授業における生徒の言動から自然なコミュニケーションという視点が見出されていた。北村教師の場合には，生徒の様子を見た参観者からの言葉を契機として，授業には「背後」があるという視点が見出されていた。これは後者，生活圏ではない異質なコミュニティの他者に接して新たな視点を見出しているという点でもある。後者に関しては，北村教師の場合は，「ねらいってすごく大事」という視点が見出された時期に，自己の実践をノートに記したり，先輩教師の実践を見て自分の実践を高めようとしていたが，同時に「今の授業，壊すっていう視点」という私的な研究会において，「根本的なところを」「突っ込んでくる」という他者との関わりがあった。東教師の場合には，「3年生の学びは少ないのではないか」「この活動は，学活や総合などでやればいいことで，わざわざ英語でする必要がないのではないか」という「批判的な意見」から「問題解決型学習で英語の力がつくのか」という疑問を焦点化させ，さらに省察を喚起させていた。同様に，「英語の問題解決場面はどこ？」「ナンシーの学校生活をもっと詳しく知りたいという欲求とそれを探求していく必然性が必要だったのではないだろうか」という意見からもさらに省察が喚起されていた。

3点目は，新たな視点を見出す際には，これまで抱いていた授業観や生徒観を覆す経験があったことである。西山教師の場合は，例えば，「1番最初に驚いたのはクラスター長のスピーチ」「クラスター長のスピーチがあまりにも大人びていて，けど原稿がそこになくて」という西山教師が抱いていた生徒観を超える経験から，「それって教員と同じ」という生徒でも教員と同じ力があるといった視点が見出されていた。また，授業においては，先述の対話の成り立った授業の経験である。東教師の場合も同様に，これまでの教職経験では経験したことがない3年生の「姿」，「ほとんど」の生徒が「ちっちゃなグループのリーダー」になり「リーダー性とか，まとめる力とか視野の広さ」が「半年，早く育っている」という3年生の「姿」から，それが「クラスター制の活動による子どもの育ち」であることに気づくのである。

4点目は3点目に関連して，コミュニケーション的学習を通じて新たな視点が見出されていることである。驚きの経験に関しては，これまでになかった経験を解釈しようとして，相手（生徒）や自分を理解しようとするコミュニケーション的学習がなされる。しかし西山教師の場合，1年目も2年目も東教師の実践に接していながら「子どもが中心」という視点を見出したのは3年目であったという。どうして道具的学習からコミュニケーション的学習に移行したのか，その理由の1つは，複数のコミュニケーション的学習が累積された結果と考えられる。例えば，着任2年目の対話の成立した授業では生徒と自分を理解しようとするコミュニケーション的学習，生徒指導に関する批判的な検討では「本当にその子に応じてやってあげないと」という生徒を理解しようとするコミュニケーション的学習，これらが生起していた。しかしこの点は，属しているコミュニティにおける他者との関わりからも考察する必要がある。この点については，次章の事例分析の考察も踏まえ，終章にて結論として述べていく。

③実践的知識総体としての発達過程の特徴

複数の考え方の集合としての実践的知識の発達において，2点の特徴が見出された。

1点目は，実践的知識の発達は複数の考え方が関連して発達し，統合的で拡がりのある実践的知識や融合的な実践的知識に発達することである。東教師の

事例では，これまで形成されてきた実践的知識が再解釈や再承認によって刷新され，そこに新たな問題状況から見出された新たな視点が加わることによって，統合的で拡がりのある実践的知識が形成されていた。北村教師の事例では，並列していた考え方が関連し合って発達し，最終的にいくつかの考え方を融合した考え方を形成していた。西山教師の事例でも，授業に関する考え方と生徒指導に関する考え方が関連し合って発達し，「子どもが中心」という点が両者に貫かれている。

　2点目は，授業に関する実践的知識の発達は生徒指導に関する考え方の発達の影響を受けていることである。北村教師は生徒指導から見出した新たな視点，生徒の「気持ちを受け止める」「子どもの反応を見る」という点から省察を深め，最終的に批判的自己省察に達して「心の中は自分の言いたいことを言えたとかっていう気持ち」を「大事」にするという授業づくりと授業プロセスについての考え方を発達させていた。西山教師も同様に，生徒指導から見出した「子どもが中心」という視点をからも，「子ども達の言葉を拾う。聞く」という実践を行うようになっていった。東教師の場合のみ，分析において，生徒指導に関する考え方の発達が授業に関する実践的知識の発達に影響を与えている点については明らかにはなっていない。しかし，生徒指導プロセスについての考え方の発達においては，「できない子をどうやってできるように支援っていうか，サポートするのか，教師の工夫をどうしたらいいのか」と，「できない子」についての支援という新たな問題設定のもとに考え方は発達していた。学習形態（「活動を支える仕掛け」）についての考え方の発達においては，「非常に英語力の低い苦手な子でも友達の助けを借りたり」して学習に取り組める「協働的な学び」という新たな観点から「グループ学習」の意味が見出され，学習形態（「活動を支える仕掛け」）についての考え方は発達を遂げていた。分析において，その関連性やどちらの考え方が影響を与えているのかは明らかではなかったが，「できない子」についての支援という視点において，この発達した2つの考え方は関連性を有している。

1-3 教師の学習を支える他者とのネットワーク

　生徒指導に関する考え方においては、Y中学校の教師達がつくっている「方向性」、Y中学校の「考え方」（「指示と規制から自立と協働へ」というテーマ）に西山教師も東教師も影響を受けていた。生徒指導に関する考え方においては、先述のように教師のアイデンティティが脅かされるため、省察は深まりやすい。ここでは、省察の深まりが停滞することもある授業に関する考え方について考察していく。3名の省察の深まりに影響を与えた、あるいは影響があると推察されたネットワークについて共通する2点と、東教師に顕著に表れていた1点について述べる。

　1点目は、3名の教師達の関係性の質である。3名ともY中学校において最も長い時間を共に過ごしているのは英語科教員を中心とするクラスターである。3名の関係性の質について、各々の事例分析から明らかになった共通点を述べる。3名の関係性は、教科の専門性を有し、生徒についての情報を共有し、同じ目標（問題解決型学習の実践）をともに追及し、挑戦的な実践を行っている当事者同士である。新たな現代的な課題を追求していることから、一方的に教え教えられるという関係性ではなく、お互いに刺激を与え合える双方向の、権力関係がなく平等な関係性である。またそれらは物理的な条件（教室の近さ、オープンな造り、教科の職員室）によってももたらされている、オープンで日常的でインフォーマルな関係性でもある。このような関係性の質が、他者の実践から何かを見出すこと、新たなアイディア（視点）を試し、対話によって批判的な検討を深めること、これらを可能にしている。

　2点目は、3名の教師達全員がY中学校以外の、それぞれ質の異なるコミュニティに属し、多様な質のネットワークを有していることである。北村教師の場合は、県の英語科教師達の研究会と私的な英語科研究会の2つのコミュニティに属し、前者はより実際的に生徒に寄り添うような視点で実践（テスト作り）を問い直す場として、後者はより幅広く研究的な視点から既存の授業を「壊す」という挑戦的で革新的な場として位置づけられていた。どちらも教職経験年数が少ない北村教師が一方的に教えられるような、権力関係に立脚した関係性ではない。西山教師の場合は、市の英語科研究会と北村教師も属している私

169

的な英語科研究会の2つのコミュニティに属している[3]。前者はY中学校よりも多くの人数で構成され，伝統的な英語科の授業研究の文化をまとった専門性を有するコミュニティである。そのコミュニティでの「素敵な授業」を行っている教師達とのネットワークによって，「自分が目指すところ」を確認し，見極める場となっている。後者は既に述べたように，自由で挑戦的な試みが行われている伝統に縛られない先進的な専門性を有するコミュニティであり，高校の教員や学会で発表を行うような研究を行っている教員とのネットワークが築かれている。東教師の場合は，市・県の英語科研究会と教職大学院の2つのコミュニティに属している。前者は，Y中学校以外の同じ悩みを共有する若手や後輩英語科教員とのネットワークによって，新たなアイディア・新たな授業実践を想起する場とし，後者は大学院という実践の場（勤務校）を離れた学問の場で，書籍や理論とのネットワークによって，実践を「ふり返る」場，批判的な省察を経験する場として機能していた。

　3点目は2点目に関連して，各々が異なるネットワークを有していることによって，間接的に属してはいないコミュニティの影響を受け，新たな挑戦を行いやすくしていたことである。この点が顕著に表れているのが東教師であった。熟練教師として，これまではアイディアを提供する側であった東教師は，先進的で挑戦的なコミュニティに属している西山教師・北村教師によって「授業が全然変わりました」と語っている（巻末資料A9語り1-69）。要するに，東教師は彼らを通じて，間接的に先進的で挑戦的なコミュニティの影響を受けていたことになる。東教師も「一番の大きな刺激」（巻末資料A9語り1-14）と述べているように，異質な刺激が実践を変化させようという原動力になっているのである。

2　本章における残された課題

　本章における残された課題として3点を挙げる。
　1点目は，授業に関する実践的知識の発達は生徒指導に関する考え方の影響を受けていることから，「荒れ」が無ければ授業に関する実践的知識は発達しなかったのか，ということが仮定される。この点から生徒指導上の顕著な「荒

れ」がない事例を分析する必要がある。

　2点目は，Y中学校のように，物理的な環境が整っていない，従来の校舎における事例を分析する必要がある。これは，教科センター方式のための教室配置や教科の職員室といった物理的な環境が，省察の深まりに影響を与えていたからである。

　3点目もY中学校の独自性という点に関連するが，Y中学校は移転開校以前から授業改善の取り組みを始めており，授業改善の文化が学校文化として定着していたと考えられる。そのような授業改善の文化が定着していない学校において，どのように実践的知識の発達がなされるのかを分析する必要がある。

　これらY中学校とは異なる状況における事例分析を行い，Y中学校の教師達の事例分析によって明らかになった点とを比較検討していく必要がある。

第1章　注記

1) コミュニケーション的学習とは，メジローが説明している学習概念であり，彼は学習を「道具的学習」と「コミュニケーション的学習」に大別している。前者は認知的な関心の中の技術的領域であり，他者や環境をコントロールすることに関心がある学習，後者は実践的な関心の領域であり，「ほかの人びとが意味するものを理解しようとする学習であり，また自分自身を理解してもらおうとする学習」と説明されている（1991/2012, p.104）。
2) 本章，第2節にて記述。
3) 西山教師も北村教師も県と市の英語科研究会に属しているが，分析において省察の深まりとの関連性が認められたのは，西山教師は市の英語科研究会，北村教師は県のそれであった。しかし，Y中学校が位置する県全体の公立の中学校は80校程度，市の中学校数は20校以上で，市の中学校数が県全体の25％以上を占めており，さらにY中学校は県庁所在地に立地していることから，県と市における英語科研究会は重複するメンバーによって構成され，同様な質や雰囲気を有していると推察される。これらのことから，本研究では双方とも同じ地域の中学校英語科教員のコミュニティとして位置づける。

| 第2章 | X中学校の教師達：実証的分析Ⅱ |

 X中学校は首都圏の住宅街に位置する，一学年4～5学級編成の中規模校である。校舎の老朽化や学校を取り巻く住環境への対応から，校舎の建て替えが2009年に決定される。そして新校舎建設に際して，教科センター方式導入が行政によって決定され，それがX中学校に通告されたのは翌年の2010年であった[1]。

 X中学校は2007年度から2009年度まで，区の小中一貫教育指定校として3年間の校内研究を行い，それが終了したばかりであったが，教科センター方式導入に伴い，2011年度から「指導力向上特別研究指定校事業」に指定される。そしてこの年度から，教科センター方式実施および授業改善に向けて，先進的にこの方式を提唱している教職大学院の教員が校内研究に携わるようになる。同時に，この教職大学院に2名の教師(水谷教師・青木教師)が職務と並行して派遣される。しかし，教職大学院への派遣研修は2011・2012年度のみ，この2名のみの特別な派遣であり，継続的に順次，他の教員も派遣されることはなかった。そして2013年度には新校舎が完成し，本格的に教科センター方式が開始される。X中学校は2014年度からは指導力向上研究推進校となり，引き続き授業改善に取り組んでいる。しかしこれらの研究指定校は地区の研究指定校であり，2016年度X中学校が所在する地区において，何らかの研究指定校になっているのは小学校52校中19校，中学校23校中17校である。その中でもX中学校と同じ指導力向上研究推進校はX中学校を含めて4校あり，研究指定校になること，それ自体は非常に特別なことではない。しかし，この地区での教科センター方式導入はX中学校が第1校目であり，この地区では「新しい教育のモデル」(教育委員会配布パンフレットより)として，パイオニア的な位置づけである。

 調査協力者については，それぞれの節にて述べていくが，3名の関係性は以下のとおりである(Table：2-1)。第3節で述べる青木教師(教職歴13年・2回目調査当時)は，教科センター方式が告知される以前の2009年度に着任し，第

2節で述べる草野教師（教職歴6年・調査当時）はその翌年の2010年度，第3節で述べる土屋教師（教職歴5年・2回目調査当時）は新校舎が完成する前年度2012年度に着任する。3名が新校舎でともに過ごしたのは1年間のみであり，その実践的知識の発達は教科センター方式の学校という特殊な造りの校舎（環境）ではなく，むしろ，通常の中学校と同様の造りの校舎（環境）においてなされている。また，以前のX中学校は，有事の際に迅速に連絡を取り合うために教員がトランシーバーを携帯するような状況もあり，青木教師が着任した2009年度当時も，「トランシーバーみんな持ってて」という状況であったが，生徒は「すごく落ち着いて」いたという（青木教師の語りより）。この点については，青木教師と同じ年度に着任した水谷教師も，「荒れてた学校がちょっとずつ良くなったんですね。ちょっとずつ良くなって今なんかすごく落ち着いている」（水谷教師の語りより）というように，生徒指導上に大きな困難は抱えてはいなかった。しかし，それまでの経緯から，X中学校全体として「中心は生活指導」「授業に関しての研究だとかそういったものっていうのは二の次」「まず〔生徒を〕落ち着かせた上での授業だろうっていう意識」（青木教師の語りより）であったという。そのため，青木教師と水谷教師（当時の研究主任）が着任した2009

Table：2-1　X中学校の概要と調査協力者3名の関係性および校内研究との関連性

年度	X中学校の主な出来事	校内研究	調査協力者と理科教師たちの着任時期（調査実施月日）			
2007	小中一貫教育指定校1年目					
2008	小中一貫教育指定校2年目					
2009	小中一貫教育指定校3年目（行政：校舎改築基本設計）	なし	青木教師着任			
2010	本格的な校内研究開始【センター方式告知】（行政：校舎改築着工）	芽生え		草野教師着任		
2011	指導力向上特別研究指定校1年目	始動	教職大学院入学	（在職4年後退職）		
2012	指導力向上特別研究指定校2年目	活性化	教職大学院修了	（2012.8.3）	土屋教師着任	
2013	指導力向上特別研究指定校3年目【新校舎にて教科センター方式実施開始】	定着	（2013.7.31）			
2014	指導力向上研究推進校1年目		（2014.8.1）	α教師	（2014.8.1）	β教師
2015	指導力向上研究推進校2年目					（在職2年後退職）
2016	指導力向上研究推進校3年目			γ教師着任	（2016.5.21）	非常勤講師

年度は小中一貫教育指定校としての3年間の校内研究最終年度であったにもかかわらず,「職員室の中で,授業が,とか,小中連携が,なんていう話はあんまり出てなかった」という(水谷教師の語りより)。

このように,従来の造りの校舎において,生徒指導上の顕著な「荒れ」はないが,授業改善の文化が定着していない学校において,どのように実践的知識の発達が導かれていくのかを,X中学校の事例分析によって明らかにしていく。

なお,データとして示す語りに引いた下線及び,その扱いは第1章と同様である。

第1節　事例分析:土屋教師——初任教師の実践的知識の発達

1　X中学校に着任するまでの土屋教師の概要

土屋教師は20代,教職5年目の中学校・理科の男性教師である(2回目調査当時)。土屋教師は父親も中学校の数学科の教員であることから,「この職業自体は割と身近で,ずっとお父さんがやってる姿を見てて」「中学校ぐらいで将来夢何って聞かれたら漠然と先生かなみたいな感じのイメージで答えてはいた」という。しかし,土屋教師は「小さい頃に先生なるんだっていう感じではなくて,徐々に徐々にやってくうちに」教師になることを決心していったという。高校卒業後1年浪人し,理系の大学に土屋教師は進学したが,教職系ではなかったその大学は,「あんまりそんなにガンガン教師つくってって感じではなく,まあ教職〔課程〕つくっとくかぐらい」であったという。大学時代は「ちょっと目が教育から離れ」たという土屋教師であったが,2つの動機から教師への道を決心する。1つは,「部活動,やっぱり自分一生懸命やってて,その中でお世話になった先生と出会って,ああ,こういうふうに人と関わっていけたら

Table:Tu1　土屋教師の教師歴と調査年月日

勤務校	所属学年	教職年数	年齢
1校目 X中学校	3年	1	24
	1年	2	25
	2年（第1回目調査　2014.8.1)	3	26
	3年	4	27
	1年（第2回目調査　2016.5.21)	5	28

なっていう部分」「自分が部活動で燃え尽きれなくて」「今度は教える側で一緒に取り組んで行こうかな」，という中・高校生時代の部活動（テニス部）の経験からの動機である。もう1つは，母校での教育実習の経験から，「教えるって，そのテニス以外の部分での教育活動っていうのを見た時に，ああ面白そうだなって，もう純粋に子どもがかわいいなって」「時別に子どもが大好きっていう路線ではいってなかったんですけど，その時，子ども見かえした時に，あ，子どもってかわいいなっていうところがプラスされて，じゃ先生もいいかなって」と，土屋教師は教師を志す。

　採用試験に1回で合格した土屋教師は，大学卒業後，直ちにX中学校に着任する。教育実習の経験のみで教職に就いた土屋教師は，「塾で教えるっていう機会はあったんですけど，塾でも最大10人ぐらいだったので30何人の前で話すのは初めて」だったという。着任1年目は3年生の担任となり学級指導も任されるが，「別に悪い子，いなかったんですけど」「学級経営は大変でした」「授業やってる時間のほうが救い」であったという。着任2年目に1年生の担任となった土屋教師はその学年を3年生まで持ち上がり，着任5年目は再び1年生の担任となる。

　着任1年目当時，「僕自身がなんでだろうと思うことがいっぱいあった」という生活指導について，2回目調査の着任5年目当時は，「今，自分が本来あるべき状態から外れてるっていうことに〔生徒が〕自分で気が付いて，それを直す力っていうのがすごく大事」「〔生徒が〕自分でちゃんと判断して」「選択ができるようになんなきゃいけない」という考え方を土屋教師は有するようになっている。生徒指導については，「ここだけは外しちゃいけないよっていう人間関係とかいじめとか，当番さぼったりとか，そういうところは結構きつく怒る」が，「そうじゃないところに関しては結構フランクに」「小さなふれ合いを大事に」し，生徒との「信頼関係」を構築するという考え方を土屋教師は有すようになっている。授業に関しては，「中学生でも考える子は考えるし，考えるのって多分，考えられればみんな楽しいと思う」という考え方のもと，「ただ動いて楽しいじゃなくて，なんでそうなるのっていう考えるところの楽しさを見つけて欲しい」「人に説明できることの喜びとか，っていうところまで到達

して欲しい」，という授業を土屋教師は目指している。また，「どっちが楽しいかと言われれば，いまだに僕は教師主導型」と土屋教師は述べながらも，「見取る力のほうが教員にとっては大切」と生徒の学びを「見取る」という考え方を有するようになっている。そして，この考え方のもと，「いかに子どもが，子どもが動いてる時間を増やそっかなっていうのは最近考えながら授業は作ってる」「教科書に答えを探させないとか，考えるプロセスをなんとか楽しめないかなっていうことは常に考えてる」と，生徒中心の指導や授業方法を土屋教師は構想するようになっている。

このような考え方がどのように形成・発達されていったのかを土屋教師の語りから分析していく。

2 分 析

土屋教師の実践的知識の発達過程には複数の考え方における省察の深まりがあるが，生徒指導に関する意味パースペクティブを先ず分析し，次に授業に関する意味パースペクティブを分析していく。分析に用いたデータは，1回目調査（着任3年目）は1-1から1-50，2回目調査（着任5年目）は2-1から2-61である。

2-1 生徒指導についての意味パースペクティブの発達過程
①省察の喚起・深まり・考え方の形成

土屋教師は大学卒業後，直ちに新規採用教員としてY中学校に着任し，3年生の学級担任となる。その着任1年目は，「別に悪い子，いなかったんですけど」「学級経営は大変でした」「授業のほうは楽しかった」「授業やってる時間のほうが救い」であったという。それは，「1年2年だったら崩壊してもちょっとクラスがワタワタしても立て直す時間っていうのがあるのかなとは思うんですけど，3年だともうそのまま受験に突入してしまうので失敗するわけにはいかないっていうプレッシャーがあった」と当時をふり返って土屋教師は述べている。そして，着任1年目の「一番印象に残ってるのは生徒の髪型で指導したとき」という出来事から省察が喚起され，教師としての考え方が形成されてい

く（資料 Tu 1）。

　その出来事とは，着任1年目の10月頃，学級委員であった男子生徒の髪型を注意した時に「なんで俺だけなんですかみたいな。俺以外にももっとひどい髪型の，校則破ってるやつは居る。なんで俺だけ言うんですかみたいなこと言われたときに，何も言い返せなかった」(語り1-6) というものであった。その時には「駄目なものは駄目だっていうことで，あんまり理由を説明できずにガツンと言ってしまった」「きちんとしなきゃ駄目でしょっていう話でもう押し通すしかなかった」という対応を土屋教師は採ったという。この出来事から学級指導と生徒指導についての省察が喚起され，深まっていったことが次のように語りに表出している。

　学級指導について，土屋教師は生徒に「世話はしてあげるんだけど何か教えてあげるっていうことが全然できない1年だった」(語り1-6)「世話人みたいな。導いてはない」(語り1-9) と，教師としての指導を行えていなかったという真の行動（考え方の源）を突き止める（省察 reflection）。同時に，「子どもを子どもとしては見てなかった」「育ててちゃんと教えて導く対象っていうよりは，初めての社会人で，初めての受け持つ子ども達で」「近所のお兄さんじゃないけど，子どもっていうよりは妹弟みたいな感覚」で接していたと，学級指導についての考え方の前提条件も明らかにされる（批判的省察）。そして，「育ててちゃんと教えて導く対象」として生徒と接することができなかったことについて，「目標物がないだだっ広い野原に立たされて行けって言われた感じで」「どこを視点に見ていいかっていうのが自分でも分かってない」と，教職1年目ゆえに何を目標として，どのように生徒を指導していくのかが分からなかったと批判的な検討がなされる。その上で，「今だったらあそこに行きたいからそれまでにここに水飲み場あって（中略）道筋が見えてるから行かせやすい」と，現在の経験を積んだ考え方から当時の指導は批判的に検討される（語り1-9）。この批判的な検討を通じて，教師として生徒を導くためには「未来を持って」「計

資料 **Tu 1**：着任1年目の学級指導についての語り

語り 1-6　「今から考えると当時の僕は子どもを子どもとしては見てなかったなってい

う。育ててちゃんと教えて導く対象っていうよりは，初めての社会人で，初めての受け持つ子ども達で，どっちかっていうと一緒になって近所のお兄さんじゃないけど，子どもっていうよりは妹弟みたいな感覚で，世話はしてあげるんだけど何か教えてあげるっていうことが全然できない1年だったかなっていうふうな，今，ふり返るとそういう印象を持ちます。もうあのとき自体は何だろうな，日々のことで必死すぎて，計画的にというか未来を持ってなかなか指導できてなかったので，1回1回の授業であったりとか，子ども達との生活指導の関わりであったりとかっていうのが，すごく1個1個がもう本当に大変だったなっていう印象に残って。その中でも一番印象に残ってるのは生徒の髪型で指導したときに，（中略）なんで俺だけなんですかみたいな。俺以外にももっとひどい髪型の，校則破ってるやつは居る。なんで俺だけ言うんですかみたいなこと言われたときに，何も言い返せなかったっていうのがすごく心に残ってます。」
（筆者発言：それを言われて，その後その子との関係は悪くなったりそういうことは？）
「いや悪くはならなかったです。結局駄目なものは駄目だっていうことで，あんまり理由を説明できずにガツンと言ってしまったので，あと，学級委員としての君の立場があるしっていうところで，（中略）きちんとしなきゃ駄目でしょっていう話でもう押し通すしかなかったっていうところで。でももともと学級委員でよくやってくれてた子だし，信頼関係は先生としてではないんですけど多分できてたので，そこで関係が悪くなるっていうことはなかったです。」

語り1-7 「だからそのとき，生活指導ってその場その場じゃなくて普段からの関わりがとても大事なんだなって。要するにその子は俺にだけっていうところを突いてきて，大人の隙を突きたいわけですよね彼らは。だから普段の生活からここは駄目だ，ここはいいっていうのをちゃんと示しておいてやれば多分スッと，もっと入っていったのかなっていう気がするので，そこがちょっと経験不足というか，今，ふり返るとそうですね，そこはできてなかったっていうふうに思います。」
「僕の中ではそんなつもりはないんですけど，疲れてたというか，結構，全部が後手になっていて，気が付いてからの指導になってしまうので，どうしてもそこまで目がまわってないというか，その子が名前挙げた子も言われてみればそうだっていう感じなんです。僕より子どものほうがよく見てるなと思って，だってあいつだって言われてたときに初めてそうだあいつらも確かにできてねえって思うぐらいだったので，見えてなかったんです純粋に。」

語り1-9 「学級経営は大変でした。別に悪い子，いなかったんですけど特に。」
「（前略）さっき言ったように，全然細かいところに気付けないので，どこを視点に見ていいかっていうのが自分でも分かってないので，何ていうんですか，目標物がないだだっ広い野原に立たされて行けって言われた感じで，どこに向かって行けばいいのみたいなっていうところで，今だったらあそこに行きたいからそれまでにここに水飲み場あって，ここで1回休憩させてこう行こうっていうのが何となく，道筋が見えてるから行かせやすいんだけど，それがいきなしだとちょっときつかったです。そういう何ていうのかな，何を見ればいいかっていうのが分かんないっていうところが。」
（筆者発言：それでさっき教えるんじゃなくて妹とか弟みたいな感じでという。）
「世話人みたいな。導いてはないかなっていう感じの印象を自分では受けました。」

画的」にという視点が見出され，その視点から問題設定がなされ，学級指導においては目標を持ち「未来を持って」，その目標に向かって「計画的」に生徒を「導く」という考え方が形成される。その形成された考え方は，「日々のことで必死すぎて，計画的にというか未来を持ってなかなか指導できてなかった」と，現時点（着任3年目）から当時の指導への批判的な検討として表出している（語り1-6）。

　生徒指導についても同様に省察が深まり，考え方が形成される（語り1-7）。「俺以外にももっとひどい髪型の，校則破ってるやつは居る。なんで俺だけ言うんですか」という生徒の言葉から，土屋教師は省察を喚起させ，「だってあいつだって言われてたときに初めてそうだあいつらも確かにできてねえって思うぐらいだった」「純粋に」「見えてなかった」と真の行動（考え方の源）が突き止められる（省察 reflection）。そして，「気が付いてからの指導になってしまうので，どうしてもそこまで目がまわってない」と，校則を破った生徒は他にもいたが「見えていなかった」のは，校則の指導について平素から取り組んだのではなく，「気が付いて」の指導であったと考え方（行動）の前提条件も明らかにされる（批判的省察）。その上で生徒指導について，「その子は俺にだけっていうところを突いてきて，大人の隙を突きたい」「だから普段の生活からここは駄目だ，ここはいいっていうのをちゃんと示しておいてやれば多分スッと，もっと入っていった」と，批判的な検討がなされ，「普段の生活から」「ちゃんと」示す，という新たな視点が見出される。その視点から生徒指導についての考え方は批判的自己省察に達し，「生活指導ってその場その場じゃなくて普段からの関わりがとても大事」という考え方が形成される。

　こうして，学級指導について，生徒指導についての考え方が形成されたが，これら2点の考え方の形成と並行して，生活指導全般についての省察も土屋教師には喚起されていた。土屋教師はX中学校に着任したもう一人の初任教師と，「例えばなんで髪型は長かったら結ばなきゃいけないのかとか，なんでワックスを付けちゃいけないとか，お化粧だって社会人になったらしないほうが失礼なのになんでお化粧してきちゃいけないんだとか」というような「校則」を話題として話し合っていたという。土屋教師は明確に述べているわけではない

が,「俺以外にももっとひどい髪型の,校則破ってるやつは居る」という生徒の言葉から,また「理由を説明できずにガツンと言ってしまった」という自己の対応からも,「校則」を指導しなくてはならない教師として,生活指導とその目的への省察が喚起されたのであろう。しかし,「結局いくら話しても答えが出ない問題もある」「生活指導ってよく分からんことがたくさんある」と喚起された省察は深まってはいかない。しかし,「答えが出ないもので自分たちが納得してないことを子どもに言う」という現実から,生徒との向き合い方について,「それをさせる以上はこっちは常に本気でやろう」「何となく注意するのはやめよう」「理由が見つかんないものに関してはとりあえず本気,駄目っていうのをぶつかろうって。それがせめてもの誠意」という視点を,土屋教師は同僚教師との対話から見出す。

　この生徒との向き合い方についての見出された視点は,「何事にも本気で取り組む」という土屋教師の教師として大事にしている考え方からの影響を受けている（巻末資料Tu2）。土屋教師は「本気でやるとか,何事にも本気で取り組むっていうところが僕の教師生活では多分,一番キーワード」「ちゃんと本気でやってその結果を受け止めるっていうことを僕は大切にしてる」と述べ（語り1-14),その考え方が大学時代の経験から形成された経緯を次のように語っている（語り2-4)。大学時代,土屋教師にとって,「大学では実験失敗するのって当たり前」であったという。それは,「実験って本来は分かんないこと何だろうっていうところがあって,それに対して全力で取り組んで,本気でやって分かんなかったら,できなかったら,そのできなかったっていうこと自体も重要なファクターだったりする」からである。この大学時代の経験から,「ちゃんと本気でやってその結果を受け止める」という考え方が形成され,それが「何事にも本気で取り組む」という教師としての信念となっていると推察される。この考え方が生徒との向き合い方についても,「それをさせる以上はこっちは常に本気でやろう」「理由が見つかんないものに関してはとりあえず本気,駄目っていうのをぶつかろう」と影響を与えているのである。

　そして着任2年目に1年生の担任となった土屋教師は,「去年の反省を踏まえつつ,要するに終着地点が見えているので,卒業のときがどんな感じかって

いうのが分かっていて」と,「卒業のとき」の生徒の姿を「終着地点」,すなわち具体的な目標として学級指導を行うようになる。その目標に向かう具体的な方法として,生徒指導について土屋教師は2点の新たな試みを行っていく。

1点目は,「ガツンと怒鳴るとか,割と要するに怖い系の先生」という試みである。土屋教師は生徒を「怒って動かすのが嫌い」「怒鳴ったり怒ったりってやって子ども達を動かしたりっていうのが嫌い」と自己の生徒指導のスタイルを明確にしながらも,あえて「自分がうんと思ってることに,ちょっとやってみて,やってみた結果どうだったのかなっていうの考えてみよう」と「自分に課題を出して」,この新たな取り組みを始めたという。「僕はクラスでは笑わないって。真顔で褒めるし真顔で怒るし,ヘラヘラした空気を一切出さない」「ただ,逆に1日1個必ず褒める」というその新しい指導方法を試みた結果,「1年生なので効果てきめんというか,見事にフィットして」「今まで持ったクラスの中では一番きちっとしてた」と新しい指導方法は評価され,この生徒指導の方法が土屋教師の中で確立されていく。しかし,土屋教師は生徒を「怒って動かすのが嫌い」であるのに,あえてこのような指導方法を試してみたのはどうしてなのであろうか。そこには,「何事にも本気で取り組む」「ちゃんと本気でやってその結果を受け止める」という,土屋教師の教師として大事にしている考え方が関与している。「何事にも本気で取り組む」という点について,着任1年目は「当たり障りなくこの辺だったら可もなく不可もなくだろうみたいな,一応,保ち続けた感じ」「全く僕が本気でぶつかれてない」(巻末資料Tu2語り1-15)状態であったという。このことから,着任2年目は「自分に課題を出して」「嫌いなんだけど,とりあえずそれをやってみようと思ってぶつかって」「やってみた結果どうだったのかなっていうの考えてみようかなと思って」と,土屋教師はあえて「嫌い」な指導スタイルを試してみたのであろう。

着任2年目の新たな試み2点目は,「人として」生徒と向き合うという試みである。土屋教師は「意識」して,「君たちの行動に対して僕のここの感情が揺さぶられて,今すごく嫌だっていう気持ちになって話をしている,っていうようなのを心がけた」「ルールだからとか守んなきゃいけないからとかそうじゃなくて,今,怒ってるのは僕が純粋に嫌だからだっていうところで話すように

は心掛けてた」という。このような1人の「人として」ルールに依拠しない指導方法を試みるにあたっては，「怒るからにはちゃんと人として向き合わなきゃなっていうのがあった」と土屋教師は述べている。これらの語りに表出しているように，着任2年目の時点には，「ルールだからとかっていうのが卑怯」とルールに依拠しないという問題設定から，「怒るからにはちゃんと人として向き合わなきゃ」という生徒との向き合い方についての考え方が新たに形成されている。このルールに依拠しないという問題設定は，目的がわからない校則も指導しなければならないという理不尽さからの生活指導への恒常的な疑問と，それを明確にしようとした同僚との対話が批判的な検討となり，そこから次第に導き出された問題設定だと推察される。また，着任1年目に驚いたこととして，「怒ってる先生すごいなと思って，なんであんな怒るんだろうと思った。どうしたら怒りの気持ちが湧いてくるのかなって思ってた」と土屋教師は述べており，先輩教師の実践から，生徒指導においては「感情というか気持ちとして怒り」を表すという視点が見出されている。この視点も，ルールに依拠せずに1人の「人として」生徒に対するという考え方の形成に関与している可能性がある。

　このように，着任1年目の髪型の指導における生徒の言葉から土屋教師は省察を喚起させ，学級指導について，生徒指導についての考え方を形成し，生徒との向き合い方についても，批判的な検討から考え方を形成していった。また，生徒指導の方法については，着任2年目に行った新たな試みから，「ガツンと怒鳴るとか，割と要するに怖い系の先生」という指導スタイルを確立させていった。この生徒指導の新たな試みと生徒との向き合い方の批判的な検討については，「何事にも本気で取り組む」「ちゃんと本気でやってその結果を受け止める」という土屋教師の学生時代の経験から形成された信念とも言える考え方が関与していた。

②さらなる省察の喚起・深まり

　X中学校に着任して3年目，2年生を担任するようになった土屋教師は，テニス部の指導と学級指導とを比較し，学級指導について悩む。この悩みは，生徒についても「何事にも本気で取り組む」という考え方が形成されていたこと

に依る。土屋教師は、「ちゃんとやれば、ちゃんとやることのすごい大変さっていうのは分かると思うんですけど、今の子達ってちゃんとやることの大変さが分かってない気がする」「ちゃんと本気でやってその結果を受け止めるっていうことを僕は大切にしてる」（巻末資料 Tu2 語り 1-14）と語っており、この語りから、「何事にも本気で取り組む」という点は土屋教師自身のことでもあると同時に、生徒にも同様に土屋教師は求めているのである。この点から土屋教師は、「部活はできるんですけど学級の子ってそもそも目標がバラバラじゃないですか。そのバラバラな子たち、それぞれ一人ひとりに本気にさせるってどうしたらいいんだろう」「合唱コンとか運動会とかっていう単発な行事があれば、そのときに目標はできるしクラスは1つにまとめようっていうふうに思えるんですけど、そうじゃないところで、彼ら一人ひとりに役割というか自己表現の場をあげて、それに対して一生懸命やるっていう〔指導を行う〕のが難しい」と2年生の学級指導に悩む。

　このように着任3年目の土屋教師は、新たな課題を見出し、それを悩みとして学級指導についての省察を喚起させていた。そして、「ガツンが見事に失敗して、結局うちのクラスは合唱コンクールボイコットするっていう、歌わないっていう、男子が誰も」という出来事が起こる。この経験から土屋教師の生徒指導とその方法についての省察が深まっていく（資料 Tu3）。土屋教師は着任2年目に「ガツンと怒鳴るとか、割と要するに怖い系の先生」という生徒指導の方法を試し、それによって「一生懸命やるところはやってくれるし、駄目なところはしっかり駄目って思えるしっていうクラスができた」という。この批判的な評価を経て、その指導方法が土屋教師の指導方法として確立されていた。そのために、「2年だとこう反発をしてくる」という1年生の時とは異なる生徒の反応に対しても、土屋教師は「その反発に対して、そのまんま反発されながら、でもまあ、譲っちゃいけないところは譲っちゃいけないと思ったので、こう、言い続けてました」という指導方法を採ったという。この「譲っちゃいけないところ」を「言い続けて」という生徒指導の方法についての考え方は、着任1年目の髪型を指導した際の批判的な検討から形成された考え方、「生活指導ってその場その場じゃなくて普段からの関わりがとても大事」という考え

資料 Tu3：生徒指導の方法について・生徒との向き合い方についての語り

語り 2-50　「感覚として足りなかったのは，まずロビー活動って言えばいいんですかね，あれは。プレゼンする瞬間は譲っちゃいけないし，駄目なことは駄目だ，で全然構わないんですけど，それを個々に伝える時にも，その，1人1人と関わる時間はもっともっと僕は人間らしくてよかったのかなって，うん。その時にまで先生ってシャンってやってぶつからなくても，個々の，個々の瞬間をもっとこうふれ合ってやってあげたほうが子どもには伝わるし，よかったのかなあとは思います。幸運なことに良かったのは，その2年生で荒れて，はー土屋みたいな感じになった子も，3年ではなんか，そんなにまあクラスも替えたし，そんなに，じゃあ僕の授業全然聞かないかって，そんなことはないし授業は一生懸命やってくれるし，そんなになんか荒れた感じで終わらなかったので，その2年の過渡期とちょうど担任がぶつかったみたいなっていうところだったので，良かったんですけど，もっともっとそういうこう，小さなふれ合いを大事にしていくと，もしかしたらガツンと怒った時も，何か子供たちに響くものがもっとあったのかなって，うん，思いました。だから3年の時はちょっとだけ，ちょっとだけそれは意識すごくして，怒ってない時のふれ合いとか，信頼関係の作り方をどうしていこうかっていうところをやってみて，はい。3年生は，ま，3年生ですからね。合唱コンクール歌わないとか運動会走らないとかそんなことはしなかったので，うん，そんなに，ガツンと跳ね返りもなく。」

語り 2-51　（筆者発言：それを意識して3年生の時は指導を，ちょっとは変えた…。）
「うーん，変えた，あと…。」
（筆者発言：試みたって感じなのかな。）
「そうですね。学級経営も多分，その，個人個人をもっと見なきゃっていう意識が強くなったかなって思います。」

語り 2-52　〔筆者発言：それでまた1年生で，どうですか。前と同じ感じで。〕
「ガツンとはガツンと言います。あの，でももっと多分，あの時の1年生よりふざけてると思います。結構いろんな部分で。締めなきゃいけない部分というか，ここだけは外しちゃいけないよっていう人間関係とかいじめとか，当番さぼったりとか，そういうところは結構きつく怒るんですけど，そうじゃないところに関しては結構フランクに，フランクにしゃべろうかなっていうところはすごく考えてやってます。ま，1年生はかわいいので，素直なので。それがどう2年3年に生きてくるかなっていうのが楽しみというか，どうなるんだろうなぁっていうのが。」

方にもとづいていたのであろう。そしてこの形成されていた生徒指導の方法についての考え方から，男子生徒の「合唱コンクールボイコット」という行為に際しても，「プレゼンのする瞬間は譲っちゃいけないし，駄目なことは駄目だ，で全然構わない」(資料 Tu3 語り 2-50) と，生徒全体に対して教師として指導す

べき点は譲らないという批判的な評価を土屋教師は下し，これまでの考え方を肯定する。しかし個々の生徒への指導方法については，「それを個々に伝える時にも，その，1人1人と関わる時間はもっともっと僕は人間らしくてよかった」「小さなふれ合いを大事にしていくと，もしかしたらガツンと怒った時も，何か子ども達に響くものがもっとあった」「その時にまで先生ってシャンってやってぶつからなくても，個々の，個々の瞬間をもっとこうふれ合ってやってあげたほうが子どもには伝わるし，よかった」(資料Tu3語り2-50)と，批判的な検討がなされ，個々に対する指導の必要性という新たな視点が見出される。そして，生徒指導とその方法についての考え方は，着任1年目の経験から形成された学級全体についての「関わり」(「その場その場じゃなくて普段からの関わりがとても大事」)に加え，個々の生徒との「関わり」という新たな問題設定をなして批判的自己省察に達する。この発達した生徒指導とその方法についての考え方から，「だから3年の時はちょっとだけ，ちょっとだけそれは意識すごくして，怒ってない時のふれ合いとか，信頼関係の作り方をどうしていこうかっていうところをやってみて」と，土屋教師は「小さなふれ合いを大事に」し，生徒との「信頼関係」構築を目指すようになる(語り2-50)。またそのために，「個人個人をもっと見なきゃっていう意識が強くなった」(語り2-51)とも土屋教師は述べている。さらに着任5年目の実践について，「ガツンとはガツンと言います」「ここだけは外しちゃいけないよっていう人間関係とかいじめとか，当番さぼったりとか，そういうところは結構きつく怒るんですけど，そうじゃないところに関しては結構フランクに，フランクにしゃべろうかなっというところはすごく考えてやってます」(語り2-52)と土屋教師は述べている。これら語りには，着任1年目の経験から形成された全体への指導についての考え方と，合唱コンクールボイコットの経験から形成された個々への指導についての考え方が統合され，生徒指導とその方法への考え方が発達していることが表出している。

　このように生徒指導とその方法についての考え方は，男子生徒の「合唱コンクールボイコット」という土屋教師にとって予想していなかった出来事から省察が喚起され，批判的自己省察に達したのであった。その一方で，象徴的な出来事からではなく，日々，行っている校則に関する指導への疑問から，生活指

導とその目的についての省察が喚起され続けていた（資料Tu4）。土屋教師は教師となって「校則」を指導する立場になり，生活指導の目的についての省察を着任1年目に喚起させていた。しかし「結局いくら話しても答えが出ない問題もある」「生活指導ってよく分からんことがたくさんある」と当時はその省察の深まりは認められなかった。その一方で，校則を指導する立場でありながら「僕自身がなんでだろうと思うことがいっぱいあった」(語り2-6)と，土屋教師は恒常的に生活指導の目的についての省察を喚起させていた。また，着任1年目の頭髪を指導したときに「理由を説明できずにガツンと言ってしまった」という経験も関連して（語り2-8），「なんでシャツ入れなきゃいけないかとか，なんでワックスつけちゃいけないかとか」について，土屋教師は「調べてというか，いろんな経緯を考えた」という（語り2-5）。そして，「感覚的にそのルールを守んなきゃいけないっていうのが，なんか染みついてない」「こういう背筋が伸びる感じではないんですよね，僕の教育のイメージっていうのが」と生活指導についての考え方の源が突き止められる（省察reflection）。またそれは，土屋教師自身が「あんまり管理される教育のもと，育ってない」「生活指導的に先生がバリバリ厳しく，（中略）っていう学校を経てない」からという考え方の前提条件も突き止められる（批判的省察）。その上で「答えが見つかんないんだったら，〔生徒に〕向き合う以上，全員やらせて，ちゃんと指導する」「こっちは求める以上全員に同じように求めて，できれば自分自身にも求めて」「それは変わってない」(語り2-6)と，着任1年目に批判的に検討した生徒との向き合い方についての考え方（「答えが出ないもので自分たちが納得してないことを子どもに言うんだから，それをさせる以上はこっちは常に本気でやろう」）は，生活指導についての省察reflection，批判的省察を経て，あらためて承認されて批判的自己省察に達し，教師としての考え方が形成されている。

同時に，「子どもに言う以上は自分なりの答えは持ってて」(語り2-7)「ちゃんと説明できる大人でありたい」(語り2-8)という生徒との向き合い方についてのもう1つの考え方も形成されている。この考え方は，「やっぱ子どもはそうなんですよね，そんな反抗とかって，別にそんな思ってはやってなくて，多分そのまんま思ったことをその瞬間言ってて」と，生徒についての批判的な検

資料 Tu4：生活指導についての語り

語り 2-5　「なんでシャツ入れなきゃいけないかとか，なんでワックスつけちゃいけないかとか，そんな答えは，僕もちょっとあの後調べてというか，いろんな経緯を考えたんですけど，多分僕ってあんまり管理される教育のもと，育ってないんですよね。だからルールがあって，ルールをかっちり，あんま僕の中学校時代も荒れてなかったので，（中略）なのであんまり生活指導的に先生がバリバリ厳しく，なんかこの長さ測ってとか，この長さやってとかっていう学校を経てないので，感覚的にそのルールを守んなきゃいけないっていうのが，なんか染みついてないっていうとあれなんですけど，こういう背筋が伸びる感じではないんですよね，僕の教育のイメージっていうのが。でも，やっぱ子どもの実態に合わせてった時に，多分，地域性もあると思うんですけど，X〔中学校〕にいると割と校則厳しくて，（後略）」

語り 2-6　「だから割と僕の経験した中学時代よりも厳しい学校なんですね，僕のイメージとして。で，その厳しさに乗っかる時に，僕自身がなんでだろうと思うことがいっぱいあったんだけど，答えが出ないものも結構あって，確かになんでだっていうのもあって，その中で答えが見つかんないんだったら，〔生徒に〕向き合う以上，全員やらせて，ちゃんと指導するっていうのは今でもあります。そこはきちんとやらせて，こっちは求める以上全員に同じように求めて，できれば自分自身にも求めてっていう形でやってかなきゃなって意識はありますね。それは変わってないと思います。ただ，その意味はちょっとずつ分かってきました。多分。」

語り 2-7　「2年前，シャツなんで入れちゃいけないか分かんなかったんですけど，あ，シャツ入れなきゃいけないか。それも部活からなんですけど，強豪校の子って自分でシャツしまえるんですよね，言われなくても。なんでだろうなっていうか，先生の教えをちゃんと守るっていう，もちろんそうなんですけど，今，自分が本来あるべき状態から外れてるっていうことに自分で気が付いて，それを直す力っていうのがすごく大事なんだなって，それがシャツだろうが何だろうが。で，僕が危惧してんのはその，本来あるべき姿に対する検討は子どもはしないので，それが正しいかどうかは分からないんですけど，そこから自分自身が今，意識的に外れてるのか，外れちゃってるのか，それともなんていうのかな，堕落でそっち出ちゃってるのか，そこやっぱ自分でちゃんと判断して，入れるっていう選択ができるようになんなきゃいけないんじゃないかな，っていうことを考えて，あっそうか，そういうことかなって少し，思ってるんですけど。」
（筆者発言：そうやって1つ1つ全部考えていくんですか。）
「考えますね。子どもに言う以上は自分なりの答えは持ってて，だからやれって求めますね。」

語り 2-8　（筆者発言：前のインタビューの時印象的だったのは，頭髪を注意した時になんで俺だけって言われて，その時に何も言えなかったっていうのがあったんですけど，それも関係してるんですか。）
「関係してると思います，はい。思います，そう，多分それ最初の学級委員ですね。（中略）

> やっぱ子どもはそうなんですよね，そんな反抗とかって，別にそんな思ってはやってなくて，多分そのまんま思ったことをその瞬間言ってて，そこに対してちゃんと説明できる大人でありたいなとは思ってますけどね。」

討から導き出されている。この批判的な検討において，着任１年目の髪形の指導の際の生徒の反発的な言葉を，土屋教師は生徒の立場という新たな問題設定から解釈し，検討している。また，語りからは明確に表出しているわけではないが，「子どもに言う以上は自分なりの答えは持ってて」「ちゃんと説明できる大人でありたい」というこの考え方は，権威としての校則や教師というものに依拠しないという点で，着任２年目に形成されていた「ルールだからとかっていうのが卑怯」「怒るからにはちゃんと人として向き合わなきゃ」という考え方と同様であり，それがあらためて批判的な検討を経て承認されているのである。

　この生徒との向き合い方についての考え方の発達だけではなく，生活指導の目的についての考え方も，次のように批判的自己省察に達している。土屋教師は校則について，「答えが出ないものも結構あって，確かになんでだっていうのもあって」としながらも「ただ，その意味はちょっとずつ分かってきました」（語り２-６）と述べ，部活動の際の他校の生徒の行為から省察の深まりが導かれたことを次のように語っている（語り２-７）。着任３年目（１回目調査）当時，シャツの裾をズボンの中に入れなくてはいけないということについての指導上の目的が「分かんなかった」土屋教師であったが，「強豪校の子って自分でシャツしまえるんですよね，言われなくても。なんでだろう」と，生徒の自律的な行為に接して省察を喚起させる。そして，「先生の教えをちゃんと守るっていう，もちろんそうなんですけど」「本来あるべき姿に対する検討は子どもはしないので，それが正しいかどうかは分からないんですけど，そこから自分自身が今，意識的に外れてるのか，外れちゃってるのか」「堕落でそっち出ちゃってるのか」と生徒の行為の意味が批判的に検討される。その結果，「自分が本来あるべき状態から外れてるっていうことに自分で気が付いて，それを直す力っていうのがすごく大事」と，生徒の自律的な力という新たな問題設定がなされる（批判的自己省察）。そしてこの問題設定から，「自分でちゃんと判断して，入れ

るっていう選択ができるようになんなきゃいけない」と生活指導の目的についての考え方が形成される。

　この形成された生活指導の目的についての考え方から，土屋教師は現在のX中学校について新たな課題を設定し，さらに新たな省察を喚起させている。この語りは筆者が設定した質問を終え，語り足りない点の有無について尋ねた時に，教科センター方式を先進的に行っているY中学校について筆者が逆に質問された時の語りである。ここには，土屋教師の現在（2回目調査・着任5年目当時）の「葛藤」が語られ，その中で次のように発達した考え方から批判的な検討がなされている。土屋教師は教科センター方式を新校舎で開始して4年目現在のX中学校について，「〔生徒の自由度が〕大きかったのを，こう締めるっていう作業をして，荒れないようにさせるっていう方法を取ったように僕には見えてる」「徹底的にやれない状況，やれる状況を限りなく排除してやれない状況にしてルールきつくして，っていう方向にシフトをしている」と現在のX中学校の指導のあり方を批判的に検討している。その批判の根拠は，批判的自己省察に達した生活指導についての考え方，「自分が本来あるべき状態から外れてるっていうことに自分で気が付いて，それを直す力っていうのがすごく大事」という考え方である。「僕が〔着任1年目当時に〕教わった時のX〔中学校〕の理想って，やらない状況を作るんじゃなくて，やれる状況の中でやらないっていう選択をする〔生徒を育てるという行政や関係者からの〕構想を受けるっていう教育理念だったような気がする」と，批判的自己省察に達した生活指導についての考え方から，現在のX中学校の課題を土屋教師は見出している。そして，「管理教育」「そういう方向性に持って行かなきゃいけないのかなって」「これが理想的な姿なのだろうかっていうところでいわゆる今葛藤している」と，さらに省察を喚起させているのである。

2-2　授業についての意味パースペクティブの発達過程
①省察の喚起・深まり

　大学卒業後，土屋教師は直ちに採用される。その着任当時，X中学は「指導力向上特別研究指定校」(3カ年)としての2年目を迎え，「生徒の主体的な学び

を重視した授業の工夫・改善」を研究テーマとし，探究的で協同的な授業づくりを模索している最中であった。新規採用であった土屋教師も先輩教師達と同様に，「探究的な学習」「協同的な学習」に取り組む。日々の実践を通じ，1回目調査（着任3年目）の時点において，指導方法（「教師主導型」）について，「協同」的な授業について，理科の授業について，授業づくりについて，これら4つの考え方において省察の深まりや批判的な検討がなされていたことが次のように認められる。

　着任1年目，「学級経営は大変」であったが，土屋教師にとっては「授業のほうが楽しかった」「授業やってる時間のほうが救い」であったという（資料Tu 5語り1-8）。それは，生徒に話を聞かせる，ということが「普段，生活指導で全然できてない」のに対して，授業では生徒が「一生懸命聞いてくれる」ので，「話をすること自体はすごく逆に癒やし」「授業はちゃんと聞いてくれてるなっていうところがすごく支え」になっていたからであった。この語りの中で土屋教師は，「授業で教師主導型になっちゃうんですけど，どうしても教師主導型でやる分にはあの子たちは一生懸命聞いてくれる」と，自己の指導方法が「教師主導型」ということを突き止めている。同様に他の語り（語り1-24）においても，「教師主導型のほうが僕自身が好きだと思ってしまっている」「僕が楽しいじゃいけないんですけど，僕が楽しいなって思っちゃう」と，指導方法についての考え方の源が突き止められている（省察 reflection）。そして，「教師主導型」の方が「楽しい」としながらも，「探究」「協同」の授業について，「ただ自分が確かにすごく練られてた協同とか探究とかっていう授業をもし受けてたら」「学問を楽しいって気付く時期が早かったのかな」と批判的な検討がなされている。

　またこの語りにおいては，「答えが分かってるものに対して協同とかで取り組ませるのはすごく難しいよね，っていうふうに言われていたことは頭の片隅にあって」「だからそういう意識は自分の中ではある」と，「協同」的な授業について「難しい」という考え方の源があることも突き止められている（省察 reflection）。同時に，その考え方は，大学時代に大学院生から言われた言葉，「結局，大学院のところのレベルまでいかないと本当に分からないことに対する研

資料 Tu5：授業についての語り（1回目調査・着任3年目）

語り1-8「授業はただ逆です，僕は授業のほうが楽しかったので，授業やってる時間のほうが救いというか。幸い3年生で唯一というか良かったことは，彼らが聞くっていうことがすごくできる子たちだったんです。1年2年やってきて3年でしっかり話を聞くっていうのができた子ども達だったので，僕が授業で教師主導型になっちゃうんですけど，どうしても教師主導型でやる分にはあの子たちは一生懸命聞いてくれるので，もちろん授業準備とか展開を考えるのは大変だったんですけど，その場で立って話をすること自体はすごく逆に癒やしというか，普段，生活指導で全然できてないなっていう部分が，でも授業はちゃんと聞いてくれてるなっていうところがすごく支えになってました。」

語り1-24（協同と探究の授業について）「（前略）そう言われてみればそうだ。僕は受けたことないです。ただ僕はどっちかっていうと，さっき言ったけど，教師主導型のほうが僕自身が好きだと思ってしまっているので，好きというか僕が楽しいじゃいけないんですけど，僕が楽しいなって思っちゃうんで，何だろうな。ただ自分が確かにすごく練られてた協同とか探究とかっていう授業をもし受けてたら，もうちょっと何ていうのかな，学問を楽しいって気づく時期が早かったのかなっていう気がします，僕，高校大学ぐらいで楽しいって思って勉強やったタイプなので。でも大学のときに，僕が先生の道に進むっていう話をしたときに，大学院のドクターの人が今の理科のやる実験って，大学の4年生の実験でももう結果が分かってる実験がほとんどだって。要するに，もう誰かが証明をして誰かが出して，結局，大学院のところのレベルまでいかないと本当に分からないことに対する研究っていうのはやってない。だからすごくそういう意味では難しいよねって。答えが分かってるものに対して協同とかで取り組ませるのはすごく難しいよね，っていうふうに言われていたことは頭の片隅にあって，難しいなっていう，だからそういう意識は自分の中ではあるんだけど，でもそういうふうに，昔400年ぐらい前の科学者たちがてんやわんやしてやった作業っていうのを，彼らがもし本当に好奇心持って答えを知らずにそれに取り組むことができたら，多分，彼らはすごく刺激になるんだろうなっていうふうには思うし，それはさせてあげたいなっていうふうには思います。思う反面，教師主導型で俺は，これってすげえだろって教えてるほうが自分としては楽しいなって思うので，駄目だなってまだ思ってますけど。」

語り1-26（着任した年の教師主導型の授業について）「もうほぼ。82か91ぐらいで教え込んでたと思います。だから子ども達に土屋先生の授業はノートがとりやすいって言われたんですよ。そうかって。そのときは喜んだんですけど，今考えると良くないですよね，ノートがとりやすい授業って。でも多分それは失敗はしないなっていうのが自分でもあって，3年のときは，それをやってれば失敗をすることはないだろうっていうのがあったので，今年はちょっと失敗できる余裕は確かにあるので。（後略）」

語り1-28「（前略）理科好きな子に対しては高校とか大学行って理科やりたいな，すげえ面白いなっていう，ドキドキとかワクワクとか感動とかが味わえる教科だと思って

るんで,そこ課題です。僕こっちのほうが教えたいぐらい理科では。すげえって言わせたら勝ちかなって思ってます。」

語り1-31　「(前略) なのでさっきの大学院のうんぬんの話になると,中学理科ってもっとそうなんですよね,多分。全部分かってる実験だしっていうところで,なかなか教科の面白さを伝えるのってすごく難しいなって,下に下りれば下りるほど難しいなって思っちゃうんです。(後略)。」

究っていうのはやってない。だからすごくそういう意味では難しい」という言葉から,「答えが分かってるものに対して協同とかで取り組ませるのはすごく難しい」という「意識」(考え方の源) が形成されていると,「協同」的な授業についての考え方の前提条件も突き止められている (批判的省察)。

　さらに,受験を控えた3年生では「失敗」することはできないという点から,「教師主導型」の指導方法を採っていたという考え方の前提条件も,次のように明らかにされている (語り1-26)。土屋教師は「教師主導型」の指導方法について「教え込んでた」とした上で,生徒に「土屋先生の授業はノートがとりやすいって言われた」エピソードを揚げ,着任1年目の授業を「今考えると良くないですよね,ノートがとりやすい授業って」と批判的に検討している。それと同時に,「でも多分それは失敗はしないなっていうの自分でもあって,3年のときは」「それをやってれば失敗をすることはないだろうっていうのがあった」と,受験を控えた3年生への授業という現実的な観点から,「教師主導型」の指導方法を志向していたという前提条件が明らかにされている (批判的省察)。

　このように土屋教師は着任3年目の時点で,「教師主導型」という指導方法と「協同」的な授業について,それぞれ考え方の源とその前提条件を突き止めて批判的省察に達していた。そして,「協同」的な授業は「難しい」としながらも,「もし本当に好奇心持って答えを知らずにそれに取り組むことができたら,多分,彼らはすごく刺激になる」「それはさせてあげたい」と,土屋教師は目指す授業についての考え方を明確に語っている。同時に,「思う反面,教師主導型で俺は,これってすげえだろって教えてるほうが自分としては楽しいなって思うので,駄目だなってまだ思ってます」と,現在の自己の指導方法を

批判的に検討し評価もしている（語り1-24）。他の語りにおいても同様に，土屋教師は目指す授業について語りながら，現在の自己の「課題」を明らかにしているが，同時に理科の授業についての考え方も次のように表出している（語り1-28）。

　授業において大切にしていることについて，土屋教師は，「完全に理科嫌いな子に対しては土屋の授業だから受けてやるかっていうモチベーションにさせること」に続けて，「理科好きな子に対しては高校とか大学行って理科やりたいな，すげえ面白いなっていう，ドキドキとかワクワクとか感動とかが味わえる教科だと思ってるんで」と述べ，理科を「ドキドキとかワクワクとか感動とかが味わえる教科」としている。しかし，「そこ課題です。僕こっちのほうが教えたいぐらい理科では」と，それが現時点ではできてはいないことも述べられている。そしてそれは，「全部分かってる実験だしっていうところで，なかなか教科の面白さを伝えるのってすごく難しいなって，下に下りれば下りるほど難しい」（語り1-31）と，「教科の面白さを伝えるのってすごく難しい」という理科の授業についての考え方の源と（省察 reflection），「全部分かってる実験」を行う理科の授業という考え方の前提条件を土屋教師は突き止め，批判的省察に達している。

　このように理科の授業についての考え方は大学時代に既に形成されていたが，この考え方が「答えが分かってるものに対して協同とかで取り組ませるのはすごく難しい」と「協同」的な授業についての考え方に影響を与え，それがさらに，「それをやってれば失敗をすることはないだろうっていうのがあった」と「教師主導型」の指導方法を肯定することとなっていた。これら3つの考え方への省察の深まりの他に，1回目調査（着任3年目）の時点で，「授業準備」についての批判的な検討と，「聞く生徒の指導」という新たな省察の喚起も次のようになされていた。

　土屋教師は探究と同時に協同的な学習活動を行う授業を実践し，「授業準備」についての矛盾を焦点化し，批判的に検討する。「こっちがすげえあれこれ準備をしてがんばってやってるのに，うまくいかない授業もあれば，授業準備，全然できなかったのに子ども達がすげえ楽しそうに取り組んでくれたり」「こっ

ちが掛けた力に対して向こうの出してくる出力が割に合わないときと，逆に割に合い過ぎるときとっていうのがある」「3年〔3年生を担任していた着任1年目〕のときは特にそれが多かった」と，これまでの「授業準備」が批判的に検討される。一方，学習活動への批判的な検討からは，新たな視点が見出される。生徒の学習活動について，土屋教師は，「グループワークっていうことに関しても1年生2年生3年生でできることが違うなっていうことは分かった」と，自己の実践や先輩教師らの実践（巻末資料 Tu10 語り 1-39）から見出した視点を生かし，「1年生はグループワークなんだけど，結構，狭い質問も限られたものにして，回答もみんなで話せば1個出てくるようなものにしてっていうことで考えて，子ども達の中でやらせて」と，新たな実践を行っていく。「3年〔3年生を担任していた着任1年目〕のときよりはそういうことをやる機会は増えた」という着任2年目の実践を通じて，「意外に子どもって表現するの好き」「自己表現は好きなんだ」という新たな視点を土屋教師は見出し，「話し合いはさせたほうがいいなって，協同はさせたほうがいいなとは思ってすごく授業組み立ててる」と，「協同」的な授業づくりが志向されていく。同時に，「ただ発表させるのが苦手で〔生徒が〕まとめたことを。時間と発表する生徒はいいんだけど，聞く生徒の指導っていうところがすごく難しくて，そこで今，苦戦してる」と，グループワークや「協同」的な授業への批判的な検討から，「聞く生徒の指導」についての省察を土屋教師は新たに喚起させていく。

②省察の深まり・考え方の発達

1回目調査（着任3年目）の時点において，指導方法（「教師主導型」）について，「協同」的な授業について，理科の授業について，これら3つ考え方は批判的省察に達し，目指す授業を明確にして土屋教師は現状を批判的に検討していた。また授業づくりについては，着任1年目の授業準備についての批判的な検討がなされていた。そして，着任2年目のグループワークの方法を「考えて」行ったという新たな実践から，「意外に子どもって表現するの好き」「自己表現は好きなんだ」という生徒の新しい一面が見出され，「話し合いはさせたほうがいい」「協同はさせたほうがいい」という「協同」的な授業づくりを志向する視点が見出されていた。同時に，「聞く生徒の指導」という指導についての省

察が新たに喚起されていた。これら複数の考え方についての省察は約2年の実践を経て、2回目調査（着任5年目）当時、批判的自己省察に達している。

「協同」的な授業についての省察は、授業の方法として深まり、最終的に理科の授業についての考え方を批判的自己省察に導いていく。1回目調査（着任3年目）の時点において、理科の授業については、「教科の面白さを伝えるのってすごく難しい」「下に下りれば下りるほど難しい」という考え方の源と、「全部分かってる実験」を行う理科の授業という考え方の前提条件が明らかにされ、既に批判的省察に達していた。その上で、本来的には「ドキドキとかワクワクとか感動とかが味わえる教科」であるから、「もし本当に好奇心持って答えを知らずにそれに取り組むことができたら、多分、彼らはすごく刺激になる」「それはさせてあげたい」と目指す授業は明確になっていた。2回目調査（着任5年目）の時点でも、「本当の意味での研究とか追求するっていう楽しさとはちょっと逸脱してる部分が理科教育にはある」と理科の授業についての考え方の源が突き止められ（省察 reflection）、「本当に分かんないものを追求するんじゃなくて、技術的なもう分かるものをもう一回やってみましょとか、分かるものを分からないふりして考えましょとかって」と考え方の前提条件も再度、明らかにされている（批判的省察）（資料 Tu6語り2-9）。しかし2回目調査の時点では、「だからニヒルな子どもというか、〔教科書を〕めくって答え見てっていうところになっちゃうんですよね。それが本当に自分の分かんないものを探せればもうちょっと違うのかなって思う」と、授業の現状を批判的に検討し、「こっちのやり方の問題で、それは」と新たな問題設定をなし、理科の授業についての考え方は批判的自己省察に達している。つまり土屋教師は、「本当の意味での研究とか追求するっていう楽しさ」から「逸脱している部分」がある理科の授業は、「こっちのやり方の問題」で克服できるという授業方法から新たな問題設定をなすことによって、理科の授業についての考え方を発達させている。この発達した考え方は、現在の自己の実践への批判的な検討として次のように語りに表出している。「本当に教科書載ってないレベルのことをやっちゃうと、子ども達考えられなくなっちゃうし」「そこのレベル設定とか問題設定とか、あとそこの持って行き方が、モチベーションの作り方っていうのが、非常にまあ、

資料 Tu 6：理科の授業と授業プロセスについての語り

語り2-4　「大学では実験失敗するのって当たり前なんですよね。でも，中学校では失敗ってしないじゃないですか。で，子ども達も今もずっとそれと戦ってるんですけど，正解を探すための実験をするんですよね。例えば実験って本来は分かんないこと何だろうっていうところがあって，それに対して全力で取り組んで，本気でやって分かんなかったら，できなかったら，そのできなかったっていうこと自体も重要なファクターだったりするので，そこかなと思います。(後略)」

語り2-9　(分かってることを教えるということについて)
「そう，教科書次めくれば答え書いてあるじゃん，っていうのだから，多分大学のその先輩が言ってた，まあどっちが本当か分かんないですけど，本当の意味での研究とか追求するっていう楽しさとはちょっと逸脱してる部分が理科教育にはあるんじゃないかって。本当に分かんないものを追求するんじゃなくて，技術的なもう分かるものをもう一回やってみましょとか，分かるものを分からないふりして考えましょとかって。だからニヒルな子どもというか，〔教科書を〕めくって答え見てっていうところになっちゃうんですよね。それが本当に自分の分かんないものを探せればもうちょっと違うのかなって思う。まあ多分こっちのやり方の問題で，それは。」

語り2-11　「極力，あんま極力，僕は教科書開かせないと言うか，教科書に答えを探させないとか，考えるプロセスをなんとか楽しめないかなっていうことは常に考えてるんですけど，やりたくてできないことですね，それは。なかなか仕掛けというか，あんまりねえ，本当に教科書載ってないレベルのことをやっちゃうと，子ども達考えられなくなっちゃうし，簡単すぎると教科書も開かずにもう分かっちゃうし，そこのレベル設定とか問題設定とか，あとそこの持って行き方が，モチベーションの作り方っていうのが，非常にまあ，困ってます。」

困ってます」と土屋教師は現在の実践への批判的な検討を行っている。この批判的な検討は，「こっちのやり方の問題」として「教科書に答えを探させないとか，考えるプロセスをなんとか楽しめないかな」という発達した考え方を実践において試みているからこその批判的な検討である（語り2-11）。

　他の語りにおいても，授業の方法から新たな問題設定をなすことによって，理科の授業についての考え方を発達させていることが表出している（資料Tu 7）。中学校時代，「理科の授業は先生の話を聞いてるほうが好きでした。なんでこうなるのとか，なんでこうなってんだろうとかっていう話を聞いてる時のほうが好きだった」「理科の実験はあんまり好きじゃなかった」(語り2-16) と

資料 **Tu 7**：理科の授業についての語り

語り 2-14 「俺はその楽しい，ただ動いて楽しいじゃなくて，なんでそうなるのっていう考えるところの楽しさを見つけて欲しいんですけど，ただ色入れて変わった，わーで終わっちゃうんですよね。その先がなんで変わるんだろうかとか，それを人に説明できることの喜びとか，っていうところまで到達して欲しいって思った時に，そのなんでのところを考えるモチベーションはちょっと低いのかなって。」

語り 2-15 「なんでだろうとかっていうのを自分たちで考えて，それを教え合ったり発表し合ったりってしながら，こう実験とかも自分たちで工夫しながら進むっていうのが理想的なんですけど，難しいですね。」

語り 2-16 「これ言っていいのか分かんないですけど，俺，中学の時理科の実験はあんまり好きじゃなかったんですよ，僕自身が。技術の工作みたいな感じじゃないですか。決められた物があってそれを組み立てて決められた結果につなげるって，技術の授業は好きだったんです。その，作業，切るとかいかにきれいに切れるかとかっていう，で，多分，僕にとっては作業はそれで十分だったんですよね，正確に早くきちんとやればいいって。それが多分，理科の授業でも求められてる物が同じだって思った時に，思っちゃいないだろうけど多分その時は，なんだろう，だってそうなるためにやってるんでしょって，僕が多分そういう子どもだったんですよね，きっと。だからどっちかっていうと，理科の授業は先生の話を聞いてるほうが好きでした。なんでこうなるのとか，なんでこうなってんだろうとかっていう話を聞いてる時のほうが好きだったかな。特に高校入って物理とかが，あんま実験とかじゃなくて，現実っていうとこになったら，この式でこの現象が表せるんだってなった時の，パチっとはまる感じがすごい好きで，放物線が二次関数だよみたなところに，あーってのが僕はあるんですけど，なかなか子どもは面白くないようで。」

語り 2-19 （筆者発言：それで，先生はだからその採用された時に，ちょっと高校行きたい気持ちあったんだけど，っていうのは，そういうところから来てる。）
「ああ来てると思います，来てると思います。中学は，ファンというか楽しいっていう要素を，多分に織り交ぜないとやっていけないだろうなっていうイメージはあったので，多分そこが自分の中では，でも，できレースというか，答えの決まったものをやらせるっていうとこの自己矛盾があって，多分そういうこと言ってたんだと思いますね。」
（筆者発言：そういうことなんですね。じゃあそこのところは変わらないっていうことかな。）
「そうですね，でもファンっていうのを織り交ぜつつの，僕にとってのインタレスティングをあいつらに求めてもいいんじゃないかなっていう，最近そういう結論には，求めることはできるかどうかは分からないけど。」
（筆者発言：気持ちとして。）
「気持ちとして，それはあきらめるんじゃなくて，そこはもっと自分がうまくチャレンジしていけば，中学生でも考える子は考えるし，考えるのって多分，考えられればみんな楽しいと思うので，っていうとこには変わってますかね。」

土屋教師は授業についての考え方の源を明らかにしている（省察 reflection）。そしてそれは，中学校時代の理科の実験が「決められた物があってそれを組み立てて決められた結果につなげる」ための「作業」であり，「正確に早くきちんとやればいい」「そうなるためにやってる」という考え方の前提条件も明らかにされている（批判的省察）（語り2-16）。同様に，理科の授業について，「中学は，ファンというか楽しいっていう要素を，多分に織り交ぜないとやっていけないだろうなっていうイメージはあった」と考え方の源が突き止められ（省察 reflection），それは理科の実験が「できレースというか，答えの決まったものをやらせるっていうとこの自己矛盾があって」（語り2-19）と，その前提条件も明らかにされている（批判的省察）。

　つまり，中学校時代の経験から，「答えの決まったものをやらせる」授業という理科の授業についての前提条件が形成され，その前提条件から「本当の意味での研究とか追求するっていう楽しさとはちょっと逸脱してる部分が理科教育にはある」「中学は，ファンというか楽しいっていう要素を，多分に織り交ぜないとやっていけないだろうなっていうイメージ」という教師としての考え方の源が形成されていたのである。そのために，「あんまり好きじゃなかった」「答えの決まったものをやらせる」授業についての「自己矛盾」が土屋教師の中にはあったのである。しかし，「もっと自分がうまくチャレンジしていけば，中学生でも考える子は考えるし，考えるのって多分，考えられればみんな楽しい」と，授業方法による「矛盾」の克服という新たな問題設定から，「中学生でも考える子は考える」「考えられればみんな楽しい」と批判的な検討がなされ，授業についての考え方は批判的自己省察に達する。そして，その発達した考え方として，「ファンっていうのを織り交ぜつつの，僕にとってのインタレスティングをあいつらに求めてもいいんじゃないか」と土屋教師は述べている（語り2-19）。またこの発達した考え方については，「楽しい，ただ動いて楽しいじゃなくて，なんでそうなるのっていう考えるところの楽しさを見つけて欲しい」「人に説明できることの喜びとか，っていうところまで到達して欲しい」（語り2-14），「なんでだろうとかっていうのを自分たちで考えて，それを教え合ったり発表し合ったりってしながら，こう実験とかも自分たちで工夫しながら進

199

むっていうのが理想的」(語り2-15)と具体的に語られている。

　このように理科の授業についての考え方が批判的自己省察に達する過程では，実践を通じて，次のように新たな視点が見出されていた。日々の実践を通じて，土屋教師は「子どもの実物」「実際の動き見て」「一生懸命，考察書く子」「実験よりも考えてる時間とか，そのなんでをなんかこう先生が解説してくれてる時間のほうが好きっていう子は確かに一定数いる」という生徒の姿を見出す。さらに，「そういう子たちをもっと増やしていけるんじゃないかなって，僕の何かやり方で」と，授業方法によって「学問を楽しい」と気づかせることができるのではないかという視点を土屋教師は見出す。そして，「その子たちが見えた時にシフトしてったほうがいいのかなって」と，これまでの考え方への批判的な評価が下される。その際に，「諸先輩方の先生たちがやっぱ，いいんじゃないって言ってくれた」「その先まで進める可能性を作れるんだったら，それでも良しとしていいんじゃないのっていうふうに言ってくれた時に，ああ確かにそうだなあって，思いました」と，新たな視点にもとづく考え方は他者からの肯定によって，価値づけがなされていく。また，土屋教師は1回目調査（着任3年目）の時点で，「答えが分かってるものに対して協同とかで取り組ませるのはすごく難しい」としながらも，「ただ自分が確かにすごく練られてた協同とか探究とかっていう授業をもし受けてたら」「学問を楽しいって気付く時期が早かった」と，授業方法によって「学問を楽しい」と気づかせることができることを批判的な検討から既に見出していた。語りにおいては顕著に表出していないが，日々，自身が受けてきた授業方法とは異なる「協同」「探究」の授業実践に取り組む中で，授業方法への恒常的な省察が喚起され，批判的な検討が行われていたと推察される。

　指導方法についての考え方も，次のように批判的自己省察に達する（資料Tu8語り2-21）。「教師主導型」という指導方法について，土屋教師は1回目調査（着任3年目）の時点で既に批判的省察に達し，「これってすげえだろって教えてるほうが自分としては楽しいなって思うので，駄目だなってまだ思ってます」と批判的な検討も行っていた。2回目調査（着任5年目）においても，「どっちが楽しいかと言われれば，いまだに僕は教師主導型」と考え方の源を明確に土

屋教師は述べ（省察 reflection），「なんでを考えてる時間が楽しいから」「そうすると自分がなんでを語ってる時間が1番自分にとっては楽しい」とその考え方の前提条件も明らかにしている（批判的省察）。しかし2回目調査においては，「教員として自分を見た時に，それは別にいらない」と，「教員として」という新たな問題設定から自分自身が中心となる楽しさを批判的に検討して否定し，「見取る力のほうが教員にとっては大切」と批判的自己省察に達している（語り2-21）。そしてその発達した考え方における実践を通じて，「子ども達を見て，評価して，評価されたことを子ども達が受け止めて，また次のアクションを起こしてっていう，見取る力のほうが教員にとっては大切だなって思って授業をした時に，確かにまた違う喜び」と，「教員として」の発達した考え方にもとづく授業実践から，「教員として」の「喜び」が見出されている。

同様に，「教師主導型」の指導方法についての考え方も，「教員として」という新たな問題設定から次のように批判的自己省察に達している。「自分が面白いと思ったことを黒板で解説して面白いだろって言って，ああ面白いってなった時もすごく僕にとっては快感」と「教師主導型」の指導方法についての考え方の前提条件を土屋教師は明らかにする（批判的省察）。しかし，「そうじゃなくて」とその前提条件は否定され，「目的のところがあって，そこに子ども達を自分の声かけとか投げかけでこう向かせてあげて，向かせあげてそこに到達してる時の子どもを見てる時も面白い」と，「教員として」の新たな問題設定から「教師主導型」の指導方法についての考え方は批判的自己省察に達し，その発達した考え方にもとづく授業実践から，「教員として」の面白さが見出されている。

このように指導方法についての考え方が批判的自己省察に達する過程では，授業ではなく部活動の指導を通じて新たな視点が見出されていた（資料Tu 8語り2-22・2-23）。土屋教師は，「すごくテニス教えるのがうまい先生のところに，自分たちのうまい子だけ連れて行った時に」，その教師が「一切動かない」ということに気づき，「自分が動く必要ない」という点を見出す（語り2-23）。その見出した指導の方法は部活動の指導において試され，「僕が実演するよりも，子ども同士で，こう僕らの仲間の中にできるやつがいるんだとか，だったら僕

資料 Tu 8：授業プロセスについての語り（2回目調査・着任5年目）

語り 2-21「多分どっちが楽しいかと言われれば，いまだに僕は教師主導型と言ってしまうのかな。五分五分ぐらいかな。自分のそのさっき言った多分，なんでを考えてる時間が楽しいから，すごいエゴイストですいません。そうすると自分がなんでを語ってる時間が1番自分にとっては楽しいんですよね。で，その僕が多分，ここ2年前もそう思ってたかな。教員として自分を見た時に，それは別にいらない。楽しいのは大切なことなんですけど，あんまり必要じゃなくて，そのー，見取る力というか子ども達を見て，評価して，評価されたことを子ども達が受け止めて，また次のアクションを起こしてっていう，見取る力のほうが教員にとっては大切だなって思って授業をした時に，確かにまた違う喜びなんですよね。自分が面白いと思ったことを黒板で解説して面白いだろって言って，ああ面白いってなった時もすごく僕にとっては快感というか，あるんですけど，そうじゃなくて，目的のところがあって，そこに子ども達を自分の声かけとか投げかけでこう向かせてあげて，向かせあげてそこに到達してる時の子どもを見てる時も面白いですよね。最近それをちょっとずつ気が付いてきたのかなと思うんですけど。（後略）」

語り 2-22（筆者発言：その見取るっていうのは，どういうところでそう思ったんですか。）
「これ今度テニスからなんですけど，技術を教えようと思ってずーっと僕が模範指導して，こういう動きで手首こうして角度こうしてこうするんだ，みたいなっていうのを俺が，僕自身がお手本なって示してあげてる時もそうなんですけど，まずある程度のこつ，ポーンと子ども達に言って，で，そのことをできてる子を探すんですよ。練習中に。で，できてる子をピックアップしてあげて，ちょっと練習止めて，こいつ今言ったことできててうまいから真似してごらんっていって，そいつにやらせると，やっぱ子ども達は僕が実演するよりも，子ども同士で，こう僕らの仲間の中にできるやつがいるんだとか，だったら僕もやってみようとか，指された子もみんなの前でやるのちょっと恥ずかしいんだけど，でも褒められてお手本でこう，うまいよって言われて優越感はもあるし，っていうところでの，教育的効果が全く違うんですよね。っていうのを気が付いた時に，あ，そういう力のほうが大事だ，俺が手首の角度を知ってるとか，そんなことよりも僕がボールを打てることよりも，打てる子を探してあげてその子を褒めて，それを回りに引っ張ってあげるっていうのをコーディネートしてあげるほうが教員としては重要だし，それはそれで楽しいですよね。やっぱ子どもがきらきらする瞬間は楽しいので。」

語り 2-23（筆者発言：それはいつ頃のことでしょうか。）
「結構最近です。去年の終わりぐらいだと思います。うん，去年の終わりぐらいだと思います。すごくテニス教えるのがうまい先生のところに，自分たちのうまい子だけ連れて行った時に，その先生がそういうやり方をしていて，あーなるほどー，自分，全くやらないんですよ。自分一切動かないんですよ。あーなるほど，そういうの，自分が動く必要ないんだなって思って。それが授業にも多分生かされてるというか，フィードバックされてて，教え方すごくうまい，先生の授業分かりやすいです，言われるのももちろんうれしいんですけど，できる子を使ってどう仕向けてあげるか，っていうの，探すのもいいかなって，思い始めました。すごく難しいので，すごく難しいので全然できない

> です。できないから多分つまんないんだと思います，今は。全然自分でできてる気がしないです。ただできた時は面白いです。」

もやってみよう」という生徒の主体的な言動から，「教師主導型」の指導とは「教育的効果が全く違う」という新たな視点が見出される(語り2-22)。そして，「そういう力のほうが大事だ，俺が手首の角度を知ってるとか，そんなことよりも僕がボールを打てることよりも」と，これまでの指導のあり方は批判的に検討され，評価される。その上で，「打てる子を探してあげてその子を褒めて，それを回りに引っ張ってあげるっていうのをコーディネートしてあげるほうが教員としては重要だし，それはそれで楽しい」と，「教員として」という新たな問題設定から，部活動における指導方法についての考え方は「コーディネートしてあげる」「そういう力の方が大事」と批判的自己省察に達している。その新たな考え方における指導実践から，「子どもがきらきらする瞬間は楽しい」と「教員として」の楽しみを土屋教師は見出しているのである。このようにして，部活動における指導から「教員として」という新たな問題設定をなしたことが，土屋教師自身も述べているように，「授業にも多分生かされてるというか，フィードバックされて」(語り2-23)，授業における指導方法についての考え方も「教員として」という新たな問題設定がなされ，批判的自己省察に達したのである。そして，「できる子を使ってどう仕向けてあげるか」という新たな考え方にもとづいた生徒中心の指導方法について，土屋教師は「すごく難しいので全然できないです。できないから多分つまんないんだと思います，今は」「ただできた時は面白い」と，さらに省察を喚起させ批判的に検討している。

　授業づくりについての考え方も次のように批判的自己省察に達している（資料Tu9語り2-38）。授業づくりの考え方は，1回目調査（着任3年目）の時点で，「あれこれ準備をしてがんばってやってるのに，全然うまくいかない授業もあれば，授業準備，全然できなかったのに子ども達がすげえ楽しそうに取り組んでくれたり」「こっちが掛けた力に対して向こうの出してくる出力が割に合わないときと，逆に割に合い過ぎるときとっていうのがある」と，授業の準備という観点から批判的な検討がなされていた。しかし2回目調査（着任5年目）では，

| 資料 Tu 9：授業準備についての語り |

語り 2-38 （筆者発言：準備した時があまりうまくいかなくて，たいして準備していかないのにうまくいって，かけた力に対して出力が違うってこと，前おっしゃってたんですけど，今もそういうことはあります。）
「たまにあります。」
（筆者発言：でも，たまになんですね。）
「でもその準備の仕方が多分違ったんですよね，当時は。その，自分が教える準備してたんだと思うんですよ。で，生徒の学びに関してはその学ばせ方がよく分かってなかったから，その見取る力とかってのも多分かってなかったので，当時は，どう見取ってどう学ばせるかっていうのを，要するに言い方あれですけど行き当たりばったりですよね。その瞬間じゃあ話し合えば，話し合い盛り上がった，盛り上がったでよかったねーとかいうの，っていう観点で見れば，その活動に準備はいらないですよね。なので，多分当時は。でもそういう子ども同士は割とX中は話し合いは盛んにする学校だったし，それはできる子たちだった。多分他の教科で仕込まれてできる子たちだったから，自分があまり準備してなくてじゃあ話し合えって言っても話し合える。なので，自分の準備一生懸命して，自分の出力のレベル上げて，そのいい授業して伝わんなかったっていう瞬間もあるし，全然準備してないわけじゃないけど，準備ほとんどしないで，子ども達に話し合いの授業やらしたらうまくいったっていう多分単純に，当時はそれだけだったんだと思います。でもその話し合いのほうに，その見取る力とか，どう話し合いを進めさしてあげるか，題材をどう持って来るとかっていうの考えると，同じぐらい準備は必要かなって思うので，うん，減ったとは思いますけどね。」
（筆者発言：ただ，そのポイントが分かってきたっていうことが…。）
「うん，もあるし，あと教えるほうに関しては，教える内容もほとんど毎回同じだから，自分が今まで用意したものを使えばいいので。じゃあどうやってその自分の教えるところを生かしつつ，子どものグループワークというか，動かす時間を増やそうかなって。一昨年，去年の暮れぐらいかな，産業能率大学の教授がなんか講演してた時に，単純に先生がしゃべってる時間と子どもが活動してる時間をタイマーで計って，その先生の授業どのくらい講義してるんだろうね，って言ったらそりゃやっぱ，8割ぐらいは講義らしいんですよ。全体の時間の中の90分。あ，じゃあ60分あったら，50分ぐらいは講義，ずっとしゃべってる。子どもが動く時間10分ぐらい，まああとせいぜい板書する時間くらい。っていうのを聞いた時に，これは自分でもできるから単純に時間を気にしてみようって思ってて，いかに子どもが，子どもが動いてる時間を増やそっかなっていうのは最近考えながら授業は作ってるつもりで，それを考えると，それをさせたいと意図的にさせたいと思うと，準備も増えてくるというか。」

授業の準備について，「その準備の仕方が多分違ったんですよね，当時は。その，自分が教える準備してた」と，生徒を「どう学ばせるか」についての準備はしていなかったという考え方の源が突き止められている（省察 reflection）。そして土屋教師は，「他の教科で仕込まれてできる子たちだったから，自分があ

まり準備してなくてじゃあ話し合えって言っても話し合える」「準備ほとんどしないで，子ども達に話し合いの授業やらしたらうまくいったっていう多分単純に，当時はそれだけだった」と，「どう学ばせるか」のための視点がなかったという考え方の前提条件も明らかにし（批判的省察），「その瞬間じゃあ話し合えば，話し合い盛り上がった，盛り上がったでよかったねーとかいうの，っていう観点で見れば，その活動に準備はいらない」と批判的に検討している。

同様に，「当時は，どう見取ってどう学ばせるかっていうのを」「行き当たりばったり」と真の行動（考え方の源）が突き止められ（省察 reflection），「生徒の学びに関してはその学ばせ方がよく分かってなかったから，その見取る力とかってのも多分分かってなかった」とその前提条件も明らかにされている（批判的省察）。その上で，「その見取る力とか，どう話し合いを進めさせてあげるとか，題材をどう持ってくるとかっていうの考えると，同じぐらい準備は必要」と，「自分が教える」のではなく生徒に「どう学ばせるか」という新たな問題設定から，授業づくりについての考え方は批判的自己省察に達している。そしてこの発達した考え方から「どうやってその自分の教えるところを生かしつつ，子どものグループワークというか，動かす時間を増やそうかなって」「いかに子どもが，子どもが動いてる時間を増やそっかなっていうのは最近考えながら授業は作ってる」と，土屋教師は現在の授業づくりについて語っている。この「子どもが動いてる時間」を土屋教師が意識するようになったのは，「大学の教授」から「50分ぐらいは講義，ずっと〔教師が〕しゃべってる。子どもが動く時間10分ぐらい」ということを聞いたことからだという。この言葉から想起した土屋教師は，「これは自分でもできるから単純に時間を気にしてみよう」と，新たな取り組みを行っていく。そして，新たな考え方からの新たな実践を通じて，「それをさせたいと意図的にさせたいと思うと，準備も増えてくる」と，生徒を「どう学ばせるか」ということを「意図的に」組織する授業づくりを行っていることを土屋教師は語っている。

このように，授業づくりについての考え方が生徒を「どう学ばせるか」という新たな問題設定をなし，批判的自己省察に達するには，次の2つの視点が見出されていたことによると考えられる。1点目は，学ばせるための「段取り」

という視点である（巻末資料Tu10語り1-39）。土屋教師は1回目調査の時点で，自分とは異なる教科である社会科の先輩教師（水谷教師）の実践から，「生徒自身に考えさせるのはすごくうまいし，すごく段取られてる」という点と同時に，グループワークにおいては3年生の段階に到達するまでには「その前の段取りがいろいろある」という点を既に見出していた。着任2年目の時点ではその学ばせるための「段取り」という視点を取り入れて，「1年〔担当：着任2年目〕のときは多分，授業規律をしっかりするっていうところが第一の目標だった」「グループワークっていうことに関しても1年生2年生3年生でできることが違うなっていうことは分かったので，1年生はグループワークなんだけど，結構，狭い質問も限られたものにして」と，土屋教師は実践していたのである。「学ばせる」ための「段取り」を実践する中で，授業の準備についての省察が深まっていったと考えられる。

　2点目は，生徒の学びを「見取る」という視点である。土屋教師はX中学校の授業研究について，「他の研究行くと，授業がどうだったとかこの展開がどうだったとか，そういう話がたくさん出てきたり」「この教材がどうだったとか，このモルモットは1匹いくらだとかそんな発表してる」「X中の授業研究ってそうじゃなくて，子どもがこういうふうに動いてたとか，あの発問すると子どもがこういうリアクションしてたよねとか」「僕自身が授業してないときでも，なるほどああいうふうにするとこうなるんだ」（巻末資料Tu10語り1-42）と1回目調査の時点で語っており，この語りから，X中学校の授業研究において生徒の学びを「見取る」という視点が培われていったと考えられる。さらに，「じゃあ俺もこういうことやってみればもっと楽しい授業になんのかなっていう，自分からやってみようかなっていう気持ちにさせられる」（語り1-42）「それだけでいいんだとかっていうところのやってみようとかっていうとこになります」（語り1-43）とも土屋教師は述べており，他者の実践から発想して新しい試みを行い，その際の生徒の「リアクション」を「見取る」ことによって，土屋教師は「どう話し合いを進めさせてあげるとか，題材をどう持ってくるとかっていうの考える」（資料Tu9語り2-38）ようになっていったのであろう。

　このように，土屋教師は学ばせるための「段取り」という視点と生徒の学び

を「見取る」という視点を先輩教師や授業研究から見出し，着任2年目からはその見出した視点を実践していきながら，授業や指導についての省察を深めていったと考えられる。同様に「聞く生徒の指導」についても，先輩教師（青木教師）の言葉から新たな視点を見出し，考え方を形成していることが次の語りに表出している（資料Tu11）。1回目調査当時，「発表させるのが苦手で」「発表する生徒はいいんだけど，聞く生徒の指導っていうところがすごく難しくて，

資料 **Tu11**：「聞く生徒」の指導についての語り

語り 2-58 （筆者発言：前，グループワークした時の聞く生徒の指導が難しいっておっしゃってたんですけど。）
「難しいです。」
（筆者発言：それは今も変わりませんか。）
「変わらず難しいですね。うん。でも聞く子を育ててあげることが，多分話す子を育てることになると思うので，自分〔生徒〕の立ち位置を，言う子って，僕にむかって発表するじゃないですか。頑張ってこう，生徒のほうにやってみたりとか，ちょっとそういうことを考えながら，まずはその，ハードのところを変えてなんとかできないかなと思ってるんですけど，ちょっとソフトは研究してみます。」
（筆者発言：その，今おっしゃった聞く生徒を育てることが…。）
「聞く生徒を育てると，要するに，聞いてくれれば話すじゃないですか，人って。多分この場がまさにそうだと思うんですけど。先生〔筆者のこと〕がすごく，話しやすいオーラを出してくれるから，僕は話せるのであって，多分こわもてのお兄さんが，こうぶっきらぼうにあーとかって言ってたら，何も話せなくなっちゃうっていうのと多分似てて，聞き手が肯定的にその班の中で，もしくはそのクラスの中で一生懸命聞こうとしてれば，伝え手は一生懸命伝えようとしてくれると思うし，その伝わった時の喜びってやっぱ大きいと思うので，やっぱまずはおまえの声が小さいんだろう，の指導ではなく，あの子は声が小さいからなんとかみんなで聞けるように静かになろうよ，とかっていう聞き手のほうの感性というか態度を変えてあげるほうが大事かなっていうふうには思ってて，できてるかどうかは分かんないんですけど。」

語り 2-59 （筆者発言：そういうふうに思えるようになったのは，どうしてなんですか。）
「えーなんでだろう，それも青木先生かもなと思います。青木先生がそんなようなことを言ってて，そういう視点で見た時にはそうなって思ったのがきっかけの気がします。ちょっと昔だからそれこそ。」
（筆者発言：やっぱり青木先生の影響は大きいんですね。）
「大きいですね。だからあの，理科の影響よりもそういうなんか指導とか技術とか生活関係の教えというか考え方のほうが多分，シンパシーというか浸透してて，理科はだからそんな話ばっかしてっから理科まで行かねえっていうか。」

そこで今，苦戦してる」と土屋教師は省察を喚起させていた。この「聞く生徒の指導」について，2回目調査でも「変わらず難しい」としながらも「聞く子を育ててあげることが，多分話す子を育てることになる」「聞き手のほうの感性というか態度を変えてあげるほうが大事」と，土屋教師は形成された考え方を明確に述べている（語り2-58）。この考え方の形成においては，「青木先生がそんなようなことを言ってて，そういう視点で見た時にはそうだなって思ったのがきっかけ」（語り2-59）だったという。先輩教師の言葉から新たな「視点」を得た土屋教師は，「聞き手が肯定的にその班の中で，もしくはそのクラスの中で一生懸命聞こうとしてれば，伝え手は一生懸命伝えようとしてくれる」「伝わった時の喜びってやっぱ大きい」と，実践への批判的な検討を通じて，青木教師の言葉をあらためて評価し，肯定したのであろう。そして，「聞いてくれれば話す」という新たな問題設定から，「聞く子を育ててあげることが，多分話す子を育てることになる」「聞き手のほうの感性というか態度を変えてあげるほうが大事」という考え方が形成されている。この形成された考え方から，「言う子って，僕にむかって発表するじゃないですか。頑張ってこう，生徒の方にやってみたりとか，ちょっとそういうことを考えながら，まずはその，ハードのところを変えてなんとかできないか」と，土屋教師は新たな実践を行っているのである。

3 考　察（Figure：Tu 1，Figure：Tu 2）

　土屋教師の教師としての行動を決定している意味パースペクティブを，生徒指導に関する意味パースペクティブと授業に関する意味パースペクティブに大別し，その発達の過程とあり様を分析してきた。これら大別して得た分析結果を総合して考察していく。

3−1　実践的知識の実相

　着任5年目の土屋教師の発達を遂げたパースペクティブは，次の考え方から構成されている。

　生徒指導に関する意味パースペクティブは，学級指導について，生徒指導と

その方法について，生徒との向き合い方について，生活指導とその目的について，という4つの考え方から構成されており，授業に関する意味パースペクティブは，「聞く生徒の指導」について，授業づくりについて（生徒の活動について・授業準備について），指導方法について，授業とその方法について（「協同」「探究」について・理科の授業について），という4つ（6つ）の考え方から構成されている。

　授業に関する意味パースペクティブを構成する考え方において，中学・高校時代の経験から形成されていた「教科の面白さを伝えるのってすごく難しいなって，下に下りれば下りるほど難しい」という理科の授業についての考え方が，「答えが分かってるものに対して協同とかで取り組ませるのはすごく難しい」という授業の方法についての考え方に働きかけ，さらに「教師主導型のほうが僕自身が好きだと思ってしまっている」と指導方法についての考え方に影響を与えていた。発達した考え方においても同様に，「ファンっていうのを織り交ぜつつの，僕にとってのインタレスティングをあいつらに求めてもいいんじゃないか」という理科の授業についての考え方が，「こっちのやり方の問題」「もっと自分がうまくチャレンジしていけば」という授業の方法についての考え方に働きかけ，「教科書に答えを探させないとか，考えるプロセスをなんとか楽しめないかなっていうことは常に考えてる」という考え方の発達を導いていた。つまり，授業に関する意味パースペクティブを構成する考え方においては，理科の授業についての考え方が直接的に・間接的に，授業の方法についての考え方と指導方法についての考え方に影響を与えていたのであった。生徒指導に関する意味パースペクティブを構成する考え方においても，他の考え方に影響を与えていた考え方が認められた。それは，「何事にも本気で取り組むっていうところが僕の教師生活では多分，一番キーワード」という教職に就く以前に形成されていた考え方であった。この考え方は，土屋教師の信念とも言える考え方であり，教職の経験を積んでも変わらずに，例えば，「その中で答えが見つかんないんだったら，向き合う以上，全員やらせて，ちゃんと指導する」「こっちは求める以上全員に同じように求めて，できれば自分自身にも求めて」（発達した生徒との向き合い方についての考え方）というように，生徒との向き合い方

Figure : Tu1　土屋教師の生徒指導に関する意味パースペクティブの発達過程と構造

第2章 X中学校の教師達：実証的分析 II

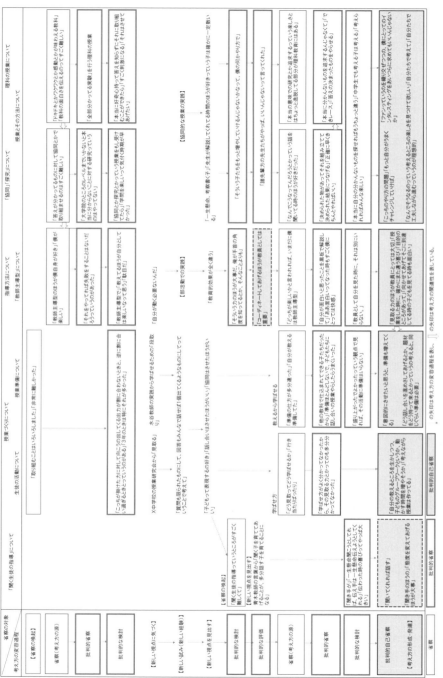

Figure：Tu2 土屋教師の授業に関する意味パースペクティブの発達過程と構造

について，生徒指導とその方法について，これらの考え方に影響を与えていた。

3-2 実践的知識の発達過程
①実践的知識を構成する考え方の発達過程

土屋教師は，実践的知識を構成する考え方として最終的に8つの考え方を有するようになっていたが，これら8つの考え方の形成・発達においては，それぞれ特徴的な3種類の過程が認められる（Table：Tu2）。

その1種類目は，学級指導について，生徒指導について，生徒との向き合い方についての考え方の形成・発達過程である。
1）衝撃的な出来事から，あるいは恒常的な省察の喚起
2）省察の深まり（省察 reflection，批判的省察）：ただし生徒との向き合い方についての考え方においては，この過程は経ていない。
3）批判的な検討からの新しい視点の抽出
4）批判的自己省察（＝考え方の形成）

このような4つの局面を経て教師としての考え方が形成された後に，さらに考え方は発達していった。生徒指導に関する考え方は「その場その場じゃなくて普段からの関わりがとても大事」という考え方が4つの局面を経て形成された後に，合唱コンクールボイコットという出来事から実践への批判的な検討がなされて批判的自己省察に達する。そして個々の生徒との「関わり」という観点が加わる。また，生徒との向き合い方についての考え方も「ルールだからとかっていうのが卑怯」「怒るからにはちゃんと人として向き合わなきゃ」という考え方が形成されていた。その後に，形成されていた考え方は，生徒についての批判的な検討を経てあらためて承認され，「子どもに言う以上は自分なりの答えは持って」「ちゃんと説明できる大人でありたい」という考え方へと発達していた。同時に，「答えが出ないもので自分たちが納得してないことを子どもに言うんだから，それをさせる以上はこっちは常に本気でやろう」と見出されていた視点は，省察の深まり（省察 reflection，批判的省察）を経て批判的自己省察に達し，あらためて承認され，考え方が形成されていた。

第2章　X中学校の教師達：実証的分析Ⅱ

　この発達過程4）までは，いずれの考え方の発達も短期間になされていた。学級指導について・生徒指導についての考え方は想定を超えた生徒の反発的な言葉から省察が喚起されたため，同じ様な事態を招かないための代替え案の必要性から省察が短期間のうちに深まったと考えられる。一方，生徒との関わり方についての考え方においては，その省察の喚起は恒常的なものであったが，

Table：Tu2　土屋教師の意味パースペクティブを構成する考え方の発達過程

省察の対象／発達過程	学級指導について 生徒指導について	生徒との向き合い方について	生活指導の目的について	「聞く生徒の指導」について	授業づくりについて	指導方法について	授業とその方法について
省察の喚起	1)衝撃的な出来事からの喚起	1)恒常的な省察の喚起	1)恒常的な省察の喚起 2)生徒の行動への省察の喚起(=新しい視点の抽出)	1)実践からの新しい視点の抽出=新たな観点への省察の喚起	1)恒常的な省察の喚起	1)恒常的な省察の喚起	1)恒常的な省察の喚起
省察の深まり	2)実践への省察の深まり(省察reflection，批判的省察)				2)実践への批判的な検討	2)実践への省察の深まり(省察reflection，批判的省察) 3)実践への批判的な検討	2)省察の深まり(省察reflection，批判的省察)
新たな視点の抽出	3)実践への批判的な検討からの新しい視点の抽出	2)批判的な検討からの新しい視点の抽出	3)批判的な検討からの新しい視点の抽出	2)他者の言葉からの新たな視点の抽出	3)他者の実践からの新しい視点の抽出 4)新しい試み(新しい経験) 5)実践からの新しい視点の抽出 6)新しい視点への批判的な検討と評価	4)他者の実践からの新しい視点の抽出 5)新しい試み(新しい経験) 6)実践からの新しい視点の抽出 7)新しい視点への批判的な検討と評価	3)批判的な検討からの新しい視点の抽出 4)実践 5)実践からの新しい視点の抽出
省察の深まり				3)実践への批判的な検討からの新しい視点の肯定	6)実践への省察の深まり(省察reflection，批判的省察) 7)実践への批判的な検討からの新しい視点の抽出	8)実践への省察の深まり(省察reflection，批判的省察) 9)実践への批判的な検討	7)省察の深まり(省察reflection，批判的省察) 8)批判的な検討
批判的自己省察	4)批判的自己省察(=考え方の形成) 5)新しい試み(新しい経験) 6)批判的な検討	3)批判的自己省察(=考え方の形成) 4)実践	4)批判的自己省察(=考え方の形成)	4)批判的自己省察(=考え方の形成)	8)批判的自己省察	10)批判的自己省察	9)批判的自己省察
		(形成されていた考え方に加わる考え方の形成)	(形成されていた考え方・見出されていた視点の批准)				
省察の喚起	7)衝撃的な出来事からの喚起						
省察の深まり・批判的な検討	8)実践への批判的な検討からの新しい視点の抽出	5)生徒についての批判的な検討	5)省察の深まり(省察reflection，批判的省察)				
批判的自己省察	9)批判的自己省察(=考え方の発達)	6)批判的自己省察(=考え方の批准)	6)批判的自己省察(=見出されていた視点の批准)				

213

日々の実践のために何らかの方向性を見出すことが必要であった。そのため，他者との対話という批判的な検討から実践のための視点が見出され，短期間のうちに考え方が形成されたと考えられる。しかしこの考え方においては，省察の深まり（省察 reflection，批判的省察）を明確に経ていない不安定な考え方の形成であったことから，その後に批判的な検討，あるいは省察の深まりを経て，あらためて考え方が承認，あるいは形成されている。

　形成・発達過程の2種類目は，生活指導の目的について，「聞く生徒の指導」についての考え方の形成過程である。
　1）新しい視点の抽出による省察の喚起
　2）批判的な検討あるいは他者の言葉からの新たな視点の抽出
　3）実践への批判的な検討からの新たな視点の肯定：ただし生活指導の目的についての考え方においては，この過程は経ていない。
　4）批判的自己省察（＝考え方の形成）

　この2つの考え方の省察の喚起は，それまで気がついていなかった新たな観点に気づいたこと，そのこと自体が省察の喚起となっている。生活指導の目的についての考え方においては，土屋教師は指導を受けなくとも自らシャツを入れることのできる生徒に注目し，その自律的な行為について省察を喚起させていた。この生徒の行為に気づくことができたのは，1）以前に生活指導の目的への問いという省察の喚起があり，その問いが恒常的にあったからであろう。つまり，土屋教師は変容的学習においては恒常的にレディネス状態にあったことから，生徒の自律的な行動を見出し，その行動について省察を喚起させ，批判的な検討から新たな視点を見出して考え方が形成されたのであろう。また，「聞く生徒の指導」についての考え方においても，グループワークの実践をより多く設定する中で，土屋教師は自ら「聞く生徒の指導」という観点をつくり出している。この場合は，「聞く生徒の指導っていうところがすごく難しくて」と，日々の実践のために何らかの方向性が必要であった。そのため，他者の言葉から必要な視点が抽出され，その新たな視点で実践をあらためてとらえることによってその視点が肯定され，考え方が形成されている。この場合も，変容

的学習においてはレディネス状態にあったといえよう。

　形成・発達過程の3種類目は，授業づくりについて，指導方法について，授業とその方法についての考え方の形成・発達過程である。

1）恒常的な省察の喚起
2）省察の深まり（省察 reflection，批判的省察）と実践への批判的な検討，あるいはどちらか。
3）他者の実践あるいは批判的な検討からの新しい視点の抽出
4）新しい試み（＝新しい経験）あるいは実践
5）実践からの新しい視点の抽出
6）新しい視点への批判的な検討と評価：ただし授業づくりについての考え方はこの過程を経ていない。
7）省察の深まり（省察 reflection，批判的省察）
8）実践への批判的な検討からの新しい視点の抽出あるいは批判的な検討
9）批判的自己省察

　これらの考え方の発達は恒常的な省察の喚起からもたらされており，批判的自己省察に達するまでに長期間を要している。その過程は，実践と批判的な検討を繰り返す中で新たな視点を見出し，それら見出した視点を実践で試しながら，あるいは他者からの賛同を得ながらその視点への信頼を高めていくことによって，最終的に考え方の発達が導かれていく過程であった。このような長期の過程が必要であったのは，これらの考え方の源が強固に形成されていたからであろう。また，現状のままでは立ち行かないような困難が特に生じていなかったからでもあろう。授業とその方法についての考え方においては被教育時代の経験から，「教科の面白さを伝えるのってすごく難しいなって，下に下りれば下りるほど難しい」といった考え方の源が形成されており，この源に関連して指導方法についての考え方の源は「教師主導型」志向であった。それら考え方の源は，被教育時代の長期に及ぶ経験と他者からの肯定（大学時代の先輩大学院生の言葉）によって強固に形成されていた。そのために，自己や他者の実践から見出した新たな視点を試し，評価することによって徐々に新たな視点を取

215

り込んでいく過程が必要だったのである。また，授業の準備についての考え方においては，何らかの課題は認識しているが考え方や行動を変化させなくとも実践はやっていけるという，変容への緊急度が比較的，低い課題への省察であったこと，さらに自分自身が被教育時代に経験したことのない協同的な活動（グループワーク）を取り入れた探究型の授業づくりであったことから，他者の実践から得た視点を少しずつ取り入れて試す過程が必要であったのであろう。

これら異なる３種類の考え方の発達過程が土屋教師の事例から見出された。しかし，形成されていた考え方を突き止めて変容的に発達させていくような考え方の発達過程を整理すると，次の６つの局面を経ることが見出される。

第１局面：省察の喚起
第２局面：省察の深まり…省察の深まり（省察 reflection，批判的省察）と実践への批判的な検討，あるいはどちらか一方。
第３局面：新しい視点の抽出と新しい試み…他者の実践あるいは批判的な検討から新しい視点を抽出し，その視点から新しい試み（新しい経験）あるいは実践を行う。
第４局面：新しい視点の抽出と評価…行った新しい試みからさらに新しい視点を抽出し，その視点を批判的な検討を通じて評価し，考え方の新たな枠組みとして取り込んでいく。
第５局面：省察の深まり…省察の深まり（省察 reflection，批判的省察）と批判的な検討
第６局面：批判的自己省察＝考え方の発達

そして，８つの考え方の発達においては，新たな視点が見出され，その視点がもととなって新たな問題設定をなし，考え方が形成あるいは発達していた。しかし，視点が見出された後の過程に次のような異なりが認められた。衝撃的な出来事からの省察の喚起において見出された新たな視点は，うまくいかなかったことへの代替え案であることから，その視点へ信頼度は高く，直ちに新たな問題設定をなして考え方が形成されていた。一方，日々の実践のために何らかの方向性を見出すことへの必要性から見出された視点は，実践で試して

徐々に信頼度を高める，あるいは，その見出した視点から実践をあらためてとらえることによって，その視点がもととなって新たな問題設定がなされ，考え方が形成されていた。さらに，課題は認識していても立ち行かないような困難は特に生じていない考え方の発達過程において見出された新たな視点は，実践で試して評価することによって徐々に信頼度を高めていく，あるいは他者からの賛同を得て，最終的に批判的自己省察に達していた。これら異なる発達過程において共通していたのは，省察が喚起され，変容的学習としてはレディネス状態にある時に，新たな視点を見出すことであった。しかし，その視点への信頼度を高める過程に明らかな異なりが認められた。このことから，視点を見出すことおよびその新たな視点への信頼度を高めることが批判的自己省察につながる過程として重要であるといえよう。

②実践的知識を構成する考え方の省察の深まりに関する特徴

土屋教師の意味パースペクティブの発達過程において，省察の深まりに関与する特徴として，次の2点の特徴が見出せる。

1点目は，他の教師と生徒へのコミュニケーション的学習を通じて省察が深まっている点である。学級指導について，生徒指導とその方法についての考え方においては，髪型の指導の際の生徒の反発的な言葉と合唱コンクールボイコットという出来事を通じて，生徒の言動を理解しようとするコミュニケーション的学習から省察が深まっていった。生徒との向き合い方についての考え方においても，「〔生徒は〕反抗とかって，別にそんな思ってはやってなくて，多分そのまんま思ったことをその瞬間言ってて」という生徒へのコミュニケーション的学習がなされ，生活指導とその目的についての考え方においても，「強豪校の子って自分でシャツしまえるんですよね，言われなくても。なんでだろう」と他校の生徒の行為を理解しようとする生徒へのコミュニケーション的学習がなされ，批判的自己省察に達していた。授業に関する意味パースペクティブを構成する考え方においても同様である。授業とその方法についての考え方においても，「子どもの実物」「実際の動き見て」から，「実験よりも考えてる時間とか，そのなんでをなんかこう先生が解説してくれてる時間のほうが好きっていう子は確かに一定数いる」と生徒へのコミュニケーション的学習を通じて

新たな視点が見出されていた。「聞く生徒の指導」についての考え方においても同様であった。土屋教師においては生徒へのコミュニケーション的学習を通じて省察を深めている。さらに，その過程では，次のように他の教師へのコミュニケーション的学習が先に行われていた場合もあった。

　指導方法についての考え方においては，「一切動かない」指導を実践する他校の教師へのコミュニケーション的学習から「自分が動く必要ない」という新たな視点が見出されていた。そしてその視点での実践を通じて，「子ども達は僕が実演するよりも，子ども同士で，こう僕らの仲間の中にできるやつがいるんだとか，だったら僕もやってみようとか」という生徒へのコミュニケーション的学習を通じて，「教師主導型」の指導とは「教育的効果が全く違う」という新たな視点が見出されていた。授業づくりについての考え方においても，社会科の先輩教師（水谷教師）の実践からは学ばせるための「段取り」という視点，X中学校の授業研究会から生徒の学びを「見取る」という視点が新たな実践を行う前段階として見出されていた。そしてそれら新たな視点を取り入れた自己の実践について，「意外に子どもって表現するの好き」といった生徒へのコミュニケーション的学習を通じて新たな視点が見出されていた。このように，土屋教師は教師と生徒へのコミュニケーション的学習という2段階のコミュニケーション的学習によっても，省察を深めていた。これらの点から，他者へのコミュニケーション的学習は省察を深める点において重要であり，教師の場合は，それは特に生徒へのコミュニケーション的学習であると考えられる。

　2点目は，自己の実践への批判的な検討の他に，多様な機会に，多様な他者から，新たな視点が見出されているということである。生徒指導についての考え方においては先輩教師の実践から感情を表出する指導という視点を，生徒との向き合い方についての考え方においては同僚で土屋教師と同じ新規採用教員との対話から「常に本気でやろう」という視点を，生活指導とその目的についての考え方においては他校の生徒の行為から自律的な行動という視点を，土屋教師は見出していた。同様に，「聞く生徒の指導」についての考え方においては同じ理科の先輩教師である青木教師との対話から「聞く子を育ててあげることが，多分話す子を育てることになる」という視点を，授業づくりについての

考え方においてはX中学校の授業研究会から「見取る」という視点および社会科の先輩教師である水谷教師の実践から学ばせるための「段取り」という視点，さらに大学教授の講演から生徒の活動時間という視点を，指導方法についての考え方においては他校の教師から「自分が動く必要ない」という視点を，土屋教師は見出していた。このように土屋教師は，X中学校においては同じ立場の新規採用教師，同じ教科の理科教師，他教科の教師達，さらには授業研究会における不特定多数の教師の言動から新たな視点を見出している。勤務校以外では，他校の生徒，他校の教師，大学教授の言動から新たな視点を見出している。またその機会は，校内の授業研究会，先輩教師の授業や生徒指導という他者の実践，個人的な他者との対話，専門家の講演，他校の部活動，と多様であった。

　このように多様な機会に，多様な他者から数多くの視点を見出したことが，新しい挑戦的な取り組みを行うことを導き，あるいは新たな視点から実践をとらえ直すことを導き，省察が深まっていったのである。このことは同時に，土屋教師が省察を喚起させ，変容的学習としてレディネス状態にあったから他者との対話を求めたり，他校の生徒の自律的な行動に着目することができたともいえよう。

　③実践的知識総体としての発達過程の特徴

　土屋教師の事例から，実践的知識総体としての発達過程について，次の2点の特徴が見出される。

　1点目は，実践的知識としての意味パースペクティブは，教職に就いてから形成され，拡がっていく考え方と，教職に就く以前の考え方を変容的に発達させていく考え方との双方から構成されていることである。土屋教師の事例においては，授業に関する意味パースペクティブは双方から構成されていたが，生徒指導に関する意味パースペクティブは前者のみによって構成されていた。これは土屋教師自身も「管理される教育のもと，育ってない」と述べているように，被教育時代から教職に就くまで，生活指導や生徒指導について特化するような特別な経験が無く，校則や生活指導など，生徒指導に関する確固たる考え方を形成していなかったからであろう。

2点目は，1点目に関連して，実践的知識としての意味パースペクティブは，教師としての経験を通じて徐々に拡がりをもって発達していくことである。生徒指導とその方法に関する考え方の発達においては，着任1年目の経験（髪型の指導）を通じて形成された考え方に，さらに教師としての経験（合唱コンクールボイコット）を通じて新たな考え方が加わり，拡がりのある考え方に発達していった。また，授業づくりについての考え方も，教師としての実践（経験）を通じて形成されたが，その省察の深まる過程で「聞く生徒の指導」という観点を土屋教師は見出し，批判的な検討を経て考え方を形成していた。つまり被教育時代に経験したことのない授業形態（協同的な学習におけるグループワーク）の実践（経験）を通じて省察すべき観点が見出され，その観点から新たな考え方が形成され，意味パースペクティブを構成する考え方として加わっていく。このように教師としての経験を通じて意味パースペクティブすなわち実践的知識は拡がりをもって発達していく。

3-3　学習を支える他者とのネットワーク

　土屋教師の事例から他者とのネットワークを抽出し，その関係性およびその機会や場が省察の深まりに影響を与えた影響について，考察する。

　最初にX中学校における他者とのネットワークについて考察する。X中学校においては，まず理科教師達との関わりがある。理科の教師は3名であるが，2014年度のみ学級数が増え4名となった。しかし，次年度は学級数が減ったため，再び3名となる[2]（Table：2-1）。土屋教師は，フォーマルな校内の研究会では「理科以外のことを見ているほうが多い」「理科は見ていないかもしれない」(巻末資料 Tu12 語り1-20) という。その反面，理科の教師達と日常においてインフォーマルに関わっていることが語りから明らかである (語り1-48)。それは，「ちょっと一緒に見てとかって言われて，いいっすよとかって感じで行く場合もあるし，何の前触れもなく勝手に授業見てる場合もあるし，あと授業研究などで見させてくださいって言って見る場合もある」という関わり方である。そして「T2[3]みたいな形でふらっと」(語り1-46) 授業に参加することを通して，土屋教師は「危機管理」という観点に気づいている。この観点について

は，分析において考え方の発達への関与は認められなかったが，理科教師としての実践的知識としては必要な観点であったと土屋教師は認識している。青木教師の授業へも「授業公開の時にふらっと」(巻末資料 Tu13 語り 2-36)と訪れて見ることによって，「こう動くだろうっていうことに対する準備がものすごくたくさんされてる」「準備して余裕持って進めて」と，授業における「準備」の重要さに土屋教師は気づいている。そして「子どもが予想だにもしなかった質問をしてくるとか，予想だにもしなかったことで盛り上がっちゃうっての好きなんですけど。でもやっぱプロである以上それじゃない部分で勝負してかなきゃいけない」(語り 2-37)と，学ばせるための「準備」について批判的に検討している。このように，青木教師の日常の実践を見ることが，「どう見取ってどう学ばせるか」「それをさせたいと意図的にさせたいと思うと，準備も増えてくる」という授業準備についての考え方の発達に関与していた可能性は高い。これら理科の教師達の関係性は，「何の前触れもなく勝手に授業見てる場合もある」という「ふらっと」訪れることのできる，インフォーマルでオープンな関係性である。このような関係性の質によって，他者の授業実践を見るという機会が日常的に生み出されている。また，これらの機会は，研究授業のような特別な場ではなく，日常の授業実践の場である。日常の実践を複数回，見る，その場へT2として参加することによって，自分の実践とは異なる点に気づき，それが自己の実践への批判的な検討につながっていくと推察される。そして，青木教師についての語り(巻末資料 Tu13 語り 1-40)に顕著に表れているように，青木教師の授業を参観した場合には，コミュニケーション的学習が行われている。土屋教師は青木教師の授業について，「規律はもちろんあるんだけど子ども達が，毎回見に行くと自由に動く」「一線は越えないんだけどはっちゃけてる」「すごいなって思うんですけど，どうすればいいんだろう」「どうしても僕が怒ったりすると子どもおびえちゃうし，シャキッてなってこうなっちゃう。何か違うんだ」と，生徒の言動から，自分の指導とは異なる点を「解明」しようとするコミュニケーション的学習が行われている。

　次に，理科教師以外のX中学校の教師達との関わりについて考察する。土屋教師は，同僚で自分と同じ新規採用教師と校則について，学校外でのイン

フォーマルな対話を行い，その対話が生徒との向き合い方についての批判的な検討となっていた。また，社会科の水谷教師の日常の授業，あるいは研究授業を複数回，参観することによって，学ばせるための「段取り」があるという新しい視点に気づいていた。さらに，考え方（授業とその方法について）の発達過程においては，数学の教師からの肯定によって，見出された新たな視点は価値づけされていた。土屋教師は，同じ教科の理科に「限らなかったのがいいんだと思います。数学，1番堅そうな数学でそう言ってるから」と述べており，自分とは異なる教科からの肯定に意義を見出している。

　このような，同僚・先輩教師達とのつながりもあるが，学校内での不特定多数の教師達との関わりの場としては授業研究会がある（巻末資料Tu10）。この授業研究会から，土屋教師は生徒の学びを「見取る」という新たな視点に気づく。そしてそれは，「子どもがこういうふうに動いてたとか，あの発問すると子どもがこういうリアクションしてたよねとか」という教師達の対話を聞くことによってであった（語り1-42）。この教師達の対話は，生徒の行動を理解しようとするコミュニケーション的学習である。教師達の対話を聞くことによって土屋教師も生徒の行動を理解しようとするコミュニケーション的学習を行うようになっていったと推察される。そしてそれが，生徒の学びを「見取る」という視点を明確にさせただけではなく，省察の深まりを導いたのであった。さらに，この教師達の対話や研究授業は，「次これやってみようとか，僕自身が授業してないときでも，なるほどああいうふうにするとこうなるんだとか」「付箋1枚使うだけで子ども達そこに書いて発表したりとか，あとホワイトボード1個班に置くだけで一生懸命書くとかっていうのを見ると，それだけでいいんだとかっていうところのやってみよう」(語り1-43)という新たな試みへの意欲を喚起している。新たな試み（経験）から新たな視点が抽出され，徐々に新たな視点が取り込まれていくという省察の深まる過程において，この新たな試みを喚起する点も省察の深まりに直接的な影響を与えている。

　次に，学校外の他者との関わりについて考察する。学校外のフォーマルな他者との関わりの場として，地区の中学校理科の研究会がある（巻末資料Tu14）。この研究会は，理科教師達の集まりであり，勤務時間内に設定されていること

から，フォーマルで専門性を共有しているつながりである。1回目調査においてその場は，「この教材のときにここの単元とか組み合わせる」「切り口が面白いというか，教材が練られてたりとか考えさせるほうですごく工夫されてたり」という，理科の教材について「刺激」を受ける場として位置づけられている。また，「それが自分のクラスに帰ってきて生かせるかと言われてると，まだ難しい」と，すぐに実践には生かせないが「ストックはされていってる」「引き出しが増えてる」と，教材について知識を得る場となっている（語り1-23）。しかし2回目調査においては，「より良いスマートな方法で，限りなく生徒の負担少なく実験とか作業が終了できて」という点について，「教授法」を「勉強しなきゃなって思う」と土屋教師はしながらも，「それ自体が段々僕にとって魅力的なものではなくなってきてる」と述べている（語り2-42）。この地区の理科教師達の研究会は，理科という専門性を共有しており，その専門性が発揮された教材研究においては「刺激」を受けている。しかし，「教授法」という教科の専門性が十全に発揮されない研究会については「魅力的」ではないという。また，分析においては，これら研究会の省察の深まりへの影響は認められなかった。

　一方，勤務時間外という意味で，また参加自由という意味で，インフォーマルな研修会も地区の教育行政によって用意されていた。この研修会の講師の話から土屋教師は「刺激」を受けている（語り2-39）。この場は，「教員の中でも文科省の人とか大学でその授業の研究してる人とか」「第一線というか，でやられてる方が第一線の感覚でものをしゃべってくれる」「そういう世界でやってる人とふれ合う」場である。そしてそれは，「第一線っていう感覚」「その感覚を知る」機会であり，同時に「すごい刺激になる」機会として位置づけられている。このような専門家の話を聞くことによって土屋教師は生徒の活動時間という視点を見出し，それを実践において試しており，授業づくりについての考え方に影響を与えている。

　最後に部活動について考察する。土屋教師は部活動において，他校の生徒の自律的な行動と，他校の教師の「動かない」指導という視点を見出していた。そして指導方法について見出された新しい視点は部活動で試され，それが最終

的に授業の方法についての考え方の発達を導いていた。部活動は，一致した目標を有する同好の生徒集団であることから，この場は土屋教師にとって，明確な目標に向かって迷いなく指導できる場，気づいた新たな視点（指導方法）を試すことのできる場であった。また他校との活動の機会は，「すごくテニス教えるのがうまい先生」「強豪校」の生徒という，平素は接しない異質な他者の行動を知る機会と場であった。「教えるのがうまい」「強豪校」という，土屋教師も目指す点を果たしている教師や生徒の採る言動は，自己の教え方や自校の生徒との比較から，省察の喚起や新たな視点への気づきを導くのであろう。

これら土屋教師の省察への関与について，他者とのネットワークを整理したのが Table：Tu3 である。土屋教師の事例においては，教科の専門性やフォーマル／インフォーマルという場の特質が省察の深まりに影響を与えていたわけではない。それらよりも，その場で行われている学習の種類が省察の深まりに関与していた。この点は，すでに省察の深まりに関与する特徴にて述べたが，同じフォーマルな研究会においても，X中学校の授業研究会ではコミュニケーション的学習が行われ，それによって意欲も喚起されていた。しかし地区の理科研究会では，「スキル的なところは身に付く」(巻末資料Tu10 語り1-42)，教材についての知識集積など，道具的な学習であった。この点から，専門性の有無よりもコミュニケーション的学習につながるような場であることが省察の深ま

Table：Tu3　省察に関与する他者とのネットワーク

	他者	機会	その場の特質など		省察の深まりへの関与とその内容		なされていた学習
X中学校	理科教師達	日常的な授業	インフォーマル	教科の専門性	あり	実践への批判的な検討	コミュニケーション的学習
	教師達	授業研究会	フォーマル		あり	新たな視点の抽出 新たな試みへの意欲喚起	コミュニケーション的学習
	生徒	学級			あり	省察の喚起 新たな視点の抽出 批判的な検討	コミュニケーション的学習
		授業			あり	新たな視点の抽出 批判的な検討	コミュニケーション的学習
		部活動			あり	新たな視点の試み 新たな視点の抽出	コミュニケーション的学習
学校外	他校の教師・生徒	部活動			あり	省察の喚起・新たな視点の抽出	コミュニケーション的学習
	講師	研修会	インフォーマル	各自の分野の専門性(講師)	あり	新たな試みへの意欲喚起	
	地区の理科教師達	理科研究会	フォーマル	教科の専門性	なし	教材についての知識集積	道具的学習

りを支え，さらに新たな試みへの意欲も喚起させるといえよう。また，この理科の研究会も，専門性を有する講師の話を聞く研修会も，土屋教師にとっては双方向性な他者との関わりというよりも，一方的に情報を受け取る側である。しかし，後者は極めて専門性が高い「第一線」の情報を得る機会であった。そのような真性を有する「刺激」を受けることも，新たな試みを喚起するという点で，省察の深まりを支えているといえよう。

第2節　事例分析：草野教師──若手教師の実践的知識の発達

1　X中学校に着任するまでの草野教師の概要

　草野教師は30代，教職6年目の中学校・理科の女性教師である（1回目調査当時）。草野教師は大学卒業後，大学研究室に事務職として勤める。しかし，「〔大学を〕卒業させた学生たちが社会でいろんな経験して，たまに遊びに研究室に戻ってきたときに，自分には知らない世界をこの子達はいろいろ知ってる」「自分だけいつまでも大人になれてないような気がして」「世の中のことが本当にわかってなくて，きちんと自分も外に出なきゃなぁっていう思い」「早く出なきゃ出なきゃっていう焦り」が草野教師にはあったという。また，「小学校3年生のときの作文で書いてる」「将来は学校の先生になりたい」という教師への志を草野教師はもともと有していた。このようなことから草野教師は就いていた職を6年間で辞し，産休教員等の対応のための臨時的な要員として，公立小学校に1年間勤務する。その後に理科の専科として大学附属の私立小学校に1年間，地元の公立中学校に1年間，常勤の教師として勤務する。この間も草野教師は

Table：Ku1　草野教師の教師歴と調査年月日

勤務校	所属学年	教職年数	年齢
1校目	公立小学校	1	29
2校目	私立小学校：理科専科3-6年生担当	2	30
3校目	公立中学校：1-2年生理科　3年生選択授業としての理科	3	31
私立高校（非常勤講師）			32
4校目 X中学校	2年	4	33
	3年	5	34
	1年（第1回目調査　2012.8.3）	6	35
	2年	7	36
配偶者の海外転勤のため退職			37

教員を目指して採用試験を受けていたが，倍率の高かった採用試験に備えるため，私立高校の非常勤講師となって1年間勤務する。このように草野教師は，高校勤務以外では分掌も担い，他の教員と同様に勤務していた。特に公立の中学校勤務時には，新規採用教員と同様に研修としての研究授業も行ったという。2校の小学校と1校の中学校，1年間の高校非常勤講師という教師としての経験を積んだ後に草野教師は採用され，X中学校に着任する。

　中学校と高等学校の採用がひとくくりの「中高」という「枠」での採用試験を受験した草野教師であったが，高校ではなく中学校を希望したのは，いくつかの理由があった。1つは，「子どものとの結びつきの大きさだった」という。草野教師の高校時代は「友達同士で楽しく過ごしていたっていう生活」に対して，中学時代は，「先生と関わっているっていう深さがあって，それで自分で広げていった友達関係があって」という，教師と生徒との「結びつき」に「惹かれた」という。また，「中学校っていうと，身体も心も一気に大人になる時期だから，そんな人として貴重な時期のところに自分が行ってみたらおもしろいんじゃないか」という思いもあったという。さらに小学校勤務の経験から，「やっぱり小学校の先生方の学級経営が独立なさってて」「一人で見てるっていう楽しさと，逆に怖さがあって。まぁ中学校っていうところは，いろいろな先生がごちゃごちゃ入ってくるので，そこで自分ができないところとか，逆に自分が出て行くところ，っていうところでの役割分担とか，それこそ特性が活かせる場所」という点からも，「中学校に思いを強くもってまた戻ってきた」のだという。

　草野教師が着任した当時（2010年度）のX中学は，2007年度から3年間の小中一貫教育指定校を終えた直後であり，この年度の夏に教科センター方式実施が告知される。翌年度（2011年度）からは2013年度の教科センター方式実施のために指導力向上特別研究指定校として，X中学は3年間の校内研究に取り組んでいく。草野教師が着任したのは，X中学小中一貫教育指定校を終え，指導力向上特別研究指定校が始まるまでの，指定校ではなかったはざまの年度であった。

　X中学校に着任した草野教師は，最初の年度は2年生の所属となり，その学

年の理科を担当する。X中学校は理科の教師が３名在籍していたことから，所属学年の理科はその学年所属の教師のみが担当していた。次年度はその学年を持ち上がって３年生の学級担任として初めての卒業生を送り出し，調査当時(着任３年目の夏)，草野教師は１年生の学級担任であった。草野教師は，X中学校着任１年目の２学期には，「研究授業用に，っていうよりかは，普段の授業の中でどんどん子どもたちを交わらせてみよう，っていうのをちょっとチャレンジしてみた」「一方的に授業をやるっていう形態じゃなくて」と，「意図的に」授業方法を変化させていく。そしてX中学校着任３年目の調査当時，X中学校のように全校で研究に取り組んでいないような学校に異動したとしても，「(一方的な授業は)やりたくないですねぇ。それに戻らなきゃいけない時もあるかもしれないんですけど，でも自分の最終地点っていうか最終目標に，なるべく子どもと一緒に進んでいくっていう取り組みは，すると思います」「あとは授業の中で人間関係作っていくような」と，草野教師は発達した考え方での目指す授業像を明確に語っている。

　このような考え方がどのように形成・発達されていったのかを草野教師の語りから分析していく。

2　分　析

　草野教師はX中学校に着任するまでの授業を担う経験から，教師としての授業に関する考え方を形成していた。しかし，それらは当然のこととして認識されずにいた考え方であったことから，X中学校に着任して考え方発達した後に，当時をふり返り，それら形成されていた考え方が明らかにされた。そこで本事例においては，最初に，X中学校着任後に生起した考え方の発達過程を分析し，その後に，X中学校着任までにどのような考え方が形成されていたのかを分析していく。分析に用いたデータは，１-１から１-48（着任３年目）である。

2-1　授業についての意味パースペクティブの発達過程
①省察の喚起・深まり
　X中学校に着任した草野教師は２学年の所属となるが，その着任１年目は担

任学級を持たず、「ひと学年4クラスを週5時間ずつ」「みっちり学年について授業する」「自分の理科だけに専念」する「機会」になったという。また、「2年生を教えたこともあったんで、こういう学習内容が来るんだなっていう見通しはあった」と、X中学校着任以前の公立中学校の経験による授業への「見通し」と、「生徒もやっぱり違う」というX中学校の生徒の状況から、草野教師は「繰り返しているだけじゃしょうがない」と変容への意欲を喚起させる。そして、社会科の水谷教師と理科の青木教師の授業実践に接した際の経験が「カルチャーショック」となって草野教師は省察を喚起させ、授業方法について、授業づくりについての省察を深めていく（資料Ku1）。

　着任1年目、草野教師は社会科の先輩教師、水谷教師の授業を参観し、「子どもがすごく動く」（語り1-9）と「カルチャーショック」を受ける。そして、この「子どもがすごく動く」という生徒の言動から、草野教師はこれまでの自分が無意識のうちに採っていた授業方法についての省察を深めていく。草野教師は、「基本50分の授業って言うと40分ぐらい先生がしゃべっているっていうイメージ」と、授業方法についての考え方の源を突き止める（省察 reflection）。同時に、「私の中での自分の中学時代だったし、これまで自分が経験した学校の中でも、だいたい喋ってた」と、その考え方の源が被教育時代の経験と教師としての意識しないままの行動から形成されていたという前提条件も明らかにされる（批判的省察）。そして水谷教師の授業と自己の授業との比較から、草野教師は教師が「喋らない。子どもを動かす」という授業方法についての新しい視点を見出す。また、「問いの出し方が水谷先生はすごく、その内容がすごく深くって子どもも資料集みたりしながらそこに入っていく。だから子どもの発想からどんどん授業が進んでいく」と、「問い」によって「子どもの発想」から展開していく授業づくりという新しい視点も見出される（語り1-9）。このように水谷教師の授業から批判的な検討を深め、「問い」や生徒の活動による授業方法と「子どもの発想」から展開していく授業づくりという2点の新たな

資料 Ku 1：水谷教師（社会科）と青木教師（理科）の授業についての語り
語り1-8　「（前略）あとは社会の水谷先生の授業を拝見して、<u>自分のなかでは結構カ</u>

第2章　X中学校の教師達：実証的分析Ⅱ

ルチャーショックがあったんですね。今の授業ってこうなってるんだって，見たことないやっぱり授業だったので。で自分でももう2学期あたりからはいろいろちょっとやってみようかなっていう欲もあったので。あえて研究授業用に，っていうよりかは，普段の授業の中でどんどん子ども達を交わらせてみよう，っていうのをちょっとチャレンジしてみたんです。いわゆる問題解決型学習っていうのがテーマだったので，その，こっちから一方的に授業をやるっていう形態じゃなくて，それにしても子ども達の思考をどんどん，こうあててきてもらいたいなっていうのがあったので，それを子ども達が言いやすい環境を作ったり，グループ設定をしたりっていうのを，その2年生を教えているときは意図的にやってみたので，3年にそのままなって，そのままクラスをもって，っていうところだけは違いだったんですけど，でも授業は，2年生の時〔着任1年目〕に自分なりにチャレンジをしておいてよかったかなぁっていう思いはありました，3年にはいってから。ただ3年生って求めるものがちょっとちがって，その子ども同士で試行錯誤してとか実験計画立ててとかいう授業よりかは，やっぱり問題解ける達成感の方が，もう受験，目の前なので。なのでちょっと去年の冬〔着任2年目〕あたりは，もう一方的な授業ばかりやってたんですけど，まぁそれはそれで今の受験の体制に合わせてしようがないことかなぁって割り切りながら，はい。」

語り1-9　（水谷教師の授業について）「子どもがすごく動くんですね。で先生の，基本50分の授業って言うと40分ぐらい先生がしゃべっているっていうイメージが私の中での自分の中学時代だったし，これまで自分が経験した学校の中でも，だいたい喋ってたんですけど，喋らない。子どもを動かす。係りに司会やらせたり答え合わせやらせたり，あとはグループディスカッションをやったり。その，こうだったらどう思う？っていうような，問いの出し方が水谷先生はすごく，その内容がすごく深くって子どもも資料集みたりしながらそこに入っていく。だから子どもの発想からどんどん授業が進んでいく（後略）」

語り1-21　（青木教師の授業について）「これも自分の中でショックだったんですけど，ノートを書かないんですね。で，それこそ子どもと会話をキャッチボールしながら，脱線することもあるんですけど，その疑問に先生が答えていきながら，じゃあなんでこうなの，こうなの，っていうことから，自然と授業が進んでいくんですね。あとは子ども自身に，まぁ教科書みれば，これを調べるためにはこの実験をやりましょう，そうすればこれがわかりますね，っていうのがもちろん載っているんですけど，そうではなくて，じゃあこれ調べるためには何やればいいと思うっていうところから子どもに問う，で子どもがじゃあこうかなこうかなっていうような発想をどんどん拡げていって，お互いにコミュニケーションをとり，そうするとこうだからだめだよっていうような違う意見に対してのものの言い方とかもそこで子ども達がどんどん学んでいったので，あの，私の中では1時間でここまで終わんなきゃいけない，っていう線引きがすごくあったんですけど，それをとっぱらってらっしゃって，どうなるかわからないけど，でもここまではいきたいっていう，最終降下地点をしっかり見つけてらっしゃって，で，そこまでの道はどうなるかわからない，っていうスタイルがすごく新しいなぁって思って，だからこそ子どもはいろいろ発想するんだなぁって思うのがすごく勉強になったと思うんです。」

229

視点を見出した草野教師は，着任1年目の「2学期あたり」から，「研究授業用」ではなく，「普段の授業の中でどんどん子ども達を交わらせてみよう」と，新しい授業方法での実践「チャレンジ」を始める（語り1-8）。具体的には，「子ども達が言いやすい環境を作ったり，グループ設定をしたり」という授業方法によって，「子ども達の思考」から展開させていくという授業づくりである。新たな視点にもとづく新たな試みを草野教師は象徴的に「チャレンジ」と述べているが，この「チャレンジ」では，「こっちから一方的に授業をやるっていう形態じゃなくて」と，これまでの考え方が着任1年目の時点で，既に否定される。

着任2年目，理科の先輩教師，青木教師の授業を参観した草野教師[4]は，生徒が「ノートを書かない」という生徒の言動に「ショック」を受け，省察を喚起させる（語り1-21）。草野教師は青木教師の授業から，「疑問に先生が答えていきながら」「子どもと会話をキャッチボールしながら」「自然と授業が進んでいく」と，授業方法について生徒中心という新しい視点を見出す。また，教科書には実験方法が示してあるが，「そうではなくて，じゃあこれ調べるためには何やればいいと思うっていうところから子どもに問う」「子どもがじゃあこうかなこうかなっていうような発想をどんどん拡げていって」と，実験方法から生徒に「問う」という授業方法と，「問う」授業方法によって生徒が「発想」して展開される授業づくりという新たな視点を草野教師は見出す。さらに，「お互いにコミュニケーションをとり」「違う意見に対してのものの言い方とかもそこで子ども達がどんどん学んでいった」と，生徒同士の「コミュニケーション」による「学び」という視点も草野教師は見出す。

このように草野教師は，青木教師の授業実践から，生徒に「問う」という生徒中心の授業方法，「問う」ことによって生徒の「発想」から展開される授業づくり，生徒同士の「コミュニケーション」による「学び」，という3点の新たな視点を見出す。それと同時に，「私の中では1時間でここまで終わんなきゃいけない，っていう線引きがすごくあった」と，授業づくりについての考え方の源も突き止められる（省察 reflection）。そしてそのような自分の考え方とは異なる青木教師の授業づくりについて，「どうなるかわからないけど，でもここまではいきたいっていう，最終降下地点をしっかり見つけて」「そこまでの道は

どうなるかわからない，っていうスタイルがすごく新しい」「だからこそ子どもはいろいろ発想する」と，草野教師は授業づくりについてを批判的に検討・評価する。

　先輩教師の実践から新たな視点を見出した草野教師は，これら新たな視点を取り入れた「チャレンジ」を行い，「2年生の時〔着任1年目〕に自分なりにチャレンジをしておいてよかった」とその実践を批判的に評価している（語り1-8）。その上で，「3年生って求めるものがちょっとちがって」「もう受験，目の前なので」「今の受験の体制に合わせてしようがないことかなぁって割り切りながら」，「子ども同士で試行錯誤してとか実験計画立ててとかいう授業よりか」「去年の冬〔着任2年目〕あたりは，もう一方的な授業ばかりやってた」と，草野教師は着任2年目の実践について批判的に検討・評価している。つまり，この時点で草野教師は明確に教師中心の授業方法を否定し，「子ども同士で試行錯誤して」「実験計画立てて」という青木教師の授業から見出した新たな視点にもとづき，着任2年目の授業実践を批判的に評価するようになっていたのである。これは，草野教師が着任1年目の2学期から，教師による「一方的な授業」という授業方法を否定して新たな視点にもとづく「チャレンジ」を行うようにもなったにもかかわらず，着任2年目の冬にはその新たな視点からの実践を行うことができないという状況が，省察の深まりを導いたと推察される。新しい視点にもとづく実践からこれまでの考え方での実践に戻らざるを得ない状況によって，両者への比較検討が深まり，その批判的な検討から新たな視点が価値づけされたのであろう。そして価値づけされた新たな視点は次第に草野教師の考え方として取り込まれ，着任2年目の実践はこの新しい考え方から批判的に検討されているのである。

　このように見出された新しい視点が新しい考え方として取り込まれていくにあたっては，X中学校全体の校内研究の取り組みによって，新たな視点が価値づけされていったことが推察される（巻末資料Ku2）。草野教師は，「研究の場があったからこそ」「こういう方法もあるんだっていうのを知ることができて，実際それにチャレンジをして，自分の初任者研での発表の時に，実は校内でこういう取り組みをやっていたから，あえてこれを目指してこれをやってみたっ

ていう報告ができた」という。地区の初任者研修会に向けて発表を準備することは, 新しい試みである「チャレンジ」を批判的に検討する機会となり,「あえてこれを目指してこれをやってみたっていう報告」を通じて, 新しい視点への価値づけがなされていったと考えられる。また, 草野教師が着任して2年目, X中学では教科センター方式の実施に対応した校内研究の取り組みが行われるようになっていた。草野教師はこの分科会において, 他の教師の授業を参観するだけではなく,「メモ」を書き, その後に他の教師達と対話している (語り1-43)。「書く」機会は他者の実践から新たな視点を見出し, それを明確にする機会であったと考えられる。さらに, X中学校の校内研究のテーマである問題解決型授業についても,「書く」機会があった (語り1-44)。これは自分の考えを他者に説明することであり, 草野教師も述べているように,「書くことで, 自分の思っていることをもう1回認識できるっていうか, 整理整頓ができた」という批判的な検討を深める機会となっていた。また他の教師達の「考え」「取り組み」「思い」を, 草野教師は書面を通じて「実感」している。他者の考え方を知ることも, 自分の考え方との比較から批判的な検討が深まっていったと推察される。さらに,「協同」という発想も, X中学校の校内研究の「方針」とそれについての取り組みを行っている教師達を「目の当たりにした」ことを通じてもたらされていた (語り1-30)。このように, 草野教師は他者に向けての「報告」や「書く」機会を通じて, 新しい視点にもとづく「チャレンジ」への批判的な検討や価値づけを行い, さらに他者の考え方や実践を知ることを通じても批判的な検討を深めていったと推察される。

②考え方の発達

着任3年目になった草野教師は1年生の担任・担当となり, 着任2年目では高校受験への対応から, 志向していたが実践できなかった新たな実践「チャレンジ」を行っていく。それは,「子どもをちょっと動かして, 子どもの考えをひろめさせて, 関わらさせて」と, 生徒を「関わらせて」という授業方法によって,「子どもの考えをひろめさせて」という, 生徒の「発想」から展開していく授業づくりである (資料 Ku3語り1-22)。しかし草野教師は, 青木教師の実践と同様の授業方法や授業づくり, すなわち新しい考え方に立脚した実践を「取

第2章　X中学校の教師達：実証的分析Ⅱ

> 資料 Ku 3：生徒に培いたい力についての語り
>
> **語り1-22**　（筆者発言：青木先生のような授業を目指しているのですか？）
> 「取り入れたいですね、それだけにはやっぱりできないので、不安がすごくいっぱいあるので、うまく軌道修正出来る範囲の中で子どもをちょっと動かして、子どもの考えをひろめさせて、関わらさせて、っていうのを今すごくチャレンジはしているところです。あと子どもの人間関係が、1年生、まだ見えにくいので、これでいけるかなっていう、その発想をもとにして授業を進めていくので、発想がなければ授業はすすまなくなってしまうし、逆にこっちから一方的に教え込んだ方が、自分の中ではすっきりと枠におさまる授業の結末になるんですけど、でもやっぱり1年のうちからチャレンジしていかないといけないんだよなぁっていうことを、すごい思っています。悩みながらやってます。ただ、場合によっては、このクラス、今の状態きびしいかなぁと思うとやめちゃいます。クラスによって使い分けちゃってるかもしれないです。」
>
> **語り1-23**　（筆者発言：現在は教える授業の方がまさってます？）
> 「自分自身の性格だと思うんですけど、おさまりがいい気がするんです、ただ、子どもが何を、とかこれから先って考えたときに、これじゃだめだってやっぱり、満足してるのは私だけ。で長い先を見たときには、この方法じゃ子どもはきっと、もっとつけられる力を、多分、欠落した状態でいっちゃうのかなぁとか、思うので、自分の性格との戦いで、もっとこうひろーく考えて進めていければいいのになぁって」
>
> **語り1-27**　（筆者発言：子どもにとって一番大事だと思うことは？）
> 「結局、自分が関われるのは3年〔間〕しかなくて、そっから先はもうおうちだったり自分が選んだ環境で、自分自身がっていうのがあるので。その、本当に大きな人数の中での自分の位置とか、人とのかかわりとか、そういうところを子どもがきちんと歩んでいけるようになって欲しいな、っていう思いがあって、で、もちろん生活の中でもそうですし、理科単体の、教科っていう中でも、その自分が大学の研究室での仕事をしてた時に、やっぱり頭いいだけじゃ一流にはなれないっていうのがわかって、いろんな先生方の研究を見てたときに、やっぱり発想がなかったらだめなんだなぁとか、腕がよくなきゃだめなんだなぁとか、いくらご立派な論文書けてもだめなんだなぁっていうような、なんとくそういう自分の中での感想があったので。理科も入試に受かるだけの点数がとれればそれで満足して出しちゃったら、おそらくそれでも満足なんて8割9割なんですけど、中には専門的にもっと理科をつきつめていきたいって卒業していった子たちもいるので、そういう子たちに求められるのは問題解く力じゃなくて、それこそ発想力だとか、ひととのコミュニケーション力だとか、そこから専門性を取り入れるっていうことが必要になってくるんだろうなって思っていたので。」

り入れたい」としながらも「それだけにはやっぱりできない」「不安がすごくいっぱいある」という。それでも草野教師が「でもやっぱり1年のうちからチャレンジしていかないといけない」と新しい考え方での授業実践を志向して

233

いるのは，生徒に培いたい力についての考え方の発達がはたらきかけているからである。

着任3年目当時，草野教師は生徒に培いたい力について，2点の発達した考え方を有するようになっていた（語り1-27）。1点目は，「本当に大きな人数の中での自分の位置とか，人とのかかわりとか，そういうところを子どもがきちんと歩んでいけるようになって欲しい」という考え方である。この考え方は，「自分が関われるのは3年〔間〕しかなくて，そっから先はもうおうちだったり自分が選んだ環境で，自分自身がっていうのがある」という批判的な検討から導かれている考え方である。この考え方の発達がどのように導かれたのかは，草野教師の語りからは明確ではない。しかし，この語りは草野教師がX中学校に着任して3年目の語りであり，それまでに草野教師は，着任1年目に2年生を担当し，2年目は3年生の学級担任として進路指導を行い，調査当時は1年生の学級を担任していた。教師として実際に進路指導を担い，生徒の将来を考えるという経験から，教師が「関われるのは3年〔間〕しかない」という点を草野教師が見出し，初めて1年生を担任するにあたり，卒業後のことまでを視野に入れて，生徒に培いたい力についての批判的な検討がなされていったと推察される。その批判的な検討の結果，目の前の生徒の成長ではなく，卒業後の生徒の成長という新たな問題設定をなして，「本当に大きな人数の中での自分の位置とか，人とのかかわりとか，そういうところを子どもがきちんと歩んでいけるようになって欲しい」という考え方が形成されたと推察される。

2点目は，「問題解く力じゃなくって，それこそ発想力だとか，ひととのコミュニケーション力だとか，そこから専門性を取り入れるっていうことが必要になってくる」という考え方である。草野教師は，「自分が大学の研究室での仕事をしてた時に，やっぱり頭いいだけじゃ一流にはなれないっていうのがわかって」「やっぱり発想がなかったらだめなんだなぁとか，腕がよくなきゃだめなんだなぁとか，いくらご立派な論文書けてもだめなんだなぁっていうような，なんとくそういう自分の中での感想があった」という。このような「感想」と青木教師の授業から見出した生徒同士の「コミュニケーション」による「学び」という視点から，草野教師は「理科単体の，教科」において，「理科も入

試に受かるだけの点数がとれればそれで満足して出しちゃったら」「中には専門的にもっと理科をつきつめていきたいって卒業していった子たちもいる」と批判的に検討する。そして，「そういう子たちに求められるのは問題解く力じゃなくって」という新たな問題設定から批判的自己省察に達し，「発想力だとか，ひととのコミュニケーション力だとか，そこから専門性を取り入れるっていうことが必要になってくる」と，生徒に培いたい力についての考え方は発達している。この発達した生徒に培いたい力についての考え方から授業方法と授業づくりについての考え方への省察が深まり，最終的にこれら2つの考え方と授業の目的についての考え方が次のように発達している (語り1-22, 1-23)。

これまでの授業方法と授業づくりについて，草野教師は「こっちから一方的に教え込んだ方が，自分の中ではすっきりと枠におさまる授業の結末になる」(語り1-22)「おさまりがいい」(語り1-23) と考え方の源を突き止めている (省察reflection)。同時に，「発想をもとにして授業を進めていくので，発想がなければ授業はすすまなくなってしまう」とその考え方の前提条件も草野教師は明らかにした上で (批判的省察)，新しい考え方での授業方法と授業づくりについて，「取り入れたい」が「それだけにはやっぱりできない」「不安がすごくいっぱいある」と葛藤する。しかし，「長い先を見たときには，この方法じゃ子どもはきっと，もっとつけられる力を，多分，欠落した状態でいっちゃう」「子どもが何を，とかこれから先って考えたときに，これじゃだめだってやっぱり，満足してるのは私だけ」「やっぱり1年のうちからチャレンジしていかないといけない」と，生徒に培いたい力の観点から，「教え込む」というこれまでの授業方法と授業づくりは批判的な検討・評価の結果，否定される。そして，「発想力だとか，ひととのコミュニケーション力だとか，そこから専門性を取り入れるっていうことが必要になってくる」という新たな問題設定 (=生徒に培いたい力についての発達した考え方) から授業方法についての考え方は批判的自己省察に達し，「子どもの考えをひろめさせて，関わらさせて」と発達する。また，授業づくりと授業の目的についての発達した考え方は，次のように明確に述べられている (資料Ku4語り1-45)。

授業づくりについては，「自分の最終地点っていうか最終目標に，なるべく

> 資料 Ku 4：自分の役割についての語り
>
> **語り 1-45** （筆者発言：今は学校全体で「協同」型の授業に取り組んでいるが，次の学校でそういう文化がない学校だったら授業はどうなさいますか？）
> 「生徒をまずみちゃうと思うんですけど，でもやっぱりチャレンジはしていきたいなぁって。そういう自分の経験してきたものをしょっている人間が集まっているからこそ，新しいものができるっていうか，自分にないものを発信してもらえるし，って思うので。私もここに来て，本当に初任で来たくせに，学年の先生方，◆◆〔勤務していた公立中学校の所在している地名〕はどうだったのって聞くんですね。こんなことを私が言ったからってどんな意味があるんだろうって思うんですけど，でもそれも何らかの材料にはしてもらえていたのかなぁって思ったり，あとはいろんな先生から前の学校はね，っていうお話もいただくので，やっぱりいいものはどんどんまねてでも吸収した方がいいに越したことはないって思ったので，自分が新しいところに行っても，やっぱり，できるものは，環境と子どもに合わせて，実践していきたいですね。」
> （筆者発言：以前のような先生のペースでつっぱしるような授業は？）
> 「やりたくないですねぇ。それに戻らなきゃいけない時もあるかもしれないんですけど，でも自分の最終地点っていうか最終目標に，なるべく子どもと一緒に進んでいくっていう取り組みは，すると思いますけど。あとは授業の中で人間関係作っていくような。」
>
> **語り 1-47**「私もふり返ったときに，結局自分も生徒と一緒なんだって思って。自分もやったことを誰かに聞いてもらって，それを，よくやったね，とか，あ，いいんじゃない，やっぱり認められる，認められたことが嬉しかったし，自分が何かちょっとでも他の先生に影響を，少なからずとも与えたり，なにかをこう，視野を広げる，ほんのちょっとの糸口にでもなったのかな，って思うと，なんかそこで達成感があって，じゃあ今度はこれやってみよう，って思ったり。結果，先生方の間での関わりも，教員と子どものかかわりと，あんまり変わんないかなぁって思ったんですね。だめなものはだめ，って言っていただいたり，できたものに関しては，あ，それはよかったね，草野さんの成果だよ，なんて言われると私ももっとがんばっちゃおうかなって思ったり，（中略）心地よくそう言っていただくと，自分もこうしよう，とか，こうやってみよう，っていう思いは，湧いてきますね。」

子どもと一緒に進んでいくっていう取り組み」，授業の目的については，「授業の中で人間関係作っていく」という考え方である。これら2つの考え方は生徒に培いたい力から発達が導かれており，前者は，生徒の「発想力」を培うためにその「発想力」から展開していく授業づくりという考え方への発達，後者は，「ひととのコミュニケーション力」という生徒に培いたい力が直接的にはたらきかけての発達である。そしてこの発達した考え方は，次の学校に異動したとしても「自分が新しいところに行っても，やっぱり，できるものは，環境と子

どもに合わせて，実践していきたい」「やっぱりチャレンジはしていきたい」という確立した考え方になっている。

このように新しい考え方が安定的な確立した考え方にまで発達し，新たな考え方での実践を草野教師が志向するのは，情報を受け取る側から情報を発信する側になるという，自分の役割に対する批判的な検討からの考え方の発達が影響を与えている。草野教師は，X中学校以前の勤務経験から「とにかくそのコマを，授業をきちっとやるってしか自分の役割を思ってなかった」（巻末資料Ku2語り1-30）という考え方を有していた。しかし，先輩教師達からX中学校以外の経験を聞くだけではなく，新規採用教員として着任した自分に対して「◆◆〔勤務していた公立中学校の所在している地名〕はどうだったの」と尋ねられたり，新しく取り組んだことに対して「認められたことが嬉しかった」という（資料Ku4語り1-47）。これらの経験を通じて，草野教師が自分の役割について批判的な検討を行っていたことが語りに表出している（語り1-45）。草野教師は，「授業をきちっとやるってしか自分の役割」をとらえておらず，先輩教師に対して「こんなことを私が言ったからってどんな意味があるんだろう」という考え方の源を有していた。しかし，先輩教師から認められ，自分の言動や「チャレンジ」が「何らかの材料にはしてもらえていた」「ちょっとでも他の先生に影響」を与え，「視野を広げる，ほんのちょっとの糸口」になれたという「達成感」から，草野教師は自己の役割を批判的に検討する。そして，自分が情報を発信する側になっていたという新たな視点が見出され，「いいものはどんどんまねてでも吸収した方がいいに越したことはない」という新たな問題設定から，「自分にないものを発信してもらえる」「自分の経験してきたものをしょっている人間が集まっているからこそ，新しいものができる」という考え方が形成される。この考え方が，「やっぱりチャレンジはしていきたい」という新たな考え方での実践を支えているのである。

2－2　発達以前の授業についての意味パースペクティブの形成過程

着任3年目に，授業づくりについて，授業方法について，授業の目的について，生徒に培いた力について，という授業に関する4つの考え方と自分の役割

についてという考え方において，発達した新たな考え方を有するようになった草野教師は，X中学校に着任するまでの実践や考え方について，その源と前提条件を突き止めている（資料Ku5）。しかしこれらの語りは，筆者の質問から導き出されており，先述した考え方の発達過程においてなされた省察の深まりであるとは特定できない。しかし，筆者の質問に答えるという機会を通じて，草野教師は発達以前の考え方を自ら明らかにしている。

　授業の目的についての考え方は，「常に（校内を）巡回してなくっちゃいけないような状態だった」という，公立中学校における生徒指導が困難な中での経験から，次のように形成されていた。草野教師は当時の中学校の生徒の状況をX中学校と比較し，「子どもの質もちがったので，子ども同士を交わらせられない，っていうすごい恐怖感」があったと批判的に検討している。この「恐怖感」が考え方の前提条件となり，「とにかく座らせておこう，とか出歩きがないようにしよう」ということが授業の目的の1つとなり，授業の目的についての考え方の源が形成される。そして，この形成された授業の目的についての考え方によって，「自分が必死になって喋って授業やってた」と，意識しないままに採っていた授業の方法が突き止められている（省察 reflection）（語り1-10）。

　同様に，もう1点の授業方法についての考え方も明らかにされている（語り1-11）。その公立中学校においては，「サポートで入ってくれる大人がいなかったので，自分ひとりで50分勝負をしなきゃ」という状況において，「子ども，交わらせるっていう考えはなくて」と，考え方の前提条件を草野教師は明らかにしている（批判的省察）。そして，当時のグループワーク（授業方法）について，「とにかく，必要なことを子どもに経験させる，っていうだけのグループワークでしかなかった」「たまたま実験器具の台数上，たまたま班でやってた，っていうだけで，その班でやることのメリットは何もなかった」と，授業方法についての考え方の源も草野教師は明らかにしている（省察 reflection）。この授業方

資料 Ku5：X中学校着任以前の考え方が表出している語り

語り1-10　（X中学校以前の公立中学校の授業について）「（前略）あとは，やっぱり子どもの質もちがったので，子ども同士を交わらせられない，っていうすごい恐怖感があっ

て，とにかく座らせておこう，とか出歩きがないようにしようっていうために，自分が必死になって喋って授業やってた，のが現状だったので。」

語り 1-11 （実験や観察など子どもが動く授業について）「どうしてもやらなきゃいけなくてはならないものに関してはやりました。でも今の◇◇〔採用された地区名〕みたいに学習指導講師がいたり，サポートで入ってくれる大人がいなかったので，自分ひとりで50分勝負をしなきゃ，っていう中で，子ども，交わらせるっていう考えはなくて，その時は。とにかく，必要なことを子どもに経験させる，っていうだけのグループワークでしかなかったですね。」
（筆者発言：そのグループワークは，例えば子どもひとりでも成り立つような活動というような）
「そうですね，たまたま実験器具の台数上，たまたま班でやってた，っていうだけで，その班でやることのメリットは何もなかったな，って思います，今思えば。」

語り 1-12 （筆者発言：それはグループの対話によって思考を深めるみたいな，そういう発想がなかった？）
「なかったです。逆に，交わらせちゃいけない，って思ってて。そこから何に発展するか予想がつかなかったので。なので授業の中で子どもの満足感を何にもってこうか，すごく悩んでて，自分の時もそうだったように，いわゆるテストができた，問題集が解けるようになった，っていうその紙面ででてくるものでしか子どもに満足感を与えようっていう，自分の意識がなかったんですね。」

語り 1-29 （筆者発言：小学校は高校よりも活動が多いと思うのですが）
「班の活動の意味っていうのが，わかってなかったと思います，自分が。それこそ◆◆〔勤務していた公立中学校の所在している地名〕の中学校でやっていたときと同じで，理科室の机がこういう風に組まれているから，この机には4人班，っていう程度にしか思っていなくて，その4人で活動することのよさとか，協同的な学びがそこから出てくるとかっていうことは一切なくて，はい。とにかく実験器具を壊さないで，結果をきちんと出して，自分たちでまとめができて，っていうところしか，うん，何も考えて無かったです。」

語り 1-36 「でも，子どもが先生のこと好きだとか，っていうような，子どもは先生のことが嫌いなものだって私は思って◆◆〔勤務していた公立中学校の所在している地名〕からやってきたんですね。なので，なんでそうなっちゃっていたんだろうなって，今になれば，思うんですけど。担任の先生，出張だから来れないよ，って言うと，イェイって言うクラスがあって，ここの学校に来て自分が副担の時〔X中学校着任1年目〕に，今日，先生出張だからいないんだって言うと，えっ，っていうのを聞いたのが初めてだったんですね。なので，この学校の先生方は，っていうのはもちろんですし，きっと小学校からそういう人間関係を子ども達が作ってきたんだろうなって，大人だとか学校の先生と，っていうのがあったので。そうです，前の学校ではちょっと厳しかったかもしれないです。」

239

法についての考え方は，その公立中学校以前の私立小学校の時にも同様であったことが他の語りに表出している (語り1-29)。草野教師は,「理科室の机がこういう風に組まれているから,この机には4人班,っていう程度にしか思っていなくて」と,当時の考え方を批判的に検討している。そして,「4人で活動することのよさ」「協同的な学びがそこから出てくる」というグループワーク(授業方法)についての発達した新たな考え方から,当時は「班の活動の意味っていうのが,わかってなかった」と考え方の源を突き止めている (省察reflection)。さらに,この授業方法についての考え方がはたらきかけ,当時の授業づくりについての考え方が「とにかく実験器具を壊さないで,結果をきちんと出して,自分たちでまとめができて,っていうところしか」「何も考えてなかった」という考え方であったことも突き止められている (省察reflection)。

さらに,「授業の中で子どもの満足感」(生徒に培いたい力) についての考え方についても草野教師は明らかにしている (語り1-12)。草野教師は,生徒同士を「交わらせちゃいけない,って思ってて。そこから何に発展するか予想がつかなかった」という考え方の前提条件があったことを明確にした上で (批判的省察),「授業の中で子どもの満足感を何にもってこうか,すごく悩んで」いたという。そして,「自分の時もそうだった」という被教育時代の経験も考え方の前提条件となって,「いわゆるテストができた,問題集が解けるようになった,っていうその紙面ででてくるものでしか子どもに満足感を与えようっていう,自分の意識がなかった」と,生徒に培いたい力についての考え方の源が明らかにされている (省察reflection)。

このように,授業の目的について,授業方法について,生徒に培いたい力について,という授業に関する3つの考え方は,「子どもを交わらせるっていう考えはなくて」という考え方が直接的にも間接的にも前提条件となり,生徒に培いたい力についてはさらに被教育時代の経験も前提条件となって考え方が形成されていた。これら授業に関する4つの考え方だけではなく,「子どもは先生のことが嫌いなもの」という生徒についての考え方の源も形成されていた (資料Ku5語り1-36)。この考え方もX中学校着任以前の公立中学校の経験,「担任の先生,出張だから来れないよ,って言うと,イェイって言うクラスがあっ

て」という,担任教師の不在を喜ぶ生徒の言動が考え方の前提条件となって形成されていた。

このように,草野教師の教師としての考え方は,最初の公立中学校の1年間の経験を中心として,私立小学校等での経験,被教育時代の経験から形成されていたのである。

[3] 考 察 (Figure：Ku 1)

草野教師の教師としての行動を決定している授業に関する意味パースペクティブを,X中学校着任後とX中学校着任以前に大別し,その発達の過程とあり様を分析してきた。これら大別して得た分析結果を総合して考察していく。

3-1 実践的知識の実相

草野教師の発達した授業に関する意味パースペクティブは,授業づくりについて,授業方法について,授業の目的について,生徒に培いたい力について,という4つの考え方から構成されている。

授業づくりについて,授業方法について,授業の目的について,これら3つの考え方は,先輩教師の授業実践という驚きの経験から省察が喚起され,最終的に考え方が発達していった。しかしその発達は,「本当に大きな人数の中での自分の位置とか,人とのかかわりとか,そういうところを子どもがきちんと歩んでいけるようになって欲しい」「そういう子たちに求められるのは問題解く力じゃなくって」「発想力だとか,ひととのコミュニケーション力」という生徒に培いたい力についての発達よって導かれていた。この生徒に培いたい力についての発達した考え方が「授業の中で人間関係作っていく」と授業の目的についての考え方にはたらきかけ,さらに「子どもの考えをひろめさせて,関わらさせて」と授業方法についての考え方へも影響を与えていた。同時に,「最終目標に,なるべく子どもと一緒に進んでいくっていう取り組み」「協同的な学び」という発達した授業づくりについての考え方からも,授業方法についての考え方は影響を受けていた。このように,発達した考え方においては,生徒に

241

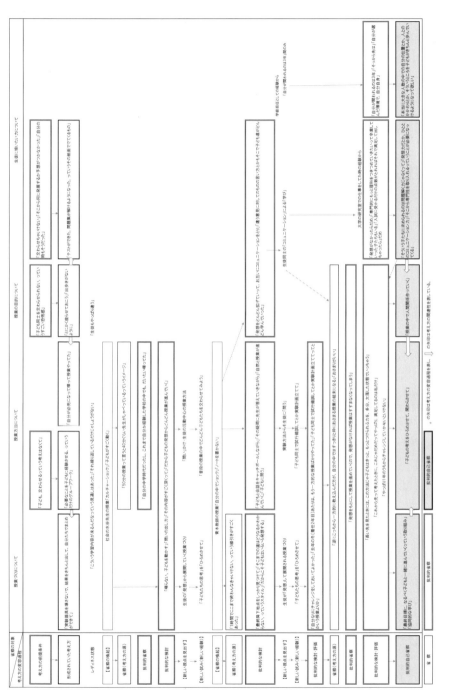

Figure：Ku1　草野教師の意味パースペクティブの発達過程と構造

培いたい力についての考え方が授業に関する意味パースペクティブの前提となって，2つの考え方に影響を与えていた。

しかし，発達以前は，「とにかく座らせておこう」「出歩きがないように」という授業の目的についての考え方が，「自分が必死になって喋って授業やってた」「必要なことを子どもに経験させる，っていうだけのグループワーク」という授業方法についての考え方にはたらきかけ，さらに「実験器具を壊さないで，結果をきちんと出して，自分たちでまとめができて」という授業づくりについての考え方にも影響を与えていた。また，「テストができた，問題集が解けるようになった，っていうその紙面ででてくるもの」という生徒に培いたい力についての考え方にもはたらきかけていた。

つまり，発達以前の授業に関する考え方においては，「とにかく座らせておこう」「出歩きがないように」という授業の目的についての考え方が他の考え方に影響を与え発達した考え方においては，生徒に培いたい力についての考え方が他の考え方に影響を与えていたのである。

3-2　実践的知識の発達過程
①実践的知識を構成する考え方の発達過程

草野教師の授業に関する意味パースペクティブを構成する考え方として，4つが認められたが，先輩教師の授業実践という驚きの経験から省察が喚起され，最終的に考え方が発達していった，授業づくりについて，授業方法についての考え方の発達過程は次のような過程であった。

草野教師は，水谷教師の実践から省察を喚起させ，省察の深まりを通じて，生徒の活動中心の授業方法と「子どもの発想」から展開していく授業づくりという2点の新たな視点を見出す。そして，「一方的に授業をやるっていう形態」というこれまでの考え方を否定して，見出した新たな視点からの試み「チャレンジ」を行う。その後にも同様に，草野教師は青木教師の実践から新たな視点を見出し，「子ども同士で試行錯誤してとか実験計画立てて」という新たな視点を取り入れた「チャレンジ」を行っていた。この過程を整理したのが下記の過程である。

243

0） 新しい経験（異なる状況の生徒）と授業内容への見通しからの変容への意欲
1）4） 衝撃的な経験からの省察の喚起
2）5） 省察の深まり（省察 reflection，批判的省察）と実践への批判的な検討
3）6） 他者の実践からの新しい視点の抽出と，その視点からの新しい試み（新しい経験）
7） 新しい試みへの批判的な検討と評価
8） 省察の深まり（省察 reflection，批判的省察）と批判的な検討
9） 批判的自己省察＝考え方の発達

　このように，草野教師の2つの考え方の発達過程は，他者の実践から新たな視点を見出してそれを試すというサイクルを繰り返しながら，徐々に新しい考え方の枠組みが構築されていく過程であった。それは言い換えると，他者の実践から見出された視点は自己の実践において試され，批判的に検討・評価されることによって，徐々に価値づけされていき，最終的に価値づけされた新たな視点が，新しい考え方の枠組みになっていったのである。
　しかし，新しい考え方の枠組みの構築や新しい行動が新しい考え方の成立（批判的自己省察）よりも先行する場合も認められた。草野教師は，水谷教師，青木教師の実践から省察を喚起させ，授業方法について，授業づくりについてのこれまでの考え方の源とその前提条件を突き止め，新たな視点にもとづく挑戦的な試み「チャレンジ」を行っていた。そしてこの「チャレンジ」が積み重ねられ，それらに対して肯定的な評価がなされ，新しい考え方の枠組みが構築されていた。しかしそれだけでは授業方法と授業づくりについての考え方は批判的自己省察に達せず，最終的にそれら考え方を批判的自己省察に導いたのは，生徒に培いたい力についての考え方の発達であった。
　このように「チャレンジ」を積み重ね，新しい行動を採っていたにも関わらず，批判的自己省察に達していなかったのは，これまでの授業づくりと授業方法についての考え方が教師としての教える経験だけではなく，被教育時代の経験から長い時間をかけて形成されていた強固な考え方であったからであろう。

同時に，これまでの考え方を変容させなくとも，実践において立ち行かないような困難な状況も発生していなかった。このような点から，直ちに考え方を変容させなくてはならないような状況にない場合には，批判的自己省察に先行して，新しい視点の抽出からの新しい考え方の枠組みの構築や，新しい行動がなされる場合があることが明らかになった。これは同時に，変容への緊急性がない場合には，批判的自己省察に達して考え方を明確に発達させることは容易ではないということでもある。

②実践的知識を構成する考え方の省察の深まりに関する特徴

草野教師の意味パースペクティブの発達過程における省察の深まりに関与する特徴として，次の3点の特徴が見出せる。

1点目は，複数の継続的な省察の喚起があったことである。草野教師には，省察が喚起され，考え方の省察を深めさせる驚きの経験が複数回，継続的にあった。最初は水谷教師の授業からの「カルチャーショック」な経験であり，次は青木教師の授業からの「ショック」な経験である。前者の経験からは，授業方法についての省察が深められ，生徒の活動中心の授業方法と「子どもの発想」から展開していく授業づくりという2点の新たな視点が見出される。後者の経験からは，授業づくりについての省察が深められ，3点の新たな視点が見出される。この見出された視点は，最初の経験から見出された視点と同様の観点であるが，実験方法からも生徒に「問う」という授業方法，「問う」授業方法によって生徒が「発想」して展開される授業づくりと，見出された視点は自身の教科に引きつけて深められ，さらに生徒同士の「コミュニケーション」による「学び」という3点目の視点をも見出されていた。そしてこの3点目の視点が関与して，生徒に培いたい力についての考え方の発達がなされていた。

このように，省察を喚起し深める経験が複数回，継続的にあったことによって，見出された視点が深まって次第に新たな視点が価値づけされ，最終的に考え方の発達が導かれた。それとともに，見出された視点が多様になることによって他の考え方の発達が導かれ，意味パースペクティブの拡がりも導びかれていたのである。

2点目は，1点目に関連し，新たな視点が見出されたり，批判的な検討の際

にはコミュニケーション的学習が行われていることである。水谷教師と青木教師の授業においては，複数の新たな視点が見出されていた。それらは例えば，「喋らない。子どもを動かす。」「問いの出し方」「その内容がすごく深くって」「だから子どもの発想からどんどん授業が進んでいく」，「発想をどんどん拡げていって，お互いにコミュニケーションをとり」「違う意見に対してのものの言い方とかもそこで子ども達がどんどん学んでいった」という，教師の行動とその意味を理解しようとするコミュニケーション的学習と，授業を受けている生徒の思考を理解しようとするコミュニケーション的学習が生起していた。また，他の教師達の「考え」「取り組み」「思い」を，草野教師は書面を通じて「実感」していた。この時にも，他者の考え方を理解しようとするコミュニケーション的学習が生起していたと考えられる。草野教師の考え方の発達においては，自分自身を変容させなくては立ち行かないような危機的な事態ではなかったが，他者を理解しようとするコミュニケーション的学習によって，他者と自分の考え方が比較検討され，批判的な検討が深まったと考えられる。

　3点目は，変容への意欲や見出した新たな視点を試す実践は，生徒の状況や同僚教師からの承認によって生起していることである。草野教師の考え方の発達においては，実践において立ち行かないような困難が生じていなかったにも関わらず，変容への意欲が最初に喚起されていた。それを喚起させたのは，授業への「見通し」があったことだけではなく，「生徒もやっぱり違う」という生徒の状況からであった。発達の過程においては，他者の実践から新たな視点を見出してそれを試すというサイクルを繰り返しながら，徐々に新しい考え方の枠組みが構築されていっていた。この新しい視点にもとづいた実践を試す「チャレンジ」は，先輩教師から認められ，自分の言動や「チャレンジ」が「何らかの材料にはしてもらえていた」「自分が何かちょっとでも他の先生に影響」を与え，「視野を広げる，ほんのちょっとの糸口」になれたという「達成感」から導かれていた。また同時に，「それはよかったね，草野さんの成果だよ，なんて言われると私ももっとがんばっちゃおうかなって思ったり」「心地よくそう言っていただくと，自分もこうしよう，とか，こうやってみよう，っていう思いは，湧いてきます」（資料Ku 4 語り 1-47）と，他者からの承認によって「チャ

レンジ」への意欲が喚起されていたのである。このように，生徒の状況や同僚教師からの承認による「達成感」から，変容への意欲や新しい視点にもとづく実践を試す意欲が生起している。この点は，学習を支える他者とのネットワークの考察において，詳細に述べる。

③実践的知識総体としての発達過程の特徴

草野教師の事例から，次の特徴が見出される。それは，複数の考え方の発達が関連して，最終的に意味パースペクティブ総体としての発達がなされていることである。草野教師の考え方の発達においては，教師として立ち行かないような危機的な事態は発生しておらず，変容しなくてはならない必然性がない状況であった。しかしそのような状況において，その強固な考え方を最終的に批判的自己省察に導いたのは，生徒に培いたい力についての考え方の発達であった。「発想力だとか，ひととのコミュニケーション力」という発達した生徒に培いたい力についての考え方が新しい問題設定，すなわち新しい考え方の前提条件となって，授業の目的，授業方法，授業づくりについての3つの考え方を批判的自己省察に導いていた。また，他者の実践から見出した新たな視点は「チャレンジ」を積み重ねることによって価値づけされていったが，この「チャレンジ」を支えていたのは，自分の役割についての考え方の発達であった。

このように草野教師の授業に関する意味パースペクティブの発達は，直接的に授業に関わる考え方ではない考え方の発達も関連した，複数の考え方の関連によって導かれた発達であった。

3-3 学習を支える他者とのネットワーク

草野教師の事例から他者とのネットワークを抽出し，その関係性およびその機会や場が省察の深まりに影響を与えた影響について，考察する。

最初にX中学校における他者とのネットワークについて考察する。X中学校においては，所属学年を中心とした教師達との関わりがある（巻末資料Ku6）。これまで勤務してきた学校と比較して，草野教師は「すごく開かれてる」と述べている（語り1-32）。「先生方の人間関係も，あと教室同士の関係も，すごく開かれてるっていう感じがあったので。自分でやってみようっていう思いが出

てきたのも，きっとそういう先生方の環境だったり子どもの様子だったりっていうところで，あんまり守ろう守ろうっていうよりかは，チャレンジしてみようっていう思いが強くなった」と，草野教師は教師同士の関係性と生徒の状況から「チャレンジ」への意欲が喚起されたことを述べている。そしてその意欲は，「その正社員じゃなかったとか，やっとここで正社員になったからとか，そういう身分的なものではなくて，明らかにその風通しの良さをやっぱり感じて」と，教師同士の関係性によるものであることが明言されている。また，担任した3年生の生徒には前年度からの関わりを通じての「絶対的な信頼感」，所属学年の教師達には「聞けばすぐに返事が返ってきたり，一緒に考えてくれたりしてた」という日常の関わりとともに「安心感」が草野教師にはあった（語り1-33・1-35）。さらに，「教師として子どもを見てるし，人間として子どもを見てるし，っていうような学年の先生達の関わりがすごく伝わっていた」「子どもも学年の先生達に対して信頼をおいてくれている」という教師と生徒のつながりもあった。このような同僚教師への「信頼感」「安心感」，さらには教師と生徒間の「信頼」が，失敗するかもしれない「チャレンジ」を行わせていく基盤となっていたのである。また，「教室同士の関係も，すごく開かれてる」というオープンな関係性が，他者の実践を参観することも可能にさせていたと推察される。この点は，次の理科教師達との語りにさらに明確に表出している（巻末資料Ku 7）。

　草野教師と理科教師達との関わりは，「思いつきで」「さらっと」「あ，やってるな，って思うときに覗きに，ぶらっと，見せてもらったり」「次，何やるんですかって聞きながらおじゃましちゃったり」という，インフォーマルに，日常的に授業を参観できる関係性である（語り1-19）。さらに青木教師とは「私もよく聞く」という日常的な対話もあり，その対話から「3年生と1年生まきこんで，ふたつの授業やっちゃったり」というような，その場の状況に応じて「イレギュラーなことにも対応」「なんとなくの感覚」で実践をともに行うという関係性でもあった（語り1-20）。さらに，理科教師達との理科の専門性を生かすという対話から，新たな取り組みへのさらなる意欲が喚起されている（語り1-25）。この対話から，「学年に1人張り付くのがベーシックなやり方だったけど，

単元で」と，踏襲的に学年ごとに担当する教師を振り分けるのではなく，得意とする単元で教師の担当を考えていくという新しい実践が創出され，それによって「自分が一斉授業をやるにしても，その授業のやり方の幅が広がる」「より専門的なことをつながりを強くして」「もっと子ども達には専門的にできるかなぁっていう期待」が生起している。このように，理科教師達との関係性は，インフォーマルに，日常的に，対話し，授業を参観し，時には合同で授業を行うというような関係性であった。これらの関係性によって創り出されていた実践を共有する場と機会が省察を喚起させ，新たな視点を見出させていたのであろう。さらに，理科という教科の専門性を媒介にし，ともに新しいことを創っていくという関係性が，新たな試みへの意欲と「期待」を生起させているのである。

そして分析において既に述べたように（巻末資料 Ku 2），X 中学校全体の校内研究の取り組みというフォーマルに設定された機会によっても，他者の実践を参観する機会，対話する機会，実践をふり返る「書く」機会，書かれたものを読むことによって他者の考えを知る機会，これらが保障されていた。これらの機会によって，省察の喚起や新たな視点の抽出が支えられ，新たな試みや実践への批判的な検討の深まりが支えられていたのである。さらに，「協同」という発想も，X 中学校の校内研究の「方針」とそれについての取り組みを行っている教師達を「目の当たりにした」ことを通じて，もたらされていた。

このように X 中学校においては，インフォーマルにおいても，フォーマルにおいても，考え方の発達を支える他者とのネットワークが常にあったといえよう。それは，直接的なネットワークだけではなく，書面を通じても構築されていた。また，同じ教科との専門性を共有したネットワークと他教科の教師達とのネットワークの双方があった。それと対照的であるのが，X 中学校以前に勤務していた学校における他者とのネットワークの断絶である（巻末資料 Ku 8）。

X 中学校着任以前の公立中学校では，校内研究は「ほとんどなかった」という。また，初任者研修として研究授業も草野教師は行ったが，「指導主事」「管理職」という初任者を指導する立場のみが参観する形式であり，同等の立場で自由な「ディスカッション」が行われたとは考え難い（語り 1-13）。「ほかの先

生の授業を見に行く」(語り1-13)というような，他者の実践に接する機会もなく，「授業に対してチャレンジをしているっていう先生」も「見つけられなかった」という。このように，X中学校着任以前に勤務していた公立中学校においては，他者の実践を参観する機会自体がフォーマルにもインフォーマルにもなく，研究授業を行っても同等の立場で対話する機会もなく，省察の喚起自体が生起しない環境であった。また，私立小学校においても，「〔校内研究会の〕取り組みとかは特になかった」「先生たちの会議にもちょっと参加する縁がなかった」「理科室の先生みたいなかんじで独立していた」というように，他者とのネットワーク自体が皆無であった。これら他者とのネットワークの断絶が，児童・生徒の状況とは別に，省察の喚起や批判的な検討の生起を阻害していたと考えられる。

　次に学校外の他者との関わりについて考察する。学校外のフォーマルな他者との関わりの場として，地区の中学校理科の研究会と初任者研修会がある（巻末資料Ku9）。理科の研究会は，理科教師達の集まりであり，勤務時間内に設定されていることから，フォーマルで専門性を共有しているつながりである。しかしこの研究会は草野教師にとって，「実践報告とかで聞くと，あぁなるほどって思えることは多い」が「自分の中では役に立てられてない」という（語り1-40）。それは，「人がぎゅっと多くて小さな教室にいつも入れられる」という物理的な状況から，「意見交換っていう形ではない」と対話の機会がないこと，「同期では関わるんですけど，その上の先生方になると，やはりこちらも恐縮してしまって，こちらからいろいろ聞いたりとかもちょっとしにくくって」「個人的にそういう研修会，超えたところでいろいろ教えてもらえるとかもしてない」という他者との関わりの拡がりがない点からもたらされている見解である。このように，この研究会の場は，他者との相互関係がなく，一方的に情報を受け取る機会としてのみ機能しているため，「あくまでも形になった場所じゃないと自分も行かない」という位置づけになっている。

　一方，初任者研修会もフォーマルな場であるが，その内容によって「いい勉強できた」「すごく意味があって」と位置づけられている（語り1-41，1-42）。それは，「センター研修で，みんなが講師の先生にいろんなことを教えていただ

くっていう機会」ではなく，初任者同士がお互いの授業を検討する場，「みんなで話し合って授業を立ち上げられた」という創造の機会であった（語り1-41）。この場と機会の両方が兼ね備えられていた初任者研修会は1回限りであったというが，それは偶然的に次のように生まれた機会であった。その時の初任者研修会で行われた研究授業は，「子ども達パニック起こさないかなって思うような」「難しい数学」の授業であったという。このことから授業検討は，「じゃあどうしたらいいですかね，っていうことを問うてそこのグループでじゃぁもう1回その授業をつくってみよう」という創造の機会となり，「言いたいことをお互い言って，授業を1個作り上げるって言う時間」になったという（語り1-42）。草野教師の属している初任者のグループは，異なる教科（数学，英語，理科，理科）4名で構成されていたが，1つの授業を創るという目的を有し，初任者同士4名の自由で，平等な関係性での対話は，「英語の先生も一緒になって，ここで言語活用だって，っていうようなことがあって，さすがに英語の先生の発想だなって思いながら」というような，異なる教科の教師の発想を知り得る機会であった。そしてこの時のことについて草野教師は，「実践的なところでは授業を立ち上げるっていうのを，いろんな考えを持っている人たちとできた，のがすごく意味があって」「みんなで話し合って授業を立ち上げられたのが，すごいプラスになった」「楽しかった」「それで実際にしてみたいっていう欲も出た」と語っており，多様な考え方をもつ他者とともに1つの授業を創るということから意欲が喚起されているのである。そしてこのような対話の場は，その時の「管理職」の「あなたたちでこれもう一回授業を立ち上げて見なさい，みたいな指示」によって創出されていた。

　このように学校外の他者とのネットワークは，フォーマルな機会として保障されていたが，他者との相互関係の有無，自由で平等な関係性での対話の有無，創造するという共通の目的の有無によって，その意味づけが異なっている。分析において，これら学校外の他者とのネットワークと考え方の発達の関与については認められなかった。しかし，初任者研修会における授業を創る対話の機会が，日々の授業改善へ何らかの「プラス」の影響を与えた可能性は高いと推察される。

第3節　事例分析：青木教師——中堅教師の実践的知識の発達

1　X中学校に着任するまでの青木教師の概要

　青木教師は30代，教職13年目[5)]の中学校・理科の男性教師である（2回目調査当時）。青木教師は高校卒業後，大手小売業会社に就職する。しかし「働いてると心が疲れたりする」「仕事に意味を持たせたいとかいう思いを徐々に持ち始めて」「人のためになるような仕事」を青木教師は考える。知人の消防官から話を聞いたことから，青木教師は消防官もやってみたいと思ったという。しかし，「とにかく学校が大好きだった」「どの先生にも愛情を懸けていただいた」「子どもに対する熱い思いというのもあるんですが，それよりもどっちかっていうと大きかったのが学校に戻りたい」「それぐらい学校での友達との触れ合いだとか先生との触れ合いが楽しかった」という学校への「思い」から，青木教師は教師を志す。そして3年間の会社勤務後，青木教師は大学に進学する。その際に青木教師が理学部を選択したのは，「人が決めたものではないっていう部分」「人が勝手に作ったものではない」「当たり前として必然としてあるものを人間が解析する，っていう」「理科の魅力というものを非常に痛切に感じて」いたからであった。「その解析するための力を身に付ける理科ってなんて素晴らしいんだろう」「そういったものを解析する理科の教員になれたらなという思いがあって」，青木教師は理科の教

Table：Ao 1　青木教師の教師歴と調査年月日

勤務校	所属学年	教職年数	年齢
1校目	1年　非常勤講師として	1	26
	2年	2	27
	3年	3	28
	サポート校(1年間)		29
2校目	1年	4	30
	1年	5	31
	2年	6	32
	3年	7	33
3校目 X中学校	2年	8	34
	3年	9	35
	1年　教職大学院1年目　学年主任(この年度以降、継続)	10	36
	2年　教職大学院2年目	11	37
	3年　(第1回目調査　2013.7.31)	12	38
	1年　(第2回目調査　2014.8.1)	13	39
	2年	14	40
	3年	15	41

師を目指す。

　大学４年生当時，青木教師は教員採用試験を受けるが，「理科の特に物理ですね。ものすごく倍率が高くて，それで１回受けて落ちたときにとてもこの倍率では受からないだろうって思った」という。そのため青木教師は大学卒業後，情報と科学の免許を取得するために，卒業した大学に科目履修生として夜間に通う。また学業と並行し，非常勤講師として中学校に３年間務める。「同じ年度内でも２校掛け持ちとか」と複数の学校で勤務しながら，その中の１つの中学校で教師としての経験を青木教師は積んでいく。その経験とは，同一の学年に３年間関わり「１年生から卒業するまでの理科を全部持たせてもらいました」という経験である。さらに，「教員になりたいという思い」から「とにかくいろいろ関わりたい」と考えた青木教師は，部活動を「外部指導員という形で持たせてもらったり」，学校外の行事にも非公式に参加させてもらったという。非常勤講師としてではあるが，このように３年間同じ生徒に関わり，その学年の教師達とも関わった経験について，青木教師は「どの先生が突出してるっていう感じじゃないんですけれども，チームワークでやっていくんだなっていうものをすごく感じて」「チームワークの中にたかだか非常勤講師だと思ったんですけどその僕も入れてもらえたっていうのがすごく印象深い」という。青木教師はこの中学校で学年全４クラスの理科を３年間担い，教師になりたいという思いが「強くなった」と同時に，「生活指導の面」で「やっぱり大変な仕事」と，「当時なりに」思ったという。「そのときって僕は非常に短絡的な思考の持ち主でグワーととにかく怒るタイプ。とにかく怒鳴るタイプだったんですけど，いやなかなか難しい。それでは通用しない」と，指導が「通用しない」経験を青木教師はする。「その〔生徒を指導する〕やり方ってどうやってやったらいいんだろうって。それはやっぱり人を見てそのまま吸収してやろうと思ってもなかなかうまくいかないんだなっていう，最初の挫折を覚えたのもそのとき」だったという。

　非常勤講師としてではあるが，３年間の教師としての経験を積んだ青木教師は，「通信制高校のサポートして卒業させる」「サポート校」に１年間勤務し，教員採用試験に合格する。そして青木教師は教員としての１校目の中学校に着

任し，1年目は1年生の担任となる。しかし，「これが僕の教員人生で1番大変な1年間」「生活指導的に1番大変だったのがこの1年」だったという。その大変さは学級指導において「もうことごとく僕の指導が通らなくて」という指導の通じない経験であった。この経験から青木教師は「歩み寄り」という生徒指導のスタイルを確立していく。また，この着任1年目の年度末，青木教師は管理職から言われた言葉から「スイッチ」が入り，「学年」という意識を持つようになる。そして着任2年目も再び1年生を青木教師は担任するが，「コミュニケーションがとにかく取れてこちらが思ったことは子どもが酌んでくれるようなクラスに前の年よりはなりました」「前のクラスと全然違って非常にうまくいきました」と，学級指導は安定する。同じ学年を組む教師達とも，「学年に対して連携してやっていこうという意識があるかどうかっていう部分」において，「仕事の方向性が合う先生」と連携して実践を行っていくようになったという。

一方，授業についても教師としての考え方を青木教師は形成していく。それは「完全なる管理型の授業」だった。その授業とは，「究極の一方通行型」「僕以外のコミュニケーションは一切許しませんでした。授業の内容でも話をしていたら全部止めました」「講義の授業をやってました」というものであった。「完全なる管理型の授業。これこそがすべて」「4年間通し尽くしました」と青木教師は述べている。

このように教師としての経験を積む中で，生徒指導においても授業においてもその方法やスタイルを確立した青木教師は教職8年目，教員としては5年目にX中学校に異動する。青木教師が着任した当時のX中学校（2009年度）は，第2章冒頭に述べたように，「荒れてた学校が」「ちょっとずつ良くなって」「すごく落ち着いている」と，生徒指導上の困難は抱えていなかった。しかし，これまでの経緯から，X中学校全体として「中心は生活指導」「授業に関しての研究だとかそういったものっていうのは二の次」「まず〔生徒を〕落ち着かせた上での授業だろうっていう意識」であった。そのため，青木教師が着任した2009年度は小中一貫教育指定校としての3年間の校内研究最終年度であったにもかかわらず，「職員室の中で，授業が，とか，小中連携が，なんていう話

はあんまり出てなかった」(水谷教師の語りより) という状況であった。その後, X中学校には教科センター方式実施が通達され (2010年度夏), その準備のために青木教師は水谷教師 (当時の研究主任) とともに教職大学院に在学するようになる (2011・2012年度)。

　2回目調査 (X中学校着任6年目) 当時, 青木教師は「とにかく授業を通して人を育てる」という考え方の根幹を有するようになっている。「別々で考えていた授業と生活指導をくっつけることによって授業でそういった社会性を身につけさせること」を青木教師は構想しており, 授業のみならず「どうやって子どもを育てるか」ということを追求している。そのために一番大事にしていることは,「一方的な指導」ではなく「つながり」「関わりあい」であるという。この授業実践が, 生徒が「お互いにコミュニケーションをとり」「違う意見に対してのものの言い方とかもそこで子ども達がどんどん学んでいった」と草野教師の実践的知識の発達に影響を与えていたのであった。

　「完全なる管理型の授業」を構想していた青木教師の考え方が, どのようにして「一方的な指導」ではなく「つながり」「関わりあい」を重視するように発達されていったのかを, 青木教師の語りから分析していく。

2　分　析

　講師としての3年間と, 教員として着任した1校目の中学校4年間の教職経験を通じて, 青木教師は, 生徒指導の方法について, 教師達の連携について, 授業スタイルについて, という3つの考え方を形成していた。最初に, X中学校着任までにこれらの考え方がどのように形成されたのか, その過程を分析していく。その後に, これら形成された考え方がX中学校においてどのように関連づけられて発達していくのか, その発達過程を分析していく。分析に用いたデータは, 1回目調査 (着任5年目) は1-1から1-143, 2回目調査 (着任6年目) は2-1から2-45である。

2−1　生徒指導と授業について意味パースペクティブの形成過程
　　　（X中学校着任以前まで）
①生徒指導についての意味パースペクティブの形成過程
　生徒指導についての意味パースペクティブとしては，非常勤講師時代3年間と教員として着任した1校目の中学校4年間の経験から，生徒指導の方法と教師達の連携という2つの考え方を青木教師は形成している。
　講師時代，授業において青木教師は「グワーととにかく怒るタイプ。とにかく怒鳴るタイプ」であったが，「それで通用しない」という経験から，「〔生徒を指導する〕やり方ってどうやってやったらいいんだろう」と生徒指導の方法についての省察が喚起される。そして，これまでの自己の指導への批判的な検討から，「子どもに対しての指導っていうのが怒りゃいいっていうもんじゃないっていう部分」に青木教師は気づく。しかし，当時は「必ず正規の先生のフォローが入っていた」ために，「まったくもってうまくいかないっていう感覚はなかった」と，青木教師にとっては早急に指導方法を改善する必要性が認められなかった。このことから，省察は深まってはいかなかった。そして教員として着任した1年目，今度は担任学級において指導が通じない事態に遭遇し，省察が喚起される（資料Ao1）。
　この時の状況は，「学年でもちょっと若い男性っていうのは僕しかいなくて，小学校からいろいろこの子はこんなタイプの子ですっていう申し送りがあるんですけれども，その中でこの子は男性の先生がきっちり抑えないと駄目ですっていう子がなぜか全員僕のところに。若くて男性だから大丈夫だろうということで全員いた」というものだった。そのような学級を任され，「もうことごとく僕の指導が通らなくて，自分の中では最もうまくいかなかったクラス」だったという。この指導が通じない経験は講師時代とは異なり，担任として1人で対峙しなくてはならない切迫した状況であった。青木教師は指導について，「やっぱり自分でふり返ってなんで駄目だったんだろう」と自分の実践を批判的に検討する。そして青木教師は，「力づく」（語り1-24)「ガツンとやるしかないんだっていう思いで突っ走ってた」（語り1-27）という考え方の源を突き止め（省察 reflection），それは「力できっちり抑えてくださいっていうその申し送り

に自分が縛られてた」と考え方の前提条件も突き止める（批判的省察）。それと同時に，これまでの実践への批判的な検討から，「ちょっと変えたいなっていうことを思い始め」「いろんなことをどうすればいいんだろうっていう部分を考え始めて」「3学期でちょっと自分を変えていかなくちゃいけないんだなっていう思い」から，「歩み寄り」という新たな指導方法を青木教師は考案し，試す。「まず話を作る空間空気を作って話をする，っていうところから入るようになった」という「歩み寄り」によって，「子どもが荒れている事象につけてガツンと怒鳴るという部分がまずなくなりました」と，指導方法についての変化が生まれたという（語り1-29）。そして，この新たな指導方法での実践という新しい経験を通じて，「〔生徒達は〕言うことはそんなに聞かないんだけれど，僕に対して嫌いっていう感じは意外となくて。だからこっちが歩み寄ったときに意外と素直に話ができる」（語り1-31）という新たな視点が見出される。その生徒の反応から，「一応その〔指導の〕やり方は下手くそだけど，思いはあって常にやっていたので。多分その空気だけは伝わっていた」「だから多分完全に〔生徒は〕離れてはいかなかった」（語り1-31）と，指導方法に対しての批判的な検討と評価がなされる。そして，「勢いだけではどうにもならない」（語り1-24）「自分のタイプとして力ずくでやるっていうのはあんまり自分に合わない」という新たな問題設定がなされ，「上手に距離を詰めていって考えを合わしてやっていくっていうのが僕の得意なスタイル」と，生徒指導の方法についての考え方は批判的自己省察に達する（語り1-26）。この形成された生徒指導の方法についての考え方は，「やっぱり最初はうまくいかなかったけど，▲▲〔教員として着任した1校目の中学校のこと〕2年3年目と経験する中で，そこが自分の力の根源なんだっていう，思うようになってきた」と実践で試されて価値づけされ，次第に「普段の関わりあいをいかに大切にするかっていうのが僕の生活指導の大きなポイント」（語り1-72）と考え方が確立していく。

　教師達の連携という考え方についても，教員としての1年目の学級指導が困難な経験から考え方が形成されていくが，それ以前の講師時代の経験も関与している。講師時代，青木教師は3年間，同じ学年を持ち上がり，その学年の教師達と授業以外の行事においても関わっていた。その経験から，学年の教師達

資料 Ao 1：教員としての１年目の学級指導と現在の生活指導についての語り

語り 1-24　「（前略）やっぱりそれで勢いだけではどうにもならないというのをその１年間で痛感しました。もうことごとく僕の指導が通らなくて，自分の中では最もうまくいかなかったクラスですね。今思えば力ずくでした。（後略）」

語り 1-26　（当時のクラス編成について）「まずそのクラスを作らないですね。作らないっていうのが１つと，あとは今だったらやれますね。」
（筆者発言：それはどういう面でやれるっていう気持ちで。）
「そこが最初の年で学んだ力ずくじゃない部分っていうところを自分自身で身に付けたからだと思います。もともと自分のタイプとして力ずくでやるっていうんまり自分に合わないなって。どちらかというと上手に距離を詰めていって，考えを合わしてやっていく，っていうのが僕の得意なスタイルっていうのがそのぐらいにようやく分かり始めて。」

語り 1-27　「（前略）１年目で。その１年でやっぱり自分でふり返ってなんで駄目だったんだろうって。力できっちり抑えてくださいっていうその申し送りに自分が縛られてた部分があって，ガツンとやるしかないんだっていう思いで突っ走ってたのでそこは自分の反省点ですね。」

語り 1-29　「（前略）その歩み寄りですね。いろんなことをどうすればいいんだろうっていう部分を考え始めて，そのさっき言った部分でいうと，まず子どもが荒れている事象につけてガツンと怒鳴るという部分がまずなくなりましたね。その前にまず話を作る空間空気を作って話をするっていうところから入るようになったのがそのときですね。」

語り 1-31　「そのときは意外と，その辺りで僕はガッツガッツ言ってる割には意外とこっちから心は離れてなかったです。言うことはそんなに聞かないんだけれど，僕に対して嫌いっていう感じは意外となくて。だからこっちが歩み寄ったときに意外と素直に話ができるんだなっていうのがそのときの僕の感触ですね。（中略）一応そのやり方は下手くそだけど思いはあって常にやっていたので。多分その空気だけは伝わっていただろうと。やり方は非常に下手くそだけど。だから多分完全に離れてはいかなかったのかなっていうふうに思いますね。」

語り 1-72　「生活指導ってまず１年生のときからなんだけれども，そのとき〔X 中学校着任１年目〕は２年生から入ったから，まずやったのは物理的なもの。時間と空間を共有するっていうことをやりました。本当は２年生から徐々に離していく。子ども達を自立させる段階なんだけれども，その年はとにかくフロアにいる時間を長くして，大事なのは思ったことは全部，必ず生徒に伝えるっていうことを今でもやってます。ふと気になることってあるんですけど，すれ違い様に若干顔色が悪いなって頭で思ったら必ず声を掛けるようにしてました。そうすると子どもにとっては，例えば何か失敗したときの指導が指導したときだけ接する先生ではなくて，普段のかかわりの中で失敗したから今

> もかかわってもらえるんだっていう，そういうふうに思ってもらえるように意識して努力をしました。それがちょっと距離を詰めていくっていうことですね。だから，普段のかかわりあいをいかに大切にするかっていうのが僕の生活指導の大きなポイントです。」

が「とにかくチームワークが非常に良くて」「どの先生が突出してるっていう感じじゃないんですけれども，チームワークでやっていくんだなっていうものをすごく感じて」と，教師達の連携を感じ取っていた。そしてそれは，教員としての1年目の年度末に明確に「意識」される。

　この着任1年目の年度末，青木教師は「校長室に呼ばれて次の学年どうするかっていうときに〔今の学年を持ち上がらずに〕1つ下に下りてくださいって言われた」という。その時に言われた「僕はちょっと1年間で君を育てきれなかった」という校長の言葉から，省察が喚起される。青木教師はその言葉に対して，「育てきれなかったって言うけれども，関わってもらった記憶は一切ない」「管理職としての役目を果たしてない」と「悔しさ」を感じる。それとともに，「この1年間せっかく担任を持たせてもらって何をやったんだろう」「子どもは最後いろいろ聞いてはくれたんだけれども，何を与えたかっていうと，あんまり何を教えたっていうものが自分の中に感触として残ってない」「もうちょっと考えて，もっと自分を鍛えなくちゃいけない」と実践が批判的に検討される。また，「そのときまではとにかく自分が不甲斐ないなっていうことばっかり思ってたんだけれども」「組織ってなんだろう。組織としてこれどうやっていけばよかったんだろう」と，学級指導が困難な状況に対して担任教師という個人での対処ではなく，「組織」という視点が見出される。そして青木教師は，「それまでは自分のクラスをとにかくなんとかしなくちゃだったのが，学年という意識を持ったのがその年度末」と，「学年」という「意識」を明確に持ち，着任2年目から自分の学級ではない生徒とも関わるようになる。この着任2年目には，生活指導主任で青木教師のことを「1番心配してくれた先生」が，「同じ部活にならないか。そしたらもっとかかわることができるから」と誘ってくれたという。この先輩教師から「クラスのことだとかいろいろ教えてもらえるようになって」「生活指導面で困ったらその先生とコミュニケーション取りなが

259

ら方向性を見いだしていった」というように，青木教師は先輩教師との関わりの中で「実力」をつけていく。また，青木教師は同じ学年の教師達とも「連携」し実践を行っていくようになる。

このように教員としての1年目の経験から「歩み寄り」という生徒指導の方法についての考え方と，教師と教師が関わって連携して実践する「学年」という考え方が形成される。そして，「その3年間が僕の基本のすべて，その3年間でできた」と青木教師が述べるように，これらの考え方が青木教師の教師としての考え方の基盤となっていく。

②授業についての意味パースペクティブの形成過程

授業についての意味パースペクティブにおいては，被教育時代の経験や講師時代と教員としての教職経験から，授業の目的とその方法についての考え方が形成され確立していく。

教員として着任した1年目当初から，青木教師は授業に関する考え方を形成する。それは，「究極の一方通行型で，僕以外のコミュニケーションは一切許しませんでした。授業の内容でも話をしていたら全部止めました。そうすると授業を止めて，僕の授業で話し合いは許さないからっていうので，講義の授業をやってました」という，「完全なる管理型の授業」である。この考え方は，生徒の状況から次のように形成されたものであった。青木教師は他の理科教師との話し合いから，前年度は「実験がやれてない」こと，それは「非常に危ないから。この学校は実験道具が武器になるから」という生徒の状況による決断であることを知る。しかし，そのような状況でも青木教師の着任した年度からは実験を行うことになった。そして，「実験をやるためには安全を確保」という授業についての目的と，そのためには「徹底した管理」という授業方法についての考え方を青木教師は形成する。しかしその考え方は，着任した中学校において初めて形成されたのではなく，被教育時代の経験が関連して講師時代にその考え方の「礎」は形成されていた。

講師という立場上，「トラブルがあった場合に責任が自分じゃとれないっていう意識」から「自分の授業はとにかく乱してはいけないという思いがあった」青木教師は，「管理」の授業を講師時代に行っていたという。またそれは，「自

分が受けた授業もそうだった」という被教育時代に受けた授業でもあったことから，青木教師にとっては当然の授業方法でもあった。この時点で既に，「乱してはいけない」という授業の目的について考え方から，「管理」という授業方法の考え方の「礎」が形成されていた。そしてこの考え方は，「そういうスタイルを作ったのがその4年間ですね。始めからできていたわけではない」と青木教師も述べるように，教員として着任した1校目の中学校において，生徒の状況から4年間の実践を通じて，次のように確立されていく。例えば，生徒が起こす様々な「いたずら」に対して，「1回でもピッて水が飛んだら止めて，もう教室に帰って普通の授業した」と，青木教師は「徹底した管理をするっていうのを見せていた」という。しかしその時には，「ちゃんと説明してあげないといけないなという思いもすごく強く持っていたので」「名指しで，この子がこういうことをやったので」「理由も告げて」「説明した上で止めました」と，「その都度丁寧に説明して」という指導も併せて行っていたという。このような指導方法によって生徒も納得し，「うまくいかないことはなかった」ことから，「徹底した管理型の授業」という指導方法についての考え方は確立されていったのであった。

　また当時は，青木教師を取り巻く他者の授業実践も「管理」であったという。青木教師の着任した「その学校のスタイルの中心は一方通行型の授業」であり，所属する地区においても，「管理型の授業が非常に多かったです。ベテランの先生を見てもそうでした」「理科ってだいたい実験なんですよ。だから実験をいかに管理するかっていうそういう授業が多かった」という。このように，青木教師を取り巻く他者の実践がすべて当時の青木教師の考え方と合致しており，この時点では自分の考え方に疑問を抱いて省察を喚起するような契機はなかったのである。それが，「そのとき本当に申し訳ないぐらいに，授業っていうのは管理以外目が行かなかった」という青木教師の言葉になって表出している。さらに，「まったくもって心を削られてる状況だったので，放課後もとにかくずっと指導でした。生活指導だった」という状況からも，当時の授業についての意味パースペクティブの根幹には「生活指導」があり，そのための手法（方法）としての「管理」という根源的な考え方を青木教師は有していたと推察される。

2－2　意味パースペクティブの発達過程（X中学校着任以後）
①省察の喚起・深まり（着任1～2年目）

　X中へ着任した青木教師は、「最初の印象はまず気になったのがトランシーバー」だったという。「トランシーバーみんな持ってて」「何か問題が起こったときにこれでみんな集合するんだよっていうのを聞いて、やっぱり大変なんだなっていう思いが、生徒が来るまで思った」という。しかし、「生徒が来たら全然印象変わりましたよ。すごく落ち着いてる」と思ったという。また2年生の担任となった青木教師は、「いきなり2年生から入ったのは初めての経験だったので、非常に緊張はしました」という。しかし「クラス編成も十分配慮されたクラス。クラスの2組って学年主任の隣のクラスで非常に待遇が良くて」ということから、「その1年間は2年生からだったんですけれども意外とすんなり溶け込めました。逆に落ち着きすぎて戸惑いがあったぐらい」というX中学校でのスタートであった。しかし、「やっぱり生活指導っていうのはいくら落ち着いてもやっぱりある」「規模が大きさが小さいっていうだけで、意外と日々あった」という。前任校の実践から青木教師には、「生徒との距離を詰めて方向性を一緒に見つけていくっていう指導をやりたい」という「思い」があり、「学年の生活指導には積極的にかかわろう」「クラスに関係なく関わっていこう」と思っていたという。また、当時の学年主任の教師は、「〔学年〕集会なんかでもまず僕に話しをさせてくれた」と、青木教師を「生活指導の第一線で」「まずやらせてくれていた」という。

　このようにX中学校着任1年目から前任校と同様に、青木教師は「生活指導で子ども達にかかわること」ができ、これまでの考え方、「普段のかかわりあいをいかに大切にするか」「上手に距離を詰めていって考えを合わしてやっていく」とそれにもとづく実践に確信を持つようになる。それと同時に、「落ち着いてる子どもを自分が直接見た」(資料Ao 2語り1-97)という前任校とは異なる生徒の状況から、青木教師は「ちょっとずつ自分の管理以外で何ができるのかな」と、教育のあり方について省察を喚起させる（語り1-94）。この省察の深まりには、当時の学年主任の「思い」が影響を与えている。

　青木教師はこの学年主任の教師について、「思いっていう部分についても非

常に印象を受けた先生」と述べており,「学年こうしたいっていう強い志をとにかく持たれてる先生」「子ども同士のつながりを考えていた先生」「誰かのために何かをできる,そんな子どもを育てたいっていう意識を強く持ってる先生」だったという。このような「思い」を持っていた当時の学年主任は,その「思い」を浸透させるために「大人にも語っていたし,場面によっては子どもにも語っていた」という。その生徒へ語る場合には,学年集会などで青木教師を「通してやらせてくれた」という。省察が喚起された当時,青木教師は「その子どものつながりっていうのをはっきり意識してたわけではない」「もやもやっとした思いだけ」であったという。しかし学年主任の「思い」を「語る」という実践の累積から,「自分の何か変えたいっていう思い」と「学年主任の先生のこうしたいんだっていう思い」(語り1-94)がつながり,「子ども同士のつながり」という新たな視点を青木教師は明確にしていったと考えられる。そしてこの視点から,「自分だけがすべてを伝えるっていうのはおこがましくって,それっていうのは範囲外。限られてる。上限がもう分かっている」と,教師が「管理」する教育の限界が見極められ,「それよりは子ども達同士で育て合うとか,そういったことができればいい」と批判的な検討がなされる(語り1-95)。最終的に,「そうすることによって大人1人の思いを超えて,子ども達同士でもっと成長する」と,教師の力ではない「子ども同士のつながり」による教育という新たな問題設定をなし,教育のあり方についての考え方は批判的自己省察に達する。そして青木教師は,「学校は社会」「人とのつながりを覚える上では,その子ども達同士のつながりが大事」と,学校における教育のあり方について,発達させた考え方を有するようになる。

　この教育のあり方についての考え方の発達と同時期,X中学校着任2年目の年度末,青木教師にはもう1つの省察も喚起されていた。青木教師は2年間受け持った生徒が卒業した時に,「何を育てることができたんだろうっていうふうに自問自答した」という(資料Ao2語り2-15)。この「自問自答」においては,「何の見通しも持たずに」「目の前のものに追われるだけ」と考え方の源(無意識の行動)が突き止められている(語り2-16)。同時に,「一生懸命やってたんだけど,何か目的を持ってやってたかっていうと目的は持ってなくて,本当に目の

資料 Ao2：「子ども同士のつながり」と生活（生徒）指導についての語り

語り1-94 「発想はちょうどそこでなんか僕が持ち始めたときですね。意識を持ち始めたとき。ちょっとずつ自分の管理以外で何ができるのかなっていうのを，その子どものつながりっていうのをはっきり意識してたわけではないんだけども，もやもやっとした思いだけ。だから自分の何か変えたいっていう思いと，この学年主任の先生のこうしたいんだっていう思いがちょうどつながったときかなっていうふうに思います。」

語り1-95 （筆者発言：その管理からちょっと意識が離れてたっていうのは何か原因というかきっかけっていうか何かあるんですか。）
「結局中学校にいる中で，自分だけがすべてを伝えるっていうのはおこがましくって，それっていうのは範囲外。限られてる。上限がもう分かっている。それよりは子ども達同士で育て合うとか，そういったことができればいいんじゃないかな。そうすることによって大人1人の思いを超えて，子ども達同士でもっと成長することができたりだとか。僕自身が学校は社会だって意識を持ち始めたのは，そこで人とのつながりを覚える上では，その子ども達同士のつながりが大事なんじゃないかなっていう思いを持ったからですね。」

語り1-96 （筆者発言：それは先生が自然に思ったのか。学年主任の先生の影響。）
「どっちなんだろう。どっちですかね。今では完全に自分の中の思いだと自分の意識だっていう思いでいるんだけどもどうなんだろう。たまたま合ったのかな。」

語り1-97 「▲▲〔X中学校の前任校のこと〕にいるときっていうのは，どちらかといいうと子ども同士のつながりっていうよりも，意識したのは大人同士のつながりだったので，ここに来たときはそうだな。でもやっぱり同時かな。その子どもが落ち着いて何かができるって思ったときに，やっぱり子ども同士のつながりって見えてきた部分っていうのもあるので，自分の中でこれが大事だっていうのと，あとその入った年から学年主任の先生が言い続けてる，人のために何かをするっていう，同時かもしれないですね。きっかけはだから落ち着いてる子どもを自分が直接見たからっていうのがあるからかもしれないです。」

語り2-15 （授業で社会性を養うということを考えるようになったことについて，1回目調査への確認の質問）「〔着任2年目に3年生を〕卒業させたときに何を育てることができたんだろうっていうふうに自問自答したものプラス，ちょうどきっかけとして学年主任を持ったので，じゃあこの学年の子たちをどうやって育てようって思ったのが，育てるというのがそのときの非常に強いキーワードで。」

語り2-16 （着任1・2年目に受け持った子ども達はどういう意識で2年間，指導していたのかについて）「目の前のものに追われるだけでした。全く，だから何かできたっていう感じはないです。だから本当に2年間終わってちょっとがっかりした部分が。日々

> 一生懸命はやってたんです。一生懸命やってたんだけど，何か目的を持ってやってたかっていうと目的は持ってなくて，本当に目の前の子が困ってたら助けたりだとか，アドバイスしたりとか，勉強教えたりだとか，そういうことしかできてなかったので，何の見通しも持たずにやってました。だから，もうあのときの自分とはちょっと明確に今の自分とは違うなと思います。（後略）」

前の子が困ってたら助けたりだとか」「そういうことしかできてなかった」と考え方の前提条件も明らかにされる（批判的省察）。また，次年度（着任3年目）から学年主任となることが決まったことも加わり，次に受け持つ「学年の子たち」については，「目的を持って」「見通し」を持ってという問題設定において，青木教師は「育てる」という視点を明確にする。

一方，授業についても省察が喚起される（資料Ao3）。X中学校に着任し，前任校とは異なる「落ち着いている」生徒に青木教師は出会うが，これまでと同様に，「管理型の授業」を行っていたという。この点について青木教師は，「たぶんやろうと思えばちょっとずつ違うことができたんだと思うんですけど，そのときの自分の頭に染み付いた授業っていうのが，管理型が当たり前になっていたので，なかなかそこから脱却できなかった」という。また，X中学校全体についても「中心は生活指導」「授業に関しての研究だとかそういったものっていうのは二の次」であり，「まず〔生徒を〕落ち着かせた上での授業だろうっていう意識」であったという。そのような当時のX中学校では授業改善のために授業を見合うこともなかったというが，青木教師は「学年の生活指導には積極的にかかわろう」「クラスに関係なく関わっていこう」という生活指導の観点から，「自分の学年のみ」「自分の学年の生徒を見るために」「見回りっていう観点」で他の教師の授業実践を参観する。もともとの目的は生活指導からの観点であったが，他者の実践から，「同じく伝えるのにも見せ方を変えるだけで授業の印象って変わるかなって，子どもの中で吸収の具合が変わるのかな」と，青木教師は「見せ方」という授業方法についての新たな視点を見出し，「ちょこちょこと取り入れて」いく。着任2年目には，ICT（Information and Communication Technology）を授業に用いるようになる。

このように青木教師は，「管理型の授業」から「脱却できなかった」が，「一

> 資料 Ao 3：X 中学校着任当時の授業についての批判的な検討と授業の目的についての語り

語り 1-86 前半　「(前略) そのころ〔着任3年目に〕ようやく〔ICT を〕なんで取り入れたかっていうと授業に対して目が向いてきたんですね。落ち着いた子たちはできるんだ。自分が考えたことってもっとできるのかもしれないっていう思いを持ち始めてるときで，その子たちを卒業させたときに，なんかもっと与えられるものがあったんじゃないかって，そういうことも考えたんですね。そう考えたときに，授業でもっと与えられるものあっただろうと。だから次に学年を持つときには，自分なりにいろいろ方法を工夫してやっていきたいなって思ったんですね。授業に対しての興味関心を持ったのがそこで1つ。」

語り 1-100　「1番はこの1年目〔生徒達が1年生の時〕からですので，まず授業面においては学校の流れとしても今，協同っていうのを取り入れてるんですけど，僕その学校の流れの前に自分がまず1番取り入れたいのは協同ですね。協同と探究っていう言葉をキーワードに今〔第1回目調査当時・着任5年目〕この学校はやってるんですけれども，勝手な僕の中では，どちらかというと協同の方が中心。それがこの辺から生活指導と授業が僕の中でこう別でなくなってきてるんですけれども，その授業で育てたいなっていう思いが，実はさっきもちょっと言ったんだけど，子ども同士のつながりで，子ども同士の社会っていうのを大事にしていきたいなっていう。それを成熟させるのが僕の目的だというふうに思っているんですね。なので授業中に今まではちょっと怖くて取り入れなかった，その協同作業っていうのを取り入れるようになりました。まだ1年目のときっていうのは，本当グループ学習をするところから始まってるんですけれども，それを取り入れたのが大きなその授業のやり方の中で変わった部分ですね。子ども達の様子っていうのが，1年目から取り入れたので，意外とすんなり，みんなグループ学習に取り組めるようになって，こういう思いは結構学年の先生にも伝えていたので，それぞれの学年の先生も結構，グループ学習を取り入れてやってくださったんですね。だから学年の授業のスタイルとして，このグループ学習だとか，その協同っていったことに対しての目が非常に向き始めた年だなっていうふうに思ってます。それっていうのは，ここで身につけた人同士のつながりっていうのが生活指導にもつながるんじゃないかなと。だから僕の中で生活指導と授業はまったく別っていうものが，ここで生活指導とだんだん結びついてきて，ここで子ども達の基本となる力を授業を通して身につけさせたいなっていうふうに思ってます。(後略)」

方通行型の中でいろんなものを取り入れようという工夫」から新しい授業方法での実践を約2年間，行う。新しい授業方法の実践を通じて，また，「管理型の授業」を必然にしていた荒れる状況を想定する必要がなくなったことから，2年間受け持った生徒が卒業した時に，「もっと与えられるものがあったんじゃないか」と省察が喚起される。そして，「授業でもっと与えられるものあっ

た」「落ち着いた子たちはできるんだ。自分が考えたことってもっとできるのかもしれない」という批判的な検討を通じて,「次に学年を持つときには,自分なりにいろいろ方法を工夫してやっていきたい」と,変容への意欲が喚起される(語り1-86前半)。

このように,Y中学校着任2年目の年度末の時点で,青木教師には3つの省察が喚起され,学校における教育のあり方については,「子ども同士のつながり」による教育という考え方を有するようになっていた。また,次に受け持つ「学年の子たち」については,「目的を持って」「見通し」を持って「育てる」という視点も明確なり,さらに授業方法についても,「いろいろ方法を工夫してやっていきたい」という意欲が青木教師には喚起されていた。これらの省察の喚起・深まりは,実践を通じてなされていったが,教科センター方式が導入されること,次年度に学年主任となること,という2点の状況の変化から,X中学校着任2年目の年度末から3年目にかけて,生徒指導についての考え方の省察も喚起されていた(資料Ao4)。

着任2年目の夏ごろ,校舎の耐震化に伴う建て替えから教科センター方式実施が告知され,その説明会や新校舎についてのヒアリングが行われた。この時の行政の担当者が教育関係ではなく,施設関係の担当者であったことから,「教科センター方式を取り入れる理念の説明がまったくない」説明会だったという。そのため,青木教師は教科センター方式導入について,「まず思ったのは何を考えてるんだ」「そんなばかな方式を取り入れちゃいけない。大反対してやる。最後まで必ず反対してやるって思った」という。それは,これまで「学年を意識してつくり上げてきて,ようやく落ち着かせてきたっていう経緯」「自負」があり,「教科センターで〔生徒に〕移動されてしまうと学年がやっぱりバラバラになってしまう。自分たちが今まで取り入れてきた手法で子ども達と接するのが難しくなる」という,生徒の落ち着きが「崩れちゃうんじゃないか」という懸念からであった。このことから「生活指導っていう観点において何1つ利点が見当たらなかったので大反対」「最後まで反対をして当初の〔校舎の〕構造を変えてやろうと思ってた」という。しかし,「どうやら〔校舎の〕構造は変わらないと思ったときに,そしたら今度自分の中で意識が変わって,教科

| 資料 Ao 4：教科センター方式と生徒についての語り |

語り 1-104「そのとき思っていたのが，やっぱり根幹は生活指導が大事で，そのとき僕が1年生を持つときっていうのは，もうX中って落ち着いた学校だっていうのは自覚もありましたし，周りからもそういうふうに言われてました。落ち着いた今，次の一手をどうすればいいのかなっていうことを考えて，この維持をさせるっていうのは，維持だけを考えてたら絶対崩壊するぞっていうのがもう分かっていることなので，生活指導っていうのは維持っていうのはすごく難しい。（中略）何を次の一手にするかって考えたときに，今までは別々で考えていた授業と生活指導をくっつけることによって，授業でそういった社会性を身につけさせることによって，それは生活指導の一手にはなるんじゃないか，ということで，その授業の中で社会性を身に付けるという思いがありました。だから〔大学院の〕授業始まる前からですね。」

語り 1-105「だから生活指導っていうか，どうやって子どもを育てるかっていう部分が一番表現としてぴったりくるかなっていうふうに思います。」

語り 1-86後半
「次の年に入って1年生で，いろいろ自分で試行錯誤してICTを非常に強化して取り入れました。教科センターっていう話もわいて来ました。そのときに最初は教科センターって大反対で，最後まで反対をして当初の〔校舎の〕構造を変えてやろうと思ってたんだけれども，どうやら構造は変わらないと思ったときに，そしたら今度自分の中で意識が変わって，教科センターをどうやったら成功させられるんだろうっていう思いを持つようになったんですね。そのとき僕が初めて学年主任を1年生のときに持ったので，この子ども達を荒れる方向には行かせたくないと。教科センターでも対応できる子ども達に育てたいなっていう思いを持ち始めて（後略）」

語り 2-17（教科センターでうまくいくように考えようって意識が変わったことについて）
「それはもう非常に単純にシンプルで，その子たちをお預かりして，校舎が変わったから駄目になったものをその子たちに背負わせるつもりはなかったので，非常に校舎が〔生活指導を行う上で〕厳しいのは分かってたけれども，それでじゃあこの子たちが結局育ちきれずに校舎が変わって損をして〔卒業して中学校を〕出る，っていうのはちょっと余りにも残酷だな。だからこそ，校舎の利点を生かして育てた上で，この子たちを出してあげたいって思いだけです。そこだけです。要は子ども達を考えたときに校舎がどうのこうのよりも，〔それが〕すごいちっちゃいことに思えてきて，っていうか。」

センターをどうやったら成功させられるんだろうっていう思いを持つようになった」（語り1-86後半）という。この「意識」の変化には，先述の「目的を持って」「見通し」を持って「育てる」という新たな視点からの批判的な検討が関与していた。

「校舎が変わったから駄目になったものをその子たちに背負わせるつもりはなかった」「この子たちが結局育ちきれずに校舎が変わって損をして〔卒業して中学校を〕出る，っていうのはちょっと余りにも残酷」と，生徒を「育てる」という視点から教科センター方式のための校舎における教育を青木教師は検討する（語り2-17）。この批判的な検討から，「子ども達を考えたときに校舎がどうのこうのよりも，〔それが〕すごいちっちゃいこと」と青木教師は新たな問題設定をなす。そして，「教科センターでも対応できる子ども達に育てたい」（語り1-86後半）「生活指導っていうか，どうやって子どもを育てるか」（語り1-105）と，生徒指導についての考え方は発達する。

さらに，この「どうやって子どもを育てるか」という生活指導についての考え方の発達から，授業の目的についての考え方の発達が導かれていく。青木教師は，「生活指導っていうのは維持っていうのはすごく難しい」「維持だけを考えてたら絶対崩壊するぞっていうのがもう分かっている」「落ち着いた今，次の一手をどうすればいいのか」と，「落ち着いた学校」の維持について検討する（語り1-104）。この批判的な検討は，「根幹は生活指導が大事」という「生活指導」という観点からであった。しかし，その生活指導の意味は，管理するという意味での「生活指導」ではなく，「どうやって子どもを育てるか」という発達した考え方から検討がなされる。この発達した考え方にもとづく検討から，「今までは別々で考えていた授業と生活指導をくっつける」「授業でそういった社会性を身に付けさせることによって，それは生活指導の一手にはなる」と，授業において「社会性を身につけさせる」という新たな問題設定がなされ，授業の目的についての考え方も発達する。この授業の目的（生徒に培わせたい力）についての発達した考え方は，他の語りにおいても「授業で育てたい」「子ども達の基本となる力を授業を通して身につけさせたい」という表現となって明確に述べられている。さらに，「子ども同士のつながり」による教育という教育のあり方についての考え方の発達も関連づけられている（資料Ao3語り1-100）。

この語りにおいて，「僕の中で生活指導と授業はまったく別っていうものが，ここで生活指導とだんだん結びついてきて」「生活指導と授業が僕の中でこう別でなくなってきてる」と，青木教師は徐々に考え方が関連づけられていったこ

とを述べた上で,「ここで〔授業で〕身につけた人同士のつながりっていうのが生活指導にもつながる」という新たな問題設定がなされている。この新たな問題設定は,「今までは別々で考えていた授業と生活指導をくっつけることによって,授業でそういった社会性を身につけさせる」という発達した生徒指導についての考え方から導かれている。そして,授業の目的（生徒に培いたい力）についての考え方も,「子ども達の基本となる力を授業を通して身につけさせたい」と発達している。それと同時に,そのためには「子ども同士のつながりで,子ども同士の社会っていうのを大事にしていきたい」と,「子ども同士のつながり」による教育という,教育についての発達した考え方も関連づけられている。さらに,授業の目的についての考え方（授業において「社会性を身につけさせる」）と教育についての考え方（「子ども同士のつながり」による教育）の発達から,「自分がまず1番取り入れたいのは協同」「授業中に今まではちょっと怖くて取り入れなかった,その協同作業っていうのを取り入れるようになりました」と,授業方法についての考え方の変容と新たな実践が導かれている。しかしこの時点（着任2年目末から3年目4月5月初旬頃にかけて）では「協同」ではなく,「関わり合い」という言葉を使っていたという。「大学院始まる前から結構思ってました」と青木教師も述べているように,この省察の深まりに関しては着任3年目から在学する教職大学院での影響は関与していない。また,関与していないことが「カルチャーショック」となって,さらなる省察の深まりを導いていくのである。

②さらなる省察の喚起・深まり・考え方の発達（着任3〜6年目）

X中学校着任2年目の年度末までに,生徒指導について,教育のあり方について,授業の目的について（生徒に培いたい力について）,授業方法について,これらの考え方を発達させた青木教師は,着任3年目から1年生の学年主任・担任となり,発達した考え方にもとづいて,「今まではちょっと怖くて取り入れなかった,その協同作業」として,グループ学習を行うようになる。また同時に,職務と並行して教職大学院に在学するようになる。この大学院への進学は,着任2年目後半に青木教師が次年度から学年主任になることが知らされ,「この子ども達を荒れる方向には行かせたくない」「教科センターでも対応できる子

ども達に育てたい」という「思いを持ち始めて，そこに大学院の話が来た」という。その時に，「学習の勉強だとか」「〔教科センター方式を先進的に行っている〕Y中についてちょっと勉強できることがあったら勉強したい」ということから，教職大学院に通うこと希望したという。この教職大学院において，青木教師は「カルチャーショック」を受け，授業方法についての考え方が発達していく。

青木教師は大学院に入学する直前に，生徒指導についての考え方の発達から，授業において社会性を育てるという考え方を有するようになり，授業の目的についての考え方も発達させ，着任3年目の4月から，生徒同士の「関わり合い」のある「協同作業」を授業に取り入れるようになっていた。しかし，教職大学院において他校の教師達との対話から，青木教師は「そういう考えがあるんだっていうことにまず驚いた」「すでにそれを実践してる学校があるっていうのが非常に驚いた」という。さらに，「そうやって考えたのが意外とそれ当たり前のこととしてみんな考えてやってる」「協同っていうのが当たり前だった」「自分たちがやっと見つけたと思ったのを当たり前のように取り組んでる。それこそその先を行って取り組んでる」ことに青木教師は「カルチャーショックを受け」，省察を喚起させる。そしてそれらを実践している他校の教師達との「交流」から，「そのときはグループ学習をやるだけでいっぱいいっぱいで，その先のことなんて思い至らなかったものが」「ただのグループ学習で，まだ協同じゃない」ということに青木教師は気づく。そして，「じゃあグループ学習を高め合いにつなげるためにはどうしたらいいのか」という新たな視点から，「協同」「グループ学習」についての省察が深まっていく。

青木教師は，自己のグループ学習を取り入れた授業について，「子ども同士がしゃべるってだけで，しゃべってる活動見るだけですごいなと思ってた」(資料 Ao 5 語り 1-107) と考え方の源を突き止める (省察 reflection)。同時に，「僕は一方通行型だから子ども同士がしゃべるっていうのは考えられない」と，自分の授業が「一方通行型」が当たり前であったとその考え方の前提条件が明らかにされる (批判的省察)。そしてこれまで行ってきたグループ学習について，「グループ内で全員がしゃべってるかっていうと得意な子がしゃべってみんなに伝

資料 Ao 5：グループ学習と協同についての語り

語り 1-107　（筆者発言：そのグループ学習と協同の違いについてちょっと明確に教えていただけますか。）
「グループ学習ってそのときは本当に一方通行型。その前の段階で，僕は一方通行型だから子ども同士がしゃべるっていうのは考えられないんだけど，子ども同士がしゃべるってだけで，しゃべってる活動見るだけですごいなと思ってたんだけれども，ただそのときってこの子たちが1年生のときっていうのは，グループ内で全員がしゃべってるかっていうと得意な子がしゃべってみんなに伝えてるだけだったりだとか，まったく参加してない子だとか，そういった子がいるわけですよ。だからそれっていうのは，協同ではなくてただの形としてのグループ学習。それが協同になるためにはなるべく全員が参加する形で，それぞれ役割を持ってやれるのが協同なのかなって。やり終えたあとで，やり始めの前の段階から，それぞれがもともと始まりのレベルは違うんだけど，終わったあとで何かしらの分野で1歩上にいけたらそれが協同が成立したことかなと。グループ学習が終わって，1人だけが語って1人だけが満足して，その子だけが成長したっていうのはただのグループ学習で終わってるかな。そういう違いがすごくあるかなというふうに思います。協同するためにじゃあどうすればいいのかっていう手法については，まだ分かりません。それ今でもやってる。試行錯誤しながらやってるところですね。」

語り 1-108　「○○大学〔教職大学院〕に行ったら皆さんそれについて語ります。それこそ附属校の先生なんかはそれについて語ったりだとか，協同を行わせるためにまずみんなで取り組ませる課題。課題設定の部分って探究が必要だっていうのを聞いて，僕はたぶん探究って思い。言葉を学んでそれやりたいなと思ったのが，○○大学がきっかけですね。そうか。みんなで協同させるためにはそれなりのみんなで取り組むための上手な課題設定。それが探究につながっていくと。それがみんなで取り組ませるっていうことは，それが協同にもつながっていくとっていう思いを持たせてもらったのは○○大です。」

えてるだけ」「まったく参加してない子だとか，そういった子がいる」「だからそれっていうのは，協同ではなくてただの形としてのグループ学習」「グループ学習が終わって，1人だけが語って1人だけが満足して，その子だけが成長したっていうのはただのグループ学習で終わってる」と実践が批判的に検討され，評価される。最終的に，「それが協同になるためにはなるべく全員が参加する形で，それぞれ役割を持ってやれるのが協同」「やり終えたあとで，やり始めの前の段階から，それぞれがもともと始まりのレベルは違うんだけど，終わったあとで何かしらの分野で1歩上にいけたらそれが協同が成立したこと」と，協同が成立するグループ学習という新たな問題設定から，授業方法につい

ての考え方は批判的自己省察に達する。

　この授業方法についての考え方の発達から授業づくりについては，「みんなで協同させるためにはそれなりのみんなで取り組むための上手な課題設定。それが探究につながっていく」「みんなで取り組ませるっていうことは，それが協同にもつながっていく」と，「ただのグループ学習」で終わらせないという新たな問題設定がなされる。そして，「協同を行わせるためにまずみんなで取り組ませる課題。課題設定の部分って探究が必要」と授業づくりについての考え方も批判的自己省察に達する（資料 Ao 5 語り 1-108）。これらの考え方の発達は，教職大学院に入学した「1番最初の段階ですね。その最初の1学期の段階」でなされており，「それをどうやっていくかっていうのをもがき苦しんだのが残りの期間」だったという。教職大学院修了後も，「協同するためにじゃあどうすればいいのかっていう手法については，まだ分かりません。それ今でもやってる。試行錯誤しながらやってるところ」と，実践での「試行錯誤」を青木教師は継続していく（資料 Ao 5 語り 1-107）。このように授業方法と授業づくりについての考え方は，大学院における他校の教師達との「交流」から省察が喚起され発達していった。その一方で，先に発達していた生徒指導についての考え方，「どうやって子どもを育てるか」「授業でそういった社会性を身につけさせる」が新たな問題設定の枠組みとなり，授業の目的についてのさらなる考え方の発達ともう1つの授業づくりについての考え方の発達が青木教師に生起していた（資料 Ao 6）。

　「〔生徒に社会性を〕つけたいっていうところからあらゆるものの価値観が変わります。その授業の価値観が自分の中で変わって，とにかく授業を通して人を育てるっていう意識を持ったから，そこで教材観も変わりました」（語り2-13）と青木教師が述べているように，生徒指導についての考え方の発達から，「授業の価値観」（授業の目的についての考え方）と「教材観」（授業づくりについての考え方）の変化が導かれている。その省察の深まりが，次のように一連の語りに表出している。青木教師は，「生活指導っていうか，どうやって子どもを育てるか」「授業でそういった社会性を身につけさせる」という発達した生徒指導についての考え方から，「授業を通して人を育てる」という授業の目的について

> 資料 Ao6：授業づくりと授業の目的についての語り（2回目調査）
>
> **語り 2-10**　「多分教材の価値観っていうのが僕他の理科の先生と違うかもしれなくて，全然理科じゃなくてもいいんです僕の中で。理科じゃなくてもいいんだけれども，協同だとか探究とかそういったものを取り組ませる道具として理科を使ってるだけで，理科としてどうのこうのっていう部分に関していうと，本当に根本的なところだけ。いろんな現象を科学的に分析するっていう部分だけを考えてやってます。だから教材の題材設定，課題設定に関してのそういった部分を意識してやってます。なるべく日常のものを科学的に分析できるような目を養えたらいいなっていうのがあるので，例えば日常のものでいうと，食べ物に関わらせて食育を理科で積極的に取り入れたりとかそういったことはやっています。」
>
> **語り 2-11**　（筆者発言：それは先生が講師になっていたときからずっと変わらないんですか。）
> 「全然違います。講師のときどころか最初の前任校のときはもう教科書教えるだけです。その単元を教科書の流れに沿って教科書のまま教えてただけなので，全く今と授業違います。今の授業受けてる子たちは，最初は何の単元やってるか分からないような状態から，本当に日常の題材から入っていきますので，これ何なんだろうってやってるうちに，気が付いたら理科の単元の今やるべきところをやってたんだな，っていうふうな印象でいると思います，ちょっとそれは直接聞いたことないんですけど。」
>
> **語り 2-12**　（筆者発言：今みたいに変わったのはいつ頃だと思いますか。）
> 「変わったのは，この学校に来てこの春卒業した3年生が1年生で入ったときです。」
>
> **語り 2-13**　（筆者発言：じゃあその社会性をつけたいって。）
> 「つけたいっていうところからあらゆるものの価値観が変わります。その授業の価値観が自分の中で変わって，とにかく授業を通して人を育てるっていう意識を持ったから，そこで教材観も変わりましたし，理科はそういう単元に本当にとらわれないというか，あくまで理科を使って育てるだけであって，そこです。完全に考え方変わりました。」
> （筆者発言：そこでそういうふうな科学的な目を養えるようになってほしいっていうのが明確になった。）
> 「そこで明確です。ある意味じゃ理科を使ってどうやって育てるかっていうふうに考えたときに，単元を教えるだけでは人は育たなくて，そんなのただの勉強で，別に私が教えなくても自分で学習すればいいことであって，それは育てるとは違うなって。ちゃんと日常のものに目を向けて，それを分析できる力をつけることが育てるっていうことだなっていうふうに考えたので，そこでちょっと変わりました。」

の考え方も発達させており，この考え方から「理科を使ってどうやって〔生徒を〕育てるか」と省察を喚起させる。そして，「前任校のときはもう教科書教

えるだけ」「単元を教科書の流れに沿って教科書のまま教えてただけ」(語り2-11)と，これまでの授業づくりについての考え方を明らかにする(省察reflection)。その上で，「理科を使ってどうやって育てるかっていうふうに考えたときに，単元を教えるだけでは人は育たなくて，そんなのただの勉強で，別に私が教えなくても自分で学習すればいいことであって，それは育てるとは違う」(語り2-13)と，批判的な検討を通じてこれまでの考え方は否定される。最終的に，「育てる」という新たな問題設定から批判的自己省察に達し，「ちゃんと日常のものに目を向けて，それを分析できる力をつけることが育てるっていうこと」と，授業の目的についての考え方は発達する(語り2-13)。この考え方の発達とともに授業づくりについての考え方も，「協同だとか探究とかそういったものを取り組ませる道具として理科を使ってるだけ」(語り2-10)「あくまで理科を使って育てるだけ」(語り2-13)という新たな問題設定から批判的自己省察に達する。そして，「理科はそういう単元に本当にとらわれない」と授業づくりについての考え方は発達する。

　このように，大学院における「カルチャーショック」な経験と，生徒指導についての考え方の発達から，授業の方法について，授業づくりについて，授業の目的について，の考え方の発達が導かれていった。その発達した考え方は先に，あるいは同時期に発達していた考え方に加わり，考え方が全体として次のように拡がっている。授業の目的については，「社会性を身につけさせる」という発達していた考え方に，「日常のものに目を向けて，それを分析できる力をつける」という教科における目的が加わっている。授業づくりについては，それぞれの省察の深まりから導かれた考え方，「協同を行わせるためにまずみんなで取り組ませる課題。課題設定の部分って探究が必要」と「単元に本当にとらわれない」という2点の考え方に拡がりをもって発達している。そして，発達させた考え方(授業方法について，授業づくりについて，授業の目的について)にもとづく実践を継続して約3年後(2回目調査当時・X中学校着任6年目)，青木教師は実践から「僕の答え」を導きだし，さらに考え方を発達させ，「探究」を導くために「課題設定」にこだわって，次のような授業づくりを行っている(巻末資料Ao7)。

青木教師は,「教科書は一切使わなくて」「1時間単位で細かく授業を全く考えてない」「この期間でこの内容を教えようっていうふうに授業を組み立ててる」という（語り2-23）。それは,「最初に何か取り組ませた上で,自分たちの作らせたものを分析させて,ここの部分不思議だなっていう部分を理科的に解明していくっていう授業の組み立て方」である（語り2-24）。さらに,「ちょっと関係ないことも意図的に絡ませて」授業づくりを行っているという（語り2-25）。これは,「やみくもに全部いろんなものやってるわけじゃなくて」実践の中から導き出された「答え」にもとづいている（語り2-27）。それは,着任3年目から3年間,探究的な授業づくりと協同的な授業方法によって教えた生徒達が,「ペーパーテストで解ける力もついてる」「実際に学力」がついたことである（語り2-28）。このことから,「関係ないことも含めてあらゆる情報の中から単元に必要なことを自分たちで考えるほうが絶対に彼らの記憶に残ります。他のものを絡めていったほうが彼らの記憶にとどまる。あと理解力につながるっていうのが僕の中の答え」（語り2-27）と,青木教師は生徒の学力向上から「ちょっと関係ないことも意図的に絡ませて」という新たな視点を見出し,その視点をこれまでの考え方に加え,授業づくりについての考え方をさらに拡げて発達させている。

　同様に,「勉強ができない子が,1年生に比べたらほとんどの子は伸びた」ということから,青木教師は「苦手な生徒を防ぐ。居なくさせるための手段としても協同はいい」という視点を見出している（巻末資料Ao7語り2-4）。着任3年目の時点では,「協同を取り入れたのは生活面も含めて授業で育てていきたかったので,協同っていうのを取り入れた」（語り2-4）のであったが,その着任3年目に発達していた授業づくりと授業方法についての考え方は,生徒の学力向上からあらためて検討され,評価される。そして,発達していた考え方は生徒の学力向上という点からも承認され,「僕の中で協同と探究はセット」「協同させるために1つの解決するための題材を与える」「その題材が探究の始まり」「その課題設定にこだわるのが探究の始まり」と,より明確に,より安定的な考えとなってさらに発達しているのである（語り2-5）。このように授業に関する意味パースペクティブを構成する考え方（授業方法について,授業づくり

について，授業の目的について）は，拡がりを持って発達していった。一方，生徒指導についての考え方と教育のあり方についての考え方は関連し合い，密接に結びついて発達している（資料 Ao 8）。

　青木教師が学年主任となって 3 年目（X 中学校着任 5 年目），新校舎が完成し，

資料 Ao 8：新校舎において教科センター方式実施をしての生徒についての語り

語り 1-113　「（前略）今までこじんまりとした〔プレハブの〕校舎の中でぎゅうぎゅう詰めの中でつながるしかなかったものがパーと解放された意識があるのかなと。だから広いスペースが逆に今度は遊び場になってしまうと。遊び場を与えられて子ども返りしてしまったっていうのが 1 つの印象。もう 1 つはちょっとやっぱり育てきれなかった部分もあるのかなっていう部分で，僕は子ども同士のつながりっていうものを，僕だけじゃなくて学年の教員がみんな意識してやってたんだけれども，非常につながりが，思った以上に育てきれてなかったっていうのが，人に対して嫌なことをすることが。要はいたずらですね。いたずらが思った以上にでてきたんですね。（後略）」

語り 1-114　「2 学期以降は，根幹はやっぱり変わらない。子ども達のつながりをちゃんと意識させるのが大事だっていう思いがあるんだけれども，もう 1 つ教科センターになって 4 月から離れちゃった部分として，大人と子どものつながりがちょっと切れちゃったのかなっていう思いがあるんですね。前だともっとこう物理的に近かったりだとかそういった思いがあって，大人の思いとか子どもの思いっていったのは相互にやりとりができていたんだけれども，ここの部分が今うまくやれてないんですね。物理的に接する時間がとにかく少ない。それがやっぱり一番だと思うんです。」

語り 1-121　（現在教員として一番大事にしていることについて）「1 にも 2 にもつながりですね。これが，水谷先生がうまい表現で，つながり力っていい名前つけてもらったんですけど，それありき。それのみというか，そこにもう根幹があります。そのつながりっていうのは大人同士のつながりもそうだし，子ども同士のつながりもそうだし，子どもと大人同士のつながり。これらすべてを考えていくのは僕の教員としてのすべてです。それをやることによって，あらゆることにおいて独り善がりであっちゃいけない。みんなで意識をなるべく統一していかなくちゃいけない。それは例えばうまくいかないことがあったら，うまくいってないってことをみんなでちゃんと統一していく。意識しなくちゃいけない。じゃあそれを立て直すためには，どうしたらいいかっていうのを意識していかないといけない。これを教員だけが思って子どもにやるんじゃなくて，子どもと一緒にそこを気が付かなくちゃいけないな。そうすることによって，指導っていうのも一方的な指導でなくて変わっていくんじゃないか。一緒に立て直すために，どうやっていこうかってことをやっていきたいなというふうに思ってます。今とにかく 3 学年はそれがうまくいってないところなので，3 学年の子ども達とも一緒にやっていこうかなと思ってます。」

教科センター方式が本格的に実施される。その実施に当たり，青木教師は学年の教師達とも「意識」を同じくして，生徒を「落ち着かせ」てきたという。しかし，「教科センター〔方式が〕始まってみたら，前以上に，入試のとき以上に落ち着かない」「みんな見事に子ども返りしました。ここがちょっと予想を超えました」という。この生徒の状況から，「なんでだろう」と省察が喚起される。そして，その生徒の落ち着きがなくなってしまった現象について，「今までこじんまりとした〔プレハブの〕校舎の中でぎゅうぎゅう詰めの中でつながるしかなかったものがパーと解放された」「だから広いスペースが逆に今度は遊び場になってしまうと。遊び場を与えられて子ども返りしてしまった」と，生徒が置かれた環境の変化が批判的に検討される。同時に，「ちょっとやっぱり育てきれなかった部分もある」「子ども同士のつながりっていうものを，僕だけじゃなくて学年の教員がみんな意識してやってたんだけれども，非常につながりが，思った以上に育てきれてなかった」と，「子ども同士のつながり」についても批判的に検討される（語り1-113）。また，「大人と子どものつながりがちょっと切れちゃった」「大人の思いとか子どもの思いっていったのは相互にやりとりができていたんだけれども，ここの部分が今うまくやれてない」「物理的に接する時間がとにかく少ない」と「大人と子どものつながり」についても批判的な検討がなされる（語り1-114）。このように新しい経験についての批判的な検討を通じて，あらためてこれまでに形成されていた考え方が肯定され，承認され，「1にも2にもつながり」「そこにもう根幹があります」と，教育のあり方についての考え方は批判的自己省察に達する（語り1-121）。

　この批判的自己省察に達した「つながり」においては，講師時代や教員としての1校目の学校で「意識した」「大人同士のつながり」（資料Ao2語り1-97）と，X中学校で見出された「子ども同士のつながり」というこれまでの考え方が統合され，「大人同士のつながりもそうだし，子ども同士のつながりもそうだし，子どもと大人同士のつながり」という3つの「つながり」という点から新たに問題が設定され，批判的自己省察に達しているのである。そしてこの新たな問題設定から，「あらゆることにおいて独り善がりであっちゃいけない」「教員だけが思って子どもにやるんじゃなくて，子どもと一緒に」「そうすることによっ

て，指導っていうのも一方的な指導でなくて変わっていく」と，生徒指導についての考え方は教育のあり方についての考え方と密接に関連し，より発達している。また，生徒指導についての考え方は新たな経験（実践）を通じて，より拡がりをもって次のように発達する（資料 Ao 9）。

学年主任となって指導した3年間について，「子ども達のつながりというか，何か目的を持ってみんなで力を合わせてやるっていう部分に関しては，非常に成果は実は出てはいた」「非常によく育った」と，青木教師は「子ども達のつな

資料 **Ao 9**：生徒指導についての語り

語り 2-22「（前略）今年度ようやく授業準備ができる時間が作れるようになったから，はじめて課題についてどうやったらいいんだろうとか考え始めました。だから去年までは何をやりたいかっていうのを頭の中で考える期間。今年はそれを実践する期間かなっていうふうに考えてます。授業に関しては，去年と今年それが一番大きい変化で，学年主任としてはもうとにかくさっきの1年生のうちに鍛え上げるというのが大きな変化です。」

語り 2-2「去年出した3年生というのは，本当に1年生2年生と非常に落ち着いていたので，ある意味育てるっていう意味では育ててはいたんですけれども，何か環境が変わったりだとか，例えば中学校卒業して高校生活を迎えるにあたって，いまいち何ていうかな，温室育ちで鍛えられていないようなそんな印象を，本当にその3年の最後で振り返ったときに，鍛えられなかったなっていう感じがあったので，今の子たちに関しては育てるプラス逆境にもめげないような子たちにしようと。だからもう徹底して駄目なものは駄目。あと我慢っていう部分です。一番は，だから我慢させるべきときに徹底して我慢させるっていうこと今やらせてます。」

語り 2-3「今でもその方向性でやってるので，その部分においては間違ってはいなかったと思うんです。そのときに力を入れていたのは，とにかく子ども達のつながりというか，何か目的を持ってみんなで力を合わせてやるっていう部分に関しては，非常に成果は実は出てはいたんです学習面では。学習面では出ていましたし，結局3年生でついていけなくなって崩れたのって，本当に10人も居なかったんです。それ以外の子たちはどうだったかっていうと，非常によく育ったほうだと思いますので，だから一部分ではうまくいかなかった部分はあるけれども，教科センターに対応するっていうことに関していうと，大部分は一応できたかなと。ただ今言ったみたいに，何ていうかな，ちょっと特別支援の要素があったりだとか，もともと落ち着かない要素の子に関しては苦しいので，そういう子たちも何とか適応できるように，全員まとめて鍛え上げるっていうのは今年プラスアルファです。だから去年の内容プラス，今年また新たな要素を加えてやってるっていう感じです。方向転換は全くしてないです。」

がり」「学習面」については肯定的に評価する (語り2-3)。しかし、「何か環境が変わったりだとか、例えば中学校卒業して高校生活を迎えるにあたって」「温室育ちで鍛えられていない」と「環境」の変化については批判的に検討されている (語り2-2)。「環境」の変化という点に青木教師が着目したのは、3年間担当した生徒達が3年生になり、新校舎建設のためのプレハブ校舎から新校舎に移るという「環境」の変化を経験した学年であったからである。この「環境」の変化における生徒の状況への批判的な検討から、「ちょっと特別支援の要素があったりだとか、もともと落ち着かない要素の子に関しては苦しい」と、支援を要する生徒についての指導という新たな視点を青木教師は見出す (語り2-3)。そして、「そういう子たちも何とか適応できるように」という新たな問題設定から、「全員まとめて鍛え上げる」という考え方が「プラスアルファ」されている。このように、生徒指導についての考え方も新たな経験を通じて拡がりを持って発達しているのである。

3 考　察（Figure：Ao1）

　青木教師の教師としての行動を決定している意味パースペクティブを、X中学校着任以前と以後に大別し、その形成と発達の過程とあり様を分析してきた。これら大別して得た分析結果を総合的に考察していく。

　3-1　実践的知識の実相
　X中学校着任6年目の青木教師の発達した意味パースペクティブは、授業方法について、授業づくりについて、授業の目的 (生徒に培いたい力) について、教育のあり方について、生徒 (生活) 指導について、という5つの考え方から構成されている。これら5つの考え方は並列の関係性ではなく、生徒 (生活) 指導についての考え方が意味パースペクティブ全体の根底をなす考え方となって、他の考え方の発達を導いていった。
　5つの考え方の中で、青木教師がX中学校着任2年目を終えようとしていた時に省察を喚起させたのは、生徒 (生活) 指導について、教育のあり方について、授業 (授業方法・授業づくり) についてであった。生徒 (生活) 指導につい

第 2 章 X 中学校の教師達：実証的分析 II

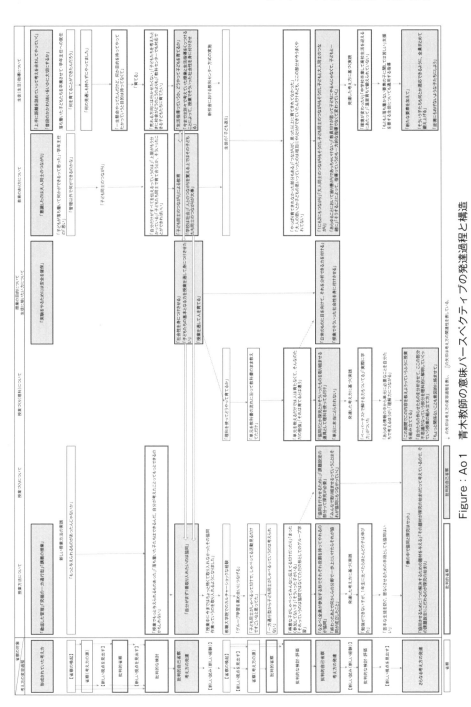

Figure：Ao1　青木教師の意味パースペクティブの発達過程と構造

ての考え方は，落ち着いた生徒を指導する中で省察が喚起され，これまでの実践への省察の深まりから「育てる」という視点が見出され，最終的に批判的自己省察に達する。教育のあり方についての考え方も，落ち着いた生徒を指導する中で，また学年主任の「思い」を語る中で省察が喚起され，「子ども同士のつながり」という視点が見出されて省察が深まり，最終的に批判的自己省察に達する。このように，生徒（生活）指導についての考え方と教育のあり方についての考え方は，それぞれの省察の深まりによって発達した。しかし，教育のあり方についての発達した考え方（「子ども同士のつながり」による教育）は，生徒（生活）指導についての発達した考え方（「どうやって子どもを育てるか」）の応えになっており，2つの考え方は関連している。

　一方，授業（授業方法・授業づくり）について考え方は，「見せ方」やICTを取り入れた新しい授業方法での実践から，「授業でもっと与えられるものあった」「落ち着いた子たちはできるんだ。自分が考えたことってもっとできるのかもしれない」という批判的な検討はなされるが，それは「次に学年を持つときには，自分なりにいろいろ方法を工夫してやっていきたい」という変容への意欲に留まり，それ以上の省察の深まりは認められなかった。しかしそれでも「自分がまず1番取り入れたいのは協同」と，授業方法についての考え方の変容が導かれていた。それは，「今までは別々で考えていた授業と生活指導をくっつけることによって，授業でそういった社会性を身につけさせる」という発達した生徒（生活）指導についての考え方が，そのまま「社会性を身につけさせる」という授業の目的（生徒に培わせたい力）となり，それが授業方法についての考え方にはたらきかけたからであった。また，生徒（生活）指導についての発達した考え方の応えとなっている，「子ども同士のつながり」による教育という教育のあり方についての発達した考え方も，授業方法についての考え方にはたらきかけることによって，その考え方の変容を導いている。さらに，「どうやって子どもを育てるか」という生徒（生活）指導についての発達した考え方が，「理科を使ってどうやって育てるか」という授業づくりについての省察を新たに喚起させ，「育てる」という視点から省察の深まりを導き，最終的に「単元に本当にとらわれない」という考え方の発達をも導いていた。

このように，生徒（生活）指導についての考え方の発達が青木教師の意味パースペクティブを構成する考え方の根底として，他の考え方の発達を導いており，この考え方が青木教師の信念ともいえる考え方になっているのである。

3－2　実践的知識の発達過程
①実践的知識を構成する考え方の発達過程
　青木教師の事例においては，最終的に5つの考え方の発達が認められたが，授業の目的について，授業づくりについて，これら2つの考え方の発達は生徒（生活）指導についての発達した考え方から導かれているため，ここではそれ以外の3つの考え方について考察する。Table：Ao2は，授業方法について（教職大学院における経験からの発達），生徒（生活）指導について，教育のあり方について，の考え方の発達過程を整理したものである。この3つの考え方の発達は，おおむね次の6つの段階を経ている。

1）新しい経験（あるいは新たな考え方にもとづく実践）
2）実践の累積あるいは衝撃的な経験からの省察の喚起
3）あるいは4）新しい視点の抽出
4）あるいは3）省察の深まり（省察 reflection，批判的省察）
5）新たな視点からのこれまでの実践への批判的な検討と評価

Table：Ao2　青木教師の意味パースペクティブを構成する考え方の発達過程

発達過程 \ 省察の対象	授業方法について	生徒指導について	教育のあり方について
新しい試み・新しい経験	1）新しい考えに基づく新しい実践（経験）	1）新しい経験（落ち着いた子たちの指導）	1）新しい経験（落ち着いた子たちの指導・学年主任の思いを語る）
省察の喚起	2）衝撃的な出来事からの喚起	2）実践の累積からの省察の喚起	2）実践の累積からの省察の喚起
新たな視点の抽出	3）他者との対話からの新しい視点の抽出		3）他者の実践と自己の実践からの新しい視点の抽出・明確化
省察の深まり	4）実践への省察の深まり（省察reflection、批判的省察）	3）実践への省察の深まり（省察reflection、批判的省察）	
新たな視点の抽出		4）実践への批判的な検討からの新しい視点の抽出	
批判的な検討・評価	5）新たな視点からのこれまでの実践への批判的な検討と評価	5）新たな視点からのこれからの実践への批判的な検討	4）新たな視点からのこれまでの考え方・実践への批判的な検討と評価
批判的自己省察	6）批判的自己省察（＝考え方の発達）	6）批判的自己省察（＝考え方の発達）	5）批判的自己省察（＝考え方の発達）

6）批判的自己省察（＝考え方の発達）

　この3つの考え方の発達過程においては，2種類の省察の喚起が認められた。生徒指導について，教育のあり方についての考え方の発達においては，前任校とは異なる落ち着いた生徒への指導や学年主任の「思い」を語るという，約2年間の新しい経験の累積を通じて，省察が喚起された。授業方法についての考え方においては，生徒（生活）指導についての考え方の発達からの影響を受けて考え方が変容した後に，大学院における「カルチャーショック」という衝撃的な経験から省察が喚起された。
　このように省察の喚起において異なりがあるが，その発達過程は両者ともに，新たな視点を見出してこれまでの実践への省察を深める，あるいは実践への省察の深まりによって新たな視点を見出す，という過程を経ている。そして，その見出した新たな視点が新しい問題設定の枠組みとなることによって批判的自己省察に達し，考え方を発達させている。この点から，省察の深まりにおいては新たな視点を見出すことが重要であるといえよう。
　②実践的知識を構成する考え方の省察の深まりに関する特徴
　青木教師の意味パースペクティブの発達過程における省察の深まりに関与する特徴として，次の2点の特徴が見出せる。
　1点目は，これまでとは異なる複数の新たな経験によって，省察が喚起されているということである。教員として採用された最初の中学校では，学級指導において指導が通じないという，緊急に対処する必要性のある経験から省察が喚起され深まっていった。しかしX中学校では，これまでの考え方ややり方を変えなくとも実践においては立ち行かないような困難な状況は発生しておらず，省察を喚起し，深める必然性はなかった。それでもX中学校着任約2年後に省察が喚起されたのは，落ち着いた生徒の指導の経験，「見せ方」の工夫やICTを取り入れた新たな授業実践の経験，学年主任の「思い」を語る経験，といった新しい経験が複数，累積されたことによると考えられる。学年主任になること，教科センター方式実施の告知，という状況の変化は，分析においては省察の喚起への関与よりも，むしろ，省察を深める際の関与であった。特に

「見せ方」の工夫やICTを取り入れた授業というような，自ら始めた新たな試みは，その成果についても自ら批判的に検討・評価することから，これまでは気づかなかった点に気づかされるのであろう。青木教師の事例においては，それが「もっと与えられるものがあったんじゃないか」という省察の喚起につながっていったのである。

2点目は，1点目にも関連するが，他者とともに行う実践によって，明確に認識しないままでも新たな視点が見出され，それが省察を喚起させていくことである。

実践的知識を構成する考え方の発達過程として，省察の深まる過程においては，新しい視点を見出す過程があることについて先述した。青木教師の事例においては，教育のあり方についての考え方の省察の深まりにおいて，X中学校着任当時の学年主任の「思い」から，「子ども同士のつながり」という新たな視点が見出されていた。この視点の抽出について，「自分の何か変えたいっていう思いと，この学年主任の先生のこうしたいんだっていう思いがちょうどつながった」「自分の中でこれが大事だっていうのと，あとその入った年から学年主任の先生が言い続けてる，人のために何かをするっていう」(資料Ao2)と，青木教師は語っている。しかし同時に，「今では完全に自分の中の思いだと自分の意識だっていう思いでいるんだけどもどうなんだろう」とも述べている。これらの語りから，青木教師は当時の学年主任とともに生徒（生活）指導を行う中で，明確に認識しないままでも「子ども同士のつながり」という視点を見出し，自己の中に取り込んでいたと推察される。その明確に認識されていない状態の新たな視点によって，「管理以外で何ができるのかな」という省察の喚起が導かれ，管理以外の教育のあり方について省察を深める過程において，既に見出していた「子ども同士のつながり」という視点が明確に認識されていったと考えられる。

同様に，生徒（生活）指導についての考え方も，新たな視点を認識しないままに見出していたことから，省察の喚起自体がもたらされたと推察される。青木教師は当時の学年主任について，「思いっていう部分についても非常に印象を受けた先生」「学年こうしたいっていう強い志をとにかく持たれてる先生」「学

年，子ども同士のつながりを考えていた先生」「誰かのために何かをできる，そんな子どもを育てたいっていう意識を強く持ってる先生」であったという。この語りから，「子ども同士のつながり」だけではなく，学年主任として「思い」をもって生徒を「育てる」という視点も見出されていたと考えられる。この「育てる」という視点から，落ち着いた生徒達を卒業させたときに「何を育てることができたんだろう」と生徒（生活）指導についての省察が喚起されたのであろう。そして，省察の深まりにおいて，学年主任になるという状況の変化から「育てる」という新たな視点が明確に認識されていったのであろう。

このように，他者と実践をともに行う中で新たな視点が認識されないままに見出され，それによって省察が喚起され，省察の深まる過程において明確に認識されていくと考えられる。この点から，実践が立ち行かないような困難な状況がない，変容の必然性がない場合でも，他者と実践をともに行うことは，変容的学習としてのレディネス状態を導くと考えられる。そして，青木教師の事例のように，新たな経験の累積や状況の変化などの刺激によって，省察の喚起や省察の深まりが導かれると考えられる。

③実践的知識総体としての発達過程の特徴

青木教師の事例から，次の3点の特徴が見出される。

特徴の1点目は，生徒（生活）指導についての考え方が意味パースペクティブ全体の根底をなす考え方となって，他の考え方の発達を導いていることである。この点については，実践的知識の実相にて述べたとおりである。

特徴の2点目は，他の考え方の発達から新たな視点がもたらされることによって，新たな考え方が加わり，意味パースペクティブ全体が拡がりをもっていくことである。授業づくりについての考え方は，授業方法についての考え方の発達と関連して批判的自己省察に達し，「協同を行わせるためにまずみんなで取り組ませる課題。課題設定の部分って探究が必要」と発達していた。その発達過程とは別に，「どうやって子どもを育てるか」という生徒（生活）指導についての発達した考え方が「育てる」という新たな視点となり，「理科を使ってどうやって育てるか」という授業づくりについての省察を喚起させていた。そしてこの視点からこれまでの実践へ批判的な検討がなされ，授業づくりにつ

いての考え方は「単元に本当にとらわれない」という考え方へ発達していった。またこの省察の深まりから，授業の目的（生徒に培わせたい力）についての考え方も発達し，「日常のものに目を向けて，それを分析できる力を付ける」という考え方が加わっていた。このように，他の考え方の発達から新たな視点がもたらされて省察が喚起され，その視点から発達した考え方が加わり，考え方が全体として拡がる。それが複数の考え方において生起することによって，意味パースペクティブ全体も拡がっていくのである。

　特徴の３点目は，発達した考え方が新しい考え方のもとの実践という新しい経験をもたらし，その新しい経験によって新しい考え方が加わり，考え方は多様な観点から構成されるように発達していくということである。授業方法についての考え方は，大学院での省察の喚起から発達し，この発達した考え方から新しい実践（新しい経験）が行われていった。そしてその新しい授業方法についての考え方は，「勉強ができない子が，１年生に比べたらほとんどの子は伸びた」という生徒の学力向上という観点から批判的な検討によって承認され，安定的な考え方へとさらに発達する。最初に発達した「協同を行わせるためにまずみんなで取り組ませる課題。課題設定の部分って探究が必要」と，その後にさらに発達した「協同させるために１つの解決するための題材を与える」「その題材が探究の始まりだって考えているので，その課題設定にこだわるのが探究の始まり」という考え方には大きな違いは認められない。しかし，後者の発達を導く批判的な検討においては，「苦手な生徒を防ぐ。居なくさせるための手段としても協同はいい」という視点が見出されており，より発達した授業方法についての考え方にはその視点が内包されているのである。授業づくりについての考え方も同様に新しい考え方が加わっているが，それがより明確である。「単元に本当にとらわれない」という発達した考え方にもとづく実践（新たな経験）への批判的な検討においても，「実際に学力」がついたという点から発達した考え方は評価される。そして，「単元に本当にとらわれない」という発達した考え方が承認され，「この期間でこの内容を教えようっていうふうに授業を組み立ててる」というさらに発達した考え方になっている。それだけではなく，「ちょっと関係ないことも意図的に絡ませて」という考え方も加わり，授

業づくりについての考え方はさらに発達している。教育のあり方についての考え方においても同様である。「子ども同士のつながり」による教育,「学校は社会」「人とのつながりを覚える上ではその子ども達同士のつながりが大事」という発達した考え方での実践（新しい経験）から,「1にも2にもつながり」とその考え方は承認され,さらに発達する。そのさらに発達した考え方には,「子ども同士のつながり」だけではなく,「大人同士のつながり」「子どもと大人同士のつながり」という点も加わっている。

このように, 新しい考え方での実践が新たな経験となって批判的な検討がなされ, 新たな視点が見出され, その視点からの新たな考え方が加わることによって, 考え方は多様な観点から構成されるように発達していくのである。そして, 考え方の1つひとつが拡がることによって, 実践的知識総体が拡がりをもって発達していくのである。

3-3 学習を支える他者とのネットワーク

青木教師の事例から他者とのネットワークを抽出し, その関係性およびその機会や場が省察の深まりに与えた影響について, 考察する。青木教師の事例分析において, その省察の喚起・深まりへの関与が認められたのは, X中学校着任当時の青木教師が所属していた2学年の学年主任とその学年の教師達, 教職大学院における他校の教師達とのネットワークであった。

最初にX中学校における着任当時の学年の教師達との関わりについて考察する。青木教師は, 当時の学年主任との関わりから「子ども同士のつながり」「育てる」という新たな視点を見出し, 省察を喚起させ深めていった。この学年主任は,「子ども同士のつながり」という「思い」を「子どもに浸透させるため」に,「我々大人にも語っていたし, 場面によっては子どもにも語っていた」が,「子どもに語る」場面では「僕を通してやらせてくれた」という。このような他者のものである「思い」を「語る」機会は, その「思い」を咀嚼して自分の言葉に変換するという機会となり, 新たな視点を認識しないままでも自分の中に取り込むことにつながったと考えられる。この学年主任との関係性は, 学年の生徒を指導するという共通の目的を有し, ともに実践を行う関係性

であったが，学年主任の「思い」を「語る」という点において，極めて強いつながり方であった。

　学年主任以外の学年の教師達との関わりは，授業を参観するという関わりであった。青木教師は生活指導の観点から，「自分の学年のみ」他の教師達の授業を参観し，「見せ方」という新たな視点を見出し，それによって新たな授業方法を取り入れていった。当時のX中学校は授業改善のために授業を見合うこともなかったということから，これら授業への参観は特別な授業研究といったフォーマルな機会ではなく，インフォーマルに青木教師が参観していたと推察される。また，彼らとの関係性は，他教科である青木教師に授業を参観させているという点から，閉鎖的なものではなかったと考えられる。むしろ，学年主任の「思い」の「浸透」から共通の「思い」を有し，ともに学年の生徒を育てるという共通の目的を有し，実践をともに行うという関係性から，開放的な質も有していたと考えられる。また，分析においては明確にその影響が表出していなかったため言及しなかったが，青木教師は学年のもう1人の教師から考え方についての承認を得ている（巻末資料 Ao10）。青木教師はこの教師について，「自分が思ったときに確認ができる先生」「この先生も必ず同じタイミングで」「ものすごく相通ずるものがあって。なのでちょっと僕も確信が持てる」「僕の独り善がりの思いではないのかなというものを持たせてくれるのがこの先生」と語っており，生徒（生活）指導における新たな考え方における実践や，その後の批判的な検討や評価において，何らかの影響を与えた可能性が推察される。またこの教師との対話も会議のようなフォーマルな場ではなく，インフォーマルに行われていたと推察される。

　次に，教職大学院における他校の教師達との関わりについて考察する。教職大学院での「カルチャーショック」な経験から授業方法と授業づくりについての考え方の発達が導かれた。その対話は，「グループ学習を高め合いにつなげるためにはどうしたらいいのか」という共通の目的を有し，「皆さんが試行錯誤して，みんなやっぱり答えはない」「苦しまれてるのを見たときに，僕もそういった部分をもっと考えていかなくちゃいけない」といった実践者同士の対話であった。この大学院における他校の教師達とのつながりは，勤務校を離れた

教職大学院というインフォーマルな場において，ともに大学院生という平等な関係性におけるつながりであった。またこのような他校の教師達との対話は，共通の目的を有し，「試行錯誤」というような「答え」のないものを追い求める創造的な対話であった。

これら省察の喚起・深まりへの関与が明確に認められた他者とのネットワーク以外にも，青木教師は他者との関わりを有していた。X中学校においては，理科教師達，および他教科の教師達とのネットワークであり，校外においては地区の理科教師達の研究会である。しかしこれらについての青木教師の語りは，いずれも分析においてすでに考え方の発達がなされた時点（2回目調査当時・着任6年目）での現在の状況について語られているため，青木教師の考え方が最初に発達した時期（着任2年目まで）における状況とは異なっている。しかしこれら語りには，青木教師の「悩み」が語られており，変容的に発達した考え方を有するようになった青木教師のさらなる発達がどのように支えられているのか／支えられてはいないのか，を考察していく。

まずX中学校における他教科と理科の教師達の授業実践から，青木教師は何らかの刺激や影響を受けている（巻末資料Ao10）。他教科である社会科教師の水谷教師の実践から，「どうやって暗記系分野を取り組ませようか」「何とか彼らの記憶に残るようにするためにどうしたらいいのか」という「自分の中で悩んでる部分」について，青木教師は具体的な新しい方法を見出して「いろいろ僕も試した」という（語り2-32）。このように他教科の実践から新たな実践が導かれている。この他教科の実践を参観する機会は，「研究グループごとに見に行ったり」という校内研究会の1つの取組みとしてのフォーマルな機会と，「ちょこちょこ見てます。理科だけじゃなくて教科の広場がありますのでそこにパソコン持ってって仕事をしながら」(語り2-31)というようなインフォーマルな機会と，多数ある。

一方，同じ教科である「ベテラン」の理科教師達から，「実験器具1つで授業がスムーズになる」「今まで考えてもなかった部分」(語り2-29)と，「基本的な部分」についての刺激を青木教師は受けている。その反面，青木教師の授業についての彼らからの「コメントはない」という。それは青木教師の公開した

その時の授業が,「全く理科的な要素ってその時間には入ってない」点にあると青木教師は解釈している (語り2-30)。これらの語りから,理科教師達とのかかわりにおいては,授業を進める際の「基本的な部分」についての刺激を青木教師は受けているが,「頭を使ってどう取り組ませるか」というような授業づくりについての刺激は受けておらず,教職大学院においての対話のような,共通の目的を有し,「試行錯誤」というような「答え」のないものを追い求める創造的な対話の質は有していないと考えられる。そして,この青木教師の授業づくりについての「悩み」は,同じ理科という教科の専門性を有する地区の理科教師達の研究会においても解消はされていない (巻末資料Ao11)。

現在 (着任6年目) の青木教師の「悩み」は2点あり,「単元に本当にとらわれない」という発達した考え方にもとづく授業づくりが「子どもにとっていいかどうか」(語り2-38) という根源的な悩みと,「単元に本当にとらわれない」「探究とか協同」を限られた1時間の研究授業において伝える,という意図した授業づくりを伝える点にも悩んでいるという (語り2-35・2-36)。そしてその悩みは,「自分がこれは正しいと思ってやっていても,子どもにとっていいかどうかはまた別」「個性的な授業をしてる人は居るとは思うんだけれども,そういう人ほど人の意見を聞いていかないと暴走しちゃうっていうのが自分の中の心配事」としてあるからだという (語り2-38)。だからこそ青木教師は,「具体的な実際の子どもの様子と,その子どもの様子をとらえた参観者の評価っていうのを,分析っていうのを聞きたい」という。しかし,地区の理科教師達の研究会においての研究授業では,参観した理科教師達からは「特に何かあまり疑問も出ないし,質問もなかった」という。唯一,反応があったのは,理科が専門の大学教員が授業を参観した時であったという (語り2-40)。これは,X中学校が指導力向上研究推進校に指定されていることから,青木教師がかつて在学していた教職大学院の教員がX中学校の授業研究会に定期的に訪れていることによるものであった。この時は,青木教師の根源的な悩みを刺激するような,「今日の授業が理科としてどうなのかっていう部分を聞いてくれた」という。

以上の考察から,次の点が明らかになった。X中学校着任から3年目当初までの青木教師の実践的知識の発達を支えたのは,X中学校においては極めて強

いつながりであった学年主任の他，ともに学年の生徒を育てるという共通の目的を有し，実践をともに行うという関係性から，開放的な質も有していたと考えられ学年の教師達とのつながりであった。またそれらは主にインフォーマルな機会におけるつながりでもあった。X中学校外においては，教職大学院というインフォーマルな場における，平等な関係性での共通の目的を有した，創造的な対話が青木教師の実践的知識の発達を支えていた。一方，着任して6年目となった青木教師は，本章の第1節・第2節で述べたように他者の省察の喚起・深まりに影響を与える立場になっている。しかしその青木教師自身の「悩み」について，専門性を共有し，共通の目的を持って創造的に対話するようなネットワークとその機会は極めて限られている。

第4節　X中学校の事例分析における総合考察

　第1章における残された課題を明らかにするために，本章においては，従来の建築の校舎において，生徒指導上の顕著な「荒れ」はないが，授業改善の文化が定着していない学校において，どのように実践的知識の発達がなされるのかを分析してきた。本章3名の事例分析においては，第1節・土屋教師の学級指導の実践以外は，考え方を変容しなくては立ち行かないような困難な状況は発生してはいなかった。それでも3名の教師達が考え方を発達させていったのはどうしてなのか，3名の事例分析と考察からあらためて共通する点および特徴点を総合考察として述べる。その後に，X中学校の事例分析における残された課題について述べる。

[1]　3名の事例分析・考察からの総合考察
　1−1　実践的知識の実相
　実践的知識を構成する考え方については，各々の事例分析にて述べたとおりである。3名の事例分析から，複数の考え方の中のひとつの考え方が意味パースペクティブ全体の前提条件として機能していたり，他の考え方の発達影響を与えるような信念とも言える考え方があることが明らかになった。

土屋教師の場合は,「何事にも本気で取り組むっていうところが僕の教師生活では多分,一番キーワード」という教職に就く以前に形成されていた考え方が他の考え方の発達に影響を与えていた。またこの考え方は教職の経験を積んでも変わらずに,例えば,「その中で答えが見つかんないんだったら,向き合う以上,全員やらせて,ちゃんと指導する」「こっちは求める以上全員に同じように求めて,できれば自分自身にも求めて」(生徒との向き合い方についての発達した考え方)というように,土屋教師の考え方のいずれかに貫かれている。授業に関する考え方においても同様に,中学・高校時代の経験から形成されていた「教科の面白さを伝えるのってすごく難しい」「下に下りれば下りるほど難しい」という理科の授業についての考え方が他の考え方に影響を与えていたが,これは発達させた考え方においても同様であった。土屋教師においては,理科の授業についての考え方が授業に関するパースペクティブでは根底をなす考え方となっている。

　草野教師の場合は,以前,勤務していた中学校の経験から形成された「とにかく座らせておこう」「出歩きがないように」という授業の目的についての考え方が他の考え方に影響を与えていた。しかし,発達した考え方においては,生徒に培いたい力についての考え方が他の考え方に影響を与えていた。青木教師の場合は,「どうやって子どもを育てるか」という発達した生徒指導についての考え方が教師としての考え方全体の根底となって,他の考え方に影響を与え続けていた。

　このように,3名それぞれの実践的知識の実相が認められたが,共通して,1つの核となる考え方の存在が明らかになった。

1-2　実践的知識の発達過程

　3名の教師達の分析を通じて,複数の考え方の発達過程とあり様が明らかになった。それらは多様であったが,変容の必然性が生じてない状況での考え方の発達過程において,次の点が明らかになった。

①実践的知識を構成する考え方の発達過程

　実践的知識の発達過程に関する特徴として,次の4点が見出された。3点目

までは3名に共通するが，4点目は，2名に共通する特徴であった。

1点目は，考え方の発達においては，新たな視点を抽出し，それを次第に新しい枠組みとして取り込んでいく過程があること，その過程が批判的自己省察につながることである（Table：2-2）。土屋教師の8つの考え方の形成・発達においては，特徴的な3種類の発達過程が認められた。この中から，現状のままでは立ち行かないような困難は特に生じていなかったが，被教育時代の長期に及ぶ経験と他者からの肯定によって強固に形成されていた考え方（授業づくりについて，指導方法について，授業とその方法について）の発達は，次のような過程であった。実践と批判的な検討を繰り返す中で新たな視点が見出され，それら新たな視点を実践で試しながら，あるいは他者からの賛同を得ながらその視点への信頼を高め，次第にその新たな視点が考え方の枠組みとして取り込まれ，最終的に考え方の発達が導かれていくという過程である。草野教師においても同様に，被教育時代の経験と教師としての経験から考え方は強固に形成されていた。その考え方（授業づくりについて，授業方法について）を発達させていく過程では，他者の実践から複数の新たな視点を見出し，見出した新たな視点から挑戦的な試みを行う，というサイクルが繰り返されていた。このサイクルの中で

Table：2-2　実践的知識の発達過程：形成されていた考え方を突き止めていく発達

発達段階	土屋教師 授業づくりについて・指導方法について・授業とその方法について	草野教師 授業づくりについて・授業方法について	青木教師 a:生徒指導について b:授業方法について
レディネス状態	0) 日々の実践（新しい経験） 他者の実践 校内の授業研究	0) 新しい経験（異なる状況の生徒）と授業内容への見通しからの変容の意欲	0) a:新しい経験 b:新たな考え方にもとづく実践
省察の喚起	1) 恒常的な省察の喚起	1) 4) 衝撃的な経験からの省察の喚起	1) a:実践の累積 b:衝撃的な経験からの省察の喚起
省察の深まり	2) 省察の深まり(省察reflection、批判的省察)と実践への批判的な検討、あるいはどちらか一方。	2) 5) 省察の深まり(省察reflection、批判的省察)と実践への批判的な検討	a:2) b: 3) 省察の深まり(省察reflection、批判的省察)
新しい視点の抽出と新しい試み	3) 他者の実践あるいは批判的な検討からの新しい視点の抽出と、その視点から新しい試み（新しい経験）あるいは実践	3) 6) 他者の実践からの新しい視点の抽出と、その視点からの新しい試み（新しい経験）	a:3) b:2) a:実践への批判的な検討 b:他者との対話からの新しい視点の抽出
新しい視点・新しい試みへの批判的な検討と評価	4) 行った新しい試みからのさらなる新しい視点の抽出と、新しい視点への批判的な検討・評価	7) 新しい試みへの批判的な検討と評価	
省察の深まり	5) 省察の深まり(省察reflection、批判的省察)と省察の深まりの検討	8) 省察の深まり(省察reflection、批判的省察)と批判的な検討	4) 新たな視点からのこれまでの実践への批判的な検討と評価
考え方の発達	6) 新たな問題設定をなすことによる批判的自己省察	9) 新たな問題設定をなすことによる批判的自己省察	5) 新たな問題設定をなすことによる批判的自己省察

見出された視点は試され，批判的に検討・評価されながら徐々に価値づけされ，最終的に価値づけされた新たな視点が新しい考え方の枠組みとなっていったのであった。青木教師の場合は，やや異なる発達の過程であった。考え方の発達（生徒指導について）においては，約2年間に及ぶ他者とともに行った実践によって新たな視点が認識されないままに取り込まれ，その視点から省察が喚起され，省察の深まる過程において明確に認識されていった。

2点目は，省察が喚起される以前に何らかの変容へのレディネス状態にあることである。草野教師の場合は，学習内容への「見通し」と，以前，経験した公立中学校とは「生徒もやっぱり違う」という状況の変化から，「繰り返してるだけじゃしょうがない」という変容への意欲が生起していた。青木教師の場合も前任校とは異なる「落ち着いている」生徒を教えるという新しい経験から，「子どもが落ち着いて何かができるって思った」という変容への意欲が生起していた。一方，土屋教師の場合は教える経験がなく教師となったが，被教育時代に受けた授業とは異なる「協同」「探究」の授業実践という新しい経験を通じて，自己の授業方法が「教師主導型」という点に気づいていた。また，X中学校の授業研究によって「モチベーション上がる」と刺激を受けていた。

3点目は，新しい考え方で行う実践が新しい経験となって，さらなる考え方の発達を導くことである。土屋教師の場合は，指導方法についての考え方において，他校の教師から見出した視点を用いての部活動の指導を行い，「コーディネイトしてあげる方が教員としては重要」という批判的自己省察に達して考え方が形成される。そしてその考え方での授業実践を経て再び省察が深まり，最終的に「見取る力の方が教員にとっては大切」という，さらなる考え方の発達をなしていた。青木教師の場合は複数の考え方において，さらなる考え方の発達が認められた。例えば，授業づくりについての考え方においては，「理科を使ってどうやって育てるか」という省察の喚起から批判的自己省察に達し，「単元に本当にとらわれない」と考え方が発達する。そしてその発達した考え方にもとづく実践は「実際に学力」がついたという点から評価され，最初に発達した「単元に本当にとらわれない」という考え方が承認されて安定的な考え方になるだけではなく，生徒の学力向上から「ちょっと関係ないことも意図的に絡

ませて」という考え方も加わって考え方はさらに発達していった。

　4点目は，直ちに考え方を変容させなくてはならないような状況にない場合には，批判的自己省察に先行して，新しい視点の抽出からの新しい考え方の枠組み構築や，新しい行動がなされる場合があることである。草野教師の場合は，授業方法について，授業づくりについてのこれまでの考え方の源とその前提条件を突き止め，新たな視点にもとづく挑戦的な試み「チャレンジ」を積み重ねていく中で，新たな視点に肯定的な評価をなして新しい考え方の枠組みが構築されていた。しかしそれだけでは授業方法と授業づくりについての考え方は批判的自己省察に達せず，最終的にそれら考え方を批判的自己省察に導いたのは，生徒に培いたい力についての考え方の発達であった。青木教師の場合も，強固に形成されていた「管理型」「一方通行型」の授業方法から「脱却できなかった」が，他者の実践から見出した新しい視点を取り入れた新しい実践を行っていた。この新しい行動から「授業でもっと与えられるものがあった」と授業方法についての省察が喚起される。しかし，最終的な考え方の発達は生徒（生活）指導の考え方の発達から導かれていた。これらのことから，実践において立ち行かないような困難な状況にはなく，考え方の変容への緊急性がない場合には，批判的自己省察に達して考え方を明確に発達させることは容易ではないが，新しい行動が先行して最終的に考え方の発達がなされる可能性もあると考えられる。

　②実践的知識を構成する考え方の省察の深まりに関する特徴

　本章で述べてきた3名の教師達は，教える経験がないまま採用された土屋教師においても，授業に関しては実践が立ち行かないような困難な状況は着任1年目から発生しておらず，考え方を変容させなくてはならない必然性は生じていなかった。それでも3名の教師達は省察を深め，考え方を発達させていった。その省察の深まりを導いた特徴について，4点が見出された。

　1点目は，衝撃的な経験や新たな視点を見出す機会が，複数回，継続的にあったことである。草野教師の場合は，先輩教師（水谷教師，青木教師）の授業に接することが「カルチャーショック」「ショック」な経験となって省察を短期間に深めていた。この衝撃的な経験が複数回，継続的にあったことによって，

新たな視点が複数見出され，見出された新たな視点は実践を通じて深まり，拡がり，次第に新たな視点が価値づけされていくとともに複数の考え方が発達していった。青木教師の場合も大学院において，他校の教師達との対話が「カルチャーショック」な経験となって短期間に省察が深まっていった。青木教師は「僕が変わったのはその最初の1学期」と述べており，大学院には少なくとも月に1回は訪れていたことから，他校の教師達との対話は定期的に継続的に複数回あり，その対話から新たな視点が見出され，その視点を用いての批判的な検討によって省察が深まっていったのであった。土屋教師の場合は多様な機会に，多様な他者から，新たな視点が見出されていた。授業に関する考え方に限定しても，「聞く生徒の指導」についての考え方においては同じ理科の先輩教師である青木教師との対話から「聞く子を育ててあげることが，多分話す子を育てることになる」という視点を，授業づくりについての考え方においてはX中学校の授業研究会から「見取る」という視点・社会科の先輩教師（水谷教師）の実践から学ばせるための「段取り」という視点・大学教授の講演から生徒の活動時間という視点を，指導方法についての考え方においては他校の教師から「自分が動く必要ない」という視点を，土屋教師は見出していた。多様な機会に，多様な他者から数多くの視点を見出したことが，新しい挑戦的な取り組みを行うことや新たな視点から実践をとらえ直すことを導き，省察が深まっていったのである。

　2点目は，新たな視点が見出されたり，批判的な検討の際にはコミュニケーション的学習が行われていることである。草野教師の場合は，先輩教師達の授業から複数の新たな視点が見出されていたが，その際には教師の行動とその意味を理解しようとするコミュニケーション的学習と，授業を受けている生徒の思考を理解しようとするコミュニケーション的学習が生起していた。土屋教師の場合は新たな視点が見出される場合だけではなく，批判的な検討の際にもコミュニケーション的学習が行われていた。例えば指導方法についての考え方においては，他校の教師の指導を理解しようとするコミュニケーション的学習から教師が「動く必要ない」という視点が見出され，その視点を用いた実践においては生徒の言動を理解しようとするコミュニケーション的学習から「教育効

果が全く違う」という新たな視点がさらに見出されていた。また，授業づくりについての考え方においては，「他の教科で仕込まれてできる子たちだったから，自分があまり準備してなくてじゃあ話し合えって言っても話し合える」と生徒へのコミュニケーション的学習から批判的な検討がなされていた。青木教師も同様に，学年主任の言動から「思い」を理解しようとするコミュニケーション的学習によって「子ども同士のつながり」という視点が見出されていた。また，授業方法についての考え方の省察の深まりにおいて，「グループ内で全員がしゃべってるかっていうと得意な子がしゃべってみんなに伝えてるだけだったりだとか，まったく参加してない子だとかそういった子がいる」と，生徒の言動を理解しようとするコミュニケーション的学習によって批判的な検討がなされていた。

　道具的な学習は他者や環境をコントロールすることに関心がある学習であることから，その検討は意図に沿って事象がうまくいっているのかどうかを検討することにつながる。しかしコミュニケーション的学習は，「ほかの人びとが意味するものを理解しようとする学習であり，また自分自身を理解してもらおうとする学習」(メジロー 1991/2012, p.104) である。ゆえに，コミュニケーション的学習は，その事象を理解しようとする多面的な検討やより深くその事象の意味を追求することにつながり，新たな視点を見出させたり，批判的な検討につながっていくのである。

　3点目は，他者との関係性が省察の深まりに直接的な影響を与えていることである。土屋教師の場合は，授業とその方法についての考え方が批判的自己省察に達する過程で，生徒の言動から授業方法によって「学問を楽しい」と気づかせることができるという視点が見出され，これまでの考え方について「シフトしてったほうがいいのかなって」と批判的な評価が下される。その際に，「諸先輩方の先生たちがやっぱ，いいんじゃないって言ってくれた」と，他者からの肯定を得て新たな視点に価値づけをなしていた。草野教師の場合は日常の生活の関わりの中から，生徒への「絶対的な信頼感」，所属している学年の同僚教師への「信頼感」「安心感」，さらには教師と生徒間のつながりや「信頼」も感じており，このような他者との関係性が失敗するかもしれない「チャレンジ」

を行わせていく基盤となっていた。青木教師の場合は，着任当時の学年主任の「思い」を語る経験から，「子ども同士のつながり」や生徒を「育てる」という新たな視点が見出されていた。また，これら視点を見出す（認識する）以前の省察は，この経験も関連して喚起されていた。

　4点目は，これまでとは異なる新しい行動（経験）が変容へのレディネス状態を創り出すということである。この点は，実践的知識の発達過程の特徴の2点目と3点目で既に述べたが，3名の教師達は省察が喚起される以前に何らかの変容へのレディネス状態にあった。それを言い換えれば，新しい行動（経験）が変容へのレディネス状態を創り出していたということになる。土屋教師の場合は，被教育時代に受けた授業とは異なる「協同」「探究」の授業実践という新しい経験を通じて，自己の授業方法が「教師主導型」という点に気づいており，日々，自身が受けてきた授業方法とは異なる「協同」「探究」の実践に取り組む中で，授業方法への恒常的な省察が喚起され批判的な検討が行われていたと推察される。青木教師の場合は，前任校とは異なる「落ち着いている」生徒を教えるという新しい経験から，「子どもが落ち着いて何かができるって思った」という変容への意欲が生起し，さらに授業方法については他の教師の実践から見出した視点を取り入れて実践し，生徒（生活）指導においては当時の学年主任の「思い」を語っていた。これら約2年間の新しい経験から複数の考え方の発達が短期間（着任2年目の3月中旬から4月初旬にかけて）になされていた。草野教師の場合も，前任校とは異なる状況の生徒を教えるという新しい経験から変容への意欲が生起し，先輩教師の実践から見出した新たな視点を用いた新しい方法での授業を実践し，最終的に批判的自己省察に達していた。自分で選択した新しい行動は，その結果を批判的に検討することから，省察が喚起されたり，批判的な検討が深まっていくのであろう。また自分で選択しなくとも，新しい行動によってもたらされた結果から，新しい視点が見出される可能性は高い。しかし，新しい行動から必ずしも省察の喚起や省察の深まりがもたらされるわけではなく，既に述べたように，学習の質（道具的学習／コミュニケーション的学習）や他者との関係性が関連して考え方の発達がなされていくのである。

③実践的知識総体としての発達過程の特徴

　実践的知識総体としての発達過程の特徴として，次の３点が見出された。１点目と３点目は３名に共通するが，２点目は，２名に共通する特徴であった。

　１点目は，１つの考え方の発達が他の考え方の発達を誘発することによって，枝分かれするように新たな考え方が加わり，考え方の総体としての実践的知識は拡がっていくことである。土屋教師の事例では，授業づくりについての考え方の省察の深まる過程で「聞く生徒の指導」という観点を土屋教師は見出し，批判的な検討を経て新しい考え方が形成された。青木教師の事例においても，「どうやって子どもを育てるか」という生徒（生活）指導についての発達した考え方が「育てる」という新たな視点となり，「理科を使ってどうやって育てるか」という授業づくりについての省察を喚起させていた。草野教師の事例においては，授業づくりについて，授業方法についての省察の深まる過程で生徒同士の「コミュニケーション」による「学び」という新たな視点が見出され，その視点が生徒に培いたい力についての発達に影響を与えた。このように，１つの考え方の省察が深まる過程やその発達から新たな観点が創出されることによって，新たな考え方が加わり，総体としての実践的知識は拡がっていく。

　２点目は，複数の考え方が関連して実践的知識は発達していくことである。草野教師の場合は，変容しなくてはならない必然性がない状況において，その強固な考え方を最終的に批判的自己省察に導いたのは，生徒に培いたい力についての考え方の発達であった。発達した生徒に培いたい力についての考え方が新しい問題設定（＝新しい考え方の前提条件）となって，授業の目的，授業方法，授業づくりについての３つの考え方を批判的自己省察に導いていた。また，他者の実践から見出した新たな視点は「チャレンジ」を積み重ねることによって価値づけされていったが，この「チャレンジ」を支えていたのは，自分の役割についての考え方の発達であった。青木教師の場合は，生徒（生活）指導についての考え方が意味パースペクティブ全体の根底をなす考え方となって，他の考え方の発達を導いていた。発達した（生活）指導についての考え方が，そのまま「社会性を身に付けさせる」という授業の目的（生徒に培わせたい力）となり，それが前任校での経験から形成されていた授業方法についての考え方の変容を

導いていた。

　3点目は2点目に関連して，授業に関する実践的知識の発達は，直接的にも間接的にも授業以外の考え方の発達や経験から影響を受けていることである。既に3点目で述べたが，草野教師の場合は，自分の役割についての考え方の発達が間接的に影響を与えている。青木教師の場合は，生徒（生活）指導の考え方が授業に関する実践的知識の根底をなす考え方となって他の考え方の発達に直接的な影響を与えていた。土屋教師の場合も，部活動における指導の経験が，他の考え方の発達に直接的に影響を与えていた。

1-3　教師の学習を支える他者とのネットワーク

　本章で明らかにしたい課題として，従来の一般的な造りの校舎において，授業改善の文化が定着していない学校における，実践的知識の発達過程の解明があった。本章では3名の教師達の実践的知識の発達過程を分析してきたが，それぞれ校内研究の状況は異なっていた。青木教師の着任した2009年度は，「中心は生活指導」「授業に関しての研究だとかそういったものっていうのは二の次」「まず〔生徒を〕落ち着かせた上での授業だろうっていう意識」であったという（青木教師の語りより）。この2009年度は小中一貫教育指定校3年目のまとめの年度であったが，校内研究会は年間計画に位置付けられておらず，研究授業は一度もなかったという（当時の研究主任，水谷教師の語りから）。草野教師が着任した2010年度から「校内研修会」が2カ月に1回程度，行われていく。2011年度からは青木教師と研究主任の水谷教師が教職大学院に在学するようになるとともに，教職大学院の教員が校内研究会に定期的に訪れるようになり，X中学の校内研究は本格的に始動していく。土屋教師が着任した2012年度は本格的に校内研究が始まった2年目にあたり，次年度の新校舎完成と教科センター方式実施をひかえ，校内研究は活性化されていった。

　このように，青木教師の着任2年目までの考え方の発達は，校内研究・授業研究はなかった時期から芽生え始めた時期にあたり，草野教師の場合は芽生え始めた時期から始動していく時期にあたり，土屋教師の場合は校内研究会が活性化され，学校全体としての授業改善の気運が定着していく時期にあたる。そ

のため，時系列に沿って，校内研究・授業研究がなかった時期から芽生え始めた時期は青木教師と草野教師の他者とのネットワークを，始動していく時期は草野教師の他者とのネットワークを，校内研究会が活性化され，学校全体としての授業改善の気運が定着していく時期は主に土屋教師と青木教師の他者とのネットワークについて考察していく。その後に，X中学校外のネットワークについて述べる。なお，X中学校の新校舎が完成し教科センター方式を開始する2013年までは，プレハブの仮校舎の時期も含め，2012年度までは一般的な造りの校舎であった。

①X中学校内のネットワーク：校内研究・授業研究がなかった時期から芽生え始めた時期，および始動していく時期

X中学校の校内研究・授業研究がなかった時期から芽生え始めた時期，青木教師の発達を支えたのは，所属学年の教師達とのネットワークであった。学年主任とのつながりによって新たな視点が見出され，省察の喚起と省察の深まりが導かれていった。その他の学年の教師の授業を見ることによっても新たな視点が見出され，その視点を取り入れた授業実践から省察が喚起され，批判的な検討がなされていた。また，考え方の発達への影響は推察に留まるが，青木教師は学年の教師から考え方の承認を得ていた。青木教師と学年の教師とは生徒を指導する場面ではフォーマルにつながり，承認を得るなどの対話ではインフォーマルにもつながっており，その関係性は，学年の生徒を育てるという共通の目的を有し，実践をともに行うという関係性であった。授業を開示していたという点から，開放的な質も有していたと考えられる。

校内研究・授業研究が芽生え始めた時期，および始動していく時期，草野教師も同様に，所属学年の教師達とのネットワークとともに生徒とのつながりによっても考え方の発達が支えられていた。草野教師の考え方の発達においては着任直後から変容への意欲が喚起され，新たな視点が見出され，それを試していくというサイクルが繰り返されていた。その変容への意欲や新しい視点にもとづく実践を試す意欲は，同僚教師からの承認によってもたらされていた。そして草野教師と学年の教師達とは，日常的に，インフォーマルにもつながっており，オープンな関係性とともに「信頼感」「安心感」感じられるような関係性

であった。さらに草野教師だけではなく学年の教師と生徒には「信頼」があり，これら教師同士，教師と生徒との関係性の質が，失敗するかもしれない「チャレンジ」を行わせていく基盤となっていたのである。また，オープンな関係性が校内研究というフォーマルな機会以外にも，インフォーマルに他の教師の授業実践を見る機会を創出していたと考えられる。

　同様に，理科教師達の関係性も極めてインフォーマルでオープンな関係性であった。草野教師は青木教師の授業実践を見ることによって省察を喚起させ，新たな視点を見出し，最終的に新たな考え方の枠組みを構築していく。このような省察の喚起とその後の省察の深まりを導く授業を見る機会は，「あ，やってるな，って思うときに覗きに，ぶらっと，見せてもらったり」「次，何やるんですかって聞きながらおじゃましちゃったり」という，インフォーマルに，日常的に授業を参観できる関係性によって支えられていた。さらに青木教師の柔軟な対応から，その場の状況に応じて「イレギュラー」に，ともに実践を行うという即興的な新しい経験が創出されていた。

　さらに草野教師においては，X中学校全体の校内研究が始動していく時期において，そのフォーマルに設定された機会によって，対話する機会，実践をふり返る「書く」機会，書かれたものを読むことによって他者の考えを知る機会，これらが保障されていた。これらの機会によって，省察の喚起や新たな視点の抽出が支えられ，新たな試みや実践への批判的な検討の深まりが支えられていたのである。また，「協同」という発想も，X中学校の校内研究の「方針」とそれについての取り組みを行っている教師達を「目の当たりにした」ことを通じてもたらされていた。

　このように，校内研究・授業研究がなかった時期から芽生え始めた時期においては，学年の教師達とのネットワークによって青木教師の考え方の発達が支えられていた。この点は，校内研究会・授業研究が芽生え始めた時期から始動していく時期に着任した草野教師においても同様である。しかし，草野教師においては，同じ教科の青木教師とのネットワークによっても省察の喚起と深まりが生起していた。そして，校内研究・授業研究が始動していく時期においては，計画された校内研究のフォーマルな機会によっても草野教師の考え方の発

達は支えられるようになっていた。これら，個々の事例の考察から，当時のX中学校の教師達のネットワークは，所属学年と教科においてインフォーマルにもフォーマルにもつながっており，オープンな関係性とともに「信頼感」を基盤として，「安心感」や承認を得られるような受容的な質も有していたと推察されるのである。そしてそれらが，他者の実践を見ることや新しい試みを行わせることを可能にしていた。さらに校内研究が芽生え，定期的な校内研究によって「協同」的な学習という学校全体で目指す「方針」が共有され始め，本格的に始動していく校内研究の取り組みによって，対話する機会，実践をふり返る「書く」機会，書かれたものを読むことによって他者の考えを知る機会，が保障されていく。これらの機会が，省察の喚起，新たな視点の抽出の可能性を創出し，新たな試みや実践への批判的な検討の深まりが支えられていた。同時に，これらの機会によって，所属以外の学年，教科，正式採用された教員以外とのつながりが保障され，学校全体のネットワークが構築されている。

　②X中学校内のネットワーク：校内研究が活性化され，学校全体としての授業改善の気運が定着していく時期

　校内研究が活性化されていく時期に着任した土屋教師の考え方の発達へ関与したネットワークとして，校内研究の他に，理科教師達とのつながりがある。土屋教師は青木教師の授業からは，新たな視点を見出し，自己の実践への批判的な検討を行っていた。また，省察の深まりへの関与は認められなかったが，土屋教師は他の理科教師からも新たな視点を見出していた。これら理科の教師達の関係性は，「何の前触れもなく勝手に授業見てる場合もある」という「ふらっと」訪れることができ，さらに「T2みたいな形でふらっと」授業に参加することもあるような，インフォーマルでオープンな関係性である。このような関係性の質によって，他者の授業実践を見るという機会が日常的に生み出されていた。また，これらの機会は，研究授業のような特別な場ではなく日常の授業実践の場である。日常の実践を複数回，見る，その場へT2として参加することによって，自分の実践とは異なる点に気づかされ，自己の実践への批判的な検討につながっていく。このように新たな視点を見出す機会と省察を深める機会が，土屋教師の着任した2012年度頃のX中学校では日常的に創出され

ていた。

　また，土屋教師においては理科や所属学年の教師に限らず，X中学校の教師達とのインフォーマルなネットワークが考え方の発達に関与していた。授業に関する考え方に限定しても，考え方（授業とその方法について）の発達過程においては，数学の教師からの肯定によって，見出された新たな視点は価値づけされていた。社会科の水谷教師の日常の授業や研究授業からは，学ばせるための「段取り」があるという新しい視点が見出されていた。

　一方，フォーマルに設定されている校内研究会においては，教師達は生徒の行動を理解しようとするコミュニケーション的学習の対話を行うようになっており，その先輩教師達の対話を聞くことを通じて，土屋教師も生徒へのコミュニケーション的学習を行うようになっていったと推察される。そしてそれが，生徒の学びを「見取る」という視点を明確にさせ，省察の深まりを導いていた。また，このような教師達の生徒へのコミュニケーション的学習の対話や協同的な学習を意図する研究授業によって，土屋教師には新たな試みへの意欲が喚起されていた。新たな試み（経験）から新たな視点が抽出され，徐々に新たな視点が取り込まれていくという省察の深まる過程において，この新たな試みを喚起する点によっても考え方の発達が支えられている。さらに，土屋教師はフォーマルな校内の研究会では「理科以外のことを見ているほうが多い」と述べており，校内研究の取り組みによって，自分の教科以外の授業実践を見る機会が保障されている。

　このように，校内研究が活性化され，学校全体としての授業改善の気運が定着していく時期において，土屋教師の考え方の発達は，インフォーマルな理科教師達とその他の教師達とのネットワーク，校内研究というフォーマルなネットワークによって支えられていた。前者，理科教師達の関係性は，新校舎になる以前から，日常的に授業を参観し，時には合同で授業を行うというようなインフォーマルでオープンな関係性であった。このような関係性によって創り出されていた実践を共有する場と機会が省察を喚起させ，新たな視点を見出させ，批判的な検討を支えていたのである。しかし，この理科教師達の関係性の質がどのように創出されたのかは，分析からは明らかではない。従来の校舎に

おいても理科室を複数の理科教師達で使っているという物理的な教科の特質が，理科教師達の関係性の質に関与しているのかもしれない。また，草野教師が述べていたように，もともとX中学校にあった教師や教室間の「風通しの良さ」や受容的な教師同士の関係性，青木教師，草野教師，土屋教師や他の理科教師の気質も，理科教師達の関係性の質に関連しているとも考えられる。一方，フォーマルな校内研究会を通じてのネットワークは，意図的に創出されたものである。そして，その取り組みにおいてはコミュニケーション的な学習が行われている。先述のように，新たな視点の抽出や批判的な検討の際にはコミュニケーション的な学習が行われており，土屋教師においては新たな試みへの意欲も喚起されていた。校内研究の取り組みによって，不特定多数の教師達とのネットワークが構築されているだけではなく，その取り組み内容によって，考え方の発達が支えられているのである。

　しかしその一方で，青木教師においては省察の深まらない状況も生まれている（2回目調査当時・着任6年目）。校内研究の1つの取り組みとしてのフォーマルな機会と，インフォーマルな機会を通じて，青木教師は他の教師の実践から何らかの刺激を受けている。例えば社会科の水谷教師の実践から，「どうやって暗記系分野を取り組ませようか」という「悩んでる部分」について，青木教師は具体的な新しい方法を見出して試したという。また，理科の「ベテラン」教師からは，実験器具の選定について「全く目からうろこ」と，刺激を受けていた。しかし，「単元に本当にとらわれない」という授業づくりへの発達を遂げた青木教師においては，授業づくりについての刺激は理科教師達から受けておらず，「単元に本当にとらわれない」という発達した考え方にもとづく授業づくりが「子どもにとっていいかどうか」という悩みを青木教師は抱いていた。そして，この悩みについて刺激を与えるような発言は，校内研究の際にX中学校を訪れた教職大学院の教員のみであったという。青木教師の授業実践によって，草野教師や土屋教師の考え方の発達は支えられていたが，発達を遂げた青木教師においては，X中学校内のネットワークではその省察の深まりは支えられていない。青木教師のように複数回の考え方の発達をとげ，より探究的な授業づくりを試みているような教師においては，1章Y中学校の事例にて

明らかになったように，教科や授業研究における専門性を有し，より挑戦的で先進的なコミュニティに属している他者とのネットワークも必要と考えられる。

③X中学校外のネットワーク

最初に，土屋教師，草野教師，青木教師の3名が所属しているX中学校外のコミュニティである，地区の中学校理科教員たちの研究会を考察する。この研究会は理科教師達の集まりであり，勤務時間内に設定されていることから，フォーマルな性質を有し，教科の専門性を共有している。土屋教師において，この研究会は，1回目調査（着任3年目）当時は教材について知識を得る場となっていたが，2回目調査（着任5年目）では「教授法」を「勉強しなきゃなって思う」という刺激を受けてはいるが，「それ自体が段々僕にとって魅力的なものではなくなってきてる」と意欲は喚起されていない。草野教師においても，「実践報告とかで聞くと，あぁなるほどって思えることは多い」が「自分の中では役に立てられてない」という。そしてこの研究会においては，「人がぎゅっと多くて小さな教室にいつも入れられる」という物理的な状況からの「意見交換っていう形ではない」，さらに「上の先生方になると」「こちらからいろいろ聞いたりとかもちょっとしにくくって」「個人的にそういう研修会，超えたところでいろいろ教えてもらえるとかもしてない」と，コミュニティに属していても一方的に情報を受け取るのみであり，他者とのネットワークが構築されてはいない。これは青木教師も同様である。青木教師は発達した考え方にもとづく探究的な授業をこの研究会で「発表」したが，「特に何かあまり疑問も出ないし，質問もなかった」という。このことから青木教師は，「一発ものでもいいから，それなりに探究とか協同を見せられるような授業設定すれば良かった」と「反省」し，「対子どもの部分も考えるけれども，対大人の部分でも授業を悩む」という。このように，提案的な授業を行って情報を発信しても，この研究会においては，他者とのつながりは構築されていないのである。

次に，3名の教師，個々のネットワークを考察する。土屋教師において，考え方の発達に関与していたのは，部活動と地区の行政によるインフォーマルな研修会であった。部活動においては，他校の教師，生徒についてのコミュニケーション的学習を通じて，新たな視点が見出され，それを自分の指導する部

活動において試みていた。そしてこの試みから考え方の発達が導かれていった。土屋教師の場合は、部活動を通じての、他校の教師や生徒とは継続的な確立されたネットワークが存在していたわけではない。しかし、「すごくテニス教えるのがうまい先生」や「強豪校」の生徒という、平素は接しない異質な他者の行動を知る機会と場から省察の喚起と新たな視点の抽出があった。また、地区の行政によるインフォーマルな研修会においては、その都度、当該分野の専門家が講師として話をするという、一方向性の研修会である。さらに、その研修会の参加者は主に管理職ということから、土屋教師にとっては他者とのネットワークは構築されてはいない。それでも土屋教師がこれら講師の話から「モチベーションが上がる」と刺激を受けたのは、平素、接しない「第一線」の専門家から「第一線での感覚」の知識を「知る」ことができたからである。このように、特定の他者とのネットワークが確立されていなくとも、その分野での卓越した他者や高度に専門性を有する他者と接することができる機会・場とのネットワークは、省察の喚起や新たな視点の抽出、新しいことへの挑戦の意欲喚起をもたらす可能性が高いと考えられる。

　草野教師において、考え方の発達への関与は推察にとどまるが、着任1年目の初任者研修会の中の1回が、授業づくりや授業改善への意欲を喚起していた。初任者研修会は定期的に行われるフォーマルなコミュニティである。年度の前半は「講師の先生にいろんなことを教えていただくっていう機会」であったが、後半は初任者4名がグループとなって研究授業を順に行うという形式であった。草野教師にとって「すごいプラスになった」「すごく意味があって」と価値づけられ、自己の授業づくりへの意欲が喚起された研修会は、初任者グループ4名中、1名が行った研究授業を検討し、「言いたいことをお互い言って、授業を1個作り上げるって言う時間」「みんなで話し合って授業を立ち上げられた」という創造の機会であった。それは唯一の機会であったが、その研修会場校の「管理職」の「あなたたちでこれもう一回授業を立ち上げて見なさい、みたいな指示」によって、その機会は創出されていた。しかし、その他の研究授業後の研修会は、「その管理職の先生がばーっと講座みたいな感じで1対多で終わっちゃったみたいなときもあった」という。このように、他の初任者と

のネットワークを有し，価値づけられていた初任者研修会は，1つの授業を創るという目的をもち，初任者同士4名の自由で，平等な関係性での対話の機会と場であった。しかし，その他，大部分の研修会は，権威者からの情報を一方的に受け取るのみの機会と場になり，他の初任者との対話の喪失から初任者同士のネットワークが絶たれる結果になっていたのである。

青木教師においては，教職大学院における他校の教師達との対話から，省察の喚起と深まりが生起し，考え方の発達が導かれていった。その対話は，「グループ学習を高め合いにつなげるためにはどうしたらいいのか」という共通の目的を有し，「試行錯誤」という「答え」のないものを追い求める，実践者同士の創造的な対話であった。この大学院における他校の教師達とのつながりは，勤務校を離れた教職大学院というインフォーマルな場において，ともに大学院生という平等な関係性におけるつながりであった。

これら，異なる個人の分析から抽出した複数のネットワークの考察から，省察の喚起や深まりを支える場の特徴として，次の2点が見出される。

1点目は，「答え」のないものを「試行錯誤」して追い求めるような，共通の目的を有しての，創造的な対話の場が省察の喚起・深まりを支えると考えられる。そしてその場における他者との関係性は，自由で，平等な関係性である。また，このような場においては，フォーマル／インフォーマルという設定の特質は関与していない。

2点目は，一方的に情報を受け取る場であっても，その分野での卓越した他者や高度に専門性を有する他者と接することができる場においては，省察の喚起や新たな視点の抽出，新しいことへの挑戦の意欲喚起をもたらす可能性が高いと考えられる。しかし土屋教師の事例においては，その場への参加は自身が選択したものであった。

2 **本章における残された課題**

本章の課題としては，次の3点であった。1点目は，生徒指導上の顕著な「荒れ」が発生していな学校における事例の分析，2点目は，従来の校舎における事例の分析，3点目は授業改善の文化が定着していない学校における事例の分

析であった。

　土屋教師，草野教師，青木教師，3名の事例分析においては，1点目，2点目の課題は十全に果たされたと考えるものである。3点目の課題においても，X中学校においては第1章で分析したY中学校のような授業改善の文化は，定着はしていなかった。しかし本章の分析・考察から，校内研究の取り組みが実践的知識の発達に影響を与えていたことが明らかになった。また同時に，校内研究・授業研究の有無にかかわらず，オープンな関係性とともに「信頼感」を基盤として，「安心感」や承認を得られるような受容的な教師達の関係性の質が実践的知識の発達に影響を与えていたことも明らかになった。

　そこで，教師の学習を支える校内研究の取り組みは，どのような考え方のもとで創出されていったのか，教師の学習を支える教師達の関係性の質は偶然的に生起していたのか，あるいは何らかの考え方のもと，創出されていったのか，この点について，次章で明らかにしていく。

第2章　注記

1) 教育委員会配布のパンフレットによれば，教職員へのヒアリングは2009年6月から開始されたと明記してある。しかし，調査協力者の語りから，本論文においては2010年とした。
2) 2014年度は草野教師の退職もあり，2人のベテラン教師が加わった。しかし次年度，クラス減によりα教師は異動した。β教師はX中学校に2年間在職後，定年退職したが，引き続き非常勤講師として勤務している。
3) ティームティーチングにおける補助的な役割という意味である。
4) 青木教師の授業を参観した時期は，草野教師の語りからは特定できない。しかし，次節で述べる青木教師の語りから，このような授業実践を青木教師が行うようになったのは草野教師が着任した2年目4月からであったということが明らかになっている。
5) 本研究では学校教育法第1条に規定されている学校において，教師として授業を担う経験を教職としている。青木教師は「サポート校」にも勤務したが，「サポート校」とは，通信制高校の卒業や高等学校卒業程度認定試験などを目指す生徒を支援する施設の通称名であり，法的な学校としての根拠はなく学習塾のようなものだという。青木教師も「認可はされてるんでしょうけど。どちらかというと学校というよりは会社という扱い」と述べている。また，この学校の勤務についての青木教師の自発的な語りもないことから教職経験年数としては除外した。

第3章　　教師の学習を支える教師：実証的分析Ⅲ

　本章では，教師の学習を支える校内研究の取り組みは，どのような考え方のもとで創出されていったのか，教師の学習を支える教師達の関係性の質は偶然的に生起していたのか，あるいは何らかの考え方のもと，創出されていったのか，これらを解明するために，研究主任であった水谷教師と，X中学校の桜井校長の考え方を分析していく。また，2名の考え方の分析を通じて，教師の学習を支える教師とはどのような教師であるのか，についても考察していく。

　この2名は，X中学校の校内研究会が実質的になかった状態の教科センター方式告知以前にX中学校に着任し，校内研究会が活性化していく過渡期の研究主任（着任4年目は教務主任）と校長であった。また第2章において述べてきた，土屋教師，草野教師，青木教師の考え方の発達の時期と水谷教師・桜井校長がX中学校に在職している時期が重なっている。当時の研究主任であった水谷教師と桜井校長の考え方の分析から，3名の考え方の発達に影響を与えていた校内研修の取り組みと教師達の関係性の質の創出について，明らかにしていく。そして，教師の学習に影響を与え，教師の学習を支える教師とは，どのような

Table：3-1　X中学校の概要と調査協力者5名の関係性

年度	X中学校の主な出来事	校内研究	調査協力者の着任時期（調査実施月日）				
2007	小中一貫教育指定校1年目						
2008	小中一貫教育指定校2年目		桜井校長着任				
2009	小中一貫教育指定校3年目（行政：校舎改築基本設計）	実質なし		水谷教師着任	青木教師着任		
2010	【センター方式告知】（行政：校舎改築着工）	萌芽				草野教師着任	
2011	指導力向上特別研究指定校1年目	始動		教職大学院入学	教職大学院入学		
2012	指導力向上特別研究指定校2年目	活性化	(2012.8.3, 12.21)	(2012.7.13)	(2012.8.3)		土屋教師着任
2013	指導力向上特別研究指定校3年目【新校舎にて教科センター方式実施開始】	定着		(2013.7.31)			
2014	指導力向上研究推進校1年目		(在職6年後退職)	(2014.8.1)	(在職4年後退職)	(2014.8.1)	
2015	指導力向上研究推進校2年目						
2016	指導力向上研究推進校3年目					(2016.5.21)	

311

特徴を有しているのかについて，考察していく。

　本研究における X 中学校の校内研究の取り組みについてのとらえ方は，次のとおりである。水谷教師・青木教師の着任した 2009 年度は，小中一貫教育指定校 3 年目のまとめの年度であったが，校内研究会は年間計画に位置づけられておらず，研究授業は一度もなかったという（水谷教師の語りから）。この点から，2009 年度の校内研究会は「実質なし」ととらえ，草野教師が着任した 2010 年度は「言語活動の充実による課題解決力の育成」をテーマとして「校内研修会」が 2 カ月に 1 回程度，計画的に行われていったことから校内研究の「萌芽」とする。2011 年度からは教師の「指導力向上」を目的として「問題解決型の授業」の工夫・改善をテーマとした授業研究が行われていく。このことから，2011 年度は校内研究の本格的な「始動」，2012 年度は次年度の新校舎完成と教科センター方式実施をひかえ，「探究的な学習」についての授業研究が行われ校内研究が軌道にのってきたことから校内研究の「活性化」，2013 年度は学校全体としての授業改善の気運とともに校内研究の「定着」ととらえた。

　なお，データとして示す語りに引いた下線及び，その扱いは第 1 章・第 2 章と同様である。語りを補足するデータとしては，X 中学校の 2010 年度・2011 年度（平成 22・23 年度）の『研究集録』，2011 年度・2012 年度（平成 23・24 年度）の『公開授業・研究協議会の学習指導案及び研究資料』，2013 年度の指導力向上特別研究指定校研究発表会で配布された『「アクティブラーニング」の勧め』を参照した。

第 1 節　事例分析：水谷教師――研究主任としての考え方の発達

1　X 中学校に着任するまでの水谷教師の概要

　水谷教師は 40 代，教職 13 年目の中学校・社会科の男性教師である（調査当時）。中学校時代の水谷教師は「結構やんちゃな方」でよく怒られ，「わけ分からず理不尽なことで怒られて」「ふさぎこんでた時」にある教師との出会いがあった。その 2・3 年生の時の担任教師は，「みんなと平等に見てくれてすごく頼りにしてくれて，いいんだよ，君の好きなようにやってみな，なんていう

ような声もかけてくれたり」したという。このようなことから、水谷教師は「こんな先生になりたい」という思いを抱くようになる。しかし、経済学部経営学科を卒業した水谷教師は、コーヒー豆

Table：Mi 1　水谷教師の教師歴と調査年月日

西暦	教職年数	勤務校・主な経験	調査協力者着任時期	校内研究	X中学校の主な出来事
1994		一般企業勤務（3年間）			
1997		非常勤講師（3年間）			
2000	1	1校目			
2001	2	校内：総合的な学習　推進委員			
2002	3	校内：総合的な学習　推進委員			
2003	4	校内：総合的な学習　推進委員			
2004	5	《教育研究員（社会科）》			
2005	6				
2006	7	2校目　副生活指導主任			
2007	8	生活指導主任			
2008	9	（統廃合された新しい学校にそのまま勤務）	桜井校長		小中一貫教育指定1年目
2009	10	X中学校　研究主任	青木教師	実質なし	小中一貫教育指定2年目
					小中一貫教育指定3年目
					（行政：校舎改築基本設計）
2010	11	研究主任	草野教師	萌芽	【センター方式告知】（行政：校舎改築着工）
		《教育研究員（総合的な学習の時間）》			
2011	12	研究主任		始動	指導力向上特別研究指定校1年目
		《教職大学院1年目》			
2012	13	教務主任（第1回目調査　2012.7.13）	土屋教師	活性化	指導力向上特別研究指定校2年目
		《教職大学院2年目》			
2013	14	教務主任		定着	指導力向上特別研究指定校3年目
					【新校舎にて教科センター方式実施開始】

を輸入・加工し、販売までを一貫して行っている会社に就職する。それは大学時代、「流通改革が叫ばれていた時代」で、マーケティングを専門としていた水谷教師は、「製造業者と流通業者、消費者に届くまでの製販同盟」を研究テーマとし、「就職は、製造か流通か、と漠然と思っていた」からであった。それでも「学校の先生になりたい」という思いから「最後まで悩んだ」が、当時は「採用人数少なかったんで、じゃぁメーカーかなっていうところで」と「悩みながら」も水谷教師は就職したという。しかし、「数字を求められ」「仕事の先行きが見えなくなって、働いている内容の意味が分からなくなって価値づけができなくて」「同じことの繰り返しで。そういう漠然とした不安。このまま終わってしまう、このまま過ぎるのかな、っていう不安」があったという。そして「もう一回、学校の先生目指そうって思った」水谷教師は、「自分で決めた道で3年ほど」勤務した後に非常勤講師として3年間勤め、その後に採用され、1校目の学校に着任する。

　1校目の中学校で水谷教師は、「教科指導、部活動指導、生徒会指導、学級経営を中心として、生徒に近い位置で職務を遂行してきた」という。着任1年目、水谷教師は企業勤務時代の営業の経験を活かし、当時、試行が始まっていた総合的な学習の時間の職場体験のために、「がんがんまわって名刺くばって」職場を確保したという。着任2年目から3年間は「総合的な学習推進委員」に

任命され，新設された総合的な学習の時間について，水谷教師は学校の中心となって推進していく。着任5年目には都道府県レベルの社会科の教育研究員となり，1年間，授業研究を行う。1校目の学校で6年間勤務した後，2校目の学校に水谷教師は異動する。この学校は2年後に統廃合することが決まっており，着任2年目から生活指導主任となった水谷教師は，統廃合のための生活指導のルールづくりを行ったという。翌年，統廃合された学校に水谷教師は引き続き勤務するが，教員の「協働」が成立しない状況に直面し，生徒の指導については「管理型から自主性の尊重」に「シフト」する。

そして教職10年目に水谷教師はX中学校に異動する。水谷教師は着任1年目から研究主任となり，2年目からは校内研究を中心となって組織していく。また同時に，総合的な学習の時間の都道府県レベルの教育研究員となって授業研究を行う。この着任2年目（2010年度）の夏に教科センター方式実施が告知され，翌年の着任3年目から2年間，職務と並行して水谷教師は教職大学院に在学するようになる。

教職13年目，X中学校着任4年目の現在（調査当時・2012年），水谷教師は教師の実践的知識として，次のような5つの考え方を有している。生徒（生活）指導の方法については「授業の中で子どもを育てる」，指導については「自主性の尊重」，生徒に培いたい力については「自分で考える」，生徒との関係性については，教師は生徒から「支えられている」という考え方である。授業方法については「いかに子どもの手を動かすか，子どもを前に立たせるか，子どもに黒板を使わせるか」という生徒の能動的な参加と，「自主性の尊重」が加わった考え方を有している。また，水谷教師は，自己の「力量形成」よりも「教員の力量形成全体」を考えるようになっている。

教師として，研究主任として，どのように考え方を発達させていったのかを，水谷教師の語りから分析していく。その後に，水谷教師の考え方の発達がどのように教師達の学習を支えているのかを考察する。

2　分　析

X中学校の複数の教師の考え方の発達に影響を与えた，授業に関する考え方

および生徒指導に関する考え方を分析し，その後に，研究主任としての考え方の発達について分析していく。分析に用いたデータは，1-1から1-90（調査当時着任4年目）である。なお，語りを補足するデータとして，水谷教師が教職大学院2年目に執筆した『実践研究報告書』や水谷教師自身から提供された文章（研究推進委員会の議事録的なメモ）も用い，水谷教師が教育研究員として参加した『教育研究員研究報告書』も参照した。

2-1 教師としての意味パースペクティブの形成・発達過程（X中学校着任以前）

①授業についての考え方の形成

1校目の学校において，水谷教師は「教科指導，部活動指導，生徒会指導，学級経営を中心」として，教師としての経験を6年間積む。着任1年目は，当時創設された総合的な学習の時間が先行実施期間であったことから（2002年度／平成14年度全面実施），1年生だけが総合的な学習の時間に取り組んでいたという。第1学年に所属していた水谷教師は，企業勤務時代の営業の経験を活かし，総合的な学習の時間における職場体験のための職場を確保したという。その学年を持ち上がったこともあり，翌年から3年間，水谷教師は「総合的な学習推進委員」として，学校全体の総合的な学習の時間を中心となって推進していく。そして着任5年目，水谷教師は都道府県レベルの教育研究員となり，社会科の授業研究を1年間，行う。

この研究会は，担当指導主事2名のもと，研究員11名が地理と歴史に分かれており，水谷教師は歴史的分野分科会に属していた。「資料活用を重視した学習を通して，確かな学力をはぐくむ指導の工夫」という研究テーマについて，「単元全体の中のどこに研究テーマを入れ込むか，とか，もしくは単元全体に関わらせるとか，そういう視点は吟味した」という。この時の授業研究について水谷教師は，「当時取り組んだのは，やっぱり子どもの学びと言うよりは，むしろ教授法ですよね。そっちに視点があった研究」と現在の発達した考え方から述べている。そしてこの研究員の経験から，「指導案を読む，もしくは書く，あと，学習指導要領をよく見る」ようになった水谷教師は，「研究の方法」

「理論構築の方法論は学んだ」という。しかし，授業方法については，「自分自身では，そのデザインをするっていうのは，社会，苦手だったので，こういうふうにやったら嫌いになるだろうな，っていうのはわかっているつもりなので，やっぱりいかに子どもの手を動かすか，子どもを前に立たせるか，子どもに黒板を使わせるか，っていう視点はあった」という。

このように，「子どもがすごく動く」「喋らない。子どもを動かす」(草野教師の語りより)という，草野教師の省察を喚起させた水谷教師の授業方法は，水谷教師の被教育時代の「社会，苦手だった」「自分が授業受けてつまらなかった」という経験をもとにして形成されている。しかし，「問いの出し方が水谷先生はすごく，その内容がすごく深くって子どもも資料集みたりしながらそこに入っていく。だから子どもの発想からどんどん授業が進んでいく」(草野教師の語りより)という授業方法は，「資料活用を重視した学習を通して，確かな学力をはぐくむ指導の工夫」という研究テーマのもとで行った社会科の「教授法」についての授業研究経験が活かされていると推察される。教師としての実践を順調に積み重ねた水谷教師は，教職7年目に2校目の学校に異動する。

②生徒(生活)指導の方法についての考え方の発達

2校目の学校は，各学年2クラス，全校3学年でも6クラスという小規模校であり，2年後に統廃合されることが決定していた。このような小規模校への異動について，水谷教師は「社会科1人で全学年持てるっていう」点から「ラッキー」だったという(資料Mi1語り1-52)。そして，3学年の生徒を同時に教えるという経験から，「授業の中で子どもを育てるっていう視点が育った」という。水谷教師自身が「育った」と表現しているように，この生徒(生活)指導の方法についての考え方は，1校目の学校の経験に2校目の学校の経験が加えられて発達していることが，次のように推察される(語り1-53，1-54)。

1校目の学校6年間の実践から，水谷教師には「生活指導って，一応子どもの近くに寄り添って」という考え方が形成されていた。そして2校目の学校に着任し，副生活指導主任として学校全体の生活指導を任され，校内すべての生徒を「みんな看れる」「みんな知ってる」ということから，「みんなを授業でひきつけられれば」「信頼っていうものが生まれてくる」と，授業を通じての生徒

との信頼関係構築という新たな問題設定を水谷教師はなす。着任1年目ではこのように明確に，新たな問題設定はなされていなかったかもしれない。しかし，水谷教師は1校目と「同じスタンスで，しかもそれが授業の中で生活指導ができればいいな，っていうのを漠然と考えて」と，新たな視点を加えての実践を行っていく（語り1-53）。そして着任2年目も「クラス数小さいので全学年もてる」「生活指導主任も結局その年は任されたので，同じようなスタンスでやった」（語り1-54）と，新たな視点からの実践を積み重ねていく。

このように2年間に渡って実践を積み重ねる中で，授業を通じての生徒との信頼関係構築という新たな問題設定が明確になり，この新たな問題設定から生徒（生活）指導の方法についての考え方は批判的自己省察に達し，最終的に「授業の中で子どもを育てる」という生徒（生活）指導の方法についての考え方の発達がなされたと考えられる。

③生徒との関係性について・指導について・生徒とに培いたい力についての考え方の発達

2校目の学校の着任3年目，水谷教師は統廃合された学校に引き続き勤務するが，人事の関係で「教員の協働」が成立しない状況に直面する。この時のことを水谷教師は，「3年目は，もう私が本当に挫折した1年で，この年があったから今がある」とし，この時の経験から，生徒との関係性についての考え方が形成され，指導について，生徒に培わせたい力についての考え方は発達していく。

学校統廃合によって，校長，生活指導主任，教務主任といった学校の主要な人事すべてが「あちらの学校」からとなり，水谷教師は「大人気なかった」としながらも当時は「〔学校が〕乗っ取られた気分」であったという。さらに統廃合によって，一学年が3クラス編成となり，水谷教師が所属していた学年の担任教師2名も「向こうの2人がそのまま入って」「2人でやることがまったくこっちに伝わってこない」という状況にあったという。「運動会をやるときも2クラス合同の練習会をやるという，結構，露骨な大人気ない」状況の中で，水谷教師の支えは，当時の学年主任と生徒達だったという。「去年まで付き合ってる子ども達じゃない，新しく出会った子ども達も，先生，社会楽しいよ，な

| 資料 Mi 1：生徒（生活）指導についての語り |

語り 1-52「人数少ないので，社会科1人で全学年持てるっていうラッキーな。ただ授業はあっち行ったりこっち行ったり1年3年2年っていうように大変だったんですけれども。授業の中で子どもを育てるっていう視点が育ったかなぁっていうのが。」

語り 1-53〔生活指導主任が〕「もしいなくなったら，あなたが生活指導主任だよ，っていうことで副生活指導主任で，もう任されていましたので，生活指導って，一応子どもの近くに寄り添って，っていうことは1校目でやってきたので，同じスタンスで，しかもそれが授業の中で生活指導ができればいいな，っていうのを漠然と考えてやっていた1年。」

語り 1-54「それはもう，本当にみんな看れるっていう，みんな知ってるし。で，みんなを授業でひきつけられれば，そこから，まぁ古くさいことばで言えば信頼っていうものが生まれてくると思うので。だから授業で勝負した年だったかな，もちろん部活動，運動部ももってたんですけれども，そういう1年だったと思います。で，翌年は廃校する最後の年だったので。もう最後の年だったわけです。来年，統廃合するよっていう最後の年に1年生をもったわけですね。でクラス数小さいので全学年もてるわけなんですけど，生活指導主任も結局その年は任されたので，同じようなスタンスでやったのと，あと，来年，統廃合するときにやっぱり隣の中学校さんとスムーズにね，統廃合できるにはどうしたらいいかな，と考えた1年です。」

語り 1-83（生徒にとって大切，重要だと思うことについて）「自分で考える，ってことですね。（中略：席決めの方法について）そもそも人生ってくじ引きみたいなもので，誰と隣になるか，とか，誰と同じ班になるか，とか，嫌いな子がいても当然だし。それで嫌いな子がいたときでも，寄り添いあって集団生活，営んでいく，っていうのが大人の一歩だし，なんていうことで，くじ引きで決めさせているんですけど。（中略：決まった席はローテンションすること，それも生徒達に決めさせていること）例えばうるさいから離してもいいし，あとは前回，後ろだったから前にしよう，でもいいし，自分たちで考えて，どういう座席がいいか，やりなさい，って言います，だから，自分たちで決めさせる。」

語り 1-84（筆者発言：それはどこからきてるんですか？）
「どこですかね…。あの挫折した年かもしれないです。あの年までは比較的きっちり，まだ自分の枠の中で管理的にやるっていう，だから最初の7，8年ずっとそのスタンスできたと思うんですけど，いくら管理型にしたって，結局たがが外れてしまえば，こう，何ていうのかな，むなしいものしか残らなかったので。それであれば彼らに自主的にやらせて，先生おれたち，こんなに成長したよ，っていう風にね，やってくれた方がよっぽどいいな，とはあの1年で感じたことです。」

第3章　教師の学習を支える教師：実証的分析Ⅲ

> **語り 1-85**　（筆者発言：それは何かきっかけがあって？）
> 「なんだったんでしょうかね？自分が確固たる自信を持って教科指導，生活指導やってきて，子どももある程度，やっぱり一目おいてくれてて，まぁ言うこときく，って言ったら大変失礼な言い方なんだけど，子どもはこっちをみててくれていたのに，いざその〔統廃合された新しい〕学校になったら，まぁ，ね，先生俺たちのクラスだけとかね，わぁ，となった時期もありましたし。だからそこで今まで培ってきたものが何だったのかを問い直した１年にはなりました。管理型から自主性の尊重の方にシフトした１年，だから急にはその学校では変えなかったので，ここ〔X中学校〕に来て，しかも１年生，担当させてもらったので，そこから変わったと思います。」

んて言ってくれると，やっぱりそれは生きがいとか，良かったです，だから授業が〔支えられる〕源になった」という。

　この経験から，１校目の学校勤務時に形成されていた授業方法についての考え方とその実践はさらに価値づけられ，教師は生徒から「支えられている」という考え方が新たに水谷教師に形成されたと推察される。そしてこの形成された考え方は，X中学校についての語りにおいて，「逆に彼らが私を支えてくれるっていうことも，いっぱいある」と明確に表出している。また，水谷教師は生徒から意見を求められた例を挙げながら，「この子達は先生の意見を求めていて，頼ってくれてて，意見をきっと吸収してくれる」「学習の場面，子どもの学びとはいえ，きちんと私もメンバーに入っているっていうことは，支えられている」とも述べている。

　一方，指導について，生徒に培いたい力についての考え方は，生徒の状況から省察が喚起され発達していく（資料Mi1）。先述のように，「教員の協働」が成立しないことに端を発し，水谷教師のクラスの生徒達は「先生俺たちのクラスだけとかね，わぁ，となった時期」もあったという。このことから「そこで今まで培ってきたものが何だったのかを問い直した」と，省察が喚起される（語り1-85）。水谷教師は，「あの年までは比較的きっちり，まだ自分の枠の中で管理的にやるっていう，だから最初の７，８年ずっとそのスタンスできた」（語り1-84）と，「自分の枠の中で管理的にやる」という指導についての考え方の源を突き止め，「そのスタンスで」指導を行ってきたという無意識であった行動も明らかにする（省察 reflection）。またその行動や考え方の源は，「自分が確固

319

たる自信を持って教科指導，生活指導やってきて，子どももある程度，やっぱり一目おいてくれてて」「子どもはこっちをみててくれていた」(語り1-85)という生徒からの評価に依っていたと，その前提条件も明らかにされる (批判的省察)。しかし生徒の「わぁ」となった状況から，「いくら管理型にしたって，結局たがが外れてしまえば」「むなしいものしか残らなかった」(語り1-84) と，これまでの「管理型」という指導についての考え方が批判的に検討される。そして，「それであれば彼らに自主的にやらせて，先生おれたち，こんなに成長したよ，っていう風にね，やってくれた方がよっぽどいい」と新たな問題設定がなされ，「管理型から自主性の尊重の方にシフト」(語り1-85) と指導についての考え方は発達する (批判的自己省察)。この発達させた指導についての考え方にもとづく実践は，「急にはその学校では変えなかったので，ここ〔X中学校〕に来て，しかも1年生，担当させてもらったので，そこから変わった」(語り1-85) と水谷教師が述べているように，X中学校着任1年目からなされていく。また，この指導についての発達した考え方から，「自分で考える」という生徒に培いたい力についての考え方が形成されており，この発達した考え方にもとづく現在 (調査当時) の実践について，水谷教師は次のように語っている (語り1-83)。

例えば，生徒の座席を決めることに関して，水谷教師は「自分たちで決めさせる」という。「嫌いな子がいても当然だし。それで嫌いな子がいたときでも，寄り添いあって集団生活，営んでいく，っていうのが大人の一歩」として，最初は「くじ引き」で座席を決めるが，その後は「自分たちで考えて，どういう座席がいいか，やりなさい」という指導を水谷教師は行っているという。このような，「自主性の尊重」という指導についての考え方と「自分で考える」という生徒に培いたい力についての考え方は，学級指導だけではなく授業方法にも共通していることが土屋教師の語りに表れている。「班を決めるときに水谷先生なんだけど，班を自由に決めていいよって。しかも人数制限がない」，「1年のときは結構ずっとルール厳しかったんです，水谷先生の授業って。グループワークもルール厳しくて，2年のときにそれがちょっとだけオープンになって，3年になって最後，自由な班でいいよっていうとこまでいくので，ただ自

由にやっていいよじゃなくて，その前の段取りがいろいろある」(巻末資料Tu10語り1-39)，と土屋教師は水谷教師の授業について語っている。この土屋教師の語りから，水谷教師は「自主性の尊重」「自分で考える」という考え方にもとづき，生徒の発達段階に合わせて指導を行っていることは明らかである。そしてこのような実践は，「授業の中で子どもを育てる」という生徒（生活）指導の方法についての考え方にももとづいているのである。

このように水谷教師は，2校の学校勤務における経験から教師としての5つの考え方を発達させていった。2校目の学校の経験からは，「授業の中で子どもを育てる」という生徒（生活）指導の方法についての考え方，「自主性の尊重」という指導についての考え方，これら2つの考え方が発達し，「自分で考える」という生徒に培いたい力についての考え方，教師は生徒に「支えられている」という生徒との関係性についての考え方，これら2つの考え方がさらに形成された。授業方法についての考え方は，被教育時代の経験をもとに1校目の学校で形成されていた生徒が能動的に参加する授業方法についての考え方（「いかに子どもの手を動かすか，子どもを前に立たせるか，子どもに黒板を使わせるか」）に，社会科の教育研究員の経験が加味され，生徒の評価によって安定的な考え方へと発達していった。さらに授業方法についての考え方には「自主性の尊重」という考え方が加わり，「授業の中で子どもを育てる」という考え方のもと，「自分で考える」という目的が加わっていった。そしてこの発達した考え方にもとづく授業実践によって，他の教師の省察の喚起（草野教師）や新しい視点の抽出（土屋教師）がもたらされていたのである。

2-2　教師の学習を支える教師としての考え方の発達過程（X中学校着任以後）
①研究主任としての考え方の発達

教職10年目，水谷教師はX中学校に着任し，自己の授業改善に取り組むと同時に，研究主任として校内研究を組織することによって他の教師達の実践的知識の発達を支えていく。

水谷教師が着任して2年目（2010年），教科センター方式導入が告知される。当時は，「教科センター方式なんてちんぷんかんぷんですし，そんな教室変え

て，何でそんなめんどくさいこと，何ですかそれは，っていうような，受け入れるというよりは戸惑いのほうがちょっと大きかった」という。それは，「荒れてた学校がちょっとずつ良くなった」「ちょっとずつ良くなって今なんかすごく落ち着いているのに，なんでわざわざ校舎を変えてしかも先進校を見ると異学年交流だとか」「今までの学校はいかに学年を配置してそれぞれ独立させて，管理していくか。その管理がうまくいっているのに，何で変えるのか」という生徒（生活）指導の「管理」の点からの「戸惑い」であった。またそのような「戸惑い」は水谷教師だけではなく，「そういうような認識を持たれている先生が多い」というような，X中学校全体の「認識」であったという。このような「認識」であったが，「平成24年〔2012年，着任4年目〕は，それはちょっとがらっと変わりつつある」と水谷教師は述べ（調査当時：2012年7月），その変化は「やっぱり昨年，平成23年からの1年間〔2011年，着任3年目〕が非常に大きかった」と校内研究の取り組みの影響を挙げている。しかし，水谷教師が着任した1年目（2009年）は「校内研修会」が年間計画に位置づけられておらず，研究主任となった水谷教師も「何もやっていなかった状態」だったという。

　水谷教師が着任した1年目は，X中学校は小中一貫教育指定校研究の3年目であった。当時，3カ年の研究指定校のまとめの年度として，「近隣の小学校と，それぞれのセクションで実践をやってレポートを書いて，それをつなぎあわせた形の成果物は出せた」という。しかし，「学校の中で我々教員同士が連携をして，何かプロジェクトを立ち上げて，レポート書いたとか，そういうつながりは一切なかった」，他の「セクション」が「どんな活動をやっているのか，っていうことはなかなか情報の交換がなされてない」というような研究実態であったという。また，当時のX中学校は，「子どもの学びの情報の共有化っていうのはなくて，むしろ，その生徒指導の方が大変な学校ですので，そちらの方のつながりが大きい」「職員室の中で，授業が，とか，小中連携が，なんていう話はあんまり出てなかった」という状況でもあったという。さらにその年度は「校内研修会」など全校で取り組む校内研究が設定されておらず，小中一貫教育指定校の研究に関しては，小・中学校の「4人の校長がリーダーシップを発揮して」行っていたという。研究主任であった水谷教師は「まとめ

の成果物を出すっていうこと」を行ったが,「研究主任としてかかわるべきことはあったんですけども,今,ふり返るとすべて全部おまかせしてしまって,何もやっていなかった状態」だったという。当時について水谷教師は,「なんてもったいない１年を過ごしたんだろう,と今思えば思うんですけど,当時は正直,めんどうくさいこと,校長,副校長がやってくれて助かるなぁ,ってぐらいにしか,思ってなかった」と批判的に述べている。そして,この着任１年目の年度末 (2009 年度),来年度の校内研究について水谷教師は教務主任に相談し,各学期に１回ずつの研究授業を含む年間６〜７回の研究会を計画する。このようにして,Ｘ中学校の校内研究は「少しずつ動いていく」ことになったという。

　着任２年目 (2010 年度),水谷教師は２校目の校内研究の経験からその方法を踏襲し,「校内研修会」を計画的に推進して行く (巻末資料 Mi2)。この年度の「校内研修会」は,「新学習指導要領における指導の工夫」を主題とし,「言語活動を重視した授業実践」を副題としていた。この主題・副題は,後に水谷教師が教職大学院での経験を契機として考え方の源を突き止めるが,「理論」にもとづく授業研究という考え方からの主題・副題設定であった。また,水谷教師は校内研究を進めるに当たっては,指導主事経験のある副校長に相談していたという (語り 1-72, 1-76)。この点からも,「理論」にもとづく授業研究という方法は,伝統的に受け継がれてきた方法でもあった。このように伝統的な方法によって始められた着任２年目 (2010 年度) の校内研究の取り組みについて,水谷教師は発達した考え方からそれを「旧来型」と呼称し,次のように述べている。「各学年で研究授業をやる人を決めて,研究授業,全体の協議会,で来ていただいた講師の先生がお話をするという形」「しかも全体研究会はいわゆる『コ』の字型」「おっきな『コ』の字型になって,授業実践者がまな板のコイ状態で」行われていたという (語り 1-10)。またその研究授業は,「研究授業を意識して,自分が見られるっていうのを意識して」「事前に綿密な学習指導案を立てて,非常に労力のかかる,前準備が非常に必要な研究授業」という,「研究授業のための授業」であったという (語り 1-11, 1-12)。そして水谷教師はこの着任２年目 (2010 年度) の校内研究について,「参観して出席された他の先生方,

眠そうな，なかなかこう実りの無い」「今だったらそう思う」と，発達した現在の考え方から当時を批判的に検討し，「授業の前にエネルギーを使うんじゃなくて，実際に授業をやったその後ですね，省察の部分を，もっともっと重視していればよかった」と述べている。しかし，「新学習指導要領を控えて，言語活動に特化した研究テーマ」に即し，「実践してくれた先生が言語活動にどう取り組んでいるか」「子ども達がこの学年はどういう風に勉強しているか」という点に目を向けたことから，「研究のための基礎」ができたと水谷教師は評価もしている。このように水谷教師は発達した現在の考え方から，当時の校内研究の方法について批判的に検討しているが，校内研究の方向性については肯定的に評価している。

　そして着任3年目（2011年度），水谷教師は教職大学院に在学するようになり，これまでの考え方の源を突き止めて考え方を発達させ，X中学校の校内研究を本格的に始動させていく（資料 Mi 3 語り 1-29）。水谷教師は大学院において，「1番の衝撃的な出会いは『コミュニティ　オブ　プラクティス』っていう書籍」と述べおり，この書籍との出会いから省察を喚起させる（語り 1-29）。そしてこの書籍を通じて自己への批判的な検討がなされ，「自分が力量形成を高めることに私は執着して，まぁ執着って言うかそこしか見えてなかった」とこれまでの考え方の源が突き止められ（省察 reflection），「自分に与えられた立ち位置がコーディネーター」と新たな視点が見出される。そして水谷教師は自分が「コーディネーターであれば」という新たな問題設定をなして批判的自己省察に達し，その新たな問題設定から「そう〔自分の力量形成〕じゃなくて教員の力量形成全体ですね，全体の力量形成を図る仕掛けをやって考えていかなくてはいけない」と考え方を発達させる。また水谷教師は，授業（実践）研究の方法についても，「今までだったら理論が先行してた」と考え方の源を突き止めている。「デューイはこういう風に言っている，とか，学習指導要領では問題解決型ではなく問題解決学習という表現をつかっているであるとか，そういう根拠をだしながら」「今までだったら理論が先行してた」と，水谷教師は考え方の源を突き止めている（省察 reflection）。その前提条件については筆者の質問から，「教育研究員の時の，その研究ですとか，その研究慣れ，っていうのがあっ

資料 Mi 3：教職大学院と校内研究についての語り

語り 1-29　「1番の衝撃的な出会いは『コミュニティ　オブ　プラクティス』っていう書籍があるわけですけれども，(中略) あれを1度夏に読んだんですね。そうするとまず自分に与えられた立ち位置がコーディネーターであるっていうこと，それから自分が力量形成を高めることに私は執着して，まぁ執着って言うかそこしか見えてなかったんですけど。コーディネーターであれば，そう〔自分の力量形成〕じゃなくて教員の力量形成全体ですね，全体の力量形成を図る仕掛けをやって考えていかなくてはいけない，っていうことを一番学んだかな，っと思います。今ふり返ると，平成23年度って4段階に分かれてたんですけれども，第1段階はまず1学期ですね。前年度に一応，他の先生が研究授業をやっているっていう実践は，基礎研究はやったので，1学期の間は研究テーマをまず個人で考えてみること，研究テーマは授業の改善でこういうテーマだったと思います。問題解決型の授業の工夫・改善。問題解決型の授業の工夫・改善をテーマにして，問題解決型の授業っていうのは何だっていう，ここからスタートしたんですけれども。今までだったら理論が先行してたと思うんですね。4月当初の第1回目は，まだ〔大学院の〕講義が無かったので，私，理論が先行してしまったんです。例えば，デューイはこういう風に言っている，とか，学習指導要領では問題解決型ではなく問題解決学習という表現をつかっているであるとか，そういう根拠をだしながら，理論でですね，平成22年度〔2010年度〕は言語活動の充実で，とか，あと新学習指導要領では思考・判断・表現，とか，協同的な学習，とか。でもいくつかのキーワードを先生方はそれでも受け止めてくれたんですね。じゃぁ問題解決型の授業を，まずは個人でやってみましょう，っていうところからスタートしたんですね。その後で〇〇大学でやっているような分科会形式，4人の，分科会をですね，こちらで意図的に構成をしてですね，他教科になるように，また年齢構成もベテランと中堅が分かれるように，それから男性，女性，あとは学年に所属していない栄養士の先生，それから〔個別に子どもの支援をする〕学習指導講師，そういう先生たちにも入っていただいて，グループの中でその問題解決型の授業をちょっと語る，っていうことをツールにしながらやっていったのが第1段階ですけれども。で第2段階が一歩深めて，お互いの授業を見ましょう，と。その見るっていっても去年のように先生を見るんじゃなくて，今度子どもを見ると。で，子どものつぶやきをひろうとか，子どもの表情に注目をするとか，子どもがどういう活動をしてたか，っていうのを見てください，っていうことで第2段階としてはお互いに見るっていうことを仕掛けました。第3段階としては，執筆をするっていうことですね。実践記録をとるっていうことなんで，そういうことを考えてるっていうことを。(中略：他の学校の実践記録について) みなさんがこういう風に寄せてくれた，っていうことは，非常に大きかったです。だからこの執筆活動っていうのが第3段階になると思うんですね。(中略) 第4段階としてはその公開授業を行えた，っていうところですね。」

たのかもしれない」と，これまでの授業研究の経験から形成された考え方であったことが明らかにされている (巻末資料 Mi 4 語り 1 -32)。

この2点の省察については，前者は「衝撃劇な出会い」という驚きの経験か

ら省察が喚起され，深められた。後者も次のように「戸惑い」の経験があったが，新しい考え方は試されながら定着していったと推察される。水谷教師は大学院に通うようになった4月，「どんな授業を教えてくれるんだろう，どんな理論を教えてくれるんだろう，と思ったら，自分の実践を語るっていうところからスタートするので，当時は，これで大学院なのかなぁ」と「戸惑い」を覚えたという。しかし，「語る・聞く，というこういうツールの意味」を大学教員たちの「価値づけ」によって「理解」した水谷教師は，それを「実際に自分の学校で，自分の校内研修会で」試していく（巻末資料Mi 4 語り 1-31）。このように，「語る・聞く」ということの「価値づけ」は，最初は他者によってなされていたが，水谷教師はX中学校で試すことによって，自分でも「価値づけ」をなしていったのであろう。そして，価値づけられた新しい考え方から，「今までだったら理論が先行してた」と考え方の源が突き止められている。

　また，水谷教師と同様の立場の他校の教師達との対話から，新しい校内研究の方法が想起される（巻末資料Mi 4 語り 1-28）。水谷教師と同様に問題解決型授業や授業改善に取り組んでいる教師，校内研究を中心となって組織している教師達との「カンファレンス」において，「こういうことやりたいんだけれども，っていうことを分科会の中で語ると，他の先生が教えてくれる」「私もやってみたけれどもこうだったとか」と，他校の教師達との対話から新しい校内研究の方法を水谷教師は想起していく。そして，「カンファレンスでいただいた意見を，その月の研修会で生かしていく」というように，新しいアイディアは試されていく。さらに，「先行事例をやっぱりしっかり読んで」「あぁこういう方法，あんまりあせっちゃいけないんだ，とか」「研究主任が肩肘張って1人で引っ張って，まわりがまったくついてこない，っていうのがよくない」という点も，他校の教師達が記した「長期実践報告書」を通じて水谷教師は見出していく（語り1-28）。そして水谷教師が行っていった新しい校内研究会の方法によって，次のような変化がX中学校に生まれているという（語り1-90）。「水谷さんの言うように，青木さんの言うように1回やってみよう，っていう先生が非常に多くて」という新しいことに挑戦する意欲，「純粋にベテランの先生ほど若い先生の意見を聞くのが楽しい，っていう風に言ってくれる方が多い」と

いう多様な意見への尊重，公開授業者が「同じグループじゃないけど見に来る」と他の教師に進んで自己の授業を開示する開放性，「やる内容，文章に起こしてみようか」という授業研究への意欲である（語り1-90）。

このように水谷教師は書籍との出会いから，「全体の力量形成を図る」という考え方の発達をなし，そのための校内研究の方法を想起し，自分が教職大学院で経験したことを取り入れながらX中学校の校内研究を活性化させていったのである（資料Mi3語り1-29）。しかし，大学院における経験のみがこのような校内研究の活性化を可能にしているわけではなく，「平成22年度の研究員の経験〔着任2年目，2010年度〕が，平成23年度の校内研修〔着任3年目，2011年度〕に，生かされている」と水谷教師は述べている（巻末資料Mi5語り1-66）。X中学校着任2年目の，校内研究が，実質，なかった状態から芽生えていったのと並行して，水谷教師は都道府県レベルの総合的な学習の時間の教育研究員として授業研究を行っている。この時は，「社会科の授業構築とか，総合的な学習の時間で求められている探究的な学習の，スパイラルですとか，あれをかなり勉強」したという。X中学校22年度（2010年度）の『研究集録』によれば，この時は校内研究主題「新学習指導要領における指導の工夫」，副題「言語活動を重視した授業実践」のもと，生徒の「言語活動の充実による課題解決力の育成」が目指されていた。そしてその具体としては，「さまざまな事象において課題に気付くことができる，課題の本質を見抜く」「知識・技能，情報を取捨選択しながら考える」「多様な視点から最善を求めて判断する」「自分の考えを他者に理解させ，他者の考えを理解する」「自分を評価し，より一層自分の考えを深める」とあり，総合的な学習の時間における目標[1]と重なる部分が多い。また水谷教師は教育研究員としての「検証授業」を自校X中学校で行っており，その時の研究テーマは「協同的に取り組む態度を育む指導の工夫」であった。さらに，その研究構想図においてはOECDのキー・コンピテンシーや知識基盤社会への移行から「探究的な学習」の必要性が図示されている。このように，X中学校2010年度（平成22年度）の校内研究は，総合的な学習の時間のキーワード，さらにOECDなどが提唱しているいわゆる国際標準の新しい学力観が反映された様相を最終的には呈していた。そして，この年度の校内

研究を終えての教師達のアンケート結果を踏まえて，また，教科センター方式導入が決まり 2011 年度（平成 23 年度）から 3 ヵ年の「指導力向上特別研究指定校」になることから，3 年間共通のテーマとして「生徒の主体的な学びを重視した授業の工夫・改善」，そのための「手段」として，1 年目の 2011 年度（平成 23 年度）は「問題解決型の授業の工夫と改善」というテーマが設定されていく。

　このように水谷教師は，教職大学院に在学する以前からの総合的な学習の時間についての授業研究を通じて，「主体的に学習に取り組む態度」「思考力，判断力，表現力等」「基礎的，基本的な知識・理解」という新しい学力観の育成を目指す実践を行い，「協同的な学習」「探究的な学習」への志向を明確にしていった。そして，それら総合的な学習の時間のキーワード「協同的な学習」「探究的な学習」を新しい学力観からあらためて位置づけ，教科の授業における授業改善の方向性をこの 2 つのキーワードから構築していった。だからこそ，現在（調査当時）の発達した考え方を有するようになっても，水谷教師は着任 2 年目当時の校内研究の方法については「旧来型」と批判的であるが，校内研究の方向性については肯定的に評価しているのである。また，当初は「求められている」とした「授業改善」「教師の指導力向上」についても，水谷教師は X 中学校全体の方向性として「求める」ようになっていったのであろう（巻末資料 Mi 5 語り 1 -66）。

　そして，水谷教師は自己の授業改善においても，教職大学院での経験から，「1 つの単元全体で，カリキュラムデザインできるようになった」「探究的な学習って 4 段階あるんですけど，1 つの単元の中で，どこに課題を発見させて，どこで情報を収集させて，どこで整理分析をさせて，どこでまとめ表現させるのか，っていうのが，デザインできるようになった」「ふり返りをする，っていう視点が加わったことによって，スパイラルに質的に向上していく，っていう発想が，やっと理解できた」と述べている（語り 1 -67）。この点においても，教職大学院に在学する以前の総合的な学習の時間の授業研究において，水谷教師は「探究的な学習の，スパイラルですとか，あれをかなり勉強」したという。この経験に教職大学院においての「視点が加わったことによって」探究的な学

習についての「理解」，すなわち実践的知識が深まっている。また同様に，水谷教師は大学院で学んだ「語る」ということについて，それを「いろんな場面で応用ができる」のは，「前の経験がやっぱり生きている」と次のように述べている（語り1-71）。水谷教師は，「語る，っていうのは，それだけでいいの，っていう感覚だった」と以前の考え方の源を突き止め（reflection），「もっと高度なツールがあるんじゃないか，って思っていた」とその考え方の源の前提条件も明らかにし（批判的省察），「コミュニケーション図るとか，学ぶためのツールとしては非常に重要なパーツであるとは，○○大学で学んだ」と，「語る」ということについての省察の深まりがあったことを明らかにしている（語り1-71）。その上で，教職大学院で「学んだ」ことを「いろんな場面で応用ができる」のは，「研究員」「〔中高〕一貫校の研修」等の経験があったからだと述べている。

　このように水谷教師は，これまでの経験の上に，教職大学院で得た知識や考え方を自身で試し，教師としての考え方や研究主任としての考え方を発達させていったのである。そしてその発達した考え方にもとづく校内研究の取り組みによって，新しいことに挑戦する意欲，多様な意見への尊重，授業公開への開放性，授業研究への意欲，という教師達の変化がもたらされているのである。

3　考　察

　水谷教師は，2校の学校勤務における経験を中心として，教師としての5つの考え方を発達させ，X中学校においては，総合的な学習の時間の教育研究員としての経験や教職大学院における経験を通じて得た知識や考え方を試し，教師としての考え方や研究主任としての考え方を発達させていった。この教師としての考え方の発達と研究主任としての考え方の発達が，どのようにX中学校の教師達の学習に関与していたのかを，第2章で明らかになった教師の学習を支える他者とのネットワークおよびその関係性の質の観点を中心に考察していく。その後に，教師の学習を支える教師の特徴を考察する。

3−1　水谷教師の発達した考え方と教師達への学習の貢献
①省察の喚起や新たな視点の抽出への貢献
　水谷教師の授業実践から草野教師は省察を喚起させ，土屋教師は新たな視点を抽出していた。また青木教師も「どうやって暗記系分野を取り組ませようか」という「自分の中で悩んでる部分」について，具体的な新しい方法を見出し，その方法を「試した」という。このように水谷教師の授業実践は，他の教師達の考え方の発達に直接的な影響や刺激を与えていた。その授業実践は，学級指導や生徒（生活）指導の経験を通じて発達した「自主性の尊重」「自分で考える」「授業の中で子どもを育てる」という考え方にもとづき，それを自覚的に取り入れて自ら刷新していった実践であった。さらに，X中学校における授業実践は，総合的な学習の時間の授業研究を通じて，現代的な課題である新しい学力観から刷新された，「協同的に取り組む態度を育む指導の工夫」といった新しいことに挑戦している実践であった。
　このように，学習指導要領に記載されている教科における目標だけではないねらいを含み，新しいことに挑戦している授業実践を水谷教師が行っていたからこそ，その授業実践から他者の省察の喚起や新たな視点の抽出が導かれたのである。
②教師達への学習環境整備の貢献
　水谷教師は，研究主任として発達させた考え方にもとづいて，X中学校の校内研究を本格的に始動させていった。教職大学院で自身が経験した方法をX中学校の教師達の状況に合わせて取り入れた校内研究の取り組みによって，第2章の総合考察にて述べたように，学校全体で目指す「方針」が共有され始め，対話する機会，実践をふり返る「書く」機会，書かれたものを読むことによって他者の考えを知る機会が保障されていった。そして，これらの機会によって，省察の喚起と新たな視点の抽出の可能性が創出され，新たな試みや実践への批判的な検討の深まりが支えられるようになった。また，分科会活動を中心とする校内研究の取り組みによって，不特定多数の教師達とのネットワークも構築されていった。
　このように，水谷教師の組織した校内研究の取り組みは，X中学校の教師達

の実践的知識の発達を支える環境となっている。

③コミュニケーション的学習への貢献

2011年度の授業研究においては,「言語活動を重視した授業実践」というテーマに即し,「実践してくれた先生が言語活動にどう取り組んでいるか」「子ども達がこの学年はどういう風に勉強しているか」(巻末資料 Mi 2 語り 1-10) という点について研究したという。しかし,教職大学院に在学し,Y 中学校の授業研究にも参加した経験から「子どもの学び」を見取るという点を見出した水谷教師は,それを X 中学校の授業研究に取り入れる。「お互いの授業を見ましょう,と。その見るっていっても去年のように先生を見るんじゃなくて,今度子どもを見ると。で,子どものつぶやきをひろうとか,子どもの表情に注目をするとか,子どもがどういう活動をしてたか,っていうのを見てください」(資料 Mi 3 語り 1-29) と,授業を見る「視点」を水谷教師は明示し,X 中学校の教師達のコミュニケーション的学習を導いていった。第 2 章の総合考察にて述べたように,新たな視点の抽出や批判的な検討の際にはコミュニケーション的な学習が行われており,土屋教師においては,コミュニケーション的な学習によって授業研究への意欲や新しい試みへの意欲が喚起されていた。生徒の言動を理解しようとする視点を明示することによってコミュニケーション的学習が導かれ,コミュニケーション的学習の生起によって,教師達の考え方の発達につながる新たな視点の抽出や批判的な検討が導かれていく可能性は高い。

④教師達への学習の方向性とエンパワーメントの貢献

X 中学校の校内研究の経過は次のとおりである。2010 年に教科センター方式実施が告知され,2011 年度から 3 年間の「指導力向上特別研究校」の指定を受けた X 中学校には,教育行政から「問題解決型の授業展開など」の指導方法の改善が課されるようになる。そして 2011 年度からの 3 年間共通の研究主題として「生徒の主体的な学びを重視した授業の工夫・改善」,そのための「手段」として 1 年目の 2011 年度は「問題解決型の授業の工夫と改善」,2012 年は「探究的な学習」という 1 年ごとの研究主題が設定されていく。そして,2011 年度から始まった 3 カ年の「指導力向上特別研究校」の最終年度 2013 年度の研究発表は,『「アクティブラーニング」の勧め』という次期学習指導要領

(中学校は 2021 年度全面実施)で示される「主体的・対話的で深い学び」(アクティブ・ラーニング)[2]に位置づけられている。このように次期学習指導要領で示されるキーワードに向かっていくような校内研究の方向性を最初に決定づけたのは，2010 年度の研究主任であった水谷教師であった。

　水谷教師は，分析において述べたように，総合的な学習の時間の教育研究員として，「主体的に学習に取り組む態度」「思考力，判断力，表現力等」「基礎的，基本的な知識・理解」という新しい学力観の育成を目指す実践を行い，「協同的な学習」「探究的な学習」への志向を明確にしていった。そして，それら総合的な学習の時間のキーワード「協同的な学習」「探究的な学習」を新しい学力観からあらためて位置づけ，教師達のアンケート結果を踏まえて，2011 年度（平成 23 年度）から 3 カ年の「指導力向上特別研究指定校」の研究主題として「生徒の主体的な学びを重視した授業の工夫・改善」，そのための「手段」として 1 年目の平成 23 年度は「問題解決型の授業の工夫と改善」という研究主題を設定していく。また，2010 年度の『研究集録』によれば，次年度（2011 年度）の「校内研修会」で「問題解決型の授業」を深めるために，これまで行ってきた実践を深めていくことが提案されている。例えば，2010 年度の継続としての「学習活動の基盤である言語に関する能力を踏まえた授業」，2010 年度の「校内研修で明らかになった視点」としての「知識，技能の活用を重視した授業」，2010 年度の「校内研修」で水谷教師が「提示」した総合的な学習の時間の「探究的な学習を通した授業や他者と協同して取り組む授業」，2007 年度から始まった「小中連携教育の視点を踏まえた授業」，これら行ってきた実践から「本校における」「問題解決型の授業」を深めようと提案されている。

　つまり「指導力向上特別研究校」指定 1 年目の 2011 年度の研究主題「問題解決型の授業の工夫と改善」は，教育行政から課された「問題解決型の授業」をそのまま研究主題としたのではなく，研究主任であった水谷教師の総合的な学習の時間における実践と X 中学校の教師達の意見，2010 年度の校内研究の実践から再構成された研究主題なのである。このように再構成された研究主題に方向づけられた授業研究は，最終的に次期学習指導要領（2021 年度全面実施）で示される「主体的・対話的で深い学び」(アクティブ・ラーニング)を先行実施

した取り組みとなっていく。さらに水谷教師が発達した考え方にもとづいて組織していった校内研究の方法によって，新しいことに挑戦する意欲，授業研究への意欲がX中学校の教師達に生起したという。次期学習指導要領が目指す方向へとX中学校の教師達の学習を導き，授業改善への意欲を生起させた校内研究の取り組みは，教師達のエンパワーメント[3]に貢献しているのである。

3-2 教師の学習を支える教師の特徴

教師の学習を支える教師として，水谷教師の特徴の1点目は，「コーディネーター」として，また「ベテランと若手をつなぐ役割を自覚」(巻末資料 Mi2語り 1-76)して，「教員の力量形成全体」を考えていることである。

2点目は，変容的に発達しながら教師達の考え方の発達を導こうとしていることである。水谷教師は，教職大学院や先進的に「探究的な学習」に取り組んでいる教師達との対話から，X中学校の校内研究にX中学校外のコミュニティの知識を取り込んでいった。しかし，それら新たな知識と出会った時に，水谷教師自身もこれまでの考え方を覆される経験をしている。例えば，「語る・聞く」ということから始める授業研究や「先生を見るんじゃなくて」「子どもを見る」という授業を見る際の視点[4]である。それを経験し，自分自身の授業研究への考え方・見方が変容したからこそ，X中学校の教師達にもそのような変容を導きたいと考えるようになったと推察される。

3点目は，新しい試みに挑戦していることである。水谷教師は常に新しい試みを取り入れた実践を行っている。2010年度に総合的な学習の時間の授業研究において，「生徒の主体的な学びを重視した授業の工夫・改善」という新たな試みを行ったことは既に述べたが，これだけではなく，例えば2011年度の公開授業においては社会科の授業実践において「協同的な学習」の取り組みを行っている。また，土屋教師の語り(巻末資料 Tu10語り 1-22)に明らかなように，水谷教師はジグソー学習を取り入れた授業も行っている。このように水谷教師は実践者として，常に新しいものを取り入れ，新しいことに挑戦しているのである。

4点目は，行政から課せられた課題をそのまま受容するのではなく，自己の

経験を用いてその課題を解釈することによって，自分の文脈に位置づけて課題を自己の問題へと再構成していることである。水谷教師の発達した考え方と教師達の学習への貢献の4点目において，既に述べたように，教育行政から課された「問題解決型の授業」について，水谷教師は総合的な学習の時間の授業研究という自己の経験から「問題解決型の授業」を解釈し，総合的な学習の時間の目標やキーワードを用いて解釈していった。また，その解釈においては，「理論」的な面からもなされていることが2010年度の『研究集録』に明らかである。「思考力，判断力，表現力等の育成のため」という点を図示したページには，各教科を中心とした基礎的・基本的な知識，技能を「習得型の教育」，総合的な学習の時間等を中心とした課題解決学習，調べ学習，発表等を「探究型の教育」とし，「習得型の教育」と「探究型の教育」の間に位置する「活用」について，「ここが工夫のしどころ」と明記されている[5]。この図からは，総合的な学習の時間に行っている「探究型の教育」を各教科においても行う必要性について，「理論」的に解釈されていることが読み取れる。

　このように水谷教師は，課せられた課題を自分自身の行った実践と「理論」から解釈し，自分の文脈に位置づけて問題として再構成しているのである。

第2節　事例分析：桜井教師――校長としての考え方の発達

1　X中学校に着任するまでの桜井校長の概要

　桜井校長は，59歳（調査実施当時），男性の英語科の教師であり，X中学校の校長である。大学生時代，桜井校長は，「英語が好きだったんで英語の塾を自分で開いていた」ことから「英語の先生になろうかな，という漠然としたもの」はあったという。しかし，その思いが「強化」されたのは，「今の家内との出会い」であったという。幼稚園教師となった彼女が話してくれる「子どもの様子」から，「あーいい世界だなぁ」と桜井校長は思い，「自分もそういう職業に携わりたい」と「急に単位を取り出し」，明確に「英語の先生」を志す。大学卒業後，桜井校長は国立大学の大学院修士課程に進学する。それは，「ようやく〔教職に必要な〕単位を取って，そしたらもう少し勉強したくなって」「もう

少し自分の素養，深めたい」ということからであった。原書を「徹底的に」読んだという修士課程在学時の研究テーマは，「純粋な，意味論」の「英語学」であったという。

大学院を修了し，正式に採用された桜井校長は，2つの中学校でそれぞれ7年ずつ14年間を過ごす。1校目の中学校の着任6年目には，都道府県レベルの教育研究所で研究員として1年間，学校を離れて長期の研修を行う。教諭時代の桜井校長は，「英語をどうやったら面白く楽しく学べるかってことは，一生懸命研究してました」「生徒に，創造的なね，クリエイティブな活動させたいと思ってた」という。

次に，桜井校長は行政職として11年間を過ごす。最初の4年間は市区町村の指導主事として過ごし，その後に都道府県レベルの教育庁に4年間勤務する。そして再び市区町村の教育行政に戻るが，この時は教育行政の責任者として，議会での答弁のほかに，現場での各種事故やトラブルの対処と報道機関への対応も行っていたという。この行政での経験について桜井校長は，「たいへん辛かったですよ。ほんとに。」「神経はすり減らして，目も悪くしましたからね。資料作って」とその時の心労を語ったが，同時にそれらの経験について，「すべて，役には立ってますね。そういう時〔トラブルなどの発生時〕にどうしたらいいかとかね。だから今私の判断は，自分でも迷わないし，判断早いっていうふうにみんなには言われてるのでね。頼りになるとは思ってくれてるのは，全部その行政での経験っていうのが役に立ってます。行政にいなかったら

Table：Sa1　桜井教師の教師歴と調査年月日

年度	勤務と主な出来事		教職等年数	年齢
	1校目	（7年間）	1	27
	2校目	（7年間）	8	34
	行政職	（11年間）	15	41
	校長としての1校目	（3年間）	26	52
2008	校長としての2校目 X中学校	小中一貫教育指定校2年目	29	55
2009		小中一貫教育指定校3年目（行政：校舎改築基本設計）	30	56
2010		本格的な校内研究開始【センター方式告知】（行政：校舎改築着工）	31	57
2011		指導力向上特別研究指定校1年目	32	58
2012		指導力向上特別研究指定校2年目　（第1回目調査2012.8.3，第2回目調査2012.12.21）	33	59
2013		指導力向上特別研究指定校3年目【新校舎にて教科センター方式実施開始】	34	60

分からないことってたくさんあります」とも語っている。

　そして桜井校長は校長として現場に戻る。赴任した中学校は桜井校長が教諭として過ごした2校目の中学校と同じ地区であり，同時にX中学校と同地区でもあった。着任した当時，「ほんとに浦島太郎でね，校長って立場よく分かんなかった」「とにかく戸惑い」「学校観とか，校長観なんて最初なかった」という。着任3年目には学校観や校長観も「だんだん固まってきた」桜井校長であったが，3年目を終えて同じ地区のX中学校に異動する。この異動は，「最後は，どういう形で校長っていうか，教員人生を，終えたらいいかって時に」X中学校の先代の校長が定年退職と知り，桜井校長の教諭時代から「絶対よくなんない学校，トランシーバーが離せない学校，（中略）っていうのが定評だった」というX中学校で，「自分だったらどういう改革ができるだろうか」と桜井校長が自ら希望した異動であった。

　桜井校長がX中学校に着任した2008年度，前年度から小中一貫教育指定校3カ年に指定されていたX中学校はその2年目を迎えていた。X中学校では隣接する小学校を含めて近隣の3校の小学校と小中連携の取り組みを行っており，この取り組みを通じて，X中学校は変わっていったという。そして桜井校長がX中学校に着任して3年目，耐震化のための校舎の建て替えに伴い，X中学校に「教科センター方式」導入が告知される。当時，桜井校長は，「教科センター方式ってのは，そんな賛成してなかった」「デメリットばっかり考えてた」という。しかし，この地区の教育長（2010年当時）の言葉，「学ぶ側の生徒の立場に立った授業をしてください」という言葉に桜井校長は共感し，教科センター方式の実施に向けて取り組んでいく。

　X中学校着任5年目，校長として通算8年目の調査当時，桜井校長は次のような考え方を有するようになっている。生徒については，将来，社会人になるための基礎としての「自治意識」「その意識は持たせたい」という考え方と，「主体的というのを一歩進めて自立的な学習者，になってほしい」という考え方である。この後者の考え方は，「社会人として，ひとりの個人として，自立的に，自ら，学習を生涯にわたって続けるっていうそんな意味合い」からの考え方である。そしてそのために，「自分で課題見つけて，自分で課題を解決していこ

うっていう，意欲」「学習に取り組む姿勢や態度」を身に着けさせたいという考え方も桜井校長は有している。また，「信頼関係にもとづいた，協働というところからチームワークが根底になきゃいけない」という学校組織についての考え方も桜井校長は有している。

校長就任当時，「生徒主体」ということ以外は「学校観とか，校長観なんて最初なかった」「俺の言うことは聞けって感じ」の学校経営観であったという桜井校長が，教師として，校長として，どのように考え方を発達させたのかを，桜井校長の語りから分析していく。その後に，桜井校長の考え方の発達がどのように教師達の学習を支えているのかを考察する。

[2] 分　析

分析においては，教師の学習を支える教師という観点から，校長としての考え方について，教師の実践的知識としての発達という観点から，授業についての考え方と生徒（生活）指導についての考え方，これらに大別して分析を行う。前者は校長として着任したX中学校の前任校からも含めて分析するが，あらかじめ述べると，その他の考え方は，X中学校への教科センター方式実施告知（X中学校着任3年目）を契機として発達していく。そこで時系列に沿い，教科センター方式告知までは校長としての考え方について，告知後は授業について，生徒（生活）指導について，校長としての考え方（学校組織）について，分析していく。分析に用いたデータは，1回目調査（着任5年目）は1-1から1-23，2回目調査（着任5年目）は2-1から2-71である。なお，桜井校長への1回目調査は正式に予定していたものではなく，草野教師（第2章）への調査終了後の挨拶時に，X中学校の取り組みについてたずねたところ，桜井校長が対応してくださったことから偶発的に始まったものであった。そのため，2回目調査では1回目調査において聴き足りなかった点を中心に質問したものである。

2－1　教師の学習を支える教師としての考え方の発達過程①
■教科センター方式告知以前
11年間の教育行政を経験した桜井校長は，校長として学校現場に戻る。校

長として1校目の中学校に着任した当時，桜井校長は「とにかく戸惑い。校長としてどうあったらいいか，校長として何を生徒にしゃべったらいいのか，ってのが丸っきり分からなかった」という。この「戸惑い」は教職員に対する「戸惑い」と生徒に対する「戸惑い」の双方であった。生徒に対しては，「十数年，現場離れてたので，生徒の気質も変わっちゃってるし，今まで付き合いのない生徒と，初めて会って何を，話したらいいか分かんないし，まず顔の区別がつかなかった」「みんな同じように見えるんですよ，生徒の顔が。で何を考えているのか分からない」という実践の場を離れたことによる「戸惑い」であった。しかし，「生徒主体に考えてほしい」「自分の都合とかね，それから面倒臭いとかね，負担になるとかね，そういった感覚じゃなくてね，生徒のためにやってくれ。それは，ずっと貫いていきました」と，生徒に対する指導についての信念（考え方の源）は揺らがなかった。しかし，教職員に対しての考え方は批判的な検討を経て，校長としての考え方が形成されていく。

　桜井校長の教職員への「戸惑い」は，次のように行政での経験からもたらされていた。桜井校長は，着任当初，「俺の言うことは聞けって感じ」で教職員と接していたという。それは，「行政は上意下達の，指示系統，命令系統がしっかりしてるので，それはさらっと通っていく」という経験が考え方の前提条件となり，考え方の源が形成されていたからであろう。しかし「そのやり方でやったら全然通らない」ということから，「校長って立場」「1校のリーダーになって，どういう立場でスタンスでいったらいいか」「どういう位置に，立ち位置にいたらいいのか」と省察が喚起される。そして，「学校観とか，校長観なんて最初なかった」桜井校長であったが，「だんだん，固まってきたのがね，正直言って3年目ぐらい」と，校長としての実践を積み重ねる中で考え方が形成されていく。それは，「校長は一番下にいるんだと。皆さんが頂点にいるんだと。校長はその下支え」という考え方である。省察が喚起された桜井校長は，校長としての実践を積み重ねていく中で，「俺の言うことは聞けって感じ」という考え方の源と，それが行政の経験から形成されていたという考え方の前提条件を突き止めたのであろう。そして，「やっぱりてっぺんであぐらかいてるんじゃダメ」と校長としての自分の「立ち位置」を批判的に検討する。最終的

に桜井校長は,「校長は一番下で支えてる」という校長の「立ち位置」についての新たな問題設定をなし(批判的自己省察),校長は「下支え」という考え方(校長観)を形成したのである。桜井校長は,この考え方を象徴的に「逆ピラミッド」として表現して教師たちに示すが,1校目の学校では「あんまり受けなかった」という。しかし,この考え方にもとづく行動がX中学校においてなされていることは,次のような語りや「X中だより」という学校通信に表出している。

　例えば,小中連携の取り組みにおいて,「言うことだけ言って,やんないっていうんじゃなくて」「すべての行事に顔を出し」,校長自ら写真を撮影し,「何をやってるかっていうことを端的に3行ぐらいで書いて」,学校だよりとして桜井校長はまとめているという。写真や文章によって教師達の実践を記録する桜井校長の行為について[6],教師達は「どういうねらいで,どういう成果があったか,ってのは校長はもうみんな分かってる」「何か〔資料や記録が〕欲しいときは校長のところに行けば貰える」というように,理解しているという。また,「生徒指導」「保護者対応」といった「担任ひとりで抱え込んじゃう」案件について,「私も自分自身でそれで失敗して,もうほんとに大変なことがあったので,担任が何か抱えてれば,保護者対応しなければ,一緒にやりますしね。やってあげなきゃ,絶対,自分たちで解決できないし」「よく声かけて,一緒に,やってます」という。このように,X中学校の前任校で形成された校長としての「立ち位置」についての考え方は,「一緒にやってくれる,っていうのは〔教師達は〕分かってくれてると思う」「高飛車に出てないし,教員を大切にしてますからね。その気持ちが通じてはいると思います」と評価され,安定した考え方になっている。

　一方,X中学校の前任校に着任した当時,生徒への「戸惑い」があっても揺らがなかった「生徒主体」という考え方にもとづいて,桜井校長はX中学校の「生徒指導のあり方」を変えていく。桜井校長がX中学校に赴任した当時は,「非常に閉鎖的」な学校で,「1年生2年生3年生,学年が接触するのを避けるために,廊下の通り方も,規制しちゃうような」指導であったという。校外学習でも,昼食時の座る場所をあらかじめ決め,整然と座っていても「その

通りに座ってないと，もう1回，座り直しさせる」指導であったという。生徒達は「非常に暗いし，覇気がない。先生に反抗はしないけれども，ざわざわしてて，だらしない，っていう学校」であったことから，桜井校長は一緒に着任した副校長とともに，「こういう閉鎖的ではダメ」「どんどん開いていかなきゃいけない」と「生徒指導のあり方」を変えたという。例えば，パーマや脱色など頭髪の規則違反がある生徒を儀式的行事に参加させないという指導を，「もっと一人ひとりの人権にも絡むことだから，〔一人ひとりを〕大切にしていこう」と，「生徒主体」という考え方にもとづく方針にしていったという。長年X中学校に在籍していた教師達の異動もあり，桜井校長の方針が教職員に浸透し，桜井校長がX中学校に赴任して「3年目で完全に」地区の中で「一番落ち着いている」学校になったという。このようにX中学校が変化した理由として，桜井校長は自分の方針が浸透したことだけではなく，小学校との連携を挙げている。

　この連携は，桜井校長がX中学校に着任する1年前から開始された小中一貫教育の研究指定校としての取り組みであり，部活動に小学校児童が体験的に参加する活動の他，中学校教師が小学校児童に授業を行う「ビッグティーチャー」と，中学校生徒が小学校児童とともに活動を行う「リトルティーチャー」という2つの活動を柱として，隣接する小学校1校と近隣の小学校2校との間で行われていた。「リトルティーチャー」の取り組みによって「生徒が変わった」という他にも，保護者からの申し出によって小学校との連携がPTAでも進んでいったという。そして「保護者の目，地域の目」が学校に入ることによって学校が「開かれ」，生徒の変化など「良くなったところをこの方々〔保護者や地域の学校関係者〕が外に広めてくれるんです，X中大丈夫よ，心配ないわよ。それが，いい循環になった」と桜井校長は述べている。

　このように，校長は「下支え」という考え方（校長観）と「生徒主体」という考え方にもとづいた校長としての実践を通じて，桜井校長はX中学校の「改革」をなしていった。そして「1番落ち着いている」学校になったというX中学校着任3年目の夏，教科センター方式実施が告知され，それを契機として，桜井校長はさらに考え方を発達させていく。

2-2 教師としての実践的知識の発達過程
■教科センター方式告知後

　X中学校に桜井校長が着任して3年目の2010年度の夏，耐震化のための校舎の建て替えに伴い，X中学校への「教科センター方式」導入が告知された。当時，桜井校長は，「教科センター方式ってのは，そんな賛成してなかった」「教科センター方式でやるってのはもう決まっちゃって，そこの校長なったわけで，まぁデメリットばっかり考えてた」という。校長として教科センター方式を「せざるを得ない」立場であった桜井校長であったが，この地区の当時の教育長の言葉，「授業見てると，寝てる子がいる，あれは勿体ない，可哀相だ，置いてきぼりになっちゃってる。そういうのがないような授業にしてほしい」「学ぶ側の生徒の立場に立った授業をしてください」という言葉に共感する。そして桜井校長は次年度からの指導力向上特別研究指定校（2011年度から3年間）を了承するとともに，教科センター方式の実施に向けて取り組んでいく。

　しかし，教科センター方式実施という学校への通告の段階では，その実施は変更の余地のない決定事項で，すでに行政側は設計に着手していた。設計に際しては，教師達の意見を聞く「ヒヤリング」が行われたが，この時は，あくまでも新校舎の設計に関することに終始し，対応も教育行政ではなく，施設課の対応であったという。そのため，終始，行政と学校側は「平行線」のままであったという（水谷教師の語りによる）。このような現実に直面した桜井校長は，次のような行政との「やりとり」を行う。桜井校長は，校舎を「ハード」，問題解決的な授業などの教育実践を「ソフト」と象徴的に言い換えているが，「区は最初からハードありきだった」「教科センター方式になるんだから，それに見合う授業をしなさいっていうように」「ハードありきのことを言ってたのでそれは違うでしょ，私たちが考えていくソフト，それを支えるものとしてハードがある」(Sa 6 語り 2-15) という「やりとり」を行政と行ったという。そして「そうは言ったものの，このハードをどうやって活かすんだろうか」(語り 2-15)「ハードありきじゃなくて，こういった授業にするために教科センターをどう活用するか」と省察が喚起され，桜井校長は，生徒指導について，授業について，学校組織について，これらの考え方を中心とする複数の考え方を発達させてい

く。

①生徒指導についての意味パースペクティブの発達

X中学校に教科センター方式実施が告知された2010年度の夏，すでに行政側は設計に着手していた。教科センター方式のための校舎の建築例では，従来のように1学級に1教室を割り当てるのではなく，教科学習のための教室を主体として，ホームルームも教科学習のための教室で行われる。そのため，生徒にとっては自分の教室と呼べる空間が保障されず，すべての授業において各教科の教室を移動していかなくてはならない。これまでの学級経営への考え方を「否定するような」新校舎の建築構想に直面した桜井校長は，「学級経営ってのは何なのか」と省察を喚起させる（資料Sa1語り1-18）。

この省察の喚起から，桜井校長は，「日本の教育の原点っていうのは集団の中で個を育てる，であったはず」「集団の中で個を育てる，ってことをやってきてうまくいってきたはず」と，無意識に抱いていた学級中心の教育観という考え方の源を明らかにする（省察reflection）。また，生徒にとっての「学級」の意味も問い直される（語り1-16, 1-17）。桜井校長は，行政が思い浮かべる「500人がいるんだけども，みんな同じ顔した，同じ行動する500人」という「平坦なフラットな生徒像」に対して，「一人ひとり，個性があって特性があって，課題があって」「それぞれ苦しみながら，自分と戦いながら，友達と戦いながら，なんとか，自分を奮い立たせて学校に来ている」と目の前の生徒を具体的に思い浮かべる。そして「そういう一人ひとりの生徒」のために自分の教室をもたず「1時間ずつ流れていく」という「このやり方が本当にいいのか」「苦痛な生徒がいるはず」「友達とコミュニケーションが取れない。自分の居場所がない。その生徒をどうするのか」と，自分の教室が保障されない教科センター方式に対しての批判的な検討がなされる。同様に，物理的な空間という観点からも「学習空間と生活空間のバランスっていうのは」「発達段階に応じてある」と，これまでの経験から批判的な検討が加えられる。これらの批判的な検討を通じて，「生徒の心の居場所」という問題設定から学級中心の教育観についての考え方は批判的自己省察に達し，「学級経営，それから生徒の心の居場所，そういうものがしっかり確保しないといけない」とこれまでの考え方は新たな問題

設定から発達する。

　このように,「公聴会」という他者との対話を通じて「学級経営,学年経営ってもう一回見直そう」とする中で,「集団の中で個を育てる,ってことをやってきてうまくいってきたはず」という考え方の源を成り立たせていた「学級集団」そのものへの省察が喚起された。そして,学級中心の教育観についての考え方は,生徒にとっての「心の居場所」という価値づけによって発達した。しかしそれだけではなく,「今まで当然と思ってきた」これまでの生徒（生活）指導についての考え方の源も,突き止められていく（語り1-19）。これまでの中学校が「3年生が2年生1年生下級生に手を出さないように」という前提条件のもと,「1年生と2年生3年生それぞれ接触しないように」してきたと,桜井校長は生徒（生活）指導についての考え方の前提条件とその源を突き止める（省察 reflection,批判的省察）。さらに,「学校の場そのものが」「非常に閉ざされた教育だった」「生活指導と教科指導は,別個のもの」「生活指導に追われ教科指導は二の次」と,中学校における生徒（生活）指導中心の「文化」についての考え方の源も明らかにされる（省察 reflection）。そして,それら「当然と思ってきた」ことを「もう1回見直す」と,さらに省察が喚起される。最終的に生徒指導とそれを中心とする「文化」についての考え方は次のように発達する（語り1-4）。

　これまでの生徒指導と中学校の「文化」について,「禁止事項の羅列とか。制限」「学年間で接触するのも嫌がるっていうような変な文化でした」とその考え方の源が明らかにされ（省察 reflection）,「でもそれじゃあ,もうならない,できない。」とこれまでの考え方は否定される。そして,「お互いに,気遣い合いお互いに思いやりをもって,マナーを重んじる。そのマナーが生活のルールになって」と,「禁止事項」ではなく「思いやり」を生活の基盤とするという新しい問題設定をなし,「そのマナーが生活のルールになって,教科指導,授業の規律が生活の規律につながる。そんなものにしなきゃダメ」と,生徒指導についての考え方は批判的自己省察に達して発達する。また,「学校の場そのものが」「非常に閉ざされた教育だった」という考え方も,「そうじゃなくてもっとオープンにしようよ。かかわり合いっていうものを重要視しようよ」と考え方が発達する（語り1-19）。このような考え方の発達には,教職大学院の教師

資料 Sa 1：学級経営について，生徒（生活）指導についての語り

語り 1-16「学級経営，それから生徒の心の居場所，そういうものがしっかり確保しないといけないなと思ってるんで，それがないがしろになっちゃうんじゃないかな。なんか区の，考えてる生徒像っていうのは，平坦なフラットな生徒像なんですよ。色んな生徒がいるっていう発想じゃないんですよ。500人がいるんだけども，みんな同じ顔した，同じ行動する500人だと思ってるんですね。違うんです。1人1人，個性があって特性があって，課題があって色んな家庭的な背景，バックグラウンドがあって。で，それぞれ苦しみながら，自分と戦いながら，友達と戦いながら，なんとか，自分を奮い立たせて学校に来ているっていう生徒像が，区教委には見えてないんじゃないかなと思うことです。学校長としてそういう1人1人の生徒を見るときに，このやり方が本当にいいのか。1時間ずつ流れていくっていうのがものすごく，苦痛な生徒がいるはずです。友達とコミュニケーションが取れない。自分の居場所がない。その生徒をどうするのか，っていうことですよね。（後略）」

語り 1-17「私はもう，戦いに戦って自分のクラスは作ってくれと。（中略）じゃその変わり狭くするぞ，って言うから，（中略）でも，自分のクラスがないよりはマシだっていうんで，ここでまぁ居場所は確保しようと。うーん，これがないと，やっぱりその，発達課題の障がいとは言わないまでも発達課題のある子ども達にとっては非常に苦痛の場所になるだろうと。学習空間と生活空間のバランスっていうのは，やっぱり，あの発達段階に応じてあるんじゃないの，って言ったんですけどね。幼稚園や保育園は，生活空間が学習空間を兼ねている。で，まぁ高校大学行くと学習空間がほとんどで，そこがまあ生活空間を兼ねている。中学生は両方ないとダメなんじゃないですかっていう，これはもう30数年の経験値というか経験則というか暗黙知というか，のものですよね。色んな生徒を見てきたので。（後略）」

語り 1-18「学級経営ってのは何なのか。日本の教育の原点っていうのは集団の中で個を育てる，であったはずなんです。で国民性から言ってもそうでないとやってけない。個ばっかり，個を育てるんだけども，集団の中で個を育てる，ってことをやってきてうまくいってきたはずなんですよね。なんかそれも否定するような，集団って何なんだろう学級集団って何なんだろう。だから公聴会の中でも，学級経営，学年経営ってもう一回見直そうと。だから区の教育研究会，自主的な研究会ですけどその部会は新たに立ち上げたらどうかってところまできてるんですね。もう一度見直す部分って，あの出てきたような感じがしますね。」

語り 1-19「今まで当然と思ってきたんだけど，もう1回見直す。どういう見直しになるか分かりませんけどね，肯定的に見直すのか否定的な見直しになっていくのか，分からないけれども，そういう意味では中学校教育の転換期ではやっぱりあるのかな。非常に閉ざされた教育だったことは確かですからね，学校の場そのものが。1年生と2年生3年生それぞれ接触しないように，3年生が2年生1年生下級生に手を出さないように，ここは1年生のトイレ，ここは3年生のトイレ。生活指導と教科指導は，別個のもの。

> 生活指導に追われ教科指導は二の次という。そうじゃなくてもっとオープンにしようよ。かかわり合いっていうものを重要視しようよ。」
>
> **語り1-4**　「禁止事項の羅列とか。制限。ここは使うな，ここは通るな，とか。学年間で接触するのも嫌がるっていうような変な文化でしたからね。でもそれじゃあ，もうならない，出来ない。お互いに，気遣い合いお互いに思いやりをもって，マナーを重んじる。そのマナーが生活のルールになって，教科指導，授業の規律が生活の規律に繋がる。そんなものにしなきゃダメだろうと。(後略)」

達の言葉を「きっかけ」とした，「ケアリング」についての考え方の発達が関与している。

教科センター方式実施が告知された翌年(2011年度)，X中学校は2013年度の教科センター方式実施に向けて，「指導力向上特別研究指定校」として校内研究会を本格的に始動させていく。それに伴って教科センター方式を先進的に指導している教職大学院から，複数の教員が講師としてX中学校に定期的に訪れるようになっていた。桜井校長は，大学院教員の言葉から「ケアリング」への省察を喚起する(資料Sa2語り2-62)。桜井校長は，学習指導と生活指導の一体化について「やってかなきゃいけない」と思っていたが，「あらためて，指導的な立場の先生〔教職大学院教員〕」からの言葉を契機に，「どうしたら〔学習指導と生活指導の〕一体化できるんだろう」と省察を喚起させる。その時に，もう1人の教職大学院教員から「ケアリング」という「ヒント」をもらい，「色んな方法で」桜井校長は「ケアっていうことをもう一回勉強した」という。その過程で，「ケアリング」についての省察が深まっていったことが語りに表出している。

桜井校長は「ケアリング」について，「自己満足だっていうふうに批判的に斜めに見てきた」と考え方の源を突き止め(省察 reflection)，「自己満足」と考えていたのは，「相手をケアすること」を「一方的な，与える」こととしてとらえていたと，考え方の前提条件も明らかにする(批判的省察)。そして，「相手をいたわって相手を世話すること」によって「自分が高まる」と，「ケアすること」についての意味が批判的に検討され，これまでの考え方の前提条件は「違う」と否定される。最終的に「〔相手をケアすることは〕自己実現」という

資料 Sa 2：大学教員の言葉についての語り

語り 2-62　「(前略) 人がこう動く，教科センター方式になるには，もう，学習指導と生活指導ってのは分けられないでしょ，っていう話をAさん〔教職大学教員〕がしたんですよ。一体化してやってかなきゃいけない。それは我々も前から思ってたんだけど，あらためて，指導的な立場の先生からそう言われてそうだよなって本気で思って，どうしたら一体化できるんだろうな。それにはやっぱり，ケアリングでしょうね。それはBさん〔もう1人の教職大学教員〕が言ってたんですよ。ケアっていうこと。だから私は私なりにケアっていうことをもう一回勉強したわけですよ，色んな方法で。看護学のケアから何から色々。そうすると看護学のケアってのも，面白いですね，やっぱり相手をいたわって相手を世話することで自分が高まる，っていう，相互作用的なものが，ケアリングの大元の理念，なんですね。ただ一方的な，与えるってものじゃなくてね。自己満足じゃなくてね。自己実現なんですね。だから今まで自己満足だっていうふうに批判的に斜めに見てきたものは，違う，これは自己実現なんだっていうふうにあらためて思ったのは，そんなに昔のことじゃないですね。だから知識として今までたくさんあったことが，この勉強を通して，自分の役職とか，子どものかかわりわりとかっていうんで，位置づけがきちんとはまるところにはまったって感じがしますね」

語り 1-20　「教科センター方式でやるってのはもう決まっちゃって，そこの校長なったわけで，まぁデメリットばっかり考えてたんですよ。だけどまぁそうも言ってられないだろうなと思って。まぁデメリットをメリットにするにはどうしたらいいんだろうか，発想の転換しかないよなっていう。A先生〔教職大学教員〕のおっしゃったことが，1つきっかけにはなったかもしれませんね，人の流れ。流れのある学校。その流れってのはねらいに到達するためのプロセスなんだ。ただ管理型から自治型にまでは，私はそんなに期待してないですね。そんな大転換があるとは思えないし，そこまでする必要も意味もないかなと思いますね。ただ子ども達にはその意識は持たせたい，自治意識。だから，将来は社会人として，自主的に自立的に，1人の個人として社会に対してどう向き合っていくかってことを真剣に考えなきゃいけないから，その基礎は，うん，身につけさせたいですよね。実践できるための基礎。だから体験的なものでもいいから，やっぱり大人が1人で生きてるんじゃないんだ，互いに協力し合って，助け合って生きてるんだよ，っていうのは，これは，もう青臭いようだけど，なこと言ってるようだけども，ほんとに原点ですよね，それ，今教えないと，変な人間になってしまうと思いますよね，非常に自己中心的なね。」

語り 1-6　「(前略) A先生も海というのが最終的にねらいであって，ねらいに向かって，川の流れ，それはプロセスであると。そのプロセスの中で，小石のように子ども達が互いに，コロコロコロコロ転がって磨き合うんですよね，それが切磋琢磨であると。流れのない所に，教育はない。正に，その教科センター方式の，校舎ってのは学びの装置だと言われてると。」

語り 2-63　「色々刺激をいただいたのはやっぱり，○○〔教職大学院名〕の先生方です

> よね。ヒントをくれたっていうか，(中略) それをヒントにもらって，自分で調べて，深めていったら，あぁそうだよ，自分なりに深まっていった喜びってありますよね。(中略) もう1回その自分が，教職でやってきたもの，っていうものを材料にしながら，研究，まあかじってきたものを，もう1回再構成，自分の中で再構成して，そしてそろそろ発信できるんじゃないか，と思い始めたのが去年です。(後略)」

　新たな問題設定から「ケアリング」についての考え方は批判的自己省察に達し，「相手をいたわって相手を世話することで自分が高まる」と考え方が発達する。この省察の深まりについて，「知識として今までたくさんあったことが，この勉強を通して，自分の役職とか，子どものかかわりとかっていうんで，位置づけがきちんとはまるところにはまった」と桜井校長が述べているように，「ケアリング」についての考え方の発達が，「かかわり合いっていうものを重要視しようよ」という生徒指導についての考え方の発達に直接的な影響を与えているのである。

　この「ケアリング」についての考え方の発達を根底として，生徒(生活)指導についての考え方が発達していく。「今まで当然と思ってきた」と桜井校長が述べているように，生徒(生活)指導についての考え方の前提条件とその源によって，生徒達が毎時間，移動する教科センター方式実施を「デメリット」と桜井校長はとらえていた(語り1-20)。しかし教職大学院教員の言葉，「人の流れ。流れのある学校。その流れってのはねらいに到達するためのプロセス」「プロセスの中で，小石のように子ども達が互いに，コロコロコロコロ転がって磨き合う」という言葉(語り1-6)を「きっかけ」として，教科センター方式における指導目的「ねらい」と，指導方法「プロセス」を桜井校長は明確にしていく。しかし桜井校長は，それら先進的に教科センター方式を推進している教職大学院教員の言葉を単に受容するのではなく，「ただ管理型から自治型にまでは，私はそんなに期待してない」「そんな大転換があるとは思えないし，そこまでする必要も意味もないかな」と批判的に検討する。そして，「将来は社会人として，自主的に自立的に，1人の個人として社会に対してどう向き合っていくかってことを真剣に考えなきゃいけないから，その基礎は」「身につけさせたい」と，中学校段階では社会人として「実践できるための基礎」を培

うという新たな問題設定がなされる。この新たな問題設定から生徒指導（その目的）についての考え方は批判的自己省察に達し，生徒には社会人の基礎としての「自治意識」「その意識は持たせたい」と考え方が発達する（語り1-20）。

　この生徒指導（その目的）についての考え方の発達に伴って，その目的に適う「プロセス」として，学校生活においては「互いに協力し合って，助け合って」生活することを体験させたいと桜井校長は考えるようになっていく。これは，これまで，「デメリット」と考えていた「人の流れ」（生徒の移動）を「ねらいに到達するためのプロセス」ととらえ，そのプロセスの中で，生徒達が「互いに」「磨き合う」という点に価値を見出したからである。この「互いに」「磨き合う」と象徴的に表現されているのは，すなわち生徒同士の「かかわり合い」であり，生徒指導についての考え方の発達は「ケアリング」についての考え方の発達からもたらされているのである。このように，桜井校長の生徒指導についての考え方の発達は，「ケアリング」についての考え方の発達を根底として，生徒同士の「かかわり合い」への価値づけによって発達していったのである。

②授業についての意味パースペクティブの発達

　教科センター方式実施が告知された翌年（2011年度），X中学校は2013年度の教科センター方式実施に向けて，「指導力向上特別研究指定校」として3年間の「生徒の主体的な学びを重視した授業の工夫・改善」に取り組んでいく。研究指定1年目の2011年度は，今年度の研究主題として「『問題解決型の授業』の工夫・改善」に取り組む。この取り組みを通じて問題解決型の授業への省察が喚起され，考え方が発達していったことが次のように語りに表出している（資料Sa3）。

　2011年度の研究指定校1年目をふり返り，桜井校長は，他者（教育行政）から「与えられたテーマ」として「問題解決型の授業ってどういうんだろうな，っていうんで，これを議論してきた」と述べている（語り2-5）。つまり，この時は問題解決型授業の実践が目的であった。ゆえに，「1年目〔研究指定校の1年目・2011年度〕は」「問題解決型ってなんだってやっぱり定義づけで走っちゃった」（語り1-3）と，桜井校長は発達した現在（調査当時・2012年）の考え方から2011年当時の考え方の源を明確にしている（省察reflection）。当時は「議

第3章　教師の学習を支える教師：実証的分析Ⅲ

> 資料 Sa 3：問題解決型の授業についての語り
>
> **語り 2-5**　「昨年度〔2011年度〕は問題解決型の授業，っていうのを，中心にやってきたんですね。とにかく区からは，一斉授業はもうやめなさい，生徒ひとりひとりが，生き生きと，楽しそうに参加ができるそういう授業にしなさい，っていうので，問題解決型の授業っていうのも，ひとつ，与えられたテーマなんですね。だから問題解決型の授業ってどういうんだろうな，っていうんで，これを議論してきたわけです。で，ひとつ，取り上げたのは，生徒の情動です，エモーション。この単元のねらいに関わる気付き，疑問，驚き，憧れ，これらの情動を起こすことを通して課題を持って探究的な学習の考え方を取り入れながら，言語活動や協同的な学習法を用い課題の解決に至るプロセスを持つ授業を問題解決型の授業にしようと，一応定義づけようと，いうことにしました。で，まぁあらためて考えてみようよ，ちょっと立ち止まって考えてみようよと。未修得と修得ってのは，こう自然にね，連続していくものでは，ないよね。やっぱり，隔たり，っていうか溝ってのは，あるよね。この隔たりを埋めて，未修得から修得に持って行く，手立てっていうのは，何なんだろうね，もう1回ちょっと，あらためて考えてみようよ，って」
>
> **語り 1-3**　「主体的な学び，ってのはやっぱり動機付けは内発的じゃなきゃダメだよねっていう原点に戻ったわけです。外発的でも，勉強しますけどね。ここ試験出るぞとか，あるいはこれやんなきゃこういう罰があるぞとか。それでも学習は成立して継続する場合もありますけど，それよりはやっぱり自分で，やりたいなって思うほうがいいだろう。そういうことは，もう自分の自己実現に繋がっていく。持続的なってことでこれなんですよね〔資料を示しながら〕。それで目指す生徒の姿ってのはこれだと。具体的にはこういう，キーワードで出てるけれども，1つ1つよく考えてみると難しいのね。問題解決型ってなんだってやっぱり定義づけで走っちゃったんです1年目〔研究指定校の1年目・2011年度〕は。最終的にこうなったんです。導入の部分，一番最初に，こう，オヤとか，ドキとか，えっなんでとか，そう思わせないと。奇を衒うものじゃなくて単元のねらいに関わって生徒の情動に関わるもの。心の部分に，やっぱりその訴えないと，深まらない」

論」を通じて，「単元のねらいに関わる気付き，疑問，驚き，憧れ，これらの情動を起こすことを通して課題を持って探究的な学習の考え方を取り入れながら，言語活動や協同的な学習法を用い課題の解決に至るプロセスを持つ授業を問題解決型の授業にしよう」と問題解決型授業を「定義づけ」たという（語り2-5）。しかし学校全体で問題解決型の授業に実際に取り組む中で，「あらためて考えてみようよ，ちょっと立ち止まって考えてみよう」と省察が喚起される。その省察の喚起は他者からの要請ではなく，「未修得と修得ってのは，こう自

然にね，連続していくものでは，ない」「隔たり，っていうか溝ってのは，ある」「この隔たりを埋めて，未修得から修得に持って行く，手立てっていうのは，何なんだろう」，という実践の中から生まれた生徒の学びへの問いであった。そして，「やっぱり自分で，やりたいなって思うほうがいい」「導入の部分，一番最初に，こう，オヤとか，ドキとか，えっなんでとか，そう思わせないと。奇を衒うものじゃなくて単元のねらいに関わって生徒の情動に関わるもの。心の部分に，やっぱりその訴えないと，深まらない」(語り1-3)という批判的な検討を経て，「問題解決型の授業」は「主体的な学び」という新たな問題設定がなされる。そしてこの新たな問題設定から，「主体的な学び，ってのはやっぱり動機付けは内発的じゃなきゃダメ」と，授業についての考え方は生徒の学びという観点へ発達している。このように，2011年度当初は，「与えられたテーマ」としての問題解決型の授業を行うことを目的とし，そのための方法として「定義づけ」を行っていたのであるが，2012年度には，生徒の主体的な学びの実現が目的となり，そのための方法として問題解決型の授業が位置づけられている。

このように授業についての考え方が発達していくには，学校全体で問題解決型の授業へ取り組む経験や小中連携に取り組む経験を通じて，教師と子ども(中学校生徒・小学校児童)の言動から，「主体的な学び」「動機づけは内発的」に関する批判的な検討が複数あったことが桜井校長の語りに表出している(巻末資料Sa4)。「主体的な学び」「学び合い」について，桜井教師は教師と生徒の言動の双方から省察を深めているが，それは，X中学校の教師と生徒からだけではなく，小学校教師と児童という平素は接していない他者からも次のようにもたらされている。

小中連携の会合において，小学校教師から「中学校が考えている主体的な授業っていうのと，私たち小学校が考えている主体的っていうのは，なんか違うような気がする」という発言に，「やはり教え合い学び合いの姿のある授業だと思います」とX中学校の教師が応えたという(語り1-22)。この立場が異なる小中学校教師の対話を通じて，桜井校長は「教え合い学び合い，かかわり合いっていうのを小学校でも重点において，それが主体的な，子ども達の学びの

姿」と，小学校での授業実践からもあらためて「主体的な授業（学び）」についての考え方を明確にしていく。それとともに，「かかわり合い」という協同的な学びについても価値づけをなしていったのであろう。また，「リトルティーチャー」という中学校生徒と小学校児童の子ども同士の取り組みを通じても，省察が喚起され深まっている（語り2-12）。桜井校長は，「最初のとらえ方は中学生の小学生の学習支援っていうとらえ方だった」と，中学校生徒が教える側，小学校児童が教わる側という考え方の源を持っていたことを突き止めている（省察reflection）。その考え方は，「リトルティーチャー」という名称のように，「中学生送り込んで，教えよう」「それによって中学生もフィードバックで学ぶ」という考え方の前提条件に依っていた。しかし，取り組みにおける生徒の言動から，「純粋な学び合い」「この様子というのは，正に教わってるって感じでしょう，小学生から。あぁそうなんだって，こういうふうにね，中学生がね，学んじゃう」と，子どもの学びについての批判的な検討がなされる。

　さらに，小学校児童とX中学校教師の言葉からも「動機づけは内発的」への批判的な検討がなされる（巻末資料Sa5）。中学校教師が小学校児童に授業を行う「ビッグティーチャー」という取り組み後の小学生児童の感想から，桜井教師の批判的な検討は深まっている。「なんで5つしかないんだろう，もっと調べたい」「家でどうしたら飛ぶか，弟と2人で頑張ってる」というような，授業を終えてからも自発的な学びへの探究心を小学校児童の感想から見出した桜井校長は，「びっくりしたり驚いたりへえと思った，っていう内発的な動機付けが生きてる」，学習の持続には「内発的な動機づけ」が必要という考え方への価値づけがなされていく（語り2-10）。同様に，「ビッグティーチャー」として授業を実践した教師達が小学校児童へ送ったメッセージの言葉についても，「研究に関わるところ」と桜井校長は注目する。例えば「理科の土屋先生，木炭電池はどうしてだろうなぜだろう，っていうことを考えると楽しく学習をすることができる」「あらためて言ってる」と，X中学校教師の言葉からも「内発的な動機づけ」への必要性が見出され，価値づけされていく（語り2-11）。また，「課題解決型の授業」への価値づけは，X中学校の生徒の「コメント」からなされていく。「僕は■◆先生の授業で，考えることが苦でなくなりました。課

題を考え解決策を導くというやり方が，いいと思うようになりました」という生徒の言葉によって，「この授業のやり方難しい，何やってるのか分かんない，もっと受験本位の，ものをやってくれなんて言われながら，やってたんですけども，生徒は，とうとう最後は響く，響いたのが出てきた」と，「課題解決型の授業」への価値づけがなされる（語り2-11）。

このように，小中連携の教師同士，教師と児童，生徒と児童との実践を通じて，普段接しない他者からの言動から，またX中学校の教師と生徒の言動からも，桜井校長は「主体的な学び」「動機づけは内発的」や「課題解決型の授業」への価値づけをなしていった。このような複数の批判的な検討と評価から，最終的に「問題解決型の授業」は「主体的な学び」という問題設定がなされ，「主体的な学び，ってのはやっぱり動機付けは内発的じゃなきゃダメ」という考え方の発達がもたらされたのである。そして，この授業についての考え方の発達とともに，生徒には「社会人として，ひとりの個人として，自立的に，自ら，学習を生涯にわたって続けるっていうそんな意味合い」として「主体的というのを一歩進めて自立的な学習者，になってほしい」と桜井校長は考えるようになっている（巻末資料Sa5語り2-2）。「学力1点2点，10点上がったとかっていう結果じゃなくて，学習に取り組む姿勢や態度」「自分で課題見つけて，自分で課題を解決していこうっていう，意欲」を生涯学習社会に生きる生徒には「基礎」として「身に付けさせたい」という。このような考え方の発達も，子どもの「主体的な学び」を批判的に検討する中でもたらされていったと推察される。

さらに，それら批判的な検討においては，教師の力量についての検討もなされていた。「ビッグティーチャー」という小学校児童に対しての授業においては，「ここ試験出るぞとか，あるいはこれやんなきゃこういう罰がある」（資料Sa3語り1-3）といった「外発的」な動機づけは通用しない。そのような取り組みを通じて，「知的好奇心，探究の心をくすぐるテクニックというかね，指導力が必要だし，高い専門性が必要だっていうのをあらためてね，みんな考えた」「高い専門性がないと，知的好奇心をくすぐるような，ええっとか，なぜとか，あっそうなんだとか，思いを起こさせることはできない」と，「探究」の

授業のためには教師の「高い専門性」が必要という批判的な検討がなされていた（巻末資料 Sa 4 語り 2-12)。この教師の「高い専門性」への批判的な検討については，考察において後述する。

2-3　教師の学習を支える教師としての考え方の発達過程②
■教科センター方式告知後

　桜井校長は，行政との「やりとり」を契機として，「このハードをどうやって活かすんだろうか」「ハードありきじゃなくて，こういった授業にするために教科センターをどう活用するか」という省察の喚起から，生徒指導について，授業についての意味パースペクティブを発達させていった。そして，「問題解決的な授業ってなんだろうって，どんどん考えを深めていくと，今までも，学校の組織のあり方とか，私は行政にいたので，もともと，てっぺんに校長がいて，次に主幹がいてっていう階層的なね考え方は好きじゃなかったので，やっぱり違うよな，っていうふうに思えるようになった」と，最終的に桜井校長には次のような学校組織についての考え方の発達がもたらされていた（資料 Sa 6）。

　桜井校長は，学校組織のあり方について，「てっぺんに校長がいて，次に主幹がいてっていう階層的なね考え方は好きじゃなかった」と考え方の源を突き止め（省察 reflection)，その「階層的な」学校組織のあり方の根底には「管理」「評価」があるからだと考え方の前提条件も明らかにする（批判的省察)。そして「ひとつの，教育目標がありますよね。それを高いレベルで，共有している，スタッフでありたい」「学校の，組織するメンバーが，職種に関わらず，主事さんであろうと栄養士さんであろうと校長であろうと副校長であろうと主幹であろうと何であろうと。高いレベルで，ねらいというものを，共有している，それが力になる」と批判的な検討がなされる。最終的に，教育目標の共有という新たな問題設定から，職種に関わらず「信頼関係にもとづいた，協働というところからチームワークが根底になきゃいけない」と学校組織についての考え方は発達する。問題解決的な授業への省察を深めていく中で，学校組織についての考え方の発達が導かれていったのは，異なる立場の他者との対話によって授業研究を

> 資料 Sa 6 : 学校組織についての語り
>
> 語り 2-15 「教科センター方式ってのは、そんな賛成してなかったんですよね。だけど区教委が方針としてね、出してきて、まぁ校長ですから、それに沿って、進めていくのは当然なんですけれども、区教委が言ってるのは、これを手段にしなさい、授業改善の、手段にしなさい、っていうハードありきのことを言ってたのでそれは違うでしょ、私たちが考えていくソフト、それを支えるものとしてハードがあるのだから、そこはもう1回区教委としても考えてくださいっていうようなやりとりをずっとやってる中で、自分の考えも深まっていったわけですよ。そうは言ったものの、このハードをどうやって活かすんだろうか。まずハード考えるのをやめて、とにかく、その問題解決的な授業っていうのを考えていこう、っていうふうにしたんですね。問題解決的な授業ってなんだろうって、どんどん考えを深めていくと、今までも、学校の組織、の在り方とか、私は行政にいたので、元々、てっぺんに校長がいて、次に主幹がいてっていう階層的なね考え方は好きじゃなかったので、やっぱり違うよな、っていうふうに思えるようになったわけですね。」
>
> 語り 2-16 「漠然としてどうして階層的なものが、良くないのか、っていうのがあんまり分かんなかったんですけども、考え進めていくと、やっぱり、都教委とか県教委が考えてるのは、管理なんですよね。評価なんですよね。そうじゃないよね。信頼関係にもとづいた、協働というところからチームワークが根底になきゃいけないよね。チームワークってのは教員だけじゃないよね、っていうふうに考えを進めていって、そのジャクサのマトカワ氏の、言葉、に巡り合って、やっぱりそうだよな、っていうふうに意を強くした。まぁそんな単純なところです。」
>
> 語り 2-3 「うちは主事さんも授業参観してるんですね。栄養士さんも、授業見てもらって感想書いてもらってるんです、なかなかできないですけどね。それもちょっとあとで一部ご紹介したいと思いますけども。ひとつの、ひとつの、教育目標がありますよね。それを高いレベルで、共有している、スタッフでありたいなと思ってるんですね、学校の、組織するメンバーが、職種に関わらず、主事さんであろうと栄養士さんであろうと校長であろうと副校長であろうと主幹であろうと何であろうと。高いレベルで、ねらいというものを、共有している、それが力になるだろうな、そんな学校にしたいな、と思っているところです。」

行うという経験と、「ジャクサのマトカワ氏」の言葉が影響を与えている（資料Sa 7）。

X中学校では2011年度から校内研究を本格的に始動させ、教科センター方式を先進的に指導している教職大学院の教員が定期的にX中学校に訪れるようになった。それと並行して、研究主任の水谷教師、第2章において述べた青

木教師が教職大学院に入学していた。研究主任の水谷教師は校内研究を進める中で，教職大学院で行われている「カンファレンス」の形式を取り入れ，4名で構成される分科会を中心とした授業研究をX中学校では行うようになっていた。水谷教師によれば，その分科会における授業研究は，「こちらで意図的に構成をしてですね，他教科になるように，また年齢構成もベテランと中堅が分かれるように，それから男性，女性，あとは学年に所属していない栄養士の先生，それから〔個別に子どもの支援をする〕学習指導講師，そういう先生たちにも入っていただいて」(水谷教師の語り) 授業を参観し，メモをとり，授業者に感想を述べたり分科会で対話するというものであった。このように桜井校長は教職大学院で提唱されている方法を自らも経験しながら，多様な他者との対話の意味づけを次のようになしていったと考えられる（資料 Sa 7 語り 2-14）。

桜井校長は授業研究を行う中で，問題解決型の授業という「より質の高い教育活動を行うには」「信頼関係やチームワークがあるすべての立場の人々」による「教科職種等を超えた，多様で多面的な見方が必要」と考えるようになる。さらに，「同じ学校で，同じ学校という職場で働く人々が平等な立場で学校教育のあり方を考えていくっていうことが大切」と，桜井校長は実践（授業研究）を行う中で考えるようになっていったのである。このように考え方が発達するには，「ジャクサのマトカワ氏の，言葉，に巡り合って，やっぱりそうだよな，っていうふうに意を強くした」と桜井校長自身も述べている（資料 Sa 6 語り 2-16）。「漠然としてどうして階層的なものが，良くないのか，っていうのがあんまり分かんなかった」という喚起されていた問いは，「立場によらず，多数の仲間がミッションの目標を高いレベルで共有してることが，何よりの力になる」(資料 Sa 7 語り 2-14) という他者の「言葉」によって批判すべき視点が明確になり，批判的な検討が進んだことによって学校組織についての考え方の発達が導かれていったのであろう。

校長として学校組織についての考え方を発達させただけではなく，先述のように，教師としても生徒指導について，授業について，これらの考え方らを中心とする複数の考え方を発達させた桜井校長は，現在（調査当時），次のような考え方を有している（資料 Sa 7 語り 2-71）。生徒指導については，「子ども達の

資料 Sa 7：水谷教師・青木教師にあてた桜井校長の手紙の朗読と発達した校長としての考え方

語り 2-14「X 中の取り組みは，教科の枠を超えてを出発点に，今は職種を超えて，にまできています。このことは，実はそれほど簡単なことではありません。もっと言えば従来の中学校教育のパラダイム，思考，価値観の枠組みの転換であると考えています。教員ばかりでなく栄養士さんや，事務，用務士さんたちが，日常的に授業に参加しメモを取っている学校がどこにあるでしょうか。立場によらず，多数の仲間がミッションの目標を高いレベルで共有してることが，何よりの力になるに違いありません，とハヤブサで有名になったジャクサのマトカワ氏が言っています。私はこの言葉が学校経営にも，当てはまると考えています。（中略）憶えていますか。私が以前に情報提供した，××県教委と▽▽教委の授業評価システムの資料，水谷先生はいいですね，良くできてますね，と言われました。確かに良くできています。でも私には，生理的には受け付けないものです。なぜなら，その底流にある思想は管理であり，教員の評価であるからです。私たちがやろうとしていることは，そんなことではありません。私たちが取り組んでいることの底流にあるものは，信頼であり教職員のチームワークです。目指しているのは，協働。協働を通しての自主的な学習者の育成です。その意味で，学び合う学校なのです。学び合うのは生徒であり，私たち自身です。私たちというのは，教員ばかりでなく，同じ学校で働くすべての人々，学校に関係するすべての人々です。（中略）自立的な学習者を育成するために，教職員も，生徒も，学び合う学校にしていきたいと〔公開授業・研究協議会では〕話すつもりです。お2人の先生には，X 中は授業観察メモから何を読み取ろうとしているのか，話してほしい，とメモに書いてお願いしましたら，その真意を分かっていただけたでしょうか。X 中の授業観察メモには，重い意味があるのです。誰が，書くのですか。それは，信頼関係やチームワークがあるすべての立場の人々です。何のために書くのですか。それは，より質の高い教育活動を行なうには，教科職種等を超えた，多様で多面的な見方が必要だからです。そして同じ学校で，同じ学校という職場で働く人々が平等な立場で学校教育の在り方を考えていくっていうことが大切，だからです。もちろん自分自身の授業も省察する，ふり返る授業の材料にもなります。最も大切なことは，立場によらず，全ての仲間が，高いレベルで目標を共有していることが，学校という組織にとって大きな力になる，ということだと私は考えています。（中略）さてお2人に，再度お願いします。X 中が，授業観察メモから，何を読み取ろうとしているのですか。狭い意味で結構ですから，お答えください。色々な立場の人から色々なコメントが出てきます。それをどのようにまとめ，分析するのでしょう。お2人へのお願いは，観察者の，観察能力の育成です。どのようなコメントでもいいです，を出発点に，洗練された授業を見る目。洗練された授業を見る目，これを養うよう，皆さんを導いてほしいのです。よろしくお願い致します。」

語り 2-71「（前略）課題はいっぱいあるんですよね。今一番思ってるのはやっぱり，ケアリングなんですよ，子ども達同士が。だから子ども達のお互いの，思いやりとか，気配りとか，そういったマナーがルールになっていけばいいなと思ってるので，そういったものがずっと続いていくといいなと思いますね。今の3年生にもそれ言ってるんです。みんなが新校舎には入れないけども，みんなの思いっていうか，そういった精神

> が，引き継がれていくんだよ，伝統になっていく（中略）ケアリング精神を，教科センター方式のもとになって，ずっといくように，その礎を1年目で作りたいですね。だから私だったら学力向上とかは，全然関係ないですね。1点2点上がったとかっていうよりは。あとは先生達の指導力ですよね。専門性は磨いてほしいし，その高い専門性に裏付けられた，子ども達の知的好奇心をくすぐるテクニックを，開発してほしいし，それから授業を見る目，お互いに見る目，っていうのはね，きちんと磨いてほしいし，次の校長は，教員の評価っていう，あるいは管理，っていう視点から見るんじゃなくて，お互いの，そのチームワークでやってくんだってところをね，ぜひここに書いたことと同じです。」

お互いの，思いやりとか，気配りとか，そういったマナーがルールになっていけばいい」と，「ケアリング」を根底とする考え方を有するようになっている。そして，「より質の高い教育活動を行う」ために，教師達には「1点2点上がったとかっていう」意味の「学力向上」ではなく，「専門性は磨いてほしい」「その高い専門性に裏付けられた，子ども達の知的好奇心をくすぐるテクニックを，開発してほしい」と桜井校長は考えるようになっている。これは，小中連携の取り組みを通じて，「探究」の授業のためには教師の「高い専門性」が必要という批判的な検討からの考え方の発達であろう。また，そのような「高い専門性」を教師が培うために「授業を見る目，お互いに見る目，っていうのはね，きちんと磨いてほしい」という考え方も桜井校長は有するようになっている。さらに，「より質の高い教育活動を行う」ためには，「教員の評価っていう，あるいは管理，っていう視点から見るんじゃなくて，お互いの，そのチームワークでやってく」という視点が管理職には必要という考え方も桜井校長は有している。

3 考 察

桜井校長は校長となって，校長は「下支え」という考え方を形成するとともに，「生徒主体」という考え方を貫き，その考え方にもとづく行動によってX中学校を「改革」していった。また，教科センター方式導入告知を契機として，校長として学校組織についての考え方だけではなく，教師として，生徒指導について，授業について，を中心として複数の考え方を発達させていった。これ

ら桜井校長の考え方がどのようにX中学校の教師達の学習に関与していたのか，第2章で明らかになった教師の学習を支える他者とのネットワークおよびその関係性の質の観点を中心に考察していく。その後に，教師の学習を支える教師の特徴を考察する。

3-1　桜井校長の形成・発達した考え方と教師達への学習の貢献
①教師達の学習を支える関係性の質への貢献

　X中学校に着任した桜井校長は，1校目の学校で形成された，校長は「下支え」という考え方と，「生徒主体」という考え方にもとづく行動を行っていった。前者，校長は「下支え」という考え方にもとづき，「生徒指導」「保護者対応」といった「担任ひとりで抱え込んじゃう」案件について，ともに指導を行うという桜井校長の行動は，教師達に「安心感」をもたらしたと推察される。後者，「生徒主体」という考え方からのX中学校の生活指導のあり方への「改革」と，「閉鎖的ではダメ」「どんどん開いていかなきゃいけない」という志向によって，X中学校は保護者や地域に開かれていっただけではなく，X中学校内もそのような考え方が醸成されていったと推察される。これら桜井校長の考え方とそれら行動が浸透し，X中学校の教師達の関係性の質に影響を与えた可能性が推察される。

　桜井校長は，自分の方針が教職員に浸透し，X中学校着任「3年目で完全に」地区の中で「一番落ち着いている」学校になったと述べていたが，草野教師（第2章第2節）が着任したのは正にその年度であった。草野教師の語りにおいては，次のように所属学年の教師達との関係性の質が表出している（巻末資料Ku6）。例えば，「聞けばすぐに返事が返ってきたり，一緒に考えてくれたりしてた」(語り1-33)「周りの先生方もすごくあったたかかったんです，子どもに対して」(語り1-35)というような所属学年の教師達の言動から，草野教師は学年の教師達には「信頼感」「安心感」を感じ，生徒にも「信頼感」を感じていた。また，教師と生徒の間にある「信頼感」も感じ取っていた。さらに草野教師は，「過ごしやすいなって，すごく開かれてるなっていう感じはありました，その先生方の人間関係も，あと教室同士の関係も，すごく開かれてるっていう感じ

があった」(語り1-32)と,これまで勤務してきた他の学校と比較してX中学校について述べている。同様に,理科教師達の関係性も,日常的に授業を参観し,時には合同で授業を行うというようなインフォーマルでオープンな関係性であった。

さらに,学校組織についての考え方を発達させた桜井校長は,「より質の高い教育活動を行うには」「信頼関係やチームワークがあるすべての立場の人々」による「教科職種等を超えた,多様で多面的な見方が必要」,「同じ学校で,同じ学校という職場で働く人々が平等な立場で学校教育のあり方を考えていくっていうことが大切」と,「信頼関係やチームワーク」「平等な立場」という関係性の質を重要視している。

このように,桜井校長が学校組織についての考え方を発達させる以前から,X中学校の教師達の間にあったオープンで「信頼感」や「安心感」を基盤とする関係性は,桜井校長の考え方にもとづく行動や,その「改革」によってもたらされた可能性が推察される。そして,考え方の発達後の「信頼関係やチームワーク」「平等な立場」を重要視する校長の考え方が,その実践を通じてX中学校の教師達に浸透し,教師達の学習を支える関係性の質を整えているという可能性が極めて高い。

②教師達の学習の可視化・価値づけへの貢献

桜井校長は,校長は「下支え」という考え方から,「言うことだけ言って,やんないっていうんじゃなくて」「すべての行事に顔を出し」,校長自ら写真を撮影し,それを学校だよりとして発行している。この学校だよりについて桜井校長は,「まず教員なんです,教員に見てもらい」という(巻末資料Sa8語り2-35)。それは,「もぅめっちゃくちゃ忙しいので自分たちいいことやってるのに,それを,検証したり,ふり返ったりする時間がない」ため,「先生がやったことはこういうことなんですよ,それを示してあげることは大切」「私が教員のためにやってることっていうのは,後づけをしてあげること」だという。このように,教師達が行っている実践,すなわち発達を導く可能性のある新しい経験について,桜井校長は写真や文章とともに可視化している(語り1-23)。そして,「皆さんがやったことは,こういった意味があります,っていったことを,き

ちんと明確に示してあげる。それを元に，だからあとはこういうことが必要ですよね」と，その経験を価値づけし，新たな試みが導かれるように桜井校長は支援している。また，「授業が終わった後にこの子が分かんないって言ったら女の子が教え始めた」という瞬間を撮った写真について，この授業者であった教師が，「校長先生私が目指してる姿これなんです。よく撮ってくださった」と述べたという（語り1-23）。この教師の言葉から，写真による学習の可視化が，新しいことへ挑戦する意欲や批判的な評価の一助となっていると推察される。

3-2 教師の学習を支える教師の特徴

教師の学習を支える教師として，桜井校長の特徴の1点目は，教師達を支えるという考え方を根底にもち，「信頼関係やチームワーク」「平等な立場」という関係性の質を重要視していることである。既に述べたが，この考え方にもとづく行動が，例えば学校だよりを通じて学習の可視化として教師の学習を支え，「信頼感」「安心感」を基盤とする教師達の関係性の質となり，教師の学習を支えている可能性が極めて高い。

2点目は，実践の意味を見取る，分析するなど教師達とともに実践や授業研究に参加し，自らも変容的に発達しながら教師達と共感的に関わっていることである。例えば小中連携の取り組みにおいては，小学校児童に授業を行った教師達について「こういうところは，授業者も考えてやったし，児童の反応を見て，あぁやっぱりそうなんだろうな，というふうに思ったところ」と各教師達の実践の意味を見取り，ともに批判的に検討して実践に参加している（巻末資料Sa5語り2-11）。また，「僕は■◆先生の授業で，考えることが苦でなくなりました」という生徒のコメントについて，「この■◆先生はずっと不評な，保護者にも不評なんですよ，この授業のやり方難しい，何やってるのか分かんない，もっと受験本位の，ものをやってくれなんて言われながら，やってたんですけども，生徒は，とうとう最後は響く，響いたのが出てきたのでね，良かったなぁーと思っております」「1人でもこういうね，コメントが出てきたってことで，私はほんとに嬉しく思う」と，新しいことに挑戦している教師に共感的である（語り2-11）。また，桜井校長が学校だよりや写真によって教師達の学

習を可視化している点は先述したが,「校長先生私が目指してる姿これなんです。よく撮ってくださった」と教師が述べたというように,桜井校長は新しいことに挑戦している教師達に共感的であり,それを教師達も感じているということが推察される。このように桜井校長は,授業研究について,また教師達の「指導力向上」について,傍観者ではなく,ともに実践し,共感的に関わっている。そして,分析において述べたように,桜井校長も実践への批判的な検討から,「問題解決型の授業」は「主体的な学び」という新たな問題設定をなし,教師達とともに変容的に発達しているのである。

　3点目は,行政から課せられた課題をそのまま受容するのではなく,また,権威ある他者（大学院教員達）の言葉をそのまま受容するのではなく,それを契機として批判的に検討したり,書物等をあたるなどして,省察を深め,自らも考え方を発達させながらエンパワーメントしていることである。例えば,行政から教科センター方式導入に際して,桜井校長は,目の前の課題を持つ生徒の立場から批判的に検討し,学級中心の教育観についての考え方を発達させていった。同様に,先進的に教科センター方式を推進している大学院教員の言葉を単に受容するのではなく,「ただ管理型から自治型にまでは,私はそんなに期待してない」「そんな大転換があるとは思えないし,そこまでする必要も意味もないかな」と批判的に検討し,生徒指導についての考え方（目的）を発達させていった。このように桜井校長は,教科センター方式導入という契機に際して,教職大学院教員から「刺激」「ヒント」を得て,「自分で調べて,深めていったら,あぁそうだよ,自分なりに深まっていった喜びってあります」「自分が,教職でやってきたもの,っていうものを材料にしながら,研究,まぁかじってきたものを,もう1回再構成,自分の中で再構成して」(資料Sa2語り2-63)と,考え方を発達させていったのである。その考え方の発達は,次々と課題を与えられる不確実な状況の中で,これまでの教育実践（経験）を資源とし,新しい視点を取り入れながら批判的に検討し,新しい文脈において新たな問題設定を自らなすことによって実践的知識（考え方）を再構成していく発達であった。他者からの要請に揺らがない教師へと発達するという意味から,それは桜井校長にとってエンパワーメントをなしているのである。

第3節　総合考察

　本章においては，教師の学習を支える校内研究の取り組みは，どのような考え方のもとで創出されていったのか，教師の学習を支える教師達の関係性の質は偶然的に生起していたのか，あるいは何らかの考え方のもと，創出されていったのか，これらを解明するために，研究主任であった水谷教師と，X中学校の桜井校長の考え方を分析してきた。また，2名の分析を通じて，教師の学習に影響を与え，教師の学習を支える教師とは，どのような特徴を有しているのかについても考察を加えた。最初に，水谷教師と桜井校長の事例分析と考察から明らかになった点を整理し，次に，先に挙げた解明すべき点を本章の結論として述べる。

1　2名の事例分析・考察からの総合考察
　1-1　教師の学習を支える教師の貢献
　水谷教師と桜井校長の分析・考察から，彼らの発達した考え方の貢献について，教師の学習を支える環境への貢献と，教師の学習へ直接的にはたらきかける貢献とに分けて述べていく。
　①教師の学習を支える環境への貢献
　1点目は，教師の学習を支える関係性の質を創出することへの貢献である。X中学校のオープンで「信頼感」や「安心感」を基盤とする教師達の関係性の質は，校長は「下支え」・「生徒主体」という考え方にもとづく桜井校長の行動によって醸成された可能性が推察される。さらに，桜井校長の発達した学校組織についての考え方，「信頼関係やチームワーク」「平等な立場」という関係性の質を重要視する考え方がX中学校の教師達に浸透し，教師達の学習を支える関係性の質を整えている可能性が極めて高い。このような教師達の関係性の質についての貢献は，影響力が強い校長の考え方と行動であったからこその貢献と考えられる。
　2点目は，校内研究の取り組みを通じて，教師の学習を支える環境を創出す

ることへの貢献である。水谷教師は研究主任として，X中学校の校内研究の取り組みを創出していった。それら取り組みによって，学校全体で目指す「方針」が共有され，対話する機会，実践をふり返る「書く」機会，書かれたものを読むことによって他者の考えを知る機会，これらが保障され，教師の学習が生起しやすい環境が整えられていった。また，分科会活動を中心とする校内研究の取り組みによって，不特定多数の教師達とのネットワークも構築されていった。このような教師達の学習を支える環境についての貢献は，「教員の力量形成全体」を目的とする，研究主任としての考え方にもとづく貢献であった。

②教師の学習についての貢献

1点目は，職層や立場に関係なく，授業実践を開示・公開することによる，省察の喚起，新たな視点の抽出，新たな試みを喚起する刺激への貢献である。これらが水谷教師の授業実践から他の教師達にもたらされていた。そして，そのように教師達の学習に影響を与える水谷教師の実践の特徴は，学習指導要領に記載されている教科における目標以外のねらいを含み，新しいことに挑戦している授業実践であった。この点は草野教師の省察を喚起させた青木教師の授業実践にも共通している。青木教師の授業実践も授業において「社会性を身に付けさせる」という目的を含み，「協同」的な学習という新しいことに挑戦している授業実践であった。

2点目は，教師達の学習の可視化・価値づけへの貢献である。桜井校長は，教師達の実践を写真で撮り，それらに文章を加え，教師達が行っている実践，すなわち発達を導く可能性のある新しい経験について，桜井校長は写真や文章とともに可視化していた。そして，「先生がやったことはこういうことなんですよ」と桜井校長は経験を価値づけし，新たな試みが導かれるように支援していた。このような桜井校長の行為は，「私が目指してる姿これなんです。よく撮ってくださった」(巻末資料Sa8語り1-23)という桜井校長が撮影した写真についての教師の言葉に表出している。写真によって新しく挑戦したことが可視化され，可視化によって実践への批判的な評価（肯定）がなされ，新たな試みへの意欲が喚起されていくのであろう。

3点目は，学習の質への貢献である。教職大学院に在学するようになった水

谷教師は,「子どもの学び」を見取るという点を見出し,X中学校の授業研究において授業を見る「視点」を明示するようになる。生徒の言動を理解しようとする視点を明示することによってコミュニケーション的学習が導かれ,コミュニケーション的学習の生起によって教師達の考え方の発達につながる,新たな視点の抽出や批判的な検討が導かれていく可能性は高い。

　4点目は,教師達の学習の方向性とエンパワーメントへの貢献である。X中学校は2011年度から3年間の「指導力向上特別研究校」の指定を受け,3年間共通の校内研究主題として「生徒の主体的な学びを重視した授業の工夫・改善」が設定された。さらに,2011年度は「問題解決型の授業の工夫と改善」,2012年は「探究的な学習」と1年ごとの研究主題のもと校内研究がなされ,2013年度,それらは次期学習指導要領（中学校は2021年度全面実施）で示される「主体的・対話的で深い学び」（アクティブ・ラーニング）の先行的実施として位置づけられていく。このような校内研究の方向性,すなわち教師達の学習の方向性は,水谷教師の実践から導かれていた。水谷教師は,2010年度に総合的な学習の時間の教育研究員として,新しい学力観の育成を目指す実践を行い,「協同的な学習」「探究的な学習」への志向を明確にしていった。そして2011年度の研究主題を設定する際に,それら総合的な学習の時間のキーワード「協同的な学習」「探究的な学習」を新しい学力観からあらためて位置づけ,X中学校の教師達の意見,2010年度の校内研究の実践を踏まえ,2011年度からの「生徒の主体的な学びを重視した授業の工夫・改善」,そのための「手段」としての「問題解決型の授業の工夫と改善」という研究主題を設定していった。また,「問題解決型の授業」を解釈する際には,自身の総合的な学習の時間の実践だけではなく,「習得型の教育」と「探究型の教育」をつなぐための知識の「活用」という点から,各教科において「探究型の教育」を行う必要性について,「理論」的に解釈していた。

　このように,水谷教師は教育行政から課された「問題解決型の授業」をそのまま研究主題としたのではなく,研究主任であった水谷教師の総合的な学習の時間における実践とX中学校の教師達の意見,2010年度の校内研究の実践,さらに「探究型の教育」についての「理論」的な解釈から「問題解決型の授業」

への解釈を再構築し,「問題解決型の授業の工夫と改善」という研究主題を設定していったのである。このように再構成された研究主題は,自己の実践とX中学校の教師達の実践と意見が反映されたX中学校の文脈における新しい問題となって,教師達の学習を方向づけていったのである。さらに,水谷教師が発達した考え方にもとづいて組織していった校内研究の方法によって,新しいことに挑戦する意欲,授業研究への意欲がX中学校の教師達に生起したという。時期学習指導要領が目指す方向へとX中学校の教師達の学習を導き,授業改善への意欲を生起させた校内研究の取り組みは,教師達のエンパワーメントに貢献しており,それらを主導したのは研究主任の水谷教師であった。

1-2 教師の学習を支える教師の特徴

1点目は,実践者として新しい試みに挑戦していることである。この点は,教師の学習を支える教師の貢献において述べたように,水谷教師だけではなく,青木教師においても共通する特徴である。また桜井校長においても,校長として教師達とともに授業研究に参加し,新しい試みに挑戦していた。

2点目は,教師達やその発達を支える,という考え方を明確に有していることである。水谷教師は,「コーディネーター」として,また「ベテランと若手をつなぐ役割を自覚」して,「教員の力量形成全体」を考えている。桜井校長も,教師達を支えるという考え方を根底にもち,「信頼関係やチームワーク」「平等な立場」という教職員の関係性の質を重要視している。しかし,この点については,分析の対象が研究主任と校長という2名であったことからの特徴ともいえる。教師の学習を支える教師の貢献において述べたように,立場や職層に関係なく,授業実践を行う教師として,授業を開示することによる貢献においては,この特徴は必ずしも必要ではない。

3点目は,変容的に発達しながら他の教師達の考え方の発達を支えたり,共感的に関わっていることである。水谷教師は,教職大学院や先進的に「探究的な学習」に取り組んでいる教師達との対話によって新たな視点を見出したり,授業研究への考え方を発達させていった。自分の考え方が変容的に発達した経験から,水谷教師はX中学校の教師達にもそのような発達を導きたいと考え,

校内研究の取り組みを行っていったのであった。桜井校長においては、実践の意味を見取る、分析するなど教師達とともに実践や授業研究に参加し、「問題解決型の授業」は「主体的な学び」という新たな問題設定をなして授業についての考え方を発達させていた。桜井校長も新しいことに教師達とともに参加していることから、新しいことに挑戦している教師達に共感的であり、それを教師達も感じ取っていることが推察される。そして、このように発達した考え方において、桜井校長は教師達の学習を可視化したり、価値づけによって教師達の学習を支えているのである。

4点目は、行政から課せられた課題をそのまま受容するのではなく、また、権威ある他者（大学院教員）の言葉をそのまま受容するのではなく、それを契機として、自己の経験や書物等をあたるなどして批判的な検討を深め、自分の文脈に位置づけて課題を自己の問題へと再構成し、考え方を発達させながらエンパワーメントしていることである。

水谷教師の場合は、教育行政から課された「問題解決型の授業」について、総合的な学習の時間の授業研究という自己の経験と「理論」的な面の双方から「問題解決型の授業」を解釈し、課せられた課題を自分の文脈に位置づけて問題として再構成していた。桜井校長の場合は、教科センター方式導入に際して、目の前の生徒の立場から批判的に検討し、学級中心の教育観についての考え方を発達させていった。同様に、先進的に教科センター方式を推進している大学院教員の言葉を単に受容するのではなく、「管理型から自治型にまでは、私はそんなに期待してない」「そんな大転換があるとは思えないし、そこまでする必要も意味もないかな」と批判的に検討し、生徒指導についての考え方（目的）を桜井校長は発達させていった。またその際には、教職大学院教員から「刺激」「ヒント」を得て、「自分で調べて」いったり、「自分が、教職でやってきたもの、っていうものを材料にしながら」考え方を発達させ、教科センター方式導入を活用して、エンパワーメントをなしていったのであった。

第3章 教師の学習を支える教師：実証的分析Ⅲ

2 本章における結論と残された課題

2-1 本章における結論

　本章においては，研究主任と校長という立場と職層を限定しての，2名の事例分析という限界がある。しかし，教師の学習を支える教師の貢献，及び教師の学習を支える教師の特徴についての考察から，教師の学習を支える校内研究の取り組みは，どのような考え方のもとで創出されていったのか，教師の学習を支える教師達の関係性の質は偶然的に生起していたのか，あるいは何らかの考え方のもと，創出されていったのかという本章で解明すべき点について，次の3点の結論を得た。

　1点目は，教師の発達を支える教師は，変容的に発達しながら他の教師達の考え方の発達を支えたり，共感的に関わっているということである。この点から，自身の経験した変容的な発達を教師達にも導きたいという考え方のもとでX中学校の校内研究の取り組みは創出されていったと推察される。水谷教師は，X中学校の校内研究の方法を組織し，教師の学習を支える環境を創出していた。また，教師達をコミュニケーション的学習へも導き，教師の学習の質へも貢献していた。これら水谷教師がX中学校に取り入れたことは，水谷教師自身も経験した考え方の発達の経験にもとづいている。このように校内研究の方法を実質的に組織していったのは水谷教師であったが，桜井校長においても実践の意味を見取る，分析するなど教師達とともに実践や授業研究に参加し，考え方を発達させていた。桜井校長も，子どもの学びを見取るという授業研究の方法を経験し，「高い専門性」を教師が培うために「授業を見る目，お互いに見る目，っていうのはね，きちんと磨いてほしい」という考え方を有するようになっていった。この発達した考え方から，桜井校長は水谷教師と青木教師に「洗練された授業を見る目，これを養うよう，皆さんを導いてほしい」(資料Sa7語り2-14)と校内研究の取り組みとともに学習の質への貢献を後押ししていた。

　2点目は，X中学校の校内研究の方向性は，教育行政から課せられた課題をそのまま受容するのではなく，自己の経験や書物等を用いて批判的な検討を深め，X中学校の文脈に位置づけて課題を問題へと再構成することによって，設

定されていったことである。校内研究会が始動した2011年度の研究主題は，研究主任であった水谷教師の総合的な学習の時間における実践とX中学校の教師達の意見，2010年度の校内研究の実践，さらに「探究型の教育」についての「理論」的な解釈から「問題解決型の授業」への解釈の再構築がなされ，その結果，「問題解決型の授業の工夫と改善」という研究主題が設定されていた。そして，このように再構成された問題設定における校内研究の方向性が最終的に次期学習指導要領（2021年度全面実施）で示される「主体的・対話的で深い学び」（アクティブ・ラーニング）を先行実施した取り組みとなって，教師達のエンパワーメントに貢献しているのである。

　3点目は，校長という学校において影響力の強い立場の教師の考え方が浸透することによって，教師の学習を支える教師同士の関係性の質は創出することができると考えられることである。桜井校長は，校長は「下支え」という考え方，「生徒主体」という考え方によってX中学校を「改革」し，学校を保護者や地域に開き，「信頼感」「安心感」を得られるような教師達とのかかわり方を自ら行っていった。さらには「より質の高い教育活動を行うには」「信頼関係やチームワークがあるすべての立場の人々」による「教科職種等を超えた，多様で多面的な見方が必要」，「同じ学校で，同じ学校という職場で働く人々が平等な立場で学校教育のあり方を考えていくっていうことが大切」という，「信頼関係やチームワーク」「平等な立場」という関係性の質を重要視する考え方を有し，それらを浸透させていっていた。このような校長の考え方と行動が，オープンな関係性とともに「信頼感」「安心感」や承認を得られるような受容的な質も有す，教師同士の関係性の質へ影響を与えた可能性は極めて高い。

2－2　本章における残された課題

　本章においては，X中学校の校内研究の創出と教師の関係性の質の創出を明らかにすることを目的とし，研究主任と校長という立場と職層において，影響力の強い2名の事例分析を行った。そのため，本章で述べた教師の学習を支える教師についての貢献や特徴は，限定的なものである。職層や立場とは関係なく，日常のかかわりによって教師の学習を支える教師については，終章におい

て，あらためて述べていく。

　残された課題としては2点ある。1点目は，より多くの調査から，教師の学習を支える環境への貢献と教師の学習への直接的な貢献という観点から分析を行い，理論的飽和に至ることである。2点目は，教師の学習を支える貢献として本研究で明らかになった2つの観点を用い，例えばリーダーシップ論や学校文化の研究分野等において既に明らかになっている教師の職能成長に関する知見を，あらためて教師の学習という文脈に位置づけて整理していくことである。

第3章　注記

1) 総合的な学習の時間の目標については，次のとおりである。「横断的・総合的な学習や探究的な学習を通して，自ら課題を見付け，自ら学び，自ら考え，主体的に判断し，よりよく問題を解決する資質や能力を育成するとともに，学び方やものの考え方を身に付け，問題の解決や探究活動に主体的，創造的，協同的に取り組む態度を育て，自己の生き方を考えることができるようにする。」文部科学省『中学校学習指導要領』(平成20年3月，平成22年11月一部改正) p.103。
2) 「アクティブ・ラーニング」という用語を文部科学省が用いるようになったのは，2012年8月の中央教育審議会「新たな未来を築くための大学教育の質的転換に向けて～生涯学び続け，主体的に考える力を育成する大学へ～（答申）」からである。もともと大学教育について用いられ始めた「アクティブ・ラーニング」という用語は，その後，高等学校・中学校・小学校の学習指導要領改訂に向けてのキーワードして用いられていく。しかし，その言葉が独り歩きしている等の指摘から，2017年2月に公表された学習指導要領改訂案からは，「アクティブ・ラーニング」ではなく，「主体的・対話的で深い学び」と明記されるようになっている。
3) ここで用いるエンパワーメントとは「自分や集団の力量を高め，社会の矛盾に立ち向かう力を得ること」という意味である。三輪健二 (2009)『おとなの学びを育む─生涯学習と学びあうコミュニティの創造』鳳書房，p.137。
4) この点については『実践研究報告書』に述べられていた。教職大学院の教員たちがX中学校の授業を最初に参観した際に，板書や授業の展開など，教師の授業方法についての話にならなかったことに「衝撃を受けた」という。
5) 知識の「習得」「活用」「探究」については，「知識を『習得』し，それらを用いての『探究』の間には隔たりがあるため，それらをつなぐものとして知識の『活用』が必要である。そのため，教科の学習において，習得した知識を活用して課題を解決するような学習活動が必要」と提言されている。市川伸一 (2013)『「教えて考えさせる授業」の挑戦』明治図書，安彦忠彦 (2014)『「コンピテンシー・ベース」を超える授業づくり』図書文化社。
6) 筆者が資料として有している学校だよりは，小中連携の取り組みを掲載してあるもので，

A5版の表面には写真が12枚あり，その写真には活動内容を示す一言が添えられている。裏面は小学生の感想とともに，この取り組みの意味や価値づけがなされている。また，X中学校の調査の際は，そのほとんどを，校長室を提供していただいて行ったが，校長室の丸テーブルのガラス板の下には，生徒や教師達の活動中の写真が数十枚，挟まれていた。桜井校長とのインタビュー調査においても，桜井校長が撮影し記録してある写真を資料とともに見せていただいた。

終章　本研究のまとめと今後の課題

　本研究は教師の実践的知識の発達を変容的学習として位置づけ，教師の実践的知識の実相，実践的知識の発達過程，個人の実践的知識の発達と他者との関係性，これら3点の解明を課題とし，事例分析を行ってきた。本章では第1章から第3章にて明らかにした点を整理し，本研究課題3点の結論として，それぞれを第1節から第3節において述べていく。最後に本研究のまとめとして，第4節において，教師の発達・学習・省察を端的に述べた後に，本研究の意義および限界と今後の課題を述べる。

　なお，本章においては，「特徴」と「特長」を使い分けて，教師の実践的知識の実相とその発達過程に関する特質を記述していく。本研究では，専門性を有する教師の省察の深まりを分析するため，変容的学習論に省察的実践家論を加え，分析枠組みを構築した。事例分析の結果，いくつかの特徴が見出されたことは各章にて述べてきた。しかし，本研究結論部分にあたる本章においては，基本的に一般の成人を対象とした研究によって明らかになっている知見と，専門性を有する教師の変容的学習（＝実践的知識の発達）との異なりを明確にするために，教職によってのみ得ることのできる教師に特有の「特徴」を，「特長」と表記するものである。「特徴」を用いている場合は，変容的学習論の先行研究において明らかにされている，あるいは示唆されている，一般の成人にも共通する点である。

第1節　教師の実践的知識の実相とその特長

　本研究における1点目の課題は，教師の実践的知識はどのような知識であるのか，という実践的知識の実相の解明であった。本研究では教師が持つ教師としての先行知識や信念など，教師としての行動を決定しているが，しばしば暗黙である考え方はどのようなものか，そしてそれらの考え方が実践に直結していると予想される学習観・授業観・指導観・子ども観等にどのような影響を与

えているのか，という実践的知識の包括的な実相の解明を目指した。課題解明においては，実践的知識は複数の考え方の集合であると仮定し，調査協力者1名毎に分析を行ってきた。本節においては，授業に関する実践的知識6名の分析と生徒指導に関する実践的知識4名の分析から，実践的知識を構成する考え方を最初に整理する。その後に実践的知識の核となっている考え方とその影響について述べ，最後に教師の実践的知識の実相とその特長について述べる。

なお，教師の授業以外の経験にも視点を拡げ，実践的知識の発達はどのような過程であるのかという実践的知識の発達過程の解明は，本研究課題の2点目であり，次節において述べていく。しかし，教師の実践的知識の実相とその特長を明らかにするために，実践的知識の発達過程における考え方の関連性については，本節において述べる。

1 実践的知識を構成する考え方

実践的知識の実相として，どのような考え方から実践的知識は構成されているかという点について述べる。それぞれの考え方につけた名称は，筆者がその内容から判断したものであるが，実践的知識を構成する考え方を一覧にしたのが Table：4-1 である。

授業に関する実践的知識においては，授業づくりに関する考え方と指導方法に関する考え方がすべての教師において構成する考え方の1つとなっていた。これは，日々，授業を行っている教師にとって，省察の対象は日々の実践だからであろう。しかし，授業の目的についての考え方については，新規採用であった土屋教師と北村教師においては実践的知識を構成する考え方とはなっていなかった。これは，他の教師達は，授業の目的について，学習指導要領において規定されている教科で習得すべき自明の目的の他に，「授業の中で人間関係作っていく」(草野教師)，「授業を通して人を育てる」(青木教師)，「英語ができたらいいよっていうことを分かってもらいたい」(西山教師)，「どうやって子ども達が意欲的に取り組めるか」(東教師)，といった個々独自の経験から形成された考え方が加えられていたからである。その点からとらえれば，土屋教師は「ファンっていうのを織り交ぜつつの，僕にとってのインタレスティングをあ

いつらに求めてもいいんじゃないか」という理科の授業についての考え方を，北村教師は「お互いを受け入れる温かさ」「相手のことを思える人になってほしい」「自分をちゃんと持った子になってほしい」という生徒への「願い」についての考え方を有していた。なお，北村教師の生徒に培いたい力についての考え方は，「英語を使って自分の言いたいこと。自分の言いたいことをちゃんと言えるようになるということ」という教科の目的に即したものであったが，草野教師は「発想力だとか，ひととのコミュニケーション力」，青木教師は「社会性を身に付けさせる」という教科の目的以外の考え方であった。

一方，生徒指導を構成する考え方においては，4名の分析からではあるが，教職経験による特徴が見出せる。土屋教師，北村教師は双方とも新任教師であり，大学卒業後，直ちに採用されている。彼らにおいては，生徒との関わり方に関する考え方が生徒指導を構成する考え方として重要な位置を占めており，

Table：4-1　実践的知識を構成する考え方

《授業に関する考え方》

	目的に関する考え方	授業づくりに関する考え方		指導方法に関する考え方		生徒に培いたい力に関する考え方	核となっている考え方	核となる考え方に関連する考え方
土屋教師		授業づくりについて(生徒の活動について・授業準備について)	「聞く生徒の指導」について	指導方法について	授業とその方法について(「協同」「探究」について)		理科の授業について	
草野教師	授業の目的について	授業づくりについて		授業方法について			生徒に培いたい力について	自分の役割について
青木教師	授業の目的(生徒に培いたい力)について	授業づくりについて		授業方法について		授業の目的(生徒に培いたい力)について	生徒(生活)指導について	教育のあり方について
北村教師		授業づくりについて		授業プロセス(授業の展開・指導)について		生徒に培いたい力について	学習指導について	生徒への「願い」について
西山教師	授業づくりの目的について	授業づくりについて		授業の指導について			生徒について	
東教師	授業づくりの目的について	授業づくりについて		授業プロセスについて			授業(コミュニケーション)について	

《生徒指導に関する考え方》

	目的に関する考え方	生徒(生活)指導に関する考え方	指導方法に関する考え方	学級に関する考え方	生徒との関わり方に関する考え方		教師に関する考え方	核となっている考え方
土屋教師	生活指導とその目的について		生徒指導とその方法について	学級指導について	生徒との向き合い方について			「何事にも本気で取り組む」
北村教師		生徒指導について			生徒の関わり方について	生徒との「関係づくり」について		生徒への「願い」について
西山教師			生徒指導とその方法について				教師としての「心構え」(「先生の仕事」)	学校について
東教師	生徒指導の目的について		生徒指導プロセス(指導方法)について	「学級づくり」について				生徒指導の目的について

注）　　　の部分が実践的知識において核となっている考え方である。他の項目として整理した考え方が重複している場合もある。

それはうまくいかなかった学級指導の経験から形成されていた。この点においては西山教師も同様であった。西山教師にとって，Y中学校は教師として教える経験においては3校目であったが，1校目は大学附属中学校，2校目は落ち着いた学校であったことから，生徒指導が困難な経験はY中学校が初めてであった。そのため，その葛藤は深かったと推察され，教師としての「心構え」(「先生の仕事」)という，考え方が発達したのであった。

[2] 実践的知識の核となっている考え方
 2-1 実践的知識の核となっている考え方とその影響

本研究においては，教師としての先行知識や信念など，教師としての行動を決定しているが，しばしば暗黙である考え方はどのようなものかの解明も課題であった。第1章，及び第2章の総合考察において既に述べたが，信念や前提というような実践的知識の核となって，他の考え方に強い影響を与えている考え方の存在が事例分析から明らかになった。Table：4-1において，それら核となる考え方は示したが，その核となっている考え方の他の考え方への影響を図示したのがFigure：4-1である。授業に関する実践的知識6名分と生徒指導に関する実践的知識4名分，北村教師はその双方に関わるため，土屋教師の生徒指導に関する核となると推察される考え方については図示できなかった。そのため，8つの核となる考え方と他の考え方との関係性を示してある。

土屋教師の「何事にも本気で取り組む」という核となる考え方は，教職に就く以前に形成された，教師というよりも土屋教師の人としての信念となっている考え方である。それは，ある特定の考え方に影響を与えているのではなく，教師としての考え方の根底となって，すべての考え方やその実践に影響を与えていた。それに対して，他の発達した核となる考え方は，教職上の経験をもとにして発達した考え方である。それらは，図(Figure：4-1)において色がついている部分であるが，生徒の育ちに関すること，あるいは子どもが中心の考え方である。草野教師は「発想力だとか，ひととのコミュニケーション力」という生徒に培いたい力についての考え方，土屋教師・西山教師・北村教師は，「ファンっていうのを織り交ぜつつの，僕にとってのインタレスティングをあ

終　章　本研究のまとめと今後の課題

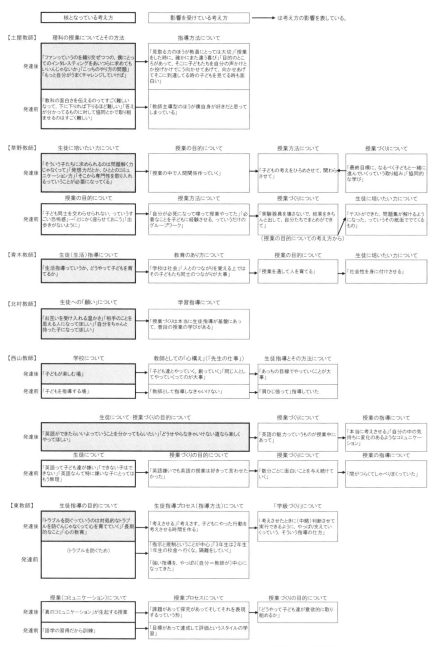

Figure：4-1　核となっている考え方とその影響

いつらに求めてもいいんじゃないか」(土屋教師)・「英語ができたらいいよっていうことを分かってもらいたい」(西山教師)・「お互いを受け入れる温かさ」「相手のことを思える人になってほしい」「自分をちゃんと持った子になってほしい」(北村教師)という生徒への願いが込められた考え方である。青木教師，東教師の核となる考え方は，「どうやって子どもを育てるか」(青木教師)，「心の教育」(東教師)といった，生徒をどう育てるかという観点の考え方である。西山教師の生徒指導に関する実践的知識の核となる発達した考え方も，「子どもが楽しむ場」(学校についての考え方)という子ども中心の考え方である。

このように，教職上の経験から発達し，他の考え方に影響を及ぼす核となっている考え方は，生徒の育ちに関すること，あるいは子どもが中心の考え方となっていた。東教師の授業に関する実践的知識における核となる考え方だけは，「真のコミュニケーション」が生起する授業と，授業(コミュニケーション)についての考え方であったが，生徒指導に関する実践的知識の核となる考え方は「心の教育」であった。

2-2　実践的知識の核となっている考え方の形成と他の考え方との関連

考え方の発達過程については，次節において述べるが，本項においては発達以前の核となる考え方はどのように形成されていたのか，そしてその考え方の発達における他の考え方の関連について述べる。

発達以前の土屋教師の「教科の面白さを伝えるのってすごく難しい」「下に下りれば下りるほど難しい」という理科の授業についての考え方，西山教師の「英語って子ども達が嫌い」「できない子はできない」「英語なんて特に嫌いな子にとってはもう無理」という生徒についての考え方は，被教育時代の経験から長い時間をかけて強固に形成されていた考え方であった。草野教師の「とにかく座らせておこう」「出歩きがないように」という授業の目的についての考え方は，「子ども同士を交わらせられない，っていうすごい恐怖感」というX中学校以前に勤務していた中学校の生徒の状況から形成されていた考え方であった。東教師の「語学の習得だから訓練」という授業についての考え方，トラブルを防ぐためという生徒指導の目的についての考え方，西山教師の「子どもを

指導する場」という学校についての考え方は，教職への社会化によって形成された考え方であった。これら暗黙であり，実践的知識の核となっていた考え方は，教職の経験を資源として発達していったのであった。そしてその特徴として，次の2点が見出された。

　1点目は，授業に関する実践的知識は，生徒指導に関する考え方と関連したり，影響を受けて発達していることである。例えば西山教師の場合は，生徒指導に関する考え方においては「指導が指導にならない」という教師としてのアイデンティティが脅かされる指導困難な状況が継続していたために，省察の喚起から批判的省察まで省察は深まっていった。しかし授業に関する考え方においては，何らかの解決策を得たことから喚起された省察の深まりは停滞した。それでも最終的に省察が深まったのは，生徒指導に関する経験から生徒についての考え方を西山教師が変化させたことと，東教師の実践から生徒指導についての省察を深めて「子どもが中心」という視点を見出したからである。このように，生徒指導や学級指導，部活動といった授業以外の経験や考え方からの影響は，他の教師の事例においても認められた（北村教師，土屋教師，草野教師，青木教師）。

　2点目は，1点目にも関連しているが，北村教師に特有の特徴であった。それは，大学時代に見出した視点を実践的知識へと発達させていることである。北村教師は大学時に行った学習指導に関する研究から，生徒が「学びを深めていくようになるには」学級としての「温かさって大事」という視点を見出し，学習指導と生徒指導を関連させた考え方を大学時に既に形成していた。しかし教育実習では授業実践に重点がおかれ，学級づくりから関わるわけではない。そのため，授業に関する考え方と生徒指導に関する考え方の形成のタイミングが異なり，大学時代に形成されていた学習指導と生徒指導を関連させた考え方は実践的知識となり得ずに，それぞれの考え方が並列していた。それが，教師としての実践を経て，大学時代に見出された学級としての「温かさって大事」という視点があらためて授業には「背後」があるという視点となり，北村教師の中で統合され，学習指導についての考え方の発達を導いたのであった。

3 教師の実践的知識の実相とその特長

　先行研究において実践的知識について明らかになっていた点は，文脈に依存した経験的な知識であること，特定の事例知識として蓄積され伝承されていること，目的に応じて統合される複合性を持つこと，暗黙知も含むこと，経験と反省から形成されること，属する社会文化の考え方に規制されていること，これら6点であった。本研究によって新たに解明された教師の実践的知識の実相とその特長について，2点述べる。

　1点目は，教師の発達した実践的知識は，子どもについての考え方の比重が高いということである。教師達の発達した実践的知識を構成する考え方においては，授業実践に直結している授業づくりに関する考え方と，指導方法に関する考え方の他，教科の目的以外の力を培わせたいという考え方や生徒へこうなってほしいという願いに関する考え方が含まれていた。さらに，他の考え方に影響を与える核となる考え方のほとんどが生徒の育ちに関すること，あるいは子どもが中心の考え方になっていた。すなわち，変容的発達を遂げた教師の実践的知識を構成する考え方とは，子どもに培わせたい力や願い，生徒の育ちに関することについての考え方の比重が高いのである。またそれら核となる考え方は，授業づくりや指導方法といった表出する考え方にはたらきかけているのである。

　2点目は，教師の実践的知識は授業以外のさまざまな経験をも資源として発達した，複数の考え方で構成されている知識ということである。先行研究においては，教師の授業に関する実践的知識は文脈に依存した経験的な知識であることは既に明らかになっていた。しかし本研究からは，授業以外の多様な経験も学習資源として，教師の実践的知識が形成・発達していたことが明らかになった。それらは，生徒指導に関する経験，部活動に関する経験，大学時代の経験，教職に就く以前の仕事で得た経験だけではなく，他の教師からこれまでのことを尋ねられた経験からも，実践的知識の発達は影響を受けていた。つまり，授業に関する実践的知識は，これら授業以外の経験をも含む多様な経験を資源として発達した複数の考え方の総体であり，1点目で述べたように，複数の考え方の中で核となる考え方は子どもについてのこうなってほしいという願

いや，子どもに培いたい力といった子どもについての考え方である。そして，それら子どもについての考え方が実践的知識総体に影響を与え，複数の考え方の総体としての実践的知識の一部分が，授業づくりや指導方法として表出しているのである。

第2節　教師の実践的知識の発達過程とその特長

　本研究における2点目の課題は，教師の授業以外の経験にも視点を拡げ，実践的知識の発達はどのような過程であるのか，という実践的知識の発達過程の解明であった。教師としての実践的知識がいつどのように形成され，どのような経験を活かして実践的知識を発達させていくのか，その際にはどのようにして異なる意味を見出し，考え方を転換させ，再解釈を行っていくのか，これら具体的な発達過程については，それぞれの事例分析において述べたとおりである。

　本節においては，第1章・第2章において明らかにしてきた実践的知識を構成する考え方の発達過程をあらためて整理し，6名に共通する発達過程を教師の実践的知識の発達過程として最初に述べる。また，実践的知識を構成する考え方の発達を導いたのは何か，という観点から省察の深まりについても述べていく。その後に，6名全員に必ずしも共通する点ではないが，複数の考え方の発達過程から見出された点を，教師の実践的知識の発達過程に関する特長として述べていく。その際には，第3章において教師の学習を支える教師として分析した2名の考え方の発達過程も併せて参照する。そして本研究課題2点目のまとめとして，最後に，教師の実践的知識の発達過程とその特長について述べる。

1　教師の実践的知識を構成する考え方の発達過程とその特長
　1-1　実践的知識を構成する考え方の発達過程
　調査協力者6名の分析から，実践的知識を構成する考え方の発達過程に関して，次の2点が明らかになった。

教師の変容的学習における考え方の発達過程：6つの局面 [*1]
（実践的知識を構成する考え方の発達過程）

0）レディネス状態 [*2]
　　　新しい経験（異なる状況の生徒・新たな考え方にもとづく実践）
　　　他者の実践や校内の授業研究
　　　授業内容への見通しからの変容への意欲
1）省察の喚起
　　　恒常的な省察の喚起・実践の累積
　　　あるいは　衝撃的な経験からの省察の喚起
2）省察の深まり
　　　省察の深まり（省察 reflection，批判的省察）と実践への批判的な検討
　　　あるいは　どちらか一方。
3）新しい視点の抽出と新しい試み
　　　他者の実践あるいは批判的な検討からの新しい視点の抽出と，その視点からの新しい試み（新しい経験）
　　　あるいは　実践
4）新しい視点・新しい試みへの批判的な検討と評価
　　　行った新しい試みからのさらなる新しい視点の抽出と，新しい視点への批判的な検討・評価
　　　あるいは　新しい試みへの批判的な検討と評価
5）省察の深まり
　　　省察の深まり（省察 reflection，批判的省察）と批判的な検討
　　　あるいは　新たな視点からのこれまでの実践への批判的な検討と評価
6）考え方の発達
　　　新たな問題設定をなすことによる批判的自己省察

(*1) 順序は必ずしも6つの局面を順番に経ていくわけではなく，他者の実践から新たな視点を見出してそれを試す（上記，1～3）というサイクルを繰り返しながら，徐々に新しい考え方の枠組みが構築されていく場合もある。
(*2) 1）の衝撃的な経験からの省察の喚起においては　0）のレディネス状態はなくともその衝撃度から省察は喚起される。

　1点目は，省察が喚起される以前に何らかの変容へのレディネス状態にあることである。例えば草野教師の場合は，学習内容への「見通し」と生徒指導が困難であった前任校の公立中学校とは「生徒もやっぱり違う」という状況の変化から，「繰り返してるだけじゃしょうがない」という変容への意欲が生起していた。青木教師の場合も前任校とは異なる「落ち着いている」生徒を教えるという新しい経験から，「子どもが落ち着いて何かができるって思った」とい

う変容への意欲が生起していた。一方，土屋教師の場合は教える経験がなく教師となったが，被教育時代に受けた授業とは異なる「協同」「探究」の授業実践という新しい経験を通じて，自己の授業方法が「教師主導型」という点に気づいていた。また，X中学校の授業研究によって「モチベーション上がる」と刺激を受けていた。このレディネス状態がY中学校において認められなかったのは，Y中学校独自の問題解決型の70分授業・クラスター制が通常の中学校では経験できない特殊な経験であったために，着任当初から省察が喚起されたからである。

　2点目は，考え方の発達過程には6つの局面があるということである。6名の実践的知識の発達においては，例えば土屋教師のように8つの考え方，3種類の発達過程など，多様であった。多様であったが，形成されていた考え方を突き止めていく発達の過程においては，6つの局面を経て，考え方は発達していくと考えられる。

　しかし，その順序は必ずしも6つの局面を順番に経ていくわけではなく，草野教師の場合は，他者の実践から新たな視点を見出してそれを試すというサイクル（教師の変容的学習における考え方の発達：6つの局面，1～3）を繰り返しながら，徐々に新しい考え方の枠組みが構築されていく発達過程が認められた。要するに，考え方の発達過程において重要なのは，新たな視点を抽出し，それを次第に新しい枠組みとして取り込んでいく過程があることである。その過程によって最終的に批判的自己省察が導かれるのである。これは，緊急性のある状況からの省察の喚起ではなくとも，複数の新たな視点を見出すことによって批判的自己省察が導かれていたことからの結論である。なお，1）の衝撃的な経験からの省察の喚起においては　0）のレディネス状態はなくともその衝撃度から省察は喚起される。

1-2　実践的知識を構成する考え方の省察の喚起と深まり
①省察の喚起
省察の喚起に関する特徴について，次の2点が見出された。
1点目は，衝撃的な出来事から喚起される省察と，日々の経験の累積によっ

て喚起される省察があったことである。例えば，青木教師の考え方の発達過程においては，前任校とは異なる落ち着いた生徒への指導や学年主任の「思い」を語るという，約2年間の新しい経験の累積を通じて，生徒指導について，教育のあり方についての考え方についての省察が喚起された。一方，授業方法についての考え方においては，生徒（生活）指導についての考え方の発達からの影響を受けて考え方が変容した後に，大学院における「カルチャーショック」という衝撃的な経験から省察が喚起されていた。

　2点目は1点目にも関連して，省察を喚起させた出来事によって省察の深まる過程が影響を受けることである。例えば土屋教師においては，8つの考え方から3種類の省察の深まる過程が認められたが，想定を超えた反発的な生徒の言葉から喚起された省察は，同じような事態を招かないための代替え案の必要性から，短期間のうちにその省察は深まっていった（学級指導について，生徒指導についての考え方）。一方，恒常的な問いによってもたらされた省察の喚起は，批判的自己省察に達するまでに長期間を要していた（授業づくりについて，指導方法について，授業とその方法についての考え方）。長期の過程が必要であったのは，考え方の源が被教育時代の経験から強固に形成されていたことや，現状のままでは立ち行かないような困難が特に生じていなかったからである。それゆえに，自己や他者の実践から見出した新たな視点を試し，評価することによって徐々に新たな視点を取り込んでいく過程が必要だったのである。

　②省察を深めていく新たな視点の抽出

　実践的知識を構成する考え方の発達過程において，新たな視点を見出すこと，及びその新たな視点への信頼度を高めることが批判的自己省察につながる過程として重要であることは先述のとおりである。省察を深めていく新たな視点の抽出に関する特徴として，次の4点が見出された。

　1点目は，新たな視点の抽出は，自己の実践から直接，見出される場合と，他者との対話などを契機として見出される場合があることである。前者については，これまでとは異なる方法を試したり，実践における生徒の言動から新たな視点が見出されていた。後者については，同僚や先輩教師との実践についての対話やアドバイス，生活圏ではない異質なコミュニティに属している他者

（教師，生徒）からの言葉や行動，それら他者の言動を契機として新たな視点は抽出されていた。さらに，書籍や家族（自分の娘）との関わりからも，新たな視点はもたらされていた。

2点目は，1点目にも関連しているが，特定の他者ではなく，多様な他者とのかかわりによって，新たな視点が見出されていることである。例えば北村教師においては，同じ英語科の先輩教師（東教師，西山教師）だけではなく，他の教科の教師も含まれる。さらに学校外においては，私的な研究会での「壊す」という視点からの授業研究やアクションリサーチから省察が喚起され，批判的な検討が行われていた。このような，勤務校内での多様な他者と，勤務校外における他者とのかかわりからの新たな視点の抽出は，X中学校の土屋教師においても同様に認められた。

3点目は，新たな視点を見出す際には，これまで抱いていた授業観や生徒観を覆す経験があったことである。例えば西山教師の場合は，「1番最初に驚いたのはクラスター長のスピーチ」「クラスター長のスピーチがあまりにも大人びていて，けど原稿がそこになくて」という西山教師が抱いていた生徒観を超える経験から，「それって教員と同じ」と生徒でも教員と同じ力があるといった視点が見出されていた。同様に，授業においても，「英語ができない子も返答できる」という生徒の言動から，「生徒の返答で授業が成り立つ」という視点が見出されていた。

4点目は，新たな視点が見出されたり，批判的な検討の際にはコミュニケーション的学習が行われていることである。例えば草野教師の場合は，先輩教師達の授業から複数の新たな視点が見出されていたが，その際には教師の行動とその意味を理解しようとするコミュニケーション的学習と，授業を受けている生徒の思考を理解しようとするコミュニケーション的学習が生起していた。さらに土屋教師の場合は，新たな視点が見出される場合だけではなく，「他の教科で仕込まれてできる子たちだったから，自分があまり準備してなくてじゃあ話し合えって言っても話し合える」と生徒へのコミュニケーション的学習から批判的な検討がなされていた。

道具的な学習は他者や環境をコントロールすることに関心がある学習である

ことから，その検討は意図に沿って事象がうまくいっているのかどうかを検討することにつながる。一方，コミュニケーション的学習は，「ほかの人びとが意味するものを理解しようとする学習であり，また自分自身を理解してもらおうとする学習」(メジロー 1991/2012, p.104) である。ゆえにコミュニケーション的学習は，その事象を理解しようする多面的な検討やより深くその事象の意味を追求する検討につながり，新たな視点を見出させたり，批判的な検討を導くのである。

1－3　実践的知識を構成する考え方の発達過程に関する特長

調査協力者6名全員に必ずしも共通する点ではないが，複数の考え方の発達過程から見出された3点について述べる。

1点目は，これまでの考え方を否定して新しい考え方を発達させるのではなく，新たな視点から再解釈することによる刷新という発達のあり様もあり得るということである。この特長は，教職年数の長い教師に共通して認められたものである。例えば東教師の場合，授業に関する意味パースペクティブは，省察 reflection, 批判的省察を経なくとも，これまでの考え方を新たな問題設定から再構築することによって批判的自己省察に達していた。東教師は教師歴が長く，さらに市や県の英語科研究会において中心的存在として授業づくりや研究に携わっていた。そのようにして形成された授業に関する実践的知識は，例えば「英語科として考えるコミュニケーションを重視した授業」というような，教科の真性に関わる知識も形成されており，新たな問題（問題解決型学習）に対しても耐えうる実践的知識であったと推察される。だからこそ，新たな視点を得ることによって，これまで形成してきた実践的知識をすべて否定するのではなく，再解釈することによって考え方を刷新し，新たな視点を加えて再構築することができたのであろう。この点については，教師の学習を支える教師として分析した水谷教師においても同様であった。水谷教師はX中学校の校内研究会のテーマを設定する際に，教育行政から与えられた「問題解決型の授業」をそのままテーマとしたのではなく，総合的な学習の時間についての実践から得た知識（考え方）を「問題解決型の授業」へと再解釈し，これまで取り組ん

できた校内研究の方向性を再構成していた。

　2点目は，新しい考え方で行う実践が新しい経験となってさらなる考え方の発達を導くことである。例えば土屋教師の場合は，「コーディネイトしてあげる方が教員としては重要」という指導方法についての考え方が形成され，その考え方での授業実践を経て再び省察が深まり，最終的に「見取る力の方が教員にとっては大切」といったさらなる考え方の発達をなしていた。青木教師の場合も，「単元に本当にとらわれない」という発達した考え方は，「実際に学力」がついたという点からさらに評価され，最初に発達した考え方が承認されて安定的な考え方になるだけではなく，生徒の学力向上から「ちょっと関係ないことも意図的に絡ませて」という考え方も加わって考え方はさらに発達していた。東教師の場合も，授業づくりについてと授業プロセスについての考え方の発達において，新しい考え方で発想した授業が新しい経験となって批判的な検討を経た後に新たな視点が見出され，また新しい実践が行われる，といったサイクルを重ねながらこれまでの考え方が再構築され，さらなる考え方の発達が導かれていた。

　3点目は，2点目に関連して，これまでとは異なる新しい行動（経験）が変容へのレディネス状態を創り出すということである。X中学校の3名の教師達は省察が喚起される以前に何らかの変容へのレディネス状態にあった。それを言い換えれば新しい行動（経験）が変容へのレディネス状態を創り出していたということになる。土屋教師の場合は，被教育時代に受けた授業とは異なる「協同」「探究」の授業実践という新しい経験を通じて，自己の授業方法が「教師主導型」という点に気づかされていた。これは，自身が受けてきた授業方法とは異なる「協同」「探究」の実践に取り組む中で，授業方法への恒常的な省察が喚起され批判的な検討が行われていたと推察される。青木教師の場合も前任校とは異なる「落ち着いている」生徒を教えるという新しい経験から，「子どもが落ち着いて何かができるって思った」という変容への意欲が生起していた。さらに授業方法については他の教師の実践から見出した視点を取り入れて実践し，生徒（生活）指導においては当時の学年主任の「思い」を語っていた。これら約2年間の新しい経験から複数の考え方の発達が短期間になされてい

385

た。草野教師の場合も前任校とは異なる状況の生徒を教えるという新しい経験から変容への意欲が生起し、先輩教師の実践から見出した新たな視点を用いての新しい授業実践を行い、最終的に批判的自己省察に達していた。

　自分で選択した新しい行動は、その結果を批判的に検討することから省察が喚起されたり、批判的な検討が深まっていく。また自分で選択しなくとも、新しい行動によってもたらされた結果から、新しい視点が見出される可能性は高い。しかし、新しい行動から必ずしも省察の喚起や省察の深まりがもたらされるわけではなく、学習の質（道具的学習／コミュニケーション的学習）や他者との関係性が関連して考え方の発達がなされていくのである。他者との関係性については、次節において詳細に述べる。

2　教師の実践的知識総体としての発達過程に関する特長

　複数の考え方から構成されている実践的知識総体においては、実践的知識総体の拡がりという発達過程の特長が見出された。そしてその拡がり方においては、次の2点のあり様が見出された。

　1点目は、実践的知識を構成する考え方の1つ1つが、拡がっていくことによって、総体としての実践的知識も拡がりをもって発達していくことである。例えば土屋教師の生徒指導とその方法に関する考え方の発達においては、着任1年目の経験（髪型の指導）を通じて、「その場その場じゃなくて普段からの関わりがとても大事」という考え方が形成された（生徒指導とその方法についての考え方）。さらに教師としての経験（合唱コンクールボイコット）を通じて、「プレゼンのする瞬間は譲っちゃいけないし、駄目なことは駄目だ、で全然構わない」と形成されていた考え方は承認される。それとともに、「でも個々に伝える時にも、その、一人ひとりと関わる時間はもっともっと僕は人間らしくて良かった」という新たな考え方が加わり、生徒指導とその方法についての考え方は拡がりのある考え方に発達していった。この特長は東教師（授業づくりについて、生徒指導プロセスについての考え方）、青木教師（授業づくりについて、授業の目的について、教育のあり方についての考え方）においても認められたものである。

　2点目は、新しい経験を通じて実践的知識を構成する考え方自体が増えるこ

とによって，総体としての実践的知識が拡がりを持って発達していくことである。土屋教師の場合は，授業づくりについての考え方の省察が深まる過程で「聞く生徒の指導」という観点が見出され，批判的な検討を経て考え方が形成されていった。つまり被教育時代に経験したことのない授業形態（協同的な学習におけるグループワーク）の実践という新しい経験を通じて省察すべき観点が見出され，その観点から新たな考え方が形成され，総体としての実践的知識が拡がるのである。これは青木教師においても同様である。青木教師の場合は，発達した「授業を通して人を育てる」という授業の目的についての考え方から，「理科を使ってどうやって育てるか」という理科の授業づくりについての省察が喚起され，そこから理科の授業づくりについての考え方が発達し，実践的知識を構成する考え方となっていった。

これら，1つの考え方が拡がることによる実践的知識の拡がりと，実践的知識を構成する考え方自体が増えることによる実践的知識の拡がりという，2種類の実践的知識総体としての拡がりは，長期間の発達過程において認められた発達の特長であり，6名に共通して明確に認められたものではない。しかし，東教師，土屋教師，青木教師に共通して認められた特長である。

3 教師の実践的知識の発達過程とその特長

これまでの考察から明らかになった点から，教師の実践的知識の発達過程とその特長について，以下3点を述べる。

1点目は，教師の実践的知識の発達過程のあり様における特長についてである。第1節にて述べたように，授業に直接かかわる経験以外の多様な経験をも学習資源として，複数の考え方が関連し，考え方の総体としての実践的知識は発達していった。その発達過程においては，実践的知識を構成する考え方の1つ1つが拡がっていくことによる総体としての実践的知識の拡がりという発達，考え方自体が増えることによる実践的知識総体の拡がりという発達，さらに，これまでの考え方に新しい知見を加えての再解釈と刷新という発達，これら3点の発達が認められた。特に新しい知見を加えての再解釈と刷新という考え方の発達は，これまでの考え方を否定して新しい考え方へと変容するのでは

なく，中堅教師や熟練教師といった教職年数の豊かな教師に共通して認められた特長である（東教師の授業についての考え方，桜井校長の学級経営についての考え方，水谷教師の校内研究のテーマづくり）。これは，教職の経験で培われた本質的な知識はどのような要請にも揺るがないということでもある。しかしその再解釈・刷新に至るには，現代的な新しい知識を得ていた。この点から，教職年数の長い教師ほど，新しい知にふれ，それらから刺激を受け，自ら考え方を変容的に発達させる必要があるといえよう。

　2点目も実践的知識の発達過程の特長であるが，ここで述べるのは，考え方の6つの局面に関する特長，すなわち省察の深まる過程の特長についてである。考え方の発達過程には6つの局面があるが，必ずしもその6つの局面を順番に経ていくわけではなく，他者の実践から新たな視点を見出してそれを試すというサイクルを繰り返しながら，徐々に新しい考え方の枠組みが構築されていく考え方の発達過程も認められた。この点から，考え方の発達過程において必要不可欠なのは，最終的に新しい枠組みになっていく新たな視点を抽出することであり，その新たな視点を試し，新たな視点への信頼度を高める過程を経て最終的に批判的自己省察が導かれるのである。そして，新たな視点は，自分とは異なる考え方の多様な他者の言動を理解しようとするコミュニケーション的学習によって見出される可能性が高く，この場合にはヒトだけではなく，書籍も含まれる。コミュニケーション的学習は，自分の意図する方へ他者を操作することよりも，相手の言動を理解しようとする学習であるから，相手の言動を解釈しようとするときにこれまでとは異なる視点に気づく可能性が高いのである。

　また，教師の実践的知識の発達は多様な経験を学習資源としている点については既に述べたが，その学習資源としての経験には3種類の経験が認められた。1種類目は，変容的学習論にて提唱されているように，過去の経験に新たな意味を見出すことによって考え方の発達に至るという意味での過去の経験を学習資源とする場合である。この場合は，うまくいかなかった経験や，暗黙的に抱いていた考え方を認識し，過去の経験に新たな意味づけをなすことによって批判的自己省察に達する。2種類目は，新しい行動が新しい経験となってさ

らなる考え方の発達を導くという，新しい行動による新しい経験を学習資源としている場合である。この場合は，見出した新しい視点を試すことによって生まれる新しい行動が新しい経験となるという意味から，積極的な経験である。そしてこの場合は，挑戦的な行動によって自ら変容的学習を進めていくと解釈できる。自分で選択した新しい行動は，その結果を批判的に検討し評価することから省察が喚起されたり，批判的な検討が深まっていく。そして3種類目も新しい経験であるが，これは意図してはいない偶然的な産物ともいえる経験を学習資源としている場合である。事例分析からは，学習資源としての新しい経験には，これまでとは異なる新しい行動が新しい経験となって学習レディネス状態を創り出すという点も見出せた。しかし，この場合の新しい経験は，自ら起こした行動によるものではなく，例えば，落ち着いた生徒の指導など，偶然に発生した要素が多い。しかし，意図せずに起きた行動によって，偶然にいつもとは違う生徒の言動から新たな視点が見出されることは，あり得ることなのである。自分で選択しなくとも，新しい行動，すなわち新しい経験から，新しい視点が見出される可能性は高い。

　しかし，このような新しい行動から必ずしも省察の喚起や省察の深まりがもたらされるわけではなく，学習の質（道具的学習／コミュニケーション的学習）や他者との関係性が関連して考え方の発達がなされていくのである。変容的学習論においては，ディスコースという他者との特別な対話によって新しい考え方の枠組みは承認され，批判的自己省察が導かれるとされている。しかし教師の場合は，生徒や教師といった他者の言動を理解しようとするコミュニケーション的学習によって，その言動の意味への追求や多面的な検討がなされ，それが新たな視点の抽出や批判的な検討を導く。事例においては他者からの確認や承認を得る場合もあったが，多くの場合，新しい視点は子どもの反応によって価値づけされ，新しい考え方の枠組みが承認されていった。そしてその際にもコミュニケーション的学習が行われていたのである。教師の発達した実践的知識の核となる考え方が子どもへの願いや子どもに培いたい力であるのは，批判的な検討において，新しい視点が子どもの反応によって価値づけされ，考え方が最終的に批判的自己省察に達して発達していくからであろう。

3点目は，2点目に関連して，教師の実践的知識の発達過程，すなわち教師の変容的学習は極めて自律的であるということである。教師達は考え方を変容させなくては立ち行かないような状況ではなくとも，「繰り返してるだけじゃしょうがない」「子どもが落ち着いて何かができると思った」というように，変容への意欲を喚起させ，新たな取り組みを自ら行っていた。これは，新しい経験は変容的学習のレディネス状態を創るということでもあるが，それには生徒の状況や教師同士の関係性の質など，教師の学習環境が影響を与えていた。この点から，教師は子どもの状況によって自ら学習を生起させており，その時に教師の学習を支える環境が整っていれば，新たな視点の抽出につながったり，さらなる新たな試みが導かれる可能性は高いといえよう。
　では，教師の学習を支える環境とはいかなるものであろうか，この点を次節において述べていく。

第3節　教師の学習を支える教師とネットワーク

　本研究における3点目の課題は，個人の実践的知識の発達と他者との関係性の解明であった。どのような関わり方が実践的知識の発達にいかなる影響を与えるのか，また，どのような関係性の他者が意味ある他者として実践的知識の発達に貢献しているのか，その関係性の質までを解明することが本研究3点目の課題であった。
　最初に，個々の事例から見出された教師の学習を支える教師とその貢献を整理し，具体的な学習への貢献とその行為について述べる。次に，教師の学習を支えるネットワークについて学校内と学校外に分けて整理し，教師の変容的学習（＝実践的知識の発達）を支える他者とのネットワークとその関係性の質について述べる。

[1]　教師の学習を支える教師達とその貢献

　事例分析において明らかになった教師の学習への貢献を抽出し，教師の学習を支える環境への貢献と教師の学習への直接的な貢献について，校長，研究主

任，学年主任，同僚教師（授業公開や校内研究会を通じた貢献），同僚・他教科の教師（授業以外の貢献），同教科の教師，に整理し，本研究から明らかになった点について述べる。

1-1 教師の学習を支える環境についての貢献
①校　長
　桜井校長は，教師の学習を支える教師達の関係性の質を創出することへ貢献していた。事例分析から，X中学校の教師達の省察の深まりは，校内研究・授業研究の有無にかかわらず，学年の教師達や他の教師とのネットワーク，理科という教科のネットワークによって考え方の発達が支えられていたことが明らかになった。学年の教師達や他の教師との関係性の質は，オープンで，「信頼感」を基盤として「安心感」や承認を得られるような受容的な関係性の質であった。また，理科教師達の関係性の質も，新校舎が完成する以前から，日常的に授業を参観し，時には合同で授業を行うというようなインフォーマルでオープンな関係性であった。これら他者との関係性の質は，他者の実践を見ることや新しい試みを行わせること，新しい考え方への承認を得て考え方を発達させることを可能にしていた。また，これらの他者との関係性の質によって，実践を共有する場と機会が創出され，その場と機会によって省察の喚起・新たな視点の抽出・批判的な検討が支えられていた。
　このような教師の学習を支える他者との関係性の質を創出させたのは，桜井校長の考え方と行動であった。桜井校長の考え方にもとづく行動やその「改革」によって，X中学校の教師達の間にあったオープンで「信頼感」や「安心感」を基盤とする関係性の質がもたらされたと推察される。さらに，学校組織についての考え方を発達させた桜井校長は，「信頼関係やチームワーク」「平等な立場」という関係性の質を重要視するようになり，その校長の考え方が実践を通じてX中学校の教師達に浸透し，教師達の学習を支える関係性の質を整えている可能性は極めて高い。
②研究主任
　水谷教師は研究主任として，教師達の学習環境整備へ貢献していた。水谷教

師は研究主任として発達させた考え方にもとづいて，校内研究の取り組みを組織し，教職大学院で自身が経験した方法をX中学校の教師達の状況に合わせて取り入れていった。これら校内研究の取り組みによって，学校全体で目指す「方針」が共有され，対話する機会，実践をふり返る「書く」機会，書かれたものを読むことによって他者の考えを知る機会，これらが保障されていった。そして，これらの機会によって，省察の喚起，新たな視点の抽出，の可能性が創出され，新たな試みや実践への批判的な検討の深まりが支えられるようになった。また，分科会活動を中心とする校内研究の取り組みによって，不特定多数の教師達とのネットワークも構築されていった。

このように，水谷教師の組織した校内研究の取り組みは，X中学校の教師達の実践的知識の発達を支える環境となっていったのであった。

1-2 教師の学習についての貢献

①校　長

1点目は，教師達のエンパワーメントへの貢献である。桜井校長は，行政から課せられた課題をそのまま受容するのではなく，また，権威ある他者（大学院教員達）の言葉をそのまま受容するのではなく，それを契機として批判的に検討したり，書物等をあたるなどして，省察を深め，考え方を発達させながらエンパワーメントしていた。このエンパワーメントをなした考え方のもと，桜井校長は，ともに教師達と実践に取り組み，共感的に教師達と関わりながら教師達の学習の価値づけをなすことを通じて，X中学校の教師達の学習を方向づけ，彼らのエンパワーメントを支えていたのである。

2点目は，教師達の学習の可視化・価値づけへの貢献である。桜井校長は，教師達の実践を写真撮影することによって可視化し，さらに文章によって，あるいは対話によってその取り組みへの価値づけを共感的に行っていた。新しい取り組みは可視化され，価値づけされることによって，新しいことへ挑戦する教師達の意欲が喚起されていたと考えられる。

②研究主任

1点目は，授業実践の公開による，省察の喚起や新たな視点の抽出への貢献

である。この点については，研究主任としての貢献ではないが，水谷教師は他の教師に率先して現代的で新たな課題に挑戦したり，新しい授業方法を取り入れた実践を公開していた。

　2点目は，コミュニケーション的学習への貢献である。教職大学院やそれに関連する他校の授業研究の経験から，「子どもの学び」を見取るという点を見出した水谷教師は，それをX中学校の授業研究に取り入れ，授業を見る「視点」を明示することによって，生徒の言動を理解しようとするコミュニケーション的学習をX中学校の教師達に導いていった。このようにして生起したコミュニケーション的学習によって，教師達の考え方の発達につながる新たな視点の抽出や，批判的な検討が導かれていったと推察される。また，土屋教師においては，授業研究や新しい試みへの意欲もコミュニケーション的学習によって喚起されていた。

　3点目は，教師達の学習の方向性とエンパワーメントへの貢献である。水谷教師は校内研究のテーマを設定する際に，自己の実践とX中学校の教師達の意見，さらも理論などの新たな知識によって，教育行政からの要請をX中学校独自の問題へと再構成し，方向づけていった。このように方向づけられた校内研究の取り組みによって，新しいことに挑戦する意欲，授業研究への意欲がX中学校の教師達に生起したという。次期学習指導要領が目指す方向へとX中学校の教師達の学習を導き，授業改善への意欲を生起させた校内研究の取り組みは，教師達のエンパワーメントに貢献している。

③学年主任

　学年主任という立場は，意識せずに同じ学年の教師達に影響を与え，新たな視点を提供する可能性が高い。青木教師の場合は，約2年に及ぶ当時の学年主任の「思い」を語るという経験と，教科センター方式実施の告知や自分が学年主任になるという契機によって，「育てる」という新たな視点が見出され，その視点から考え方の発達が導かれていった。そして，学年主任となった青木教師もまた，学年の教師達に次のような影響を与えている。青木教師は，生徒指導についての考え方の発達から「協同」を授業に取り入るが，学年主任となった青木教師は，授業において「社会性を身に付けさせる」という発達した考え

方から，授業方法としての「協同」を学年所属の教師に伝えたという。「こういう思いは結構学年の先生にも伝えていた」という青木教師のはたらきかけによって，「それぞれの学年の先生も結構グループ学習を取り入れてやってくださった」「グループ学習だとかその協同っていったことに対しての目が非常に向き始めた」という。このように，学年主任は他の教師達に，新しい視点を提供したり，新しい試みをはたらきかけることによって，教師の学習に貢献する可能性が高い。

④同僚教師（授業公開や校内研究会を通じた貢献）

1点目は，授業を公開することによる，省察の喚起，新たな視点の抽出への貢献である。これは例を出すまでもなく，すべての事例において認められた貢献である。他の教師達の授業から新たな視点を抽出することが新たな試みを導き，あるいは批判的な検討を導いていったのであった。

2点目は，校内研究会の取り組みを通じた，コミュニケーション的学習への貢献である。土屋教師の場合は，他の教師の対話によって生徒の言動を見取るとはどういうことかを具体的に知り得たと考えられる。事例分析において，土屋教師は，自身のコミュニケーション的学習によって新たな視点を見出してもいたが，生徒の言動を理解・解釈しようとする教師達の対話によって，生徒の学びを「見取る」という新たな視点を抽出したり，新たな試みへの意欲を喚起させていた。

⑤同僚・他教科の教師（授業以外の貢献）

同僚教師においては，授業や校内研究の取り組み以外に，以下，3点の貢献が事例分析から見出された。

1点目は，インフォーマルな対話による，新たな視点の抽出や批判的な検討への貢献である。例えば土屋教師は，同僚で自分と同じ新規採用教師と，校則についての学校外でのインフォーマルな対話から，生徒との向き合い方についての批判的な検討をなしていた。また，東教師のような熟練教師も，同僚との対話やアドバイスから新たな視点を見出していた。

2点目は，安心感や信頼感，受容的な関係性による新しい試みへの意欲喚起への貢献である。草野教師の事例においては，このような学年の教師達との関

係性によって，また生徒との信頼感のある関係性によって，失敗するかもしれない新しい挑戦的な試みが支えられていた．

3点目は，考え方の確認や承認という貢献である．例えば土屋教師は，見出した新たな視点を数学科の教師の言葉から価値づけし，考え方を発達させていった．その際には，「1番堅そうな数学でそう言ってる」と他教科の教師からの承認に意義を見出していた．

⑥同教科の教師

1点目は，研究授業のような特別な場ではない日常の授業実践を見る・参加することによる，省察の喚起，新たな視点の抽出と，自己の実践との比較からの批判的な検討への貢献である．

2点目は，教科の専門性を共有し，ともに新しいことを創っていく関係性による，新しい試みへの意欲喚起，新しい試みの実施，新たな視点の抽出，ともに創ったことをともに検討する批判的な検討，新しい考え方への承認，これらへの貢献である．この点に関しては，Y中学校の英語科教師達に顕著に認められた．X中学校においても，草野教師においては，ともに新しいことを創っていくという期待から，専門性をより活かせると新しい試みへの意欲が喚起されていた．しかし，土屋教師においては，新たな視点の抽出にとどまっていた．

1-3　教師の学習を支える教師達

教師の学習を支える教師の貢献とは何かについて，1-2において述べた教師の学習への貢献を整理したのがTable：4-2である．本研究においては，6名の事例分析と，校長と研究主任という職層と立場に限定した事例分析は2名のみという限界があるが，次の点が明らかになった．

1点目は，教師の学習を支える環境を創出するという貢献と教師の学習へ直接的にはたらきかける貢献という2種類の貢献が認められたことである．前者は，教師達の関係性の質の創出，校内研究の取り組みを組織することによる教師の学習環境の整備である．後者は，教師達の学習の方向づけを通してのエンパワーメント，教師達の学習の可視化・価値づけ，コミュニケーション的学習，省察の喚起，考え方の確認・承認，新たな視点の抽出，新しい試みへの意欲喚

起，新しい試み，批判的な検討への貢献である。

　2点目は，行為する主体が教師の学習へ貢献しようという意図がなく行われている行為として，授業公開，インフォーマルな対話，専門性を有してともに授業を創る取り組み，コミュニケーション的学習の実践，これらが認められた。授業を公開することは，授業を参観した教師達に，省察の喚起，新たな視点の抽出，新しい試みへの意欲喚起，批判的な検討が導かれる可能性を提供する。インフォーマルな対話は，考え方の確認や承認，新たな視点の抽出，批判的な検討へ貢献している。専門性を共有してともに授業を創造する取り組みは，新たな視点の抽出，新しい試みへの意欲，新しい試み，批判的な検討へ貢献している。このともに授業を創る取り組みは，他者の考え方にふれ，対話が本質的になることから，批判的な検討まで省察が進むと考えられる。またこのような取り組みにおいては，インフォーマルな対話も行われていると考えられる。コミュニケーション的学習の実践とは，次の行為である。コミュニケーション的

Table：4-2　教師の学習を支える教師の貢献

支える教師 学習への貢献	校長	研究主任	学年主任	同僚・他教科		同教科
				授業以外	授業研究 校内研究会	
関係性の質	「信頼関係やチームワーク」「平等な立場」重視					
学習環境整備		校内研究の取り組みの組織化				
エンパワーメント 学習の方向付け	実践に参加 共感的な関わり	研究主題設定				
学習の可視化・価値づけ	写真・文章・X中だより					
コミュニケーション的学習		授業を見る視点の明示			コミュニケーション的学習の実践	
省察喚起		授業公開			授業公開	授業公開・授業参加へのはたらきかけ
考え方の確認・承認				インフォーマルな対話		
新たな視点の抽出		授業公開	大切にしていること「思い」を語る	インフォーマルな対話	授業公開	授業公開・授業参加へのはたらきかけ	専門性を有して共に授業を創る取り組み
新しい試みへの意欲				信頼感・安心感	授業公開		専門性を有して共に授業を創る取り組み
新しい試み			新しい試みへのはたらきかけ				専門性を有して共に授業を創る取り組み
批判的な検討				インフォーマルな対話		授業公開・授業参加へのはたらきかけ	専門性を有して共に授業を創る取り組み

学習の対話（生徒の言動に注目し，それを解釈・理解しようとする対話）を行うことによって，その対話を聞いた教師もまたコミュニケーション的学習が生起する見方を身につけるということであり，土屋教師の事例において認められた行為であった。

　3点目は，行為する主体がある程度，意図をもってはたらきかける行為として，「思い」を語ること，新しい試みへのはたらきかけ，授業を見る視点の明示，写真や文章などによる学習の可視化・価値づけ，研究主題の設定，これらの行為がある。これらはそれぞれ，新しい試み，新たな視点の抽出，コミュニケーション的学習，学習の可視化・価値づけ，学習の方向づけに貢献していた。さらに，校内研究の取り組みの組織化，「信頼関係やチームワーク」「平等な立場」の重視は，明確に教師達の学習を支えるという意図を有した行為であった。そしてこれらは，教師達の学習環境の整備と教師の関係性の質の創出に貢献していた。

　4点目は，3点目に関連して，行為する主体が意図をもってはたらきかけたとしても，それを強いたり，教えたりしているわけではないことである。例えばコミュニケーション的学習の場合は，それをX中学校に導入した水谷教師は，授業を見る視点を明示したのみであり，土屋教師はコミュニケーション的学習を行っている教師達の対話を聞くことによって，その授業の見方を身につけていったのである。つまり，教師の変容的学習においては，教えるという行為は成立せず，学習が生起する可能性を高めるような学習環境の整備や他者との関係性の質を整えることが最も貢献的な行為である。これらの行為によって，授業公開，「信頼感」「安心感」という教師の学習に直接的にはたらきかける貢献が創出されていたのであった。

2 他者とのネットワーク

2-1　学校内における他者とのネットワーク

　省察の深まりが停滞することもある授業に関する考え方に限定し，教師の学習が他者とのネットワークによって支えられていたこと，あるいは支えられていないことについて，Y中学校とX中学校とを比較検討し，述べる。

①Y中学校における他者とのネットワークの特徴

　Y中学校においては，異学年クラスター制という学年縦割りの生活集団と，校舎の造りという物理的な環境によって，従来の学校のような所属学年の教師同士や他の教師達とのネットワークが弱い反面，教科のつながりが保障されていた。オープンな造りの教室は，授業を日常的に見ることや雰囲気を感じ取ることを可能にし，教室の傍らにある教科ステーションと呼ばれる教科の職員室は，授業直後に実践について対話したり，アイディアや生徒についてを語る場となっていた。Y中学校においては，授業に関する考え方の発達に限定すると，英語科以外の教師の影響は認められなかった。

　英語科教師3名の関係性は，教科の専門性を有し，生徒についての情報を共有し，同じ目標（問題解決型学習の実践）をともに追求して挑戦的な実践を行っている当事者同士である。新しい現代的な課題を追求していることから，一方的に教え教えられるという関係性ではなく，お互いに刺激を与え合える双方向の，権力関係がなく平等な関係性である。またオープンで日常的でインフォーマルな関係性は物理的な条件（教室の近さ，オープンな造り，教科の職員室）によってももたらされていた。このような関係性の質が，他者の実践から新たな視点を見出すこと，新たなアイディア（視点）を試して，対話によって批判的な検討を深めること，これらを可能にしていた。そして，Y中学校の教師達3名全員が，Y中学校以外のそれぞれ質の異なるコミュニティに属し，多様な質のネットワークを有していた。

　北村教師の場合は，県の英語科教師達の研究会と私的な英語科研究会の2つのコミュニティに属し，前者はより実際的に生徒に寄り添うような視点で実践を問い直す場として，後者はより幅広く研究的な視点から既存の授業を「壊す」という挑戦的で革新的な場として，位置づけられていた。どちらも教職経験年数が少ない北村教師が一方的に教えられるような，権力関係に立脚した関係性ではない。

　西山教師の場合は，市の英語科研究会と北村教師も属している私的な英語科研究会の2つのコミュニティに属している。前者はY中学校よりも多くの人数で構成され，伝統的な英語科の授業研究の文化をまとった専門性を有するコ

ミュニティである。そのコミュニティでの「素敵な授業」を行っている教師達とのネットワークによって,「自分が目指すところ」を確認し,見極める場となっていた。後者は既に述べたように,自由で挑戦的な試みが行われている伝統に縛られない先進的な専門性を有するコミュニティであり,高校の教員や学会で発表を行うような研究を行っている教員とのネットワークが築かれている。

　東教師の場合は,市・県の英語科研究会と教職大学院の2つのコミュニティに属している。前者は,Y中学校以外の同じ悩みを共有する若手や後輩英語科教員とのネットワークによって,新たなアイディア・新たな授業実践を想起する場として,後者は大学院という実践の場(勤務校)を離れた学問の場で,書籍や理論とのネットワークによって,実践を「ふり返る」場,批判的な省察を経験する場として機能していた。

　このように,各々がそれぞれのコミュニティに属し,Y中学校とは異なる他者とのネットワークによって教師達の学習が支えられていた。しかし,この中で重要な影響を与えていたのは,自由で挑戦的な試みが行われている伝統に縛られない先進的な専門性を有するコミュニティであった。それは,このコミュニティによってY中学校の英語科コミュニティに新しい知がもたらされ,このコミュニティに属してはいない東教師も,西山教師と北村教師を通じて間接的に刺激を受けていたからである。西山教師と北村教師が着任する以前のY中学校英語科の教師達においては,新しい知が入ってこず,東教師が熟練教師としてアイディアを提供する側であった。西山教師,北村教師を通じて,間接的に先進的で挑戦的なコミュニティの知にふれ,東教師は「刺激」を受けるようになっている。そして,このような先進的な知がもたらされることによって,新しい試みへの意欲が刺激されているのであった。

　②X中学校における他者とのネットワークの特徴
　X中学校はY中学校と比較して,従来の学校により近い学校である。教科センター方式のための校舎が完成するまでは従来の造りの校舎であり,新校舎においてもY中学校のように縦割りの生活集団ではなく,従来の学年を中心とした生活集団である。その点から,教師達においても,従来どおりの所属学

年同士のネットワークは築かれていると想定され，分析においても，教科のつながりだけではなく，考え方の発達に影響を与える他教科の教師達のネットワークも認められた。このようにX中学校には，教科センター方式の導入に影響されず，また，校内研究の取り組みが始まる以前から，複数のネットワークが校内には存在していた。

当時のX中学校の教師達のネットワークは，所属学年とはインフォーマルにもフォーマルにも，教科においてはインフォーマルにつながっており，オープンな関係性とともに「信頼感」を基盤として「安心感」や承認を得られるような受容的な質も有していた。そしてそれらが他者の実践を見ることや新しい試みを行わせることを可能にしていた。さらに校内研究が芽生え，定期的な校内研究によって「協同」的な学習という学校全体で目指す「方針」が共有され始め，本格的に始動していく校内研究の取り組みによって，対話する機会，実践をふり返る「書く」機会，書かれたものを読むことによって他者の考えを知る機会，これらが保障されていく。これらの機会が，省察の喚起，新たな視点の抽出，の可能性を創出し，新たな試みや実践への批判的な検討の深まりが支えられていた。同時に，これらの機会によって，所属以外の学年，教科，正式採用された教員以外との教職員とのつながりが保障され，学校全体のネットワークが構築されていった。

そして，校内研究会が活性化され，学校全体としての授業改善の気運が定着していく時期において，土屋教師の考え方の発達は，インフォーマルな理科教師達とその他の教師達とのネットワーク，校内研究会というフォーマルなネットワークによって支えられていた。前者，理科教師達の関係性は，新校舎になる以前から，日常的に授業を参観し，時には合同で授業を行うというようなインフォーマルでオープンな関係性であった。このような関係性によって創り出されていた実践を共有する場と機会が省察を喚起させ，新たな視点を見出させ，批判的な検討を支えていたのである。

しかしその一方で，青木教師においては省察の深まらない状況が生まれていた。青木教師は，社会科の水谷教師やベテランの理科教師から何らかの刺激は受ける。しかし，授業づくりについての考え方の発達を遂げた青木教師におい

ては,「頭を使ってどう取り組ませるか」というような授業づくりについての刺激は校内では誰からも受けておらず,「単元に本当にとらわれない」という発達した考え方にもとづく授業づくりが「子どもにとっていいかどうか」という悩みを抱いていた。そして,この悩みについて刺激を与えるような発言は,教職大学院の教員が校内研究の際にX中学校を訪れた時のみであった。青木教師の授業実践によって,草野教師や土屋教師の考え方の発達は支えられていたが,発達を遂げた青木教師においては,X中学校内のネットワークではその省察の深まりは支えられていない。青木教師のように複数回の考え方の発達を遂げ,より探究的な授業づくりを試みているような教師においては,Y中学校の英語科の教師達が有しているような,教科や授業研究における専門性を有し,より挑戦的で先進的なコミュニティに属している他者とのネットワークが必要と考えられる。

　さらに,X中学校の事例においては,青木教師だけではなく,草野教師,土屋教師においても,継続的に学習が支えられるような学校外ネットワークを有してはいなかった。草野教師の場合は,新規採用研修の,授業をもう一度創り上げるという機会のみが,意味ある研修として位置づけられていた。土屋教師においては,最先端の知にふれるという機会があったが,それは単発的な機会であり,安定的な,あるいは継続的な他者とのネットワークとはなり得ていない。X中学校内においては,他者とのネットワークはY中学校よりも多様であるが,学校外の教師の学習を支えるようなネットワークを誰も有していないことで,X中学校の理科の教師達のネットワークは閉じられたものとなっているのであった。

2-2　学校外における他者とのネットワーク

　学習への関与について,継続的なネットワーク,期間に区切られたネットワーク,継続的ではないネットワーク,個人に特有のネットワーク,これら4点に分けて述べていく。

　①継続的なネットワーク:地区の教科研究会

　継続的なネットワーク構築の場として,X中学校・Y中学校の教師達,6名

が共通して参加しているのが地区の教科の研究会である。しかしY中学校ではその学習への貢献が認められ，X中学校では3名とも貢献は認められなかった。

　Y中学校の英語科教師達3名全員が所属し，省察の喚起や新たな試みへの意欲喚起など，何らかの学習への貢献が認められたコミュニティは，県と市の英語科研究会と私的な英語研究会であった。後者に東教師は参加していないが，北村教師，西山教師を通じて，その研究会とのネットワークは間接的につながっている状態であった。この2つの英語科研究会は双方とも英語という専門性を共有しているが，その性格は異なっていた。

　県及び市の英語科研究会は，ややフォーマルであったが，語りからは指導主事など，指導者の指導を受けて授業研究を行っているわけではなく，インフォーマルな様相を帯び，1つの授業を創る，あるいはテストを創るなど，より実践に近い取り組みを他の教師とともに行っていた。そこには「議論」や対話といった相互のやり取りがあり，さらに「素敵な授業」を行っている，モデルとする教師達との交流の場であった。一方，教職年数の長い東教師にとっても，この場は若い教師達とともに授業を創る場であった。時には斬新な発想から刺激を受け，時には東教師が想起したアイディアを提供するような授業研究が行われていた。この研究会に参加することで，例えば，複数の県が集まる研究会のような，非日常の発表の機会も提供されていた。その機会を通じて，新しい授業をともに創り，実践し，批判的に検討し，最終的に発表する，という一連の活動が行われ，その活動全体が批判的な検討の繰り返しとなって，省察の深まりを支えていた。

　一方，私的な英語の研究会は，高校教師という，平素，接しない他者とのネットワークを構築し，「学会」で発表を目指すような，より高い専門性と研究的な視点から既存の授業を「壊す」，挑戦的で革新的な場であった。この研究会でも誰かが教えるわけではなく，自分で見て聞いて解釈するような研究会である。また，ルーティン的に行っていることに対しても，それを行う意義を指摘されるという。この研究会に参加することで，北村教師は省察を喚起させ，新たな視点を見出していた。また，東教師は間接的に最新の知を得ることによっ

て刺激を受け，新しいことに挑戦する意欲を喚起させていた。

　このように，Y中学校の教師達が属しているのは質の異なるコミュニティであるが，共通しているのは，明確な指導者は存在せず，ともに1つのものを創る，探究するという取り組みである。また，創造的な取り組みにおいては，教職年数に起因するような権力関係は存在せず，参加の自由も存在している。

　一方，X中学校の教師達が3名とも所属していながら，地区の理科研究会は彼らにとって，意義を見出せない場になっている。教材や，教授法など，何らかのアイディアは得ることはあっても，それは自分の実践には活かされていないという。この研究会は人数が多く，相互のやり取りがなく，一方的に情報を受け取るのみの場であった。またそれは，研究授業を行った青木教師の場合でも同様に，質問や意見も出なかったという。X中学校は首都圏に位置しており，地区の研究会においても，都道府県レベルの研究会においても，その構成人数が多いことから，Y中学校の教師達が属している研究会のような他者とのネットワークは容易に構築できないと推察される。

　②期間に区切られたネットワーク：教職大学院

　X中学校の青木教師とY中学校の東教師は，同期間に教職大学院に在学していた。彼らにとってこの場は，職場を離れ，探究の授業といった同じ目的を有し，実践研究をともに行う場であった。教職大学院は，平素は接しない大学教員，ストレートマスター，他校の教師達と対話する機会と場となり，青木教師には省察が喚起され，批判的な検討の機会と場ともなっていた。東教師においては，授業についての考え方の発達に大学院の関与は認められなかったが，大学院という学問の場で書物や理論とも出会い，理論と実践が「こういうことなんだなと」つながったという。大学院は2年間で修了だが，その時に築かれたネットワークがその後も保たれている可能性はある。

　③継続的ではないネットワーク：初任者研修会・参加任意の研修会

　分析においては，草野教師の初任者研修会，土屋教師の参加任意の研修会が彼らの実践への意欲を喚起していた。どちらも定期的で継続的な研修会であるが，継続的な他者とのネットワークが築かれているわけではない。また，意義ある研修会は草野教においては1回限り，土屋教師においては，1回完結の研

修会である。

　草野教師が実践への意欲が喚起されたのは，新規採用教員4名で，1つの授業を創るという機会であり，その場の管理職の裁量によって生み出された偶然の機会であった。この機会が草野教師の意欲を喚起させたのは，同じ立場の教員同士で，1つの授業を創るという目的を共有し，創造的な取り組みを行うことができたからであろう。またその対話は，自由で平等で，活発なものであり，他教科の教師の発言から，草野教師は刺激も受けていた。他の初任者研修会では意欲や刺激が生起しなかったのは，講義形式で一方的に情報を受け取るため，また，教える－教えられるという固定的な関係性による研修会だったからであろう。

　一方，土屋教師が刺激を受けているのは，夜間に催される研修会である。その研修会は参加任意でインフォーマルな様相も呈している。「第一線」の専門家が講師として話すという形式の研修会は，土屋教師にとって情報を受け取るのみで，相互のやり取りや，その場の参加者とのやり取りもあるわけではない。それでも土屋教師が刺激を受けるのは，その専門分野における専門家の「第一線の感覚」にふれることができるからである。平素は接することができない専門性の高い知を得ることによって，土屋教師は実践への意欲を喚起したり，知り得たことを実践に取り入れているという。

④個人に固有のネットワーク：家族・部活動

　家族については，東教師と西山教師において，子どもの誕生によって，「できない子」への支援や「教師の工夫をどうするか」といった視点が見出されていた。分析においてはふれなかったが，青木教師もまた，自分の子どもから生徒に対して「逆境にもめげないような子たちにしよう」「鍛え上げる」と考えたという。児童生徒を教え育てる教師にとって，自分の子どもは実践的知識の発達を支えるネットワークを構成する一員である。

　一方，土屋教師にとって，部活動のネットワーク，自校の生徒，他校の生徒，他校の教師とのつながりは，明確に実践的知識の発達に影響を与えていた。他校の教師や生徒という，平素は接しない他者から新たな視点が抽出され，その視点は自校の部活動の生徒に試され，さらに授業方法に「フィードバック」さ

れていった。このように，部活動は土屋教師においては重要なネットワークの1つである。

2-3 教師の学習を支える他者とのネットワーク

X中学校とY中学校および，調査協力者6名の教師達が有しているネットワークの考察から次の5点が明らかになった。

1点目は，コミュニティに属していても，必ずしも他者とのネットワークが構築されているわけではないことである。X中学校の教師達が3名とも参加している地区の理科研究会は，一方向的に情報を受け取るのみで，双方向の関係性がなく，他者とのネットワーク自体が構築されていない状態であった。同様に，草野教師が参加していた初任者研修会では4名の初任者グループで研究授業を輪番に行うという形式にもかかわらず，授業後の検討会では指導者（管理職や指導主事）が一方的に講義するという形式によって，参加者同士のネットワークが機能しない状態を強いられていた。しかし，草野教師が意味があったと価値づけていた初任者研修会は，その場の管理職の裁量によって，初任者4名で授業を創る機会とともに初任者同士のつながりが機能し，草野教師は意欲を喚起させていた。つまり，学習に貢献するネットワークは，その場の責任者の裁量によって断つことも機能させることもできるのである。

2点目は，教師の学習を支える他者との関係性の質は，一方的に教えたり教えられるという関係性ではなく，お互いに刺激を与え合える双方向の，権力関係がなく平等な関係性である。これは，Y中学校の教師達，X中学校の教師達だけではなく，草野教師が「意味があった」という初任者研修会やY中学校の教師達が所属している市・県の英語科研究会，教職大学院においても，共通しておおむね認められた関係性の質である。おおむねというのは，その研究会によって，また，その個人によって刺激ではなく実際的に生徒に寄り添うような視点で実践を問い直す場合や，「自分が目指すところ」を確認し，見極める，新たなアイディア・新たな授業実践を想起する，批判的な省察を経験するという異なりがあったからである。

3点目は，2点目に関連して，一方的に教え教えられるという関係性ではな

く，お互いに刺激を与え合える双方向の，権力関係がなく平等な関係性は，新しいことに挑戦しながら，ともに授業を創るという行為によって生み出されると考えられるということである。Y中学校の教師達のネットワークに顕著だったのは，学校内においても，学校外のつながりにおいても，ともに新しい授業やテストを創る，あるいは新しいことに向かって研究するという行為を他の教師とともに行っていたことである。

4点目は，2点目に関連して，一方的に情報を受け取る場においても，その分野での卓越した他者や高度に専門性を有する他者と接することができる場に参加することは，省察の喚起・深まりがもたらされる可能性が高いことである。これは土屋教師の事例のみからの見解であるが，肝要なのは，その場への参加は自由であることである。土屋教師の場合は，夜間に設定されていた参加任意の研修会と部活動がその場となっていた。

5点目は，学校外に開かれたネットワークによって，新たな知を取り入れることが教師の学習には必要だということである。Y中学校とX中学校のネットワークを比較すると，Y中学校は，授業に関する実践的知識に直接，影響を与えるようなネットワークは教科のつながりのみであった。しかし，Y中学校の教師達はそれぞれが性質の異なるコミュニティに複数属し，学校外とのネットワークを有していた。そのことによって，革新的で挑戦的なコミュニティの知が間接的に東教師にもたらされ，東教師は刺激を受け，新しい試みへの意欲を喚起させていた。一方，X中学校は学年の教師達と教科の教師達との複数のネットワークがあり，さらに校内研究の取り組みによって不特定多数の教職員とのネットワークも構築され，学校内のネットワークは充実していた。しかしX中学校においては，地区の教科の研究会が教師の学習を支えるネットワークとして機能しておらず，青木教師の場合は，教職大学院という期間に区切られたネットワークによって教師としての学習は支えられていた。しかし，そのネットワークはわずかなつながりを残すのみとなり（教職大学院の教員が来校した際に青木教師の授業について感想を述べたこと），青木教師の学習は支えられていない状態にあった。授業に関する考え方の発達ではないが，青木教師だけではなく，水谷教師は教職大学院とのつながりによって研究主任としての考え方の発

達をなし，桜井校長も来校していた教職大学院教員の言葉から複数の刺激を受けていた。このことから，特に中堅教師や熟練教師においては新しい知からの刺激を受け，新しい試みへの意欲を喚起させたり，省察の喚起を導くような学習の支えが必要と思われる。そのために，学校外とのネットワークを築く必要がある。

第4節　本研究のまとめと今後の課題

1　本研究のまとめ

　本研究は，教師の実践的知識の実相とその発達過程を変容的学習として解明するとともに，教師の学習を支える他者・関係性の質をも解明することを目指したものである。教師の実践的知識の実相については第1節にて，教師の実践的知識の発達過程については第2節にて，教師の学習を支える教師とネットワークについては第3節にて，本研究において明らかになった点を結論として述べてきた。本節においては，教師の発達，教師の学習，教師の省察とはどのようなものであるのか，その学習を支えるにはどのような点が重要であるのか，これらについて端的に述べ，本研究のまとめとするものである。

　本研究において教師の実践的知識の発達を変容的学習として明らかにしようとしたのは，変容的学習とした方が，より教師の学習の特長を描くことができると仮定したからであった。序章で述べたように，先行研究から明らかになっていた教師の学習の特徴は，経験を学習資源として，省察を学習過程として，他者との相互作用によって学習をなしていくことであった。またその際には，何らかの考え方の転換・再構造化がなされることが示唆されていた。

　本研究のまとめとして強調したいのは，教師の発達とは変容的発達であること，教師の学習とは自律的な変容的学習であること，そして教師の省察とは批判的省察であること，これら3点である。

　教師の変容的発達とは，事例分析にて明らかにしてきたように，単に与えられた課題についての解決を図っていくのではなく，新しい課題を契機として，あるいは自ら課題を見つけ出して，教えること・育てることの専門家として新

たな問題枠組みを設定し，最終的に新しい概念を構築していく発達である。本研究においては，教える経験のないままに教員として採用された北村教師から教職年数の長い東教師，校長である桜井教師まで，8名の調査協力者全員がそれぞれの変容的発達を成し遂げていた。つまり，教師の変容的発達は，教職年数に依るものではなく，どの年代の教師においても生起する可能性を有している。それと同時に，現代社会を生きる教師のエンパワーメントとして，育てること・教えることの専門家として，必要な発達なのである。

その専門家としての発達をなしていく過程が，自律的な変容的学習である。変容的学習論は，もともと一般の成人を対象として提唱されており，変容的学習論に関する多くの先行研究では，どのようにすれば変容的学習を生起することができるのか，促進することができるのかについて述べられている。しかし，一般の成人と教師が異なるのは，その学習が極めて自律的ということである。本研究で明らかにしてきたように，教師は考え方を変える必要性がない状況にあっても，省察を喚起させ，自ら変容的学習を生起させていたのである。

そして，教師の自律的な変容的学習は批判的省察によってなされる。この批判的省察とは，これまでの考え方の源とその前提条件を突き止め，それらを評価するという「追究・変容（これまでの考え方からの脱皮あるいは承認）のための批判的省察」と，新たに行った実践を検討し評価するという「創造・発達（新しい考え方の構築）のための批判的省察」である。後者の「創造・発達のための批判的省察」によって見出された新たな視点が徐々に新しい考え方の枠組みとして構築され，この新しい枠組みを得ることによって前者の「追究・変容のための批判的省察」が明確になされ，最終的に新しい概念が構築されていくのである。これら2つの批判的省察がなされていくためには，教師の学習を支える環境が不可欠である。

変容的学習論の先行研究（田中2012）から，学習プロセスには支援・信頼・友情・親友関係のような主観的な要素が必要であることも明らかになっており，他者との信頼関係は，議論を戦わせ，開放的に情報を共有し，お互いの合意形成を達成することを通じて，自己の抱いている前提を批判的に省察することを可能にすると報告されている。事例分析にて明らかにしてきたように，X

中学校においては，オープンな関係性とともに「信頼感」を基盤として「安心感」や承認を得られるような受容的な関係性の質が教師達の間に存在していた。その関係性の質が他者の実践を見ることや新しい試みに挑戦すること，新しい考え方への承認を得て考え方を発達させることを可能にしていた。無論，このような関係性の質のみで教師達の変容的学習がなされるわけではなく，そのためには省察の喚起や新たな視点の抽出といった，教師の学習に直接的にはたらきかける貢献も必要である。しかし，教師達の関係性の質が他者の実践にふれる機会を創り出し，省察の喚起や新たな視点の抽出を導く環境となって，自律的な教師の変容的学習を支えていたのである。教師達の関係性の質を整えるという貢献は，教師の学習にとって極めて重要な貢献である。

そして最後に強調したいのは，教師の変容的学習を支えるためには教えるという行為は意味をなさないということである。自律的に学習を生起させている教師において，変容的学習に貢献する他者との関係性の質は，一方的に教え教えられるという関係性ではなく，お互いに刺激を与え合える双方向の，権力関係がなく平等な関係性である。そしてそれは，新しいことに挑戦しながら，ともに授業や実践を創るという行為によって生み出されると考えられる。この点から，自律的な教師の変容的学習を方向づける教師の条件を考えてみたい。

分析から，教師の学習を支える教師の貢献として，行為する主体が教師の学習へ貢献しようという意図がなく行われている貢献，ある程度，意図をもってはたらきかける貢献，明確に教師達の学習を支えるという意図を有した貢献，これら3種類の貢献が認められた。教師の学習へ貢献しようという意図がなく行われている貢献は主に同じ立場の教師達による貢献であり，授業公開や授業をともに創る取り組み，インフォーマルな対話という貢献であった。これらの関係性においては，行為を行う側と行為を受ける側の関係性は平等性が担保されていた。しかし，ある程度，意図をもってはたらきかける貢献，明確に教師達の学習を支えるという意図を有した貢献は，学年主任，研究主任，校長といった権力を付与された立場にある教師の行為であった。

彼らの行為が教師達の変容的学習に対して貢献という結果をもたらしたのは，次の2点によると考えられる。1点目は，行為する主体が意図をもっては

たらきかけたとしても，それを強いたり，教えたりしているわけではないことである。2点目は，権力を付与された教師も批判的省察を行い，変容的に発達していることである。教師達の学習を方向づけていた桜井校長も研究主任の水谷教師も，教育行政から課せられた課題をそのまま受容するのではなく，自己の経験や書物等を用いて批判的な検討を深め，X中学校の文脈に位置づけて課題を問題へと再構成し，学習の方向性を見出していた。X中学校内においては，権力を有すものが学習を方向づけているというとらえ方もできるが，彼らも変容的に発達しながら他の教師達の考え方の発達を支えたり，実践をともに行い共感的に関わっている教師である。言い換えるならば，このように自らも変容的に発達し，実践をともに行い共感的にかかわっている教師だけが，自律的な教師の学習の方向づけをすることができるのかもしれない。また，学習の方向づけはできても，そのことによって変容的発達を成し遂げるのは本人であり，学習自体を強いることはできないのである。

2 本研究の意義

本研究は，教育学における教師の力量形成，及び実践的知識に関する研究分野に位置づけられる。そして，教師の学習過程としての省察の質と学習結果としての発達を明確に定義し，教師の実践的知識の発達を変容的学習とした点に第1の特徴がある。また，教師の学習を社会的相互作用の学習ととらえ，他者との関係性の質を問題とした点に第2の特徴がある。第3の特徴は，児童生徒の生活全般にまで目を配って指導を行う日本の教師の実践的知識の発達過程解明のために，研究の対象範囲を授業以外の教師としての経験にも拡げている点である。

これまでの教育学における教師の力量形成や実践的知識に関わる研究では，教師の力量形成過程を教師の学習過程として解明する必要が言及されていたが，それを実証的に論じているものは数少ない。また，教師の力量形成過程を学習ととらえた数少ない先行研究においても，何をもって教師の学習とするのか，学習過程としての省察とはどのような質を有しているのか，これら教師の学習自体について論ぜられないまま論が展開されていた。また同時に，教師同

士の協働や教師の「同僚性」が教師の力量形成や実践的知識の発達に影響を与えていることは明らかになっていたが，それらを教師の学習に対する貢献として明確に位置づけ，さまざまな立場の教師の行為を対象にして，どのような行為が教師の学習に貢献をなしているのかを明らかにしている研究，勤務校以外の他者との関わりにまで目を配ってその貢献を論じている研究は，管見の限り見当たらない状態であった。本研究では先行研究から専門性を有する教師の学習の特徴を明らかにし，教師の学習を変容的学習としてその発達観と省察の質を明確に定義し，その上で，他者との関係性の質を問題にして教師の実践的知識の発達過程を変容的学習として明らかにしようとした点に特徴を有している。

　この点から本研究は，成人学習に関する研究分野にも位置づけられる。変容的学習論は，北米を中心とする海外でますます研究と著作の量が増加するほど成人学習研究分野では主要な理論であるにもかかわらず，日本においてはその研究が理論研究にとどまり，実証的な先行研究の数は限られていた。また，欧米における研究においては，個人を取り巻く社会的な影響への注目が足りないこと，合理性以外の例えば感情の影響や他者との関わりなどを見過ごしていること，フォーマルな高等教育における研究に排他的に制限されていること，これらへの批判があった。本研究は，他者との関係性を問題とし，高等教育機関以外での，明確な成人教育者が存在しない，インフォーマルな状況における変容的学習，平素から授業をふり返るという省察の経験がある専門家集団の変容的学習，これらの点において，変容的学習の実証的研究としての特徴を有している。

　本研究の成果としては，第1に主にアメリカの先行研究からの知見によって示唆されていた教師の実践的知識の発達過程を実証的に明らかにしたことである。本研究では，教師の実践的知識を複数の考え方の総体ととらえ，個々の考え方の発達過程と複数の考え方との関連性を明らかにすることによって，実践的知識総体の発達過程を詳細に描き，解明した。同時に，教師の信念ともいえる暗黙となっている実践的知識の存在とその影響を明らかにした。第2の成果は，教師の学習を支える環境と教師の学習を支える行為を明らかにしたことで

ある。本研究では他者とのネットワークから教師の学習に貢献する立場の異なる教師の行為を具体的に明らかにし，さらにその関係性の質までを明らかにすることによって，教師の学習を支える環境と教師の学習に貢献する行為を明らかにした。これらの点から本研究は，教師の力量形成および実践的知識に関する研究に新たな知見を提供し得たと考えるものである。第3に，本研究は変容的学習に関する実証的研究として，先述のように，省察の経験がある専門家集団の，明確な指導者が存在しない，インフォーマルな状況における変容的学習のあり様についての新たな知見と，学習に貢献する行為という新たな知見を提供し得たと考えるものである。

3 本研究の限界と今後の課題

　本研究の限界は，インタビューによるデータ収集という点である。本研究では，無意識のうちに行われた学習をも表出させること，暗黙である考え方と，それが何に影響を受けているのかを表出させること，学習が生起している文脈を表出させること，これらを目的として「語り」の分析を研究方法として用いた。調査デザインとしては長期間の複数回の調査を行い，同じコミュニティに属する複数の調査協力者からデータを得た。しかし，得られたデータは，調査協力者と筆者との協同の産物であり，インタビュアーの影響は免れない。このような限定的なデータにもとづいた研究であるというのが本研究の限界である。

　今後の課題は，本研究とは異なる属性を有する調査協力者の事例分析を行い，本研究において明らかになった知見についての考察を深めること，教師の多様な実践的知識の発達を明らかにしながら，その中にある共通性と教師の発達の特長をさらに見出すことである。今後の具体的な課題としては次の2点である。1点目は，大学教育の影響を明らかにすることである。本研究においては北村教師に固有の特徴であったが，大学在学時に行った学習指導に関する研究から見出した視点を，北村教師は実践的知識へと発達させていったのである。北村教師のように，大学時代に教師としての母概念を得ている教師は，例外的なのであろうか。言い換えるならば，大学で行われている教師教育はどの

ように教師の実践的知識に影響を与えているのであろうか。2点目の具体的な課題は，職層に限定した分析である。本研究では校長と研究主任という2名のみの分析にとどまったが，彼らの貢献は非常に影響力が強いものであった。また，草野教師の事例では，新規採用教員研修を主導していた校長や指導主事は教師同士のネットワークを結果的に断絶させていた。教師の教育にあたる立場にあるものの行為の責任は重い。彼らの教師の学習への貢献という観点からの研究も今後の課題としたい。

　最後に変容的学習論の活用とその限定性について述べる。筆者が変容的学習論に着目しているのは，例えば負の経験であってもそれらを学習資源として，自ら意味を見出し，発達を遂げていくという自律的な教師の発達過程に合致している学習論だからである。そして本研究からも明らかなように，自律的な教師の変容的学習を他者が起こさせようとすることはできない。できることは，学習環境を整えることであろう。しかしながら，本研究においては，学習の方向性を定めるという，非常に危険性のある教師の学習への貢献についても述べた。

　変容的学習論はポスト・アンドラゴジー論として成人学習分野では主要な理論の1つとされている。アンドラゴジー論が成人は自律的で自己決定性があるという前提にもとづき，成人学習者が表明したニーズの実現を学習のゴールとしているのに対して，ポスト・アンドラゴジー論は，学習者の「ニーズの背後にある社会状況や社会的な歪みにまで目を光らせようとする点」(三輪2004, p.13) に特徴がある。そのため変容的学習論においては，自己の行動や考え方を批判的に検討し，省察を深めていくために，成人学習者を導く成人教育者の役割が必要とされている。しかし，成人教育者－成人学習者の間に存在する権力の問題が先行研究において既に指摘されている。

　本研究における事例では，教師の変容的学習は極めて自律的な学習であった。しかしながら，学習の方向性を定めるということは，その本人が自覚していなくとも，教化の危険性を伴う。この点からも，教師の変容的学習において，再度，強調したいのは，教師の学習に貢献している教師は，すべて，ともに実践を行い，教える－教わるという固定的・一方的な関係性ではないことであ

る。教師は自律的に省察し日々の授業を改善しようとしているものである。その自律性を活かして，他者と対話が行えるような，新しい知にふれられるような，そのような環境の整備と，新しい方法を用いて失敗しても，ともに実践者として共感できることが，教師の学習に貢献しうる教師の条件であろう。

　本研究において導き出された結論は既に述べたように限定的なデータにもとづいたものである。また変容的学習論も一般の成人を対象として提唱された学習論である。しかし，教師教育においては，成人学習論及び変容的学習論の先行研究から明らかになっている知見を活かし，成人の特性を活かした学習，さらに自律的な省察を，日々，行っている教師の特性を活かした学習のあり方を探究していくことが必要ではないだろうか。そしてその際には，「教師教育者－学習者としての教師」の関係性について，注意深く考察することが重要であろう。

《引用・参考文献》

|A|
安彦忠彦（2014）『「コンピテンシー・ベース」を超える授業づくり』図書文化社
秋田喜代美（1992）「教師の知識と思考に関する研究動向」『東京大学教育学部紀要』第32巻，pp.221-232
―――（1996）「教師教育における『省察』概念の展開―反省的実践家を育てる教師教育をめぐって」『教育と市場』世織書房，pp.451-467
―――（1998a）「授業をイメージする」『成長する教師』金子書房，pp.74-88
―――（1998b）「実践の創造と同僚関係」『教師像の再構築』岩波書店，pp.235-259
―――（2006）「第9章　教師の力量形成―協働的な知識構築と同僚性形成の場としての授業研究」『日本の教育と基礎学力』明石書店，pp.191-207
―――（2009）「教師教育から教師の学習過程研究への転回―ミクロ教育実践研究への変貌」矢野智司ら編『変貌する教育学』世織書房，pp.45-75

|B|
Baumgarther, L. M.（2001）"An Update on Transformational Learning" In Merriam, S. B., edd. The New Update on Adult Learning Theory: New Direction for Adult and Continuing Education, No.89, Jossey-Bass, pp.15-24

|C|
Cranton, P.（1992）Working with Adult Learners. ＝入江直子・豊田千代子・三輪建二訳（1999）『おとなの学びを拓く―自己決定と意識変容をめざして』鳳書房
―――（1996）Professional Development as Transformative Learning; New Perspectives for Teachers of Adults, ＝入江直子・三輪建二監訳（2004）『おとなの学びを創る―専門職の省察的実践をめざして』鳳書房．

|D|
Dewey, J.（1938）Experience and Education ＝市村尚久訳（2004）『経験と教育』講談社

|F|
福井大学教育地域学部附属中学校研究会（2011）『専門職として学び合う教師たち』エクシート
藤原顕・由井はるみ・萩原伸・松崎正治（2000）「授業構成に関わる教師の実践的知識―二つの授業実践の意味づけと関連づけに基づいた実践的知識の物語的構造」『兵庫県立看護大学紀要』第7巻，pp.1-15
藤原顕・遠藤瑛子・松崎正治（2006）『国語科教師の実践的知識へのライフヒストリー・アプローチ―遠藤瑛子実践の事例研究』渓水社

|G|
Greenleaf, Robert K.（1977）Servant Leadership ＝金井壽宏監訳・金井真弓訳（2008）『サーバントリーダーシップ』英治出版
Gergen, K. J.（1994）Realities and Relationships: Soundings in Social Construction ＝永田素

彦・深尾誠訳（2004a）『社会構成主義の理論と実践』ナカニシヤ出版
　──（1999）An Invitation to Social Construction ＝ 東村知子訳（2004b）『あなたへの社会構成主義』ナカニシヤ出版
| H |
姫野完治（2013）『学び続ける教師の養成 成長観の変容とライフヒストリー』大阪大学出版会.
平井京之介　編著（2012）『実践としてのコミュニティー──移動・国家・運動』京都大学学術出版会
Holstein, J. A., Gubrium, J. F.（1995）The Active Interview ＝ 山田富秋・兼子一・倉石一郎・矢原隆行訳（2004）『アクティヴ・インタビュー──相互行為としての社会調査』せりか書房
| I |
池田広子・朱桂栄（2008）「批判的ふり返りによる意識変容の学習の可能性──日本語教師の場合」『お茶の水女子大学生涯学習実践研究)』第7号, pp.12-22
池田守男・金井壽宏（2007）『サーバントリーダーシップ入門──引っ張るリーダーから支えるリーダーへ』かんき出版
市川伸一（2013）『「教えて考えさせる授業」の挑戦』明治図書
| K |
金井壽宏・楠見孝編著（2012）『実践知──エキスパートの知性』有斐閣
北神正行・木原俊行・佐野享子（2010）『学校改善と校内研修の設計』（講座 現代学校教育の高度化24）学文社
北澤毅・古賀正義編著（2008）『質的調査法を学ぶ人のために』世界思想社
Korthagen, F. A. J.（2001）Linking practice and theory ＝ 今泉友里・鈴木悠太・山辺恵理子訳『教師教育学──理論と実践をつなぐリアリスティック・アプローチ』学文社.
厚東芳樹・長田則子・梅野圭史（2010）「アメリカの Teaching Expertise 研究にみる教師の実践的力量に関する文献的検討」『兵庫教育大学連合学校教育学研究科紀要教育実践学論集11』, pp.1-13
熊谷慎之輔（2012）「第4章スクールミドルの職能発達を考える視点と理論」小島弘道・熊谷愼之輔・末松裕基『学校づくりとスクールミドル』（講座 現代学校教育の高度化11）学文社
| L |
Langness, L. L. & Frank, G.（1981）Lives: an anthropological to biography ＝ 米山俊直・小林多寿子訳（1993）『ライフヒストリー研究入門──伝記への人類学的アプローチ』ミネルヴァ書房
Lave, J., Wenger, E.（1991）Situated learning: legitimate peripheral participation ＝ 佐伯胖訳（1993）『状況に埋め込まれた学習──正統的周辺参加』産業図書
| M |
松木健一（2010）「教科センター方式の学校建築に関する考察」『教師教育研究』Vol.3, 福井大学大学院教育学研究科, pp.139-146
丸山範高（2009a）「国語科教師が持つ授業実践知の習熟過程に関する事例研究」『和歌山大学教育学部紀要人文科学』第59集, pp.1-9

《引用・参考文献》

丸山範高（2014）『教師の学習を見据えた国語科授業実践知研究』溪水社
Merriam, J. & Caffarella, R.（1999）Learning in Adulthood ＝ 立田慶裕・三輪健二監訳（2005）『成人期の学習―理論と実践』鳳書房
Mezirow, J. & Associates（1990）Fostering Critical Reflection in Adulthood, Jossey-Bass.
Mezirow, J.（1991）Transformative Dimensions of Adult Learning ＝ 金澤睦・三輪健二監訳（2012）『おとなの学びと変容 変容的学習とは何か』鳳書房
Forum（1994）(Mezirow, J., Understanding Transformation Theory; Tennant, M., Response to Understanding Transformation Theory; Newman, M., Response to Understanding Transformation Theory; and Mezirow, J., Resposnse to Mark Tennant and Michael Newman), Adult Education Quarterly 44（4）, pp.222-244
Mezirow, J.（1997）Transformative Learning: Theory to Practice: New Direction for Adult and Continuing Education,no., Jossey-Bass. pp.5-12
Mezirow, J.（1998）Transformative Learning Theory in the Practice of Adult Education: An overview, PAACE Journal of Lifelong Liarning, Vol. 7, pp.1-14
Mezirow, J. & Associates（2000）Learning as Transformation, Jossey-Bass.
Mezirow, J.（2003）Transformative Learning as Discourse: Journal of Transformative Education Vol.1 No.1, Sage Publications, pp.58-63
Mezirow, J., Taylor, E. W. & Associates（2009）Transformative Learning in Practice Insights from Community, Workplace, and Higher Education, Jossey-Bass
三輪健二（2009）『大人の学びを育む―生涯学習と学びあうコミュニティの創造』鳳書房
【N】
永井建夫（1989）「認識変容としての成人の学習―J. Mezirow の学習論の検討―」『東京大学教育学部紀要』第 29 巻，pp.331-339
――（1991a）「アメリカ, J. Mezirow の学習論をめぐって」社会教育基礎理論研究会編『叢書生涯学習Ⅸ―諸外国の生涯学習』雄松堂出版，pp.73-113
――（1991b）「認識変容としての成人の学習（Ⅱ）―学習経験の社会的広がりの可能性」『東京大学教育学部紀要』第 31 巻，pp.291-300
――（1995）「解放の教育理論としてのアンドラゴジーの展開―アメリカのアンドラゴジー論における Mezirow の位置」『日本社会教育学会紀要』No31，pp.125-132
――（2005）「成人学習論としての省察的学習論の意義について」『日本の社会教育第 48 集―成人学習』日本社会教育学会年報編集委員会，東洋館出版社.
長澤悟（2004）「教科センター方式による中学校計画２―計画編」『文教施設』16，2004 秋号，文教施設協会，pp.18-21
――（2010）「教科教室型中学校における環境移行に係る評価と学校運営円滑化のプロセス」『科学研究費補助金研究成果報告書』https://kaken.nii.ac.jp/d/p/20360276/2010/ 8 /ja.ja.html（2015 年 1 月 3 日最終アクセス）
中島義明監修（1999）『心理学辞典』有斐閣
野中郁次郎（1990）『知識創造の経営』日本経済新聞社
中原淳（2010）『職場学習　仕事の学びを科学する』東京大学出版会.
――（2012）『経営学習論―人材育成を科学する』東京大学出版会

| S |

坂本篤史（2013）『協同的な省察場面を通した教師の学習過程—小学校における授業研究事後協議会の検討』風間書房

坂田哲人（2013）「PLC（Professional Learning Community）に関する議論の整理—教師の専門性発達の観点から」『青山インフォメーション・サイエンス』Vol.41，No1，青山学院大学附置情報メディアセンター，pp.22-25

佐野享子（2010）「校内研修の設計に活かす成人学習の原理」北神正行・木原俊行・佐野享子『学校改善と校内研修の設計』（講座 現代学校教育の高度化24）学文社 pp.83-99

桜井厚（2012）『ライフストーリー論』（現代社会学ライブラリー7）弘文堂

佐藤学・岩川直樹・秋田喜代美（1990）「教師の実践的思考様式に関する研究（1）—熟練教師と初任教師のモニタリングの比較を中心に」『東京大学教育学部紀要』第30巻，pp.177-198

佐藤学・岩川直樹・秋田喜代美・吉村敏之（1991）「教師の実践的思考様式に関する研究（2）—思考過程の質的検討を中心に」『東京大学教育学部紀要』第31巻，pp.183-200

佐藤学（1993）「教師の省察と見識＝教職専門性の基礎」『日本教師教育学会年報』第2号，教師教育学会編，pp.22-35

――（1994）「2章 教師文化の構造—教育実践研究の立場から」『日本の教師文化』東京大学出版会，pp.21-41

――（1997）『教師というアポリア—反省的実践へ』世織書房

――（2000）「新自由主義のカリキュラム改革を超えて—実践的ディスコースの政治学」『変動社会のなかの教育・知識・権力』新曜社，pp.373-385

――（2008）「教師教育の危機と改革の原理的検討—グランド・デザインの前提」日本教師教育学会編『日本の教師教育改革』学事出版，pp22-37

Schön, D. A.（1983）The Reflective Practitioner ＝ 柳沢昌一・三輪健二監訳（2007）『省察的実践とはなにか—プロフェッショナルの行為と思考』鳳書房

島田希（2009）「教師の学習と成長に関する研究動向と課題—教師の知識研究の観点から」『教育実践研究：信州大学教育学部附属教育実践総合センター紀要』No10，pp.11-20

志水宏吉（2008）「志のある学校」『公立学校の底力』筑摩書房，pp.108-122

篠原岳司（2016）「新しい学校と教師の学習」『現代の学校を読み解く—学校の現在地と教育の未来』春風社，pp.81-112

| T |

高井良健一（2015）『教師のライフストーリー—高校教師の中年期の危機と再生』勁草書房

田辺繁治（2002）「日常的実践のエスノグラフィ」田辺繁治・松田素二編著『日常的実践のエスノグラフィ』世界思想社，pp.1-38

田中里佳（2011）「成人学習理論の視点を用いた教師の意識変容に関する研究—小中連携・一貫教育事業に参加した教師たちの事例分析」『日本教師教育学会年報』第20号，学事出版 pp.99-110

――（2012）「変容的学習に関する先行研究の整理と今後の課題—批判的レビューを通して」『立教大学大学院教育学研究集録』第9号，立教大学大学院文学研究科教育学専攻，pp.49-63

―――(2014)「教師における実践的思考の変容的発達に関する一考察―変容的学習論の視点からの事例分析」『立教大学教育学科研究年報』第57号，pp.91-106
―――(2015a)「教師の変容的発達とコミュニティの変容についての一考察　変容的学習論の視点からの事例分析」『立教大学教育学科研究年報』第58号，pp.201-218
―――(2015b)「教師の実践的知識の変容的発達に関する一考察」『日本学習社会学会年報』第11号，pp.64-72
―――(2016)「変容的学習論に基づく教師の実践的知識の発達過程に関する研究―若手教師の事例分析を通しての一考察」『日本学習社会学会年報』第12号，pp.78-89
Taylor, E.（1997）Building Upon The Theoretical Debate: A Critical Review of The Empirical Studies of Mezirow's Transformative Learning Theory. Adult Education Quarterly 48, pp.34-59.
―――（1998）The Theory and Practice of Transformative Learning: A Critical Review ERIC Clearinghouse on Adult, Career, and Vocational Education, Information Series No.374, pp.1-85.
―――（2000）Analyzing Research on Transformative Learning Theory. In Mezirow, J., Taylor, E. & Associates. Learning as Transformation, pp.285-328, Jossey-Bass.
―――（2007）An update of transformative learning theory: a critical review of the empirical research（1999-2005）International Journal of Lifelong Education vol.26, No2, pp.173-191.
―――（2008）Transformative Learning Theory. In Merriam, S. B., edd. Third Update on Adult Learning Theory: New Direction for Adult and Continuing Education, No.119, pp.5-16, Jossey-Bass ＝ 立田慶裕他訳（2010）『成人学習理論の新しい動向』福村出版
―――（2009）Fostering Transformative Learning. In Mezirow, J., Taylor, E. & Associates. Transformative Learning in Practice, pp.3-17, Jossey-Bass.
常葉-布施美穂（2004）「変容的学習」『生涯学習理論を学ぶ人のために』世界思想社，pp.87-114
當眞千賀子（2002）「問題系としての実践コミュニティ」田辺繁治・松田素二編著『日常的実践のエスノグラフィ』世界思想社，pp.117-141
豊田千代子（1991）「自己決定学習と成人性の発達―メズィローの批判的成人学習論を中心として」社会教育基礎理論研究会編『叢書生涯学習Ⅷ―学習・教育の認識論』雄松堂出版，pp.145-177
塚田守（1998）『受験体制と教師のライフコース』多賀出版
｜Y｜
やまだようこ（2002）『人生を物語る―生成のライフストーリー』ミネルヴァ書房
―――（2005）「ライフストーリー研究」秋田喜代美他編『教育研究のメソドロジー』東京大学出版会，pp.191-216
―――編著（2007）『質的心理学の方法』新曜社
山﨑準二（2002）『教師のライフコース研究』創風社.
―――（2012a）『教師の発達と力量形成―続・教師のライフコース研究』創風社
―――（2012b）「第6章　教師のライフコースと発達・力量形成の姿」山﨑準二・榊原禎宏・

辻野けんま『「考える教師」—省察, 創造, 実践する教師』(講座 現代学校教育の高度化5) 学文社, pp.98-117

安田雪 (1997)『ネットワーク分析』新曜社

吉岡一志 (2007)「保育士の成長を支える信念の形成過程」『広島大学大学院教育学研究科紀要 第三部』第56号, pp.101-108

油布佐和子編著 (2007)『転換期の教師』放送大学教育振興会

| W |

Watkins, K. W. & Marsic, V. J. (1993) Sculpting the Learning Organization = 神田良・岩崎尚人訳 (1995)『学習する組織をつくる』日本能率協会マネジメントセンター

Wenger, E., McDermott, R. & Snyder, W. M. (2002) Cultivating Communities of practice = 野村恭彦監修・桜井祐子訳 (2002)『コミュニティ・オブ・プラクティス—ナレッジ社会の新たな知識形態の実践』翔泳社

《巻末資料》

■資料K1：大学時代に参観した授業についての語り

　語り1-21　「話を子どもらが聞くようにさせなあかんなっていうのが一番大事だなと思うんですけど。自分はそれも大事だと思うんですけど。お互いを受け入れる温かさじゃないけれども。お互いのことを相手のことを思える人になってほしいっていう願いがありまして。っていうのは相手の話を聞くなら聞くでできるんですけど。できなくてもさせようと思えば聞かせることはできるんですけど。相手のことを思うって結構やっぱり難しくて，相手がこんなことを言ったときにその言葉にお互いが気づけたり，この言葉に対して自分はこう思ったんやって自分が逆に主張したりっていうような関わりがクラスの中でできてほしいなと思ってるので。それがこれから生きてく上ですごく大きな力になるし。自分をちゃんと持った子になってほしいなっていうふうに思ってますので。なので，今，クラスの中では特に今1年生，小学校から入ってきて今7月までの間で意識したことは，相手の話をやっぱりちゃんと聞く場面をしっかり設けてあげることと。お互いがちゃんとコミュニケーション取れるように。やっぱり班の中で関わりをしっかり持たせてあげるっていうこと。教員がそれをつなぐ役目に立つ，っていうことを意識しまして，この班でこんなこと言ってるしとか言いながら，別の相手の子いじったりとかって話で。クラスの雰囲気をどんどん楽しくしていきたい。盛り上げてったりっていうことでやってきました。」

（筆者発言：そういう力が子どもにとって大切になって思うようになったのはどうしてですか。）

　語り1-22　「自分，大学のときは英語科では決してなかったんですけれども。専攻は教育学のほうの専攻だったので。そのときにたまたま外の研究会に参加することがあって，奈良女子大学の付属小学校にオバタハジメ先生って方がいらっしゃるんですが。その先生は自分も研究させていただいた先生は先生なんですけど。子どもらがどんどんお互いのことを，気持ちを言ったり，お互いの意見を吹聴したり，自分らでどんどん学びを深めていくようになるにはどうすればいいんやろうっていったときに，オバタ先生がおっしゃったのは，子どもらん中がお友達になるような状態やとそれはお友達で終わってしまうんやけど，お互い批判もするし，批判的にもなれるし，お互いのことを強く言うこともできるし，お互いのことをよく言うこともできるようになるためにどうすればいいんやっていったときに，やっぱり相手のことを思うことが必要なんじゃないかなっていうことをインタビューしたときにおっしゃってくださったので。そこから今学んでやってます。」

（筆者発言：でもそのときは学生だったんですよね。その言葉の意味っていうのはそのときは分かってらっしゃった。）

「今も分かってないと思うんですけども。断片的にしか捉えてないというか。ただオバタ先生のクラスを見てそれが大事なんやなと思ったので。こうお互いがバンバンバンバン質問投げかけて。発表する子がいるんですけど。発表する子に対して発表しっぱなしに終わらせないっていうところがすごくよかったのと。意見を言ったときに，僕はその君の意見に対してこう思うんだけどっていうことでつながっていく様子は，普通の今まで見てきた学校ではないなっていう場面だったので。それを考えていくときに，やっぱりその温かさって大事なのかなっていうふうに感じたので。」

■資料K4：学校外での研究の場についての語り

　語り1-28　「西山先生の紹介で，別の高校の先生だったりすごい研究されてる先生もいらっしゃったり，そういったところででも教員4，5名が集まって，自主的な研究の場でいろいろ，自分も自分の今までの授業の実践とか発表させていただいて。そういったところで学ばせていただけてると。どんどん批判を受けながら，どんどんこの授業あかんやろみたいなこと言われながらも学ばせていただいたってところが今，それかなと思います。」

「自分の授業ボコボコにたたいてくれる先生なん

ていないので。普段の中でも。なんかこう，あれでよかったんやろ，あの授業よかったよとかっていうところとか，あの授業もっとこうすりゃよかったよとかじゃなくて。もうとことんぶった切ってもらったほうがすっきりすることもあるので。そういう場も必要かなと思って今考えてます。」
(筆者発言：このクラスターではあんまりそういう感じの話し合いはなさってない。)
「そういったぶった切るってことは普通の学校でもなかなかないと思うので。それはやっぱり研究っていう視点で見るときにできるものなので。なかなか一般の実践の現場ではどういう授業作っていくかっていうところに視点が向くと思うんですけど。今の授業，壊すっていう視点ではなかなか授業は研究されないと思うので。」

語り1-29 「自分は一番最初に，授業の最初にチャットっていう時間を作って，ずっとコミュニケーション活動入れるんですけど。そんなん最初に入れんでいい，なんていうところからまず入るので。なんででしょっていう話から入ったときに，そのさっきの使い方分からんのにってところなるじゃないですか。その折り合いつけてくのはどうすればいいんかっていうの。やっぱりチャットっていうのを見直すっていうところから始まると思うので，そういった根本的なところをやっぱりバーンってこう突っ込んでくれるっていうのはなかなか実際の現場ではなかなか難しいと思うので。こういった先生らとやっぱり関わっていてすごく思うのは，たくさんアイディアをお持ちだから。ただそれをうちの先生らすごく自分にとっていいなと思うのは，決して直接的に教えてくれるわけじゃなくて，見てしゃべりながら気づけっていうようなスタンスなので。それって逆にどんどん教えてあげるからこの授業やってみなさいじゃなくて。コピーなんじゃなくて。自分で気づかないと分からんので。自分はそれが授業伸ばすすごく大きなことかなと思ってますので。どっちも大事かなと考えてます。」

■資料K8：他者との関わりについての語り
語り1-10 （英語科以外の授業についての質問：筆者発言：その中で何かこう勉強になるようなことってありますか。）
「ありますね。いつも見るときには自分なりにはテーマを決めて見るときも結構最近多いんですけど。例えば国語の先生であったら，いつも個別支援を丁寧にしてくださる先生もいらっしゃって。その先生が何でその子を回ってるんかなって。見回る順番とか見てる感じがするんですよ。それが1つと。数学の先生やったら，こうこうこういうふうな展開でいけば子どもが思考が広まるなっていうときもあれば，こうすれば収束するんやなっていうのがあったので。それって英語にも使えんかなと思ったりしながら学ぶことはありますね。」

語り1-8 （筆者発言：それは先生がそういうふうに自分でやったことを，例えば東先生とかほかの英語の先生とかと話し合うってことはあるんですか。）
「そうですね。結構ありました。〔東〕先生，たくさんもいろいろお話してくださるんですけど。その話とかあるときにも，結構〔東〕先生が〔北村教師の授業を〕見てくださったときもあって。自分はこういう授業を今してるんだけれどもっていうことで，自分から話したりしたこともありましたし。周りの先生が今のあの授業のこういうところよかったよとか。このところこんなふうにした方がよかったかもねとか。このアイディア面白いねとかっていう形で，英語科の先生と話し広まって，実際，教材研究も，話し合いの中で教材研究できたことっていうところ何回もあったので。本当に周りの先生に助けられてる感じはします。」

語り2-39 （「学習指導だけじゃなくて生徒指導，すごく大事」という北村教師の発言を受けての筆者発言：生徒指導と学習指導そういうことについては東先生とかとは話し合ったことはない。）
「もうむちゃくちゃ話してます。むちゃくちゃ話してます。もう東先生もそうですし◯◯先生（Y中学校の英語科教師，ただしこの教師だけは学校組織の関係から北村教師とは異なるクラスターに属している）もいらっしゃるんですけども，本当にいろんなことを話させていただいて。東先生はすごくいいなと思うのは，東先生の場合はいろんな休み時間とかそんなところでも気づいたことであったり，お互いなんか，たぶん自分も東先生の授業にちょっとお邪魔してみたりとか，◯◯先生の授業にお邪魔したときに感動したときに，先生，こんなとこ良かったですわって話をすると，自分もこんなとこ良かったと思っててみ

たいなことをお互いに語り合うことがすごく多くて。教科会っていうわざわざこんな時間を持たなくても，普段の時間の中でお互い自分の思ってることを語り合える関係があるのが，すごく今ありがたいですし。こんな関係なかなか普段の学校で，ほかの学校さんで聞くかっていうと自分は聞かないので，すごくそれがいいなと思ってます。」

語り2-10「例えば先ほど申し上げたテスト作りというところで今自分は参加しています。県の英研の方なんですけれども。そちらのほうで夜，部活が終わってから2，3時間程度テスト作りをして，〇〇市内のいろんな先生方と議論をしながら1つのテストを作っていくという会に今，参加していますので。」
(筆者発言：例えばテストの議論でどういうところどういう点が議論になるんですか。)
「自分がやっているのはリーディングテストなので，読み教材を作っていますので，まずは，その読む読み物が生徒にとってきちんと意味のあるものなのかどうかと。読んだときに，生徒がこんなのあるんだとか，これすごく勉強になるよねとかっていうような，学びがあるような読み教材を作ろうというので，内容の面白さについてとか，内容の意味のあるところかどうかというところについて議論になったり，あるいは設問の仕方として，ちゃんと読み取ってほしいメッセージをちゃんと読み取らせるための設問になっているかどうかっていうところを，話し合いをしながらやっています。」

語り2-40（筆者発言：ただ先生あんまり人に相談しないで自分で考えるっておっしゃってたけど先生は考えるときは自分で考え終わったあとの感想で人と話すって感じですか。)
「考える，まあ本当に悩んでしまってどうしようってなって，どうしようってなったときにちょっと言うときもあるんですけど，助け船を求めるというよりも自分で考えてやってみて，あとあかんかったところをこうした方がいいなとかっていうのを相談したりとかすることが多いですし。そうですね。」

■**資料N1：2年目の授業についての語り**
語り2-32「英語なんて特に嫌いな子にとってはもう無理なので。とにかく学力を上げることを3年生，優先にしてるので。もちろん，それを食い付かすためのモチベーション上げるための

授業づくりはするけど，最終的にはやっぱりテストの点数を上げてあげないと。授業だけで満足感得られる状況じゃなくて。進路がかかってるから，ある程度こう自力を上げていくドリル的な活動がかなり増えてると思います。」

語り2-33「まあ問題解決の課題あげると逃げるので。そのレベルには達してないなと。その英語の力が関係のない時には入れてます。日本語だけで話ができるとか。トピックで異文化理解的な話をするような。なんかこう英語の授業としての時はやる。その時くらいしかやってないですね。ほかもう本当に英語力の。そこは変に迷いないですね。この子達に今これが必要やからっていうことで。こっちが問題解決とか言っても，本当に授業うまかったら，この子達にそれで力つけれるんかなと思わんでもないんですけど。今の自分の力で進路実現のためにやろうと思ったら，そうしてあげることしかできないし。それで最大限工夫していこうっていう感じですね。」

語り2-44「なんか僕もそうだったんですけど。英語の授業っていうと受験教科でしかなかったし。日本語は普通に当たり前にしゃべれて，多分，英語よりも難しい言語なのに。一教科として見られてるから，なんかこう使うっていう感覚が子どもらになくて使えるようにさせたいっていう思いと，それを授業中にそうなるための努力っていうところが結び付いていかなくて。だから授業だけで英語しゃべれるようにできないけども。そのための基礎を作る場所ではありたいな。だから今はあまりできてないですけど。読んで書いてだけじゃなくてしゃべって聞いて。本当に4技能を使って，英語の授業終わったら本当に音楽で一生懸命歌った後とか，体育で一生懸命走った後みたいに，技能教科の1つくらいに思って。疲れたくらいに思って。その聞いて疲れたんじゃなくて，動いて疲れたって帰ってほしいなって思いますね。」

■**資料N3：2年目の対話の成り立った授業について，東教師についての語り**
語り3-11「2年目の3年生がめちゃくちゃひどかったんです。荒れたあとでそれを継承した。ただ僕の英語の授業は好きでてくれて，英語を好きな子もたくさんいて，今まで僕がもったクラスの中で一番英語に対してポジティブな感情を持っている子が多くて，何か問いをあげても

423

みんなが本当に考える。英語ができない子もたくさんいるけど日本語でもいいから〔返答が〕返ってくる。とこっちの技量じゃなくて子ども達がこんなに〔返答を〕出してくれれば授業って成り立つんだ。それって授業者も楽しいな、だし子ども達が英語楽しんでるし、これでいいんじゃないかな。それは子ども達の性格的なものにもよるだろうけど、そういう雰囲気が創れるといいのかなってあの子達に教えてもらったのはあるかもしれないですね。すごく心地良かった。」

　語り3-12　「(前略)〔着任3年目に担任した1年生は〕子どもに本当にものを教えれば分かっていくっていうような。それこそそこの子たちの反応があったけど英語ができないっていう。ある意味で英語の授業としてはやりやすかったんですけど。ゼロからだったので、子ども達の言葉を拾う。聞くっていうことを東先生の授業とかその2年目の3年生の授業で感じていたのもあったので、怒らなきゃいけない場面でも怒らずに何か子ども達に気づかせるというかなんか。怒る時ってなんかいつもこっちの大人の都合を押しつけてるような、もちろんそれは教えなきゃいけないんですけど、それを直球で言ったって子ども達は分からないだろう、っていうのを東先生の指導を見てて思ったので、それが英語の授業でも一緒で、英語ってこうなんだよって押し付けててもしょうがなくて、分からない子に10のことを10のまま言っても駄目だから、それを2に落として伝える。教えるじゃなくて伝えるっていう言葉の方が多分ふさわしいんだろうなと思うんですけどね。」

■**資料N4：英語の研究大会での発表に向けての授業づくりについての語り**

　語り3-15　「その発表のテーマが、意見、考えを英語で、自分の意見とか考えを表現させたりやり取りさせたりする授業のためにどうしていくか、っていうような話だったんですけど、一番最初のテーマはそうじゃなくて、東先生としゃべってた時はどんなテーマでやるといいっていう話をしてて、自己決定っていうキーワードでやろうかと。それがたまたま生徒指導のリーフレットか何かに、生徒指導する時は教員の押し付けじゃなくて、子ども達に選択させなきゃいけない、経験させなきゃいけない、っていうような原則を、きっと英語〔の授業〕でもやってきているし、それを研究としてまとめるのはいいかもねって。それが小さい自己決定だと、Whatで聞くといろんなことが言えるんですけど、Do youで聞くとYesかNo。でもできない子にとってはそれがすごく安心だし、けどDo you likeで聞かれたらYes, No考えるし、意見を考え、ちゃんと言っている。そこで決めさせると授業に参加していく意欲が向上して、どんどんどんどん、というような筋道が整うんですけど、それがやっぱりもうちょっと大きく捉えて、意見を考えて言う言葉になって。でなった時にはこっちがしゃべりまくってたってしょうがないので、子ども達に意見、考えを言わせなきゃいけないし、書かせなきゃいけないし、やり取りさせなきゃいけない、と与え方と与えるタイミングだけ工夫して、あとはもう本当に考えさせる実践をしてまとめていこう、っていうような頭でやってました。」

　語り3-16　「(前略)僕が生まれる前からずっと言われてたらしくて、その意見、考えを英語で、っていうのは。僕が○○大学で勉強してきた時もそれを言われたし、教員になっても、どこの研究会でもそれは言われたし、そうだなと思ってなんか自分で考えて、大事なんだろうなと思ってやってみようっていう、そこがさるまねだったのがあらためてそういう発表をしなきゃいけないってなった時に、発表するならそれなりの授業をしなきゃいけないなと。もちろん授業を見せるものじゃなくて、実践発表という形だったので足跡があればいいんですけど、自分の授業をいろんな人に話す機会がもらえて、それこそ○○市のいろんな素敵な授業をされてる先生と意見交換ができて、それをアドバイスもらいながらもう1回授業してみて、それをすぐにここでまた北村先生とか東先生とかに言ってもらいながら。なのでその大会を通して今まで目指していたものが自分の実践を説明する言葉になって、なんかそのやり取りの中で、こういうふうに自分はこういうふうなことを大事にして実践しています、っていう受け売りのものじゃなくて、自分の言葉になった上で、イメージでもこういうふうなことを目指したい、っていうことがもてたかなと。だから発表があってつながったっていうよりはなんだろう。発表でしゃべりながらつながっていったかなっていうような感じですか。」

■**資料N5：生徒についての語り**

　語り1-15　「英語っていうても、将来的に使

うのは，本当に数パーセントの子達だと思うんです。もちろん，出来たらいいだろうなと思っている子達はみんななんだろうとと思うんですけど，実際に日常的に使うかっていうと，クラスで一人いればいい方，と思うと，じゃあ，英語は何のために勉強するんやと思うと，価値観とか意見とかコミュニケーションの仕方とか，そういった部分の技能であるとか態度を育てる場なんだろうなって思うんです。もちろん英語の語学としては教えていかなきゃいけないとは思うんですけど，その授業の場で，いいコミュニケーションをとる，っていうことを目標というか目的にして，子ども達に使わせていきたい」

語り2-45「みんながみんな英語をやるわけじゃないからっていうのは，最近あまり思わなくて。せっかく英語の授業受けるんだから，少しでもできるようになったらいいじゃんっていう感じですね。」

（筆者発言：それは何か，変わったのは何かあったんですか。）

「すごくさっき言った，根性がないとか，続かないっていう子達にネガティブな言葉をかけたくないなって。自分がそういう心持ちでやりたくないなっていうのがあって。どうせやらない子もいるんだろうなっていう思いで英語の授業やるよりは，せっかく自分の英語の授業受けてるんだから，前向きにやらしたいなって思うので。やらないかもしれないよりも，やろうよの方が心持ちこっちも楽だし楽しいんかなって感じです。」

語り3-21「根本は変わってないかなと思うんですけど，英語ができたらいいよっていうことを分かってもらいたいくらいですかね。当時は，教育実習に入る時は，ゼミの指導教官の先生からも，なんで英語を授業中に使わなくちゃいけなくて，なんで子ども達がそれを勉強しなきゃいけないかが分からないと話にならないよ，っていうようなこと。それは附属の先生にも言われたし，でもそんな授業どうやってしたらいいか分からなかったし，いわゆる自分が受けてきた英語の授業のイメージのままやって。でも英語なんか，結局，日本人だって今の時代，やれって言われるけどそんなに使わないし，大人が血気盛んに言っているほど子ども達に必要性を感じてる子はいないし，けどやらなくちゃいけないものなのは今間違いないので，どうせやらなきゃいけない道なら楽しくやってほしいな。そのための英語の魅力っていう

ものが授業中にあって，授業中だけじゃ絶対，足りないので，いずれ自分で必要な時に，さらに進めるお膳立てというか，そんなことが授業でできたらいいなと。」

語り3-22「〔自分は〕教科書を教わってたな。今，自分ができてるかどうかは別にして，教科書で教えたいなっていうところですかね。教科書の英文を解釈して，こういうふうに訳すんだよっていうような授業をひたすら受けて，それで読み方習って音読して，っていうような，まぁいわゆるオーソドックスな。もちろん，それも今でも僕もするんですけど，それだけになったら絶対に自分が面白くないし，子ども達も絶対に面白くないと思っているので，それは違うかなと思う。」

語り3-24「やっぱり自分の受けてきたような授業をしてる先生の授業参観をしてる時は，参観者たとして苦痛だったんですね。超失礼ですけど。ということは，子ども達も絶対苦痛だろうなと。その授業を50分自分は受けさせたくないなと。」

■**資料N6：批判的自己省察以降の授業について，前任校での合唱コンクールと授業についての語り**

語り3-25「カカオ豆を採って生活してる子ども達のお話で，チョコレート食べたことがないとか学校へ行ったことがないとか，そういうストーリーが英語で書かれている単元があって。教えようと思ったら，世界にはいろんな子ども達がいるねとか，フェアトレードっていうのがあってね，っていう話で終わろうと思えば，教科書終われると思います。ただ表面的に終わっちゃうので，トピックを幸せについて考えてみようっていうふうにして，教科書をゴールじゃなくて教科書を材料にして考えるっていうような。写真を見せると，その国の子ども達はすごく笑顔で写真に撮られてる。それでしなっと子ども達の授業の風景を撮ってると，すごくつらそうな顔で授業を受けている。どっちが幸せそうっていうふうなチャットでやり取りをしたりしながら，(中略)今，自分は学校に来られて本当に幸せかどうか。幸せかどうかは別に意見が合わなくてもいいんですけど，その子ども達を知った上で幸せだって言うか，もしくは幸せじゃないと言ってもいいと思うんですけど，なんかそういう本当に英語の教科書でも読み物として，読書をして，自分の中の気持

425

ちに変化があるような実践ができると、それってコミュニケーションだろうなという。」

語り1-33 「〔前略〕すごく運動能力が低いクラスやったんです、だから体育祭勝てない、勝てない、だからどっかでも勝たなあかんな、って思った時に、合唱コンクールだけは、〔中略〕そこでがんばらんとうちらはあかんやろうみたいな感じになって、クラスがひとつになったっていうのが、こういうことなんや、って、自分が中学校のとき学生のときに感じたことが教員になっても感じられたイベントだったなぁって。それがあったからこそ、英語の授業で何が一番思い出に残ってるって、一番最後の研究授業で、ほぼみんなが合唱コンクールで、何でって訊くとひとつになれた、とか、結果もそうだったけど、自信になったのか、そういうことを英語で言えるようになってると、英語で言うと難しい内容だろうなぁって思うんですけど、それでも言いたいっていう気持ちをつくることができたのは、やっぱり一番よかったなぁって。」

■資料N9：クラスターについての語り

語り3-31 「僕、Yに来て1年目に一番最初に驚いたのは、クラスター長のスピーチがあまりにも大人びていて、けど原稿がそこになくて、どうしたんですかって聞くと、あの子達が考えたっていうか、その場で言ってるっていう。それって教員と同じだなと思って。でも本来、言葉ってそういうものだなって。でもそれを子どもができるってすごいなと、子どもに預けてしまう勇気というか。それは絶対この学校じゃないとなかっただろうなと。」

語り3-5 「〔前略〕もう半年ぐらいでダーッと学校がおかしくなった中でも、その子たちはその営みを消さなかったので、それが象徴的だと思うのは、その子たちが卒業した後に、2年経つとその時の1年生が3年生になって、僕がその時にその子達が3年生になった時に1年生の担任になったのね。ラストの年に。その時に、その3年生が1年生に給食の準備か何か、掃除のやり方を教えてたりする時に、いい先輩やなって言ったら、先生のクラスの3年生が私たちにやってくれたんですよ、2年前、っていうあの言葉がとっても嬉しくて、あぁクラスターの良さっていうのは消えてないなっていう。そういうクラスターだから、クラスターで行事をやるとかそんなじゃ

なくて、一緒に生活をしたから、自然な縦のつながりというのがあったんだろうなって。その言葉が今でも残ってますね。いわゆる、あぁこうやって子ども達がつながるんだっていう。教員の力ではなくて。」

語り3-4 「〔前略〕3年生がピンチの時に、なんか怒られたかなんかした時に、1年生が給食の準備をしてあげて、お互いありがとう、それで今度逆の立場になった時にしてもらってるっていう。それを子ども達だけだと気づけないし、でもやってあげようよっていう言葉をかけて、あたかも子ども達が率先してやったかのように、先生がばーっと紹介して、お互いありがとうっていうと、子ども達だけでつながっていけるっていう雰囲気を、前はもともとそうだったので〔後略〕」

■資料N10：Y中学校英語科教員の関わりについての語り

語り1-39 「〔市の中学校英語科の集まりについて〕そこでしゃべることで、ここでしゃべっていることもそうなんですが、やっぱりしゃべらないとふり返れないところもあるので、自分の実践をふり返るチャンスにもなるし、自分が目指すべきところ、みんなが英語科としてやろうとしているところからずれてないかなっていう確認、っていう意味もあると思いますし、あとはいろんなアイディアがもらえるところ、そういう場だと思います。」

語り1-40 （筆者発言：Y中と市の集まりと、どちらの方が深まりますか。)
「やっぱりここだと思います。普段からお互いの授業を知っている分、わかって言い合えるし、人間関係もあると思うし、それは年とっていけば〔市の研究会でも〕いろんな先生とつながるので、〔深まりは〕あると思うんですけど、やっぱり、普段、同じ子ども達を見て、同じお互いの授業を見合っている中、同じ70分でやってる、っていうところで、言い合えるっていうのがこっちの方が深まるかな。

語り2-82 「こんだけお互いの授業見合って、変えていける学校もないだろうし。見られることなんとも思わなくなってるっていうのもある意味、価値のあることかなって。」

語り3-1 「やっぱり今ほしいなと思う環境は教科センター。というのは今〔Y中学校から異動して〕、英語科僕1人男で、ほか4人女性で

《巻末資料》

ALTが男なんですけど。とてもいい先生ばっかりなんですけど，どんな授業してるか一切分かってないんです。(中略) でもここ〔Y中学のこと〕だったら4月の数週間で分かることが半年たってもたぶん足りてないぐらい。じゃあどうやって進んでるのかもしゃべってるだけで，やっぱり想像の上でしか分からないし，進度もバラバラになってきちゃってるなあと。(後略)」

■資料N11：私的な英語研究会についての語り
　語り2-85　「去年，僕の大学時代の先輩2人とこの北村先生と4人で立ち上げて，今，アクションリサーチをやっているはずなんですけど。(中略) その先輩2人は，本当に今は普通に英語の先生してるんですけど。本当に学会とかで発表したりそういう研究グループに入って。いつそんな時間あるんやろというような仕事してるですけど。その人らがものすごい専門的な，なんかこうよく分からない話をしてるんですけど。検定とか。」

　語り3-34　「そのつながりで今，学会の中でプロジェクトのメンバーになって，今，僕が授業で言葉にならない部分を研究者の人に言葉にしてもらうような実践者と研究者の橋渡し的な研究を今しようっていうことになってて。そんな活動をしていますね。」

(筆者発言：それによって先生の授業は変わっていってると思いますか。)

「まだ今年始めたばっかなので。ただいろんな視点をもらったので気づかされる部分は多くて，(中略) 英語だとやっぱり教科書で，って言いながらも文法からは逃げられてなかったな。このいろんな活動とかするにせよ，この文法を使わせたいっていうことからは離れられてなくて。でも，本当の英語を使う空間で文法式を調べることなんてほないよねっていう。場面に応じた機能的なところを考えるだけで，文法がこれだから伝わる，伝わらないって考えないから，もっと文法のことを忘れた授業もしてみてもいいんじゃない。(中略) それは言われないと抜け出せないしがらみだったかもしれないかなと思って。いいか悪いかは別にして。」

■資料A5：「葛藤」と批判的な検討についての語り
　語り2-30　「理想を捨てちゃいけないと思うんですよ。でも理想と現実をきちっと見極めて，何を今すべきかということの判断というのは，やっぱりしっかりしていかないといけないなって思います。それから今の現状では，学年の色を強く出していきながら。でもそれはあくまでクラスターを支えるということを優先してるし。教室もきちっと前を向いて話を聞かせるということを定着しようというねらいでやっていることなので。それは仕方のないというかそれを今優先すべきだなと。それからさっきの壁のある教室っていう話ですけども。やはり何もない状態は今あの発達段階の子たちにとってはちょっと無理があるのかな。特に数年前までの子ども達だったらできたことが，去年今年の子ども達。幼稚園からこの子たちは問題行動があるなって見えてたような子たちが集まってきたこの2年間の中では必要なことだなと。だから理想を追い求めているだけではもうだめだなっていうのをはっきり思って，落ち着いた生活習慣を身につける。やっぱり思いやりの心というか人への暴言。(中略)〔暴言の〕行為があるので，そういう心の教育っていうかな，それを最優先すべきだなと思ってます。(中略) なんとか去年は踏ん張れるかなと思いましたし，今年も大きく教員が変わって。変わるかなと思ってもやっぱり子どもっていうのはなかなかそう簡単には変わりませんし。学校の構造上のこれだけオープンなスペースもあるので。子どもを掌握するというのも難しいですね。(後略)」

　語り2-8　「やっぱりこの多感な時期，発達段階で理想は教師の話の魅力であるとか話し方であるとか中身なんですけども。やっぱりどうしても学びから逃走する，または学びに入ってこれない。どうしてもその時期そういう態度をとってしまう子は当然いますよね。環境がやっぱり大事だなという部分。環境からきちっと落ち着いた場所を整えてあげるということも。去年の夏の段階，あの夏インタビューを受けたあとも学校の荒れはとどまる，収まっていくどころかさらに広がりを見せていったところがあるので。やっぱり今はこれは必要なことかな。きちっと環境をつくる。ある程度，壁のない学校でなくて，今の段階ではしっかり壁をつくって落ち着いた空間をつくって，そこで子ども達の成長を促すということのほうが必要かなと今は思ってます。これも1年間の変化かもしれませんね。」

427

■資料A6：生徒指導の目的と生徒指導プロセスについての語り

語り3-8　(筆者発言：初めての荒れに遭遇してそうやって3年間，子ども達を育てて，また何か新しい気持ちっていうか，新しい自分への変容みたいなものはあったんですか。)
「そうですね。前もお話ししたかもしれませんが，生徒指導的に大変な困難な暴力事件とか，いろんなことは今までの学校でも経験しましたが，心の教育というかその点での成長。いかに子どもの心を育てるかというか，実践記録では土を耕す学級づくりという形でまとめました。だからいかに丁寧に，子ども達にやっぱり接していって，あるときはやっぱり子どもを信じてきちっと待ってあげる。でも絶対に超えてはいけない壁というのについては，はっきりとした基準を示しながら指導を続ける。その部分は今まで自分もやってきたなと。その変容はそれほどないと思うんですけども，やっぱり丁寧に子ども達を見ていくというか，その点はやっぱり自分が大きくまた変われたとこ。変化できたというか。そうじゃないと子どもとの関係づくりも難しいですし，なかなか伝わっていかないなっていうのはありますね。」

語り3-9　(筆者発言：その丁寧にっていうのはどこから出てきたんでしょう。先生の独自のというか，取り組み，なんですか。)
「実はその丁寧にという言葉は実践記録の中で僕，下線を引いて使っている言葉で，『希望をつむぐ』っていう本だったかな。お互い実践の時に読んだ言葉。キクチさんという方が〔著者〕やったかな。書いてた本の中で丁寧に保護者ともやっぱりつながっていくっていう言葉があったんですね。それが僕の中にすごく落ちた言葉で，それを僕がよく使ってたので北村先生も一緒に生活をしている関係で彼も使っていたのかもしれません。だからもうちょっと具体的に言うと，やっぱり厳しさという中で生徒指導をいっぱいしてきた部分を，当然フォローも今までしてきたつもりだけども，さらに子どもに寄り添うような形だったり，それこそ共感的に話をまずきちっと聞いて，っていう部分が自分の中でも増えてきたのかなとも思いますよ。」

語り3-36　(筆者発言：今まで学年を接触させないというのが，中学校の教育みんなそう思ってたのが，縦割り活動っていうものに対しては気持ちが変わったっていうことですか。)

「そうですね。その良さというか，それをある先生は先輩がいいときにはプラスに働くけど先輩が悪いときには悪いことをまねするからって。この間の研究会でも発言をした人がいるんですね。だいぶ上席のほうでも。でも別の方がそうじゃないって。社会っていいことも悪いことも両方あるじゃないって。それで良し悪しを判断できる生徒を育てるチャンスという視点でわれわれがやっぱり見ていると。あの先輩見たら駄目よっていう言い方じゃなくて，これどう思うって考えさせたときに，あれは駄目だと。だったらじゃあ何がいいかっていうことを判断させて実行できるように，やっぱり支えていくっていう，そういう指導の仕方っていうのか。それが丁寧な指導の1つの形でもあるかもしれません。」

■資料A9：Y中学校英語科教員の関わりについての語り（授業について）

語り1-14　「今年大きくメンバーが変わって，(中略)2人が異動しまして，いっぺんに異動して僕だけが取り残された。(中略)そこへ西山，20代後半と新採用の男性，北村という者が来て，ものすごく新しい組織っていうかね，コミュニティになって教科書も変わり，一緒に授業を創って本当に一緒に創っていってるっていう感覚，毎時間。それから毎休み時間が教材研究というか，これは多分，全国どこにもないぐらいその教科のつながりが強くて，新しいアイディアを20代の彼とか新採用の彼が考えてきたことを吸収して，これ面白いなってやってみる。新採用の彼がやっていたことをちょっと僕らもアレンジしてうまく動くようにすぐ次の授業でやってみるっていうようなことが毎日起こってます。それが一番の大きな刺激であり，今，仕掛けてることというか。」

語り1-64　「僕がレクチャーすることでもそんなんじゃなくて，授業実践をいつも一緒にしながら，これでいいんかな，やっぱこれだめやねって，新採用の彼がやったことが，うわぁそれ面白いなって，それもらいとかって言いながらやってく中で生まれてるっていう。常にアイディアの共有があって，学習する組織から言うと共有ビジョンっていうものがこう回っている。その共有ビジョンがこういう子ども達にいい英語の力をつけさせたいとかっていうね，そういう目指す生徒像であったり，そういうところと考えてもいいのかなって。」

《巻末資料》

語り1-66　「Y〔中に〕来て考えさせられたというか、本当に深く考えるチャンスをもらって考えてるから苦しくて、模索をして、仲間が近くにいるからこう話し合いができて、授業を目の前で、お互い毎時間見ながら考えてっていうその繰り返しですね。」

語り1-69　（筆者発言：その若い人たちが増えて今までとは違う何か活性化されたって先生おっしゃってましたよね。）
「まず授業が全然変わりました。僕と同級生の男の人と僕の4つか5つ上の女性の教員ですが、やっぱり授業のやり方もなかなか昔ながらのやり方であったり、こちらのアイディアを結構盗んでもらうっていうことが多かった最初の2年間だったんですが、新しい、僕らがそれほどもう英語の今、大学でやってるような英語の研究会、行ってないので我流でやってること多いので、20代後半の彼〔西山教師のこと〕は〇〇大学〔Y中学校が位置する地元の大学〕でも英語のCC研究会ってあるんですけど、その研究会へ行って、最新のやっぱり理論とか英語の教授法なんかも学んできてますし、〇〇大の出身でもあるので学んできてる。そこへ誘って、新採の彼〔北村教師〕もこの間、夜なんですけど自主研究会1回行ってると。で20代の女性の先生もすごくアイディアがあったりするので、もう彼らから学ばせてもらってる」

語り1-70　「正直、去年まで22年間はちょっと自分が、まぁちょっと見に来てこんなのやってるよ、広めなあかんなとか、少し盗んでっていう意識がありました。今年はやばい、ああすごい、ちょっと教えて、これ何ていう。（中略）やっぱりこのアイディア、音読1つにしてもそのアイディアってどうやってやってるの、教えてとかって、この環境、授業しながら子どもがガッとこう集中して活動してるとほったらかしで、今ね、こんなことやってるんですけど、これ面白いですよとかって、逆にエリアで生活ノート見ながら僕らも授業見ていて、面白いと僕らも入っていくんですよ。で寝ている子なんかを支援して起こしに行ったり、英作文書いてると何書いてるんやと見に行ったり、自由に出入り。」

■資料A10：学校外の英語研究会と教職大学院についての語り

語り1-29　「学校の仕事とは別のその世界は、今でも自分の英語教師の一番の中心になっています。そのときのメンバーが、今はもう教頭先生なるぐらい、50ちょいの人たちに、今でももう絶対に見捨てられなかったっていう思いが、お前発表やれよっていう、なんていうんですか、ボーンってやらされるだけじゃなくて、ずっといつも一緒にいて、発表原稿も一緒に創って、たまたま僕が発表させていただいただけで、創ったのは一緒にというか、むしろその人たち、僕にそのチャンスを舞台を、一番おいしいところをこうくださったっていう、だからずっと一生の師匠たちです。で世代交代していって、今は自分がその中心になっているっていう形なので、英語教員としての一番の柱で」

語り2-14　「一番やっぱり自分が学んだのは協働で学ぶ楽しさというかな。一言で言うとそれかなと思うんです。それとここの序章かどっかにも書いたんですけども学ぶということを学んだっていう大学院で。それまで学んでるんだけども、それをあまり意識せずに経験的に学んできたことを、きちっと学ぶとはどういうことか、なぜ学ぶのかを考えるし、学んだこととかをやっぱりちゃんとふり返る、省察を。省察的実践ってよく使ってますけども、省察していく中で次の自分の学びであるとか、やるべきことを考えて。学び方を学んだ。」

語り2-20　「中心になってやる仕事っていうのもあるんですけども。自分が出過ぎないようにというか。周りをもう少し、若い人たちが参加ができるようにっていうようなことをちょっと意識して、1歩引くようにしてるということはありますね。」

（筆者発言：それはミドルリーダーっていう概念が分かってっていうことですか。）
「そうですね。それがコミュニティ・オブ・プラクティスの中に書かれていた中で。よく役割としてファシリテーター的な役割だったり、ときにはコーディネーターだったり、ときにはアウトサイダー的な立場として外から傍観してるということも必要だって。本に書いてあることなんですけども、それがやっぱり実践、自分たちの生活と意識の中で結び付いて。架橋理論だったものがこういうことなんだなと自分の実践とつながるようになってきたっていうのはひとつ大きな変化かもしれません。そういうことを考えることすらなかったのが教職大学院で考える機会を得たというか。

429

それを学ぶということを学んだんだなって。それを意識して（中略）去年自分が中心でやってきた仕事を6つぐらい下の人が今、引き継いでいるんですけども、できるだけしゃべらないようにと。でも困ったときにはこうかなっていう形で言うようにしているという。でも意識の問題だけかもしれませんけども、少し自分の中でコントロール。コントロールかな、冷静に見るようになってきたのかなと思います。」

■資料Tu2：教員として大切にしているものについての語り

　語り1-14　「最初のときの、多分、採用試験でも答えてると思うんですけど、挫折をさせたいですあいつらに。一生懸命やった結果、満足だったでもいいですし、でも多分ほとんどの人は一生懸命やった結果、僕テニス部なんですけど、自分が満足する結果は得られなかったって思って高校に行かせたいなっていうのがあって、まだ僕ができる、まだやればいけるんだ、っていうところとちゃんとやれば、ちゃんとやることのすごい大変さっていうのは分かると思うんですけど、今の子たちってちゃんとやることの大変さが分かってない気がするので、ちゃんと本気でやってその結果を受け止めるっていうことを僕は大切にしてるので、本気っていうところです。本気でやるとか、何事にも本気で取り組むっていうところが僕の教師生活では多分、一番キーワードというか。」

　語り1-15　「あったはずですけど〔3年生の担任の時は〕多分、全く僕が本気でぶつかれてないのでないです。ほないと言ってもいいと思います。当たり障りなくこの辺だったら可もなく不可もなくだろうみたいな、一応、保ち続けた感じです3年のときは。現在も学級ではなかなかやりきれてないかなって思ってます。」

　語り2-4　（語り1-14について、どうしてそのように考えるようになったのかという点についての質問）
「多分それは理科じゃないかなと思うんですけど、大学では実験失敗するのって当たり前なんですよね。でも、中学校では失敗ってしないじゃないですか。で、子ども達も今もずっとそれと戦ってるんですけど、正解を探すための実験をするんですよね。例えば実験って本来は分かんないこと何だろうっていうところがあって、それに対して全力で取り組んで、本気でやって分かんなかったら、できなかったら、そのできなかったっていうこと自体も重要なファクターだったりするので、そこかなと思います。それか、若かったからとりあえず僕は、本気でぶつかんないと子ども達には太刀打ちできないって、多分当時思ってたのかな。」

■資料Tu10：水谷教師（社会科）とX中学校の授業研究についての語り

　語り1-22　「（前略）班を決めるときに水谷先生なんだけど、班を自由に決めていいよって。しかも人数制限がないんです。2人1組でもいいし、8人1組でもいいし、とにかく班を作ってまずは自分の学習をして、お互いその中で話し合ってそれを今度、もともと決められた4人班に持って返って、うちの班ではこういう話だったとかこうだったとかいうのをまとめて、班で1人軽く発表じゃないですけど、1分ぐらいでまとめて言うっていう授業を見たときに、斬新だなって思いました。班を自由に、しかも人数もバラバラにしていいっていうのは結構いいアイデアでありできねえなって。でも社会はそういう授業あるんですよ。班4人居てその4人がそれぞれ違うことを調べるっていうのでそれぞれ違うことを調べますっていう。じゃあそれぞれ調べることが要するに違う班の子たちは同じことを調べるグループが何人か居て、その子たちが集まってワーッて同じ内容調べて、自分の班に持って返ってきて説明するっていう（後略）」

　語り1-39　（水谷教師の実践について）「グループワークがうまいです。あと生徒を使ってって言い方あれですけど、生徒自身に考えさせるのはすごくうまいし、すごく段取られてるっていうんですか。1年のときにはこれをやんなきゃいけない。2年ときにはこれやる。じゃあそこまでやったから3年でここまでできるよね、っていうグループワークの段取りっていうのがすごくできてるなっていう気がするので、1年のときは結構ずっとルール厳しかったんです。水谷先生の授業って。グループワークもルール厳しくて、2年のときにそれがちょっとだけオープンになって、3年になって最後、自由な班でいいよっていうとこまでいくので、ただ自由にやっていいじゃなくて、その前の段取りがいろいろあるなっていうところで、すげえなって思います。」

　語り1-42　（X中学校の取組について）「僕す

《巻末資料》

ごく楽しい学校だなって大変だけど。(中略) X中の取り組みを見ると，僕すごく良かったなって思います。他の研究行くと，授業がどうだったとかこの展開がどうだったとか，そういう話がたくさん出てきたり，あと理科はしょうがないんですけど，この教材がどうだったとか，このモルモットは1匹いくらだとかそんな発表してるんですよ，要らねえ情報だとか思いながら。そういう話なんだけど，X中の授業研究ってそうじゃなくて，子どもがこういうふうに動いてたとか，あの発問すると子どもがこういうリアクションしてたよねとか，寝てたよとか，逆にああいうときに寝てるとき起きたよとかっていう話が聞けるので，何ていうのかな，じゃあ俺もこういうことやってみればもっと楽しい授業になんのかなっていう，自分からやってみようかなっていう気持ちにさせられるというか，そういう感じの授業研究なので，やんなきゃよかったなとか大変だったなとかじゃなくて，次これやってみようとか，僕自身が授業してないときでも，なるほどああいうふうにするとこうなるんだとかっていう何ていうのかな，確かにスキルどっちが身に付くって言われると外の研修のほうがスキル的なところは身に付く気はするんですけど，どっちがモチベーション上がるかって聞かれたら，多分X中の授業研究のほうがモチベーション上がるので，そういう差を他に行くと感じます。何ていえばいいのかな。」

語り1-43「ちょっと自分でも工夫してみようとか，付箋1枚使うだけで子ども達そこに書いて発表したりとか，あとホワイトボード1個班に置くだけで一生懸命書くとかっていうのを見ると，それだけでいいんだとかっていうところのやってみようとかっていうとこになります。」

■資料Tu12：理科教師達との関わりについての語り

語り1-20（筆者発言：他の理科の先生の授業を見たりとか見てもらったりとかそういうことは頻繁にやってるんですか。）

「いや多分そんなに量多くないと思います，やてる回数でいうと。去年そうですね，研究の度に理科以外を見ることのほうが確かに多い気がするので，あんまり理科，そうですね，入ってるとかずっと見てるっていうことは少ないです。区中研とかそういう他行って見ることはあるんですけど，学校内だと理科以外のことを見ていることのほうが多いです（後略）」

語り1-46「何となくT2みたいな形でふらっと入ってることはあります。」

「俺すげえいい加減だったって思います。危機管理のところで何ていうのかな，さっきの生活指導でどこ怒ればいいか分かんなかったっていうところ，1年目のあれに感覚は少し似てるんですけど，そこまでケアすんのかっていうところまですごくベテランの方は目が行き届いているので，そういうところはすごく勉強になるというか，逆に公開授業とかだとそんなところはもうできて当たり前で，もっと教材メインで話が進んでいくので，そういう小さい危機管理というか徹底っていうところは，そうですねベテランの先生2人来られてちょっと学んだというか，改めて再認識しました。」

語り1-48「ふらっとやることあります。T2の場合は，例えばそのときはガスバーナーを初めて使うから，子ども達が，ちょっと一緒に見ててかって言われて，いいっすよかって感じで行く場合もあるし，何の前触れもなく勝手に授業見てる場合もあるし，あと授業研究などで見させてくださいって言って見る場合もある。（後略）」

■資料Tu13：青木教師についての語り

語り2-36「（前略）青木先生は準備，ですね。準備と予想というか，こう動くだろうっていうことに対する準備がものすごくたくさんされてるなっていう，うん。で，子どもがこれ言うだろうみたいな疑問とか発問とかに対して，あらかじめ調べておいて，言わないんですけどでも調べておいて，あ，じゃあそれはこうなんだよっとかって，子どもが解説した後に，あ，同じだよね言ってることとか言われたりするので，その準備の量が膨大というか，すごいなあっていうのは感じましたね。」

語り2-37（筆者発言：それに対して，真似しようっていう気持ちは。）

「やらねばならぬとは思います。そう，やっぱそういう形のほうがいいなって。準備して余裕持って進めてって。まあ，アクシデントも好きなんですけど，子どもが予想だにもしなかった質問をしてくるとか，予想だにもしなかったことで盛り上がっちゃうってのも好きなんですけど。でもやっぱプロである以上それじゃない部分で勝負してかなきゃいけないなってのは思います，青木先生だ

431

と特に。」

語り1-40 「青木先生も子ども達にパーッて話し合わせたりっていうこと，子ども達を動かすんですけど，何だろうな青木先生のすごいところは。規律はもちろんあるんだけど子ども達が，毎回見に行くと自由に動くんです。楽しそうに発表するし，何やっても何ていうのかな，一線は越えないんだけどはっちゃけてるんですよね。研究授業のくせにっていう授業をするんです。それすごいなって思うんですけど，どうすればいいんだろうって。水谷先生のカチカチっていう感じとはちょっと違うんです。一見すると水谷先生が手のひらで転がしてる感じだとすると青木先生はそういう印象は受けないんですけど，じゃあ変なことするやつが居るかっていうとそんなこともないんですよ。原因不明というか。理科の実験って危なくなる場面は結構あるんだけど，そういうところのふざけ方はしないんだけど，でもじゃあ真面目一辺倒でやってるかっていうとそんな感じでもないんです。不思議なんですよ。解明できてないんですよ。だからまねできないというか。どうしても僕が怒ったりすると子どもおびえちゃうし，シャキッてなってこうなっちゃう。何か違うんだよなっていう。」

■資料Tu14：学校外の理科研究会と研修会についての語り

語り1-23 （他の学校の理科の研究授業について）「理科で授業見て。理科の授業を見に行ってしまうと子どもの動かし方よりはこういう側面で切るんだっていうところにおおって感じてしまうので，大抵，研究授業とかって切り口が面白いというか，教材が練られてたりとか考えさせるほうですごく工夫されてたりとかっていうので，そっちに目がいっちゃいます。この教材のときにここの単元とか組み合わせるんだとか，（中略）すげえ面白いみたいなことはあるんだけど，あんまりそれが自分のクラスに帰ってきて生かせるかと言われてると，まだ難しいかな。ただストックはされていってる気はするので，引き出しが増えてるので，あとはそれをやりきるスキルが付けばっていうとこだと思うんですけど，刺激にはなります。（後略）」

語り2-42 （地区の理科の研究会について）「（前略）その教授法，さっき言ったその教授法に特化してる研修だと，なるほどなー，この教え方

はスマートだなとか，このやり方はスマートだなとかはあるので，例えば班活動させたい時に実験にもついてて本来やりたい班活動ができない，（中略）そういう意味ではより良いスマートな方法で，限りなく生徒の負担少なく実験とか作業が終了できて，より話し合い活動をできる時間を取りたいっていう意味では，そういう授業ってすごく勉強しなきゃって思うんですけど，それ自体が段々僕にとって魅力的なものではなくなってきてるのは確かかもしれないですね。」

語り2-39 「（前略）●●区の研修で，●●アカデミーってのやってってて。夜な夜な6時半ぐらいに先生が集まって，6時か，6時に先生が集まって8時ぐらいまで研修受けるっていう鬼のような。」

「強制ではないですね。」

「行く人は校長先生とかばっかりで，でなんか話し合いしてても，なんで来たのーみたいな，来させられたの，半ば強制なのーみたいなことを聞かれて，いや全然そんなことないですけどみたいな。」

語り2-40 （筆者発言：それはどうして行くようになったんですか。）

「もちろんその研修の内容自体が楽しい，まあ当たり外れがあるので，全然つまんない回もあるんですけど，なんていうんすかねえ，そういう世界でやってる人とふれ合うってすごい刺激になるなって思って。」

「教員じゃない人も来ることあるんですけど，教員の中でも文科省の人とか大学でその授業の研究してる人とか，すごいよく僕分かんないですけど，有名な校長先生とか，なんかそういう第一線というか，でやられてる方が第一線の感覚でのをしゃべってくれるって，結構教育って子ども対子どもで見ると第一線じゃないですか。最前線だと思うんですけど。対社会というか，対情勢で見た時に，第一線っていう感覚が僕にはここにいると乏しくなってしまうので，そういうとこに出てってその感覚を知るっていうだけで，あー，頑張って，モチベーションが上がって帰って来ます。」

■資料Ku2：校内研究会についての語り

語り1-30 （「協同」について）「やっぱりこの学校の方針があったからだと思います。でその方針が今まで自分が勤めた学校では，うちの学校の方針が何なのかっていうことさえ私は知らな

《巻末資料》

かったし，知る機会も無かったし，とにかくそのコマを，授業をきちっとやるってしか自分の役割を思ってなかったんですけど，この学校に来てから，その学校の方針っていうのをきちっとわかってて，それに対して先生方がいろんな取り組みをやってて，っていうのを目の当たりにしたので。ここ来てからです。」

語り1-43「その時間割の中に，私Cグループって言うグループなんですけど，研修Cっていうのが必ず入っているんです，週に1時間2時間ぐらい，でその時間は同じCグループの先生の授業を見に行って，簡単なもうメモ書きでもいいから残して，次の研修会の時にそれを持ち寄って，他の先生方の取り組みを話してみたりだとか，っていうようなことをしましょうっていうのがあったので。」

(筆者発言：人の授業を見るのは年間，何回ぐらいあるんですか？)

「意図的に行って書面を書くっていうのは，月1回ぐらいですかね。ただその学校の校内研修の中でも授業だけじゃなくって，じゃぁ今度，教科センター方式になったときの，その必要とされる生活指導について話し合いましょう，とか。あとはその，図面見ながら，活用場面を考えましょうとか，って言う場合もあるので，その授業だけにこだわっている研修，っていうわけではないですね。」

語り1-44（筆者発言：「私が思う解決型の授業」など，書くことについて）「なにからなにかに追われている時には，あれもやんなきゃって，正直，自分の中で負担は負担なんですけど，でも書くことで，自分の思っていることをもう1回認識できるっていうか，整理整頓ができたので，それはすごく意味があったなぁって思いました，自分で書いたっていうことに関しては。で，あとは，他の先生方のも見ることができたので，これだけのことを先生方が考えて，普段から取り組みなさっていたり，これから先の学校に向けて希望をもっていたり思いがあるんだなぁっていうのを実感することができたので，書いてる間は，締め切りがいつだって言われている間はちょっとしんどい思いは正直ゼロではなかったんですけれど，でもあれは自分の中では成果だなぁっていうか，この学校でこういうものを仕上げられたっていうのは，誇りだなぁって思いました。」

■**資料Ku6：X中学校の教師と生徒についての語り**

語り1-32〔これまでに勤務していた学校とX中学校と比較して〕「逆にやりやすいって言っちゃ何ですけど，過ごしやすいなって，すごく開かれてるなっていう感じはありました，その先生方の人間関係も，あと教室同士の関係も，すごく開かれてるっていう感じがあったので。自分でやってみようっていう思いが出てきたのも，きっとそういう先生方の環境だったり子どもの様子だったりっていうところで，あんまり守ろう守ろうっていうよりかは，チャレンジしてみようっていう思いが強くなったのは，ここの学校来てからです。その正社員じゃなかったとか，やっとここで正社員になったからとか，そういう身分的なものではなくて，明らかにその風通しの良さをやっぱり感じて。」

語り1-33「結局，初の担任3担っていうことで，負担が多く見られがちだったんですけど（中略）何もかもが新しい経験だったんですけど，子ども達とはその前の年もかかわっていて，絶対的な信頼感があったので，自分がね，これはここっていうよりもここは子どもの教室なんだからっていう意味でクラスに最初，入ったんですね。なのでその普段の生活の中で困ったこととか負担だったことっていうのはほとんど無くて，進路のときになって初めて自分のわからないものがぽんとでてきて。でもそれに関しても学年の先生がたがベテランの先生が多くていらして。で聞けばすぐに返事が返ってきたり，一緒に考えてくれたりしたので，(中略)逆に私は3年からスタートさせてもらって今年1年に降りて，子ども達は最初こうなんだと，あの先生方はこの状態をあそこまでもってきて私に3年で渡してくださったんだなぁっていうのがわかったので，これからの先の自分の2年間のやらなきゃいけないことっていうのがこの4月の入学式のときに，はっと気づかされたような，感じでしたね。」

語り1-35（筆者発言：3年の担任になった時の「絶対的な信頼」とはどのようなことですか？)

「卒業生が2年の時に関わってた授業の中でとか，行事の中で，とか動きを見てて，あとは周りの先生方もすごくあたたかかったんです，子どもに対して。職員室もどってきて，あいつはさぁっていうような話はなさるんですけど，でも

433

すごくこう，感情をばーぁっとぶつけるような子どもに対しての言い方じゃなくて，なんか子どもに対しての見方が深いなぁって思って。その教師として子どもを見てるし，人間として子どもを見てるし，っていうような学年の先生達の関わりがすごく伝わっていたので，子どもも学年の先生達に対して信頼をおいてくれているから，私はその先生方を頼って一緒にやっている限りは，大丈夫だろうっていう，なんかよくわかんない安心感みたいなのがあって」

■資料 Ku7：理科教師達についての語り
　語り1-19　〔理科教師達との関わりについて〕「思いつきで私も行っちゃいます。こう，さらっと。理科室で自分が片付けとかしてた時にとなりから，あ，やってるな，って思うときに覗きに，ぶらっと，見せてもらったりとか。なんか面白そうな道具を用意なさっていると，次，何やるんですかって聞きながらおじゃましちゃったり。」

　語り1-20　「青木先生とかと私が話してたのは，昨年，私が3年担任だったので，推薦入試とかだとクラスの中にほとんど人が（生徒が）いないんです。で青木先生は私の一歩先の学年を行っていたので，去年の3年生，この時期どんなことをしましたかって私もよく聞くんですけど，そうすると青木先生がすごくおおらかでいらっしゃって，そんなんだったら3年の授業，1年の授業に一緒に来ますかって感じで，3年生と1年生まきこんで，ふたつの授業やっちゃったりだったりとか。結構イレギュラーなことにも対応してくださっていたので。なんとなくの感覚でやったものが全部，実になってたなって，思います。」

　語り1-25　〔教科センター方式実施について〕「不安がやっぱり大きいですね，今は。知らない領域なので，で自分もそういう経験が無いので（中略）生徒の管理っていうんだと，すごい不安なんですけど，教科だけを考えるのであれば，ちょっと楽しみなところもあって，その教科教室って言うのがあるので，その中で自分が一斉授業をやるにしても，その授業のやり方の幅が広がるんじゃないかなーとか。より専門性が高まればなぁって思って，今年の4月の段階でも実は理科3人で話し合いはあったんですけど，学年に1人張り付くのがベーシックなやり方だったけど，単元で切らないか，っていう話があって縦割りで，専門が私科学なので，科学分野を1から3までを

私が科学でいく，っていう形で（中略）来年からはおそらく縦で割って，より専門的なことをつながりを強くして，1年のときの学習内容と2年3年って学習内容のつながりを深めて，もっと子ども達には専門的にできるかなぁっていう期待があります。」

■資料 Ku8：X中学校以外の学校についての語り
　語り1-13　（以前勤務していた公立中学校の校内研究について）「ほとんどなかったです。はい，ほとんどなかったですね。一応，校内研究とかいうよりかは，市の初任みたいな形で，臨時教員も一緒に参加してたので，そこで指導主事の方が来て，あとは管理職の方が1人2人来て，授業を参観してそれに対してあれこれディスカッションがあったぐらいで，ほかの先生の授業を見に行くとか，そういうようなことがなくて，常に（校内を）巡回してなくっちゃいけないような状態だったので。」

　語り1-14　「授業に対してチャレンジをしているっていう先生は，今思えば，見つけられなかったですね，教員数は今の学校よりももっと多かったんですけど。でもその場その場の対応のことで，どの先生も手一杯で。じゃあ自分の授業でこんなことをチャレンジしてみようとかっていう取り組みは，ちょっと私は見に行けなかったなぁって思ってます。」

　語り1-17　〔大学附属小学校について〕「専科の先生は，先生〔筆者のこと〕は音楽ですよね，音楽の先生は音楽室の先生で，私も理科室の先生みたいなかんじで独立していたので，先生達の会議にもちょっと参加する縁がなかったので。〔校内研究会の〕取り組みとかは特になかったです，外部に対しての，保護者に対しての開示の場っていうのは結構あったんですけど，それはあくまで子どもの様子をみせましょう，とか子どもの作品をみてくださいっていうものであって，その教員がこういうことに取り組んでいますっていうような，オープンな場はなかったですね。」

■資料 Ku9：初任者研修について・地区の理科研究会についての語り
　語り1-40　〔地区の理科の研究会について〕「あんまり意見交換っていう形ではないかもしれないですね，とにかく人がぎゅっと多くて小さな

《巻末資料》

教室にいつも入れられるので，自分の同期とは研修でも1年間関わってたので，ただやっぱり理科は3人ぐらいしかいないんですけど，同期では関わるんですけど，その上の先生方になると，やはりこちらも恐縮してしまって，こちらからいろいろ聞いたりとかもちょっとしにくくって。あくまでも区の中では自分の同期プラス同じ学校の青木先生とかの知っている方と関わるくらいで。ただ実践報告とかで聞くと，あぁなるほどって思えることは多いんですけど，あくまでも形になった場所じゃないと自分も行かないですし，個人的にそういう研修会，超えたところでいろいろ教えてもらえるとかもしてないので。あまり自分の中では役に立てられてないかなって思います。」

語り1-41　「初任者研修は9月ぐらいまではいわゆるセンター研修で，みんなが講師の先生にいろんなことを教えていただくっていう機会だったんですけど，9月後半ぐらいから，中学校教員が教科を超えてグループで固められて，自分が研究授業をやるって時にそのグループが見に来る，で逆に他の人がやっているときには自分が見に行くっていうを，ぐるぐるローテンションして回ったんですね。で，他の教科を見て，自分でこれを取り入れたいとか，これはやっちゃあだめなんだっていうのも学べたので，その初任者研は結構いい勉強できたかなぁって，思ってます。」

語り1-42　（筆者発言：取り入れたいと思ったのはどういう授業ですか？）
「取り入れたいっていうか，自分で思いついた発想だったんですけど，数学の授業で，（中略）子ども達はとりあえず座って聞いてたけど，子ども達パニック起こさないかなって思うような，自分のなかで厳しかったんです，内容が。で授業が終わってから，その初任4人組と，あとそこの学校の管理職の先生と，指導主事の先生についていただいて話を交わしたときに，私もちょっと控えながらも，自分が感じたつらかった思いを話させてもらったんです。で回りもそう感じていってう話がそこで出てきて，じゃあどうしたらいいですかね，っていうことを問うてそこのグループでじゃあもう1回の授業をつくってみようっていうのをやったんですね。（中略）作図だけもうほんと，グラフィックみたいな形になっちゃって。で，じゃあ何であれをもっと活用できなかったのか，とかじゃあそういうの作図だけにしぼるんじゃなくて，最初それを出したんであれば，最後，実

物もってきて，欠けちゃったバームクーヘンかなんかもってきて，これもともとはどんだけ大きかっただろうね，っていうのをとってみたらいいんじゃないの，みたいなことを，みんなで話し合って授業を立ち上げられたのが，すごいプラスになったかなって思って。」
（筆者発言：そのときのグループだった先生は，その数学の先生と英語と？）
「英語ともう1人理科がいたんですけど。その英語の先生も一緒になって，ここで言語活用だって，っていうようなことがあって，さすがに英語の先生の発想だなって思いながら」
（筆者発言：じゃあその時は管理職の先生が指導をするんじゃなくてその初任者4人で喧々諤々とした時間が持てたっていうことですね。）
「ただ学校によっては，その管理職の先生がぱーっと講座みたいな感じで1対多で終わっちゃったみたいなときもあったんですけど，そこの学校は，あなたたちでこれもう一回授業を立ち上げて見なさい，みたいな指示を下さったので，言いたいことをお互い言って，授業を1個作り上げるっていう時間が取れましたね。」
（筆者発言：その時間は先生にとって有意義だったですね？）
「楽しかったです，うん。それで実際にしてみたいっていう欲も出たので，教科，全然違うんですけど，その場，その先生にやってみてね，って言いながら，帰ってきました。なんか実践なところでは授業を立ち上げるっていうのを，いろんな考えを持っている人たちとできた，のがすごく意味があって。指導主事の先生に1時間ぐらいお話もらって，とか。その発想を変えてとかいうセンター研修ももちろん，でも，授業ってなったときにはやっぱりそのディスカッションがすごく意味がありました。」

■**資料Ao7：単元について・実際に行った授業づくりについての語り**

語り2-23　「（前略）ちょっとでも単元に関わる題材を自分の中で持ってきて，1時間単位で細かく授業を全く考えてないんです。この期間でこの内容を教えようっていうふうに授業を組み立ててるので，（中略）教科書は一切使わなくて，物質は，例えばこの白い粉は何だって確認するようなそういう内容だったりだとか，あとはちょっと酸性中性アルカリ性っていうのが出てきたりだと

435

か，あとは化学変化の基本的な部分が出てきたりするんです。それはじゃあ普通教科書だと，中性酸性アルカリ性の性質はこうですっていうの教科書にそのまま出てるから，それをじゃあ改めて説明して，ノートにまとめさせて，じゃあプリントを解かせては終わりなんですけれども，僕のやり方は1個1個はやらずに，最初に炭酸飲料作らせたんです。炭酸飲料ってちょっと持ってきます。」

語り2-24 「(前略) これ同じやつです。これを子ども達が実際自分たちでやってます。全くおんなじことを自分たちでやらせてます。白いこれ炭酸水素ナトリウムです。これもう反応しちゃうか。これクエン酸なんです。クエン酸入れるとこうやって，例えばこの過程を見せます。そうするとこうやってブクブクと発生してるのは二酸化炭素なんです。重曹とクエン酸っていうのは全然二酸化炭素関係ないです。どっちも二酸化炭素関係ないんだけれど，混ざると二酸化炭素が発生するので，ここでまず1つ課題ができます。実際は化学変化なんです。全然関係ないものから全く別の物質が生まれるという化学変化で。」

(筆者発言：化学式の。)

「そうです。もう1つ言うとこれ酸性でこれアルカリ性なんです。これなめると酸っぱいんです。これなめると苦いんです。ちょっと飲んでいただくと若干酸っぱいです。クエン酸のほうが多いです。」

(中略)

「それって酸性とアルカリ性のものを混ぜてできる塩の一種なんですけど，それが出来上がるっていうんでこれ中和っていう作業なんです。だからこの1つだけで，結構理科の要素をたくさん含んでいて，こっから取り組み始めて，この前はまずこれを作らせて疑問点を出させたところで終わっていて，今後，これから入るのは今言った中和。あと酸性とアルカリ性，あとは化学変化。あと実は温度によって溶ける量が違うんですよ。それも子ども達に事前にやっていて，溶解度っていうんですけど，それも2学期以降入ってくるんですよ。こんなふうにして最初に何か取り組ませた上で，自分たちの作らせたものを分析させて，ここの部分不思議だなっていう部分を理科的に解明していくっていう授業の組み立て方をしてます。」

語り2-25 (筆者発言：なんでだろうと思いますね。)

「なんでだろうと思いますよね。」

(筆者発言：思いますよ。知りたくなります。)

「知りたくなりますよね。それを子ども達から疑問を出させると，多少，誘導します意図的に。誘導するんだけれども，実はこの中学校1年生でやる単元に全部関わってくるんです。あとはこれを思いつくまでがすごく時間がかかるんですけど，僕の課題設定でこだわっているのはここの部分なんです。」

(筆者発言：全部教えねばならないことを網羅して，しかも子どもが興味をもつっていう。)

「そうですね。僕の授業の特徴は，プラスアルファちょっと関係ないことも意図的に絡ませてます。だから今回炭酸飲料実はこれだけじゃなくて，実際に商品として飲めるような商品開発をしろって言って，商品開発の苦労も知ってもらおうと。結構適当に混ぜるとまずいんですよ。上手に混ぜると本当，子どもが作ったやつでもすごくおいしいんですよ。なのでそこの部分を食育と絡めて，今回も栄養士さんの先生に入っていただいてやったりしています。なので非常に日常社会で全然関係ないことから入っていってますね，そこが賛否両論あるんですけど。」

語り2-26 (筆者発言：それは理科の先生達の中でですか。)

「(前略) 例えばもうちょっと単元に集中して，絞り込んで整理して教えないと，単元の内容を習得できないんじゃないかっていうふうにおっしゃる意見は，僕の耳には入ってこないですけど，多分あると思います。」

語り2-27 (筆者発言：その意見については同感な部分もあるんですか。)

「一切ないです。僕の意見はやみくもに全部いろんなものやってるわけじゃなくて，関係ないこともあるんですけれども，関係ないことも含めてあらゆる情報の中から単元に必要なことを自分たちで考えるほうが絶対に彼らの記憶に残ります。他のものを絡めていったほうが彼らの記憶にとどまる。あと理解力につながるっていうのが僕の中の答えですので。」

語り2-28 (筆者発言：それはどこから引き出された答え。)

「それはまずは試してみようと思ってやっただけなんですけれども，理解度として，去年卒業した3年生が入学当初はぼちぼちだったものが，実際に学力はついてますので，ペーパーテストで解け

《巻末資料》

る力もついてるので，今は結構自信を持っていろんな知識を入れさせたほうが，逆に彼らの頭の中で記憶，あるいは理解力として定着するんだなっていうのが僕の中の結論です。なのでそういう反論はあると思うんだけれども，今んところは変える気はないです。」

語り2-4〔学習面での成果について〕「学習面といっても学力面ではそんなに，成果は教科によっては出てるんだけれども，学力的にガーンと上がったというよりは，公開がとにかく多かったので，研究指定校だったので。公開して授業見てくれた方がたが必ず言っていったのが，協同が成立しているっていう。助け合って支え合ってそれぞれの課題に取り組むっていうことができているから，単なるグループ学習ではなくて協同ができてるね，っていうのがほとんどの方の最初の感想だったので，そこについては非常によくできていたなっていうふうに思います。あとこれはもう個人的な感想になるんですけど，協同を取り入れたのは生活面も含めて授業で育てていきたかったので，協同っていうのを取り入れたんですけれども，あと極端に苦手な子を防ぐためにも協同は有効じゃないかっていうふうに考えていて。極端に教科が苦手な生徒を防ぐ。居なくさせるための手段としても協同はいいかなと思っていて，一応勉強ができない子が，1年生に比べたらほとんどの子は伸びた。そういう部分においては，成果は出たのかなっていうふうに思います。あとは，さらに伸ばす上では探究をもうちょっと。探究活動を僕はなかなかうまくできなかったんですけど，中3になったとき，これ本当個人的な部分で，理科に関してはちょっと課題設定いろいろ考えてみようと思っていろいろ取り組んだら，ちょっとは成績上がってきたので，そういった部分では，ある程度3年間見通してやった成果っていうのは，最後のほうで比較的出てきたんじゃないかなって。だから理科でいうとテストです。期末試験とか学年末試験以外にも業者さんの試験を受けたんですけれども，一応，結構区の平均よりは毎回高かったので，そういった意味では成果がちょっと出たかなというように思います。」

語り2-5（筆者発言：探究っていうのは要するに課題設定を工夫してより深く。）
「はい。僕の中での探究なので，それが探究として正しいかどうか分からないんだけれども，僕の中で協同と探究はセットで考えていて，協同させ

るために1つの解決するための題材を与えると。その題材が探究の始まりだって考えているので，その課題設定にこだわるのが探究の始まりであると。なので課題設定についてそれなりにちょっと考えようと思ったのが去年だったので，一応いろいろ試してはみました去年は。」

■資料Ao10：所属学年の教師・理科教師と他教科の教師についての語り

語り1-98「（前略）指導がやりきれずに流れちゃったっていうところとか必ず気が付く先生ですね。（中略）子どもがちょっと今日良くないぞと自分が思ったときに確認ができる先生なんです。この先生も必ず同じタイミングで，すごい生活指導面では気が合うではないけれども，ものすごく相通ずるものがあって。なのでちょっと僕も確信が持てると。僕の独り善がりの思いではないのかなというものを持たせてくれるのがこの先生ですし（後略）」

語り2-29「おんなじ教科でいうと，実際に僕の弱点は理科教員としてどうかっていうと，例えば実験器具の扱いだとか何だとか，非常に素人レベルだと思うんです。だから本当に授業がすごいとは言い切れない部分があって，こういった頭を使ってどう取り組ませるかに関してはそれなりに毎日考えているんですけれども，じゃあ実際にほんとにその実験をやる際に器具の使い方，一応正しいつもりではいるんだけれども，他の先生を見ていると正しくなかった部分はあったりだとか，あと実験の材料はこれよりもこっちがいいんだとか，そういう本当，基本的な部分を今年すごく他の先生から学んでます。特にベテランの先生が。去年までは私が1番上だったんですけど，今年度2人，私よりベテランの方が入ってきてくださったので，そういうのがすごく勉強になります。この実験道具1つとっても，実験器具メーカーはこっちがいいんだとか全く考えたことなかったんですけれども，本当，実験器具1つで授業がスムーズになるんですよ。そういった部分は全く目からうろこはこのことかと，今まで考えてもなかった部分なのでありがたいなと思います。」

語り2-30（筆者発言：じゃあそのベテランの先生方が青木先生の授業をご覧になって何かコメントとかはあるんですか。）
「コメントはないです。多分いろいろ思ったり

437

びっくりしてると思います。これは当日、絶対、質問が出るなと思ったからやったんですけれども、そのときっていうのは結局、炭酸飲料を作ることしかできないんです。それ以外のことって全く理科的な要素ってその時間には入ってないんですよ。だからあの時間を見ただけの人は、これのどこが理科なんだっていう疑問を持つだろうなっていう。多分そうだな、理科の先生のうち3人全員だ。3人全員その時間しか見ていないので、これ何だったんだろうなっていうふうに思われるだろうなっていうふうには思います。」

語り2-31 （筆者発言：今年は他の先生の時間を見るような余裕っていうかそういう機会っていうのはあるんですか。）
「結構今年はちょこちょこ見てます。理科だけじゃなくて教科の広場がありますのでそこにパソコン持ってって仕事をしながら見てます。」
（筆者発言：それは先生が見てるだけですか。それとも他の先生もおんなじように見たり。）
「他の先生も結構見てます。研究グループごとに見に行ったりとか、結構盛んにやってます。」
（筆者発言：先生も他の教科を見に。）
「私は他の教科も見てます。国語とか結構いろんな教科見てます。」

語り2-32 （筆者発言：他の教科から何か触発されるようなことってありました。）
「触発されることは、最近、結構僕は目的を持って授業を見るんです。前はちょっと子どもの反応見ながらっていうのをやってたんですけれども、今は子どもの反応プラス、授業手法でちょっと自分の中で悩んでる部分が1つあって、2分野って生物とかそういう基本的には暗記系の分野で、どうやって暗記系分野を取り組ませようかなって。ただ黒板に書いて説明してじゃなくて、何とか彼らの記憶に残るようにするためにどうしたらいいのかなっていうんで、じゃあそういった部分、ちょっと社会科に似てるところあるのかなと思って、そういう目的で社会科の授業見に行きました。（中略）題材を与えてノートをまず自分たちで作らせてみるっていうふうな取り組みをやってましたので、それも1回やってみました。（中略）こないだ水谷先生とかもやってたのでそれもやってみたし、そんなところは社会科から盗んだ技術です。なので結構いろいろやっちゃいるんですけど。」

■資料 Ao11：授業づくりの「悩み」についての語り

語り2-35 「授業は常に悩んでるんですよ。そうだな、今年でいうとみんなに対しては、授業は、僕は期間で区切って考えてるから、1つの授業でこれをやるっていう、余り細かい部分は設定していないっていうので進めて、授業公開って1日だけだったんですけど、実はその前後で1週間とか公開してる、校内に向けては。そうすると、実はこれはなんで炭酸飲料作りが必要で、これはこうなるとどういうふうにそれが理科の単元につながっていくのかとか、導入としてこれを持ってくる意味は何なのかっていうのを伝えられるかなと思ってやってるんですけど、今でもそれ正しいのかなってちょっと悩みつつ。それよりも2つ悩んでる部分としては、1時間、もう導入が入ってきっちり1時間ごとにまとめたほうが有効なのかなという部分で悩む部分もあるし、じゃあ授業公開で見せるときには、普段の授業はこういうスタイルだからっていうんじゃなくて、本当に1時間、何ていうかな、見せるため用の授業作ったほうがいいのかなっていう部分もあるし、そういった部分でちょっといろいろと苦悩はしています。今もしています。」

語り2-36 「区中研〔地区の中学校研究会〕で発表したこともあるんですけど、そのときも公開したのはこんなような同じような感じで、あくまで全ての流れの中の一部分しか見せなかったんです。結構この区の理科の先生っていうのは、いい方ばっかりで、そのときも僕がこういった意図してるんだっていうのをくんでくれたので、特に何かあまり疑問も出ないし、質問もなかったんですけど、今思えばあれだけにしても、正直、校内だったら1週間公開できるけど、校外の人にとっては本当に意味ないなと思って、ちょっと反省してます。一発ものでもいいから、それなりに探究とか協同を見せられるような授業設定すれば良かったなっていうふうに。ただ最近、本当に授業対子どもの部分も考えるけれども、対大人の部分でも授業を悩むようになってきました。」

語り2-38 「何ていうか、多分、僕と同じような授業してる人っていうのは居るとは思うんですけれども、それぞれ個性的な授業をしてる人は居ると思うんだけれども、そういう人ほど人の意見を聞いていかないと暴走しちゃうっていうのが自分の中の心配事としてあって、そういう意味

《巻末資料》

では人に見てほしいっていうのはそこです。自分がこれは正しいと思ってやっていても，子どもにとっていいかどうかはまた別ですので，そんなところは見てほしいなと思います。だから結構僕の授業見て，子どもの反応をすごく見てほしいなっていうことは常に，言っています。評価正しいかどうかっていうのは，見た人の個人的な意見というのは，実際のそのとき見た子どもの様子を知りたいっていうのがありますので，具体的な実際の子どもの様子と，その子どもの様子を捉えた参観者の評価っていうのを，分析っていうのを聞きたいなっていうには思います。」

語り 2-40　「そのとき〔理科が専門の大学教員が授業を参観した時〕は，見事僕のこういう質問してほしいなっていうのを質問してくれて，要は今日の授業が理科としてどうなのかっていう部分を聞いてくれたかな。期間で考えていて，そのうちの一部でしかない，でも本当は指導案に全部載っけてあったんですけど。ちょっと改めて質問出てきた。この後これはこういうふうにつながってくんだっていう説明をしました。(後略)」

■**資料 Mi 2：校内研究についての語り（2校目の学校とX中学校着任2年目）**

語り 1-65　「1校目ではそんなこと〔研究授業と協議会〕なかったので，もうキラキラ輝いてたんですけど。ただどうしても『コ』の字型で指導主事が来て，あの授業はこうで，ここがちょっとね，っていうような研究会，協議会だったんですけどもね。で最後に感想言って終わり。」

語り 1-10　「ただ，とは言ってもですね，長年，校内研修会設定されてなかったと，聞きますので，いる先生方も，実際どういうことをどうやればいいのかっていうのが一番の戸惑いだったと思いますので，ひとまずですね，各学年で研究授業をやる人を決めて，研究授業，全体の協議会，で来ていただいた講師の先生がお話をするという形です。しかも全体研究会はいわゆる『コ』の字型ですよね，おっきな『コ』の字型になって，授業実践者がまな板のコイ状態で，いわゆる従来の，旧来型のもので，まぁ参観して出席された他の先生方，眠そうな，なかなかこう実りの無い，はい，ものだった。今だったらそう思うんですけど，ただ当時は一応，新学習指導要領を控えて，言語活動に特化した研究テーマを掲げてましたので，実践してくれた先生が言語活動にどう取り組んでいるかとか，あとは子ども達がこの学年はどういう風に勉強しているか，とか，本当に基本的なものなんですけど，いまふり返るとその平成21年の研究は，まぁ，基礎研究とでも言うんですかね，我々自身の研究のための基礎が，こうちょっと場馴れというんでしょうかね，ができてきたように思います。」

語り 1-11　「(前略) ●●先生が事前に綿密な学習指導案を立てて，非常に労力のかかる，前準備が非常に必要な研究授業を，単元で言うと10時間ぐらいだったかと思うんですけど組み立ててくれて，研究授業の時にちょうど子ども達が発表にあたるようなところを設定してくれて，授業を公開してくれたんですけれども。当時は本当にありがたくて，しっかりした学習指導案がでてきたんですが，○○大学〔着任3年目から在学する教職大学院〕に通うようになってきたら，やっぱりその授業の前にエネルギーを使うんじゃなくて，実際に授業をやったその後ですね，省察の部分を，もっともっと重視していればよかったんだなっていう風に，今は感じています。」

語り 1-12　（筆者発言：それは日常的にはできない授業の形態ですか？）
「もうまったくその通りです，研究授業のための授業。私が行った研究授業でも，やっぱり毎回使っているとは言えないパソコンですね，パソコンじゃないプロジェクターで映して，ちょっとやってみよう，研究授業だからやってみようか，と思ってやりましたので，それぞれやっぱり研究授業を意識して，自分が見られるっていうのを意識して，公開していただいたんだなぁ，と思います。それとあとは授業を公開してみんなで協議する。本当に旧来型のものしかなかったので。」

語り 1-72　「昨年は副校長が，またこの人も研究熱心だったので，昨年度は何か困ったらこの副校長に聞けば，大体ヒントを与えてくれてた

語り 1-76　「副校長先生自身もたくさん研究はやられてきたみたいなので，なにか困ったことがあったら，この先生に聞いたんですけど。今年はもう異動していなくなってしまったので。今度は自分が頼られる方になれたらなぁ，なんていうことでベテランと若手をつなぐ役割を自覚しています。」

439

■資料Mi4：教職大学院についての語りとX中学校の変化についての語り

語り1-28 「（前略）毎回の研修会のペースはっていうと意図的に，月の後ろの方にいれてもらったんですね，つまり，○○〔大学院〕でのカンファレンスの後に研修会を組み込むように，ちょっとお願いをしたんですけども。○○〔大学院〕のカンファレンスで，実はこういうことやりたいんだけれども，っていうことを分科会の中で語ると，他の先生が教えてくれるんですね，私もやってみたけれどもこうだったとか。あと大学に行くと長期実践報告書とかたーくさんありますので，先行事例をやっぱりしっかり読んでですね，ああこういう方法，あんまりあせっちゃいけないんだ，とか，当時研究主任でしたから，研究主任が肩肘張って一人で引っ張って，まわりがまったくついてこない，っていうのがよくないと，そういう事例がたくさんありましたので。カンファレンスでいただいた意見を，その月の研修会で生かしていくという方法を採りました。」

語り1-30 （筆者発言：これらの構想は教職大学院で得たものですか？）
「最初から練っていたわけではないですね。とにかく行って，話しを聞いて，次の研修会までの間に整理をして，出すと。だから先を見通してたとすれば，○○大学にその結果がもういっぱい転がってるんですね。うちの学校は3年間かけてこれ，やりました。Y中学で5年目で今，これやってます。だから，他校が3年5年かけてやることを，本校なりにアレンジして1年でやらしていただいた，っていうことは，これは非常に意味のあることなんじゃないかっていう風に思います。」

語り1-31 「最初，やっぱり戸惑いましたよね。どんな授業を教えてくれるんだろう，どんな理論を教えてくれるんだろう，と思ったら，自分の実践を語るっていうところからスタートするので，当時は，これで大学院なのかなぁ，という戸惑いはありましたね。ただ，4月1日限りの事で，5月以降，早い段階で語る・聞く，というこういうツールの意味をですね，きちんと価値づけてくれてましたので，教授陣が。それで理解をして，実際に自分の学校で，自分の校内研修会で試してみたっていうことのくり返しですね。」

語り1-32 （デューイなどの理論については大学院に行く前に読んでいたのですか？）
「それは教育研究員の時のその研究ですとか，その研究慣れ，っていうのがあったのかもしれないですね。」

語り1-90 「ベテランの先生ほど，それまでの経験の蓄積があるので，拒否反応を起こすかなと思ったんですけども，なんでですかね，一生懸命やっている姿を認めてくれてるのかもしれないんですけど，水谷さんの言うように，青木さんの言うように1回やってみよう，っていう先生が非常に多くて。それから純粋にベテランの先生ほど若い先生の意見を聞くのが楽しい，っていう風に言ってくれる方が多いんですね。で，1人ベテランの先生がこの前，校内での公開授業，やったんですけど，いろんな先生に声かけてるんですね。同じグループじゃないけど見に来る？なんていう風に。ちょっとやる内容，文章に起こしてみようかな，なんて言ったり，これは大きい違いですね。ちょっと授業の流れを書面に出そうなんていうの，まったくありませんでしたから，私が着任する時には。それから，一緒に行こうよ，とか，時間があったら来て下さい，なんていう声がけも無かったので，そこは，ほぼ，全員の先生方が，まぁ心の中はね，面倒くさいなと思われる先生ももちろんいると思うんですけど きちんと動いてくれて意味を感じてくれてる先生がほとんどですね。」

■資料Mi5：教職大学院以外の経験についての語り

語り1-66 （筆者発言：今現在はセンター方式をどんどん進めている状態ということですか？）
「〔校舎新築の〕工事が進んでいて，我々が求めているものの，求めてるって今ついつい言ってしまったんですけれど，当初は区から求められているもの，っていう感じで。で，区から求められているものは授業改善。それから教師の指導力向上。こういった切り口を求められているので，それなりに理論構築の方法なんかは学んできてましたから，平成23年度のときに，問題解決型授業の工夫・改善，というテーマを決めたということです。（中略：平成22年度に総合的な学習の研究員となった経緯について）でこの年度〔平成22年度〕もですね，社会科の授業構築とか，総合的な学習の時間で求められている探究的な学習の，スパイラルですとか，あれをかなり勉強やりましたんで，平成22年度の研究員の経験〔着

《巻末資料》

任2年目〕が，平成23年度の校内研修〔着任3年目〕に，生かされている，と捉えるのが自然かな，と思います。」

語り1-67 「これまでは，書類上は単元を考えて，授業構想を練っているんですけれども，じゃあ実際どうか，って言われたときに，2,3時間のスパンでしか今まで捉えられていなかった，ところがあるんですね。それをひとつの単元全体で，カリキュラムデザインできるようになった，っていうのは非常に大きいです。それは探究的な学習で4段階あるんですけど，1つの単元の中で，どこに課題を発見させて，どこで情報を収集させて，どこで整理分析をさせて，どこでまとめ表現させるのか，っていうのが，デザインできるようになった，っていうのが，非常に大きいです。それからあと〇〇大学で，教えてもらったっていうことはそれに加えて，まとめ表現の中にもう一回，省察，っていうキーワードなんですね。ふり返りをする，っていう視点が加わったことによって，スパイラルに質的に向上していく，っていう発想が，やっと理解できた，ところです。」

語り1-70 「やっぱり子どもが健全に育って欲しい，っていういわゆる親の願い，が理解できるようになってきたので。例えば保護者がどう考えているのかな，とか，クラスの中でも落ち着かない子はいるんですけれども，本当に一面的な見方でいいのかな，とか，やっぱりいろんなことに対して自分に問い直しができるように，なってきているのは。何だ，やっぱり〇〇大学なのかな。」

語り1-71 「例えば語るっていうキーワードがあるじゃないですか。語る，っていうのは，それだけでいいの，っていう感覚だったんですね。もっと高度なツールがあるんじゃないか，って思っていたんだけど，ただコミュニケーション図るとか，学ぶためのツールとしては非常に重要なパーツであるとは，〇〇大学で学んだことですし。それを家族の中で試したり，子どもの話し合い活動ですよね，あとは学級活動ですよね，道徳なんかでも応用できますし。いろんな場面で応用ができるんですけれども，何で応用ができるか，って言ったときには，〇〇大学での前の経験がやっぱり生きているんだと思います。研究員だとか，一貫校の研修だとか。」

■資料Sa4：「主体的な授業」「学び合い」についての語り

語り1-22 「小学校の先生と議論したことなんですけども，(中略)中学校が考えている主体的な授業っていうのと，私たち小学校が考えている主体的っていうのは，なんか違うような気がするっていうふうに小学校の先生が言ったんです。で，我々に，あの中学校の先生が言っている主体的な授業ってのは例えば，どんなイメージなんですか，って聞かれて，私が答えなきゃいけないかなと思ったら，ある教員が，打ち合わせもしてなかったんだけども，やはり教え合い学び合いの姿のある授業だと思います，って答えたんです。へえっと思ったんです。小学校の先生それ聞いてどう思うかな，と思ったら，私もそう思う，って始まったんですね。(中略)子どもの学びの姿を見ようってことから教え合い学び合い，かかわり合いっていうのを小学校でも重点において，それが主体的な，子ども達の学びの姿なんでしょうね，教え合ってる。で私は，それはね，ほんとにその通りだと思うので。」

語り2-12 「最近は小中連携ってことでやってますのでね，小学校の先生との協働の中でビッグティーチャーリトルティーチャーやってるんですけれども，今回もビッグティーチャーをやったり，こう知的好奇心，探究の心をくすぐるテクニックというかね，指導力が必要だし，高い専門性が必要だっていうのをあらためてね，みんな考えたとこですね。やっぱり高い専門性がないと，知的好奇心をくすぐるような，ええっとか，なぜとか，あっそうなんだとか，思いを起こさせることはできないですね。(中略)私英語なんですけども，英語もそうですね，英語の，その構造とか，文法的な特徴ってのが，分かってればもっと簡単に，やさしく，興味深く教えられるのに，(中略)だから本当に高い専門性を常に磨いて，応用言語学，応用心理学，応用数学，っていうところをもう少し勉強しないと，ダメですね。基礎的な研究を，もっとしっかりやって，その知見をどう応用して現場に生徒児童に分かり易く教えることができるか。これがなければ，もう，教授も，探究も，協同も，ヘッタクレも，ありません。リトルティーチャーそうですね，小中学生の学び合いで，中学生にとっては学習の強化になりますよね，私は，最初の捉え方は中学生の小学生の学習支援っていう捉え方だったんです，最初。算数

の分数のところが躓きやすいっていう傾向があるからじゃあその部分を中学生送り込んで，教えよう，っていうふうに。それによって中学生もフィードバックで学ぶ，あらためてね。数学算数ってなんだろう，分数ってなんだろうって考える機会に，なってほしいと思ったんですけど，純粋な学び合いですね，〔写真を指し示しながら〕これはね。この様子というのは，正に教わってるって感じでしょう，小学生から。ああそうなんだって，こういうふうにね，中学生がね，学んじゃうんです。」

■資料Sa5：小中連携の取り組みと問題解決型授業，生徒についての語り
語り2-10　「(前略)〔中学校教師が小学校児童に授業をした時の児童の感想について〕どんな感想を小学生が持ったのかっていうんでね。ええっ，なぜ，すごい。数学じゃ正多面体が5つしかない，なんで5つしかないの，もっといっぱいありそうなのに，なんで5つしかないんだろう，もっと調べたいとかね。それから，なるほど，っと思ったとか，なんで，って思ったとかね。それから理科だと，やっぱりなぜ，それから，こんなふうに簡単に電池が作れるんだったら，もっとたくさんこの電池つなげたら扇風機も回せるのかな，とかね。木炭電池ってのは，私は父も知らなかったので少し自慢になったとかね。面白い感想を言ってくれて。技術も面白いんですね。すごいと思ったとか，驚いたとか，びっくりしたとか。で，これ学習の，持続っていうことでは，技術の〔児童の感想は記載されているのは〕下から3つ上なんですけども，中学校では飛ばなかったけれど，家で大きなクリップを付けたらよく飛んだ。でその下は今も家でどうしたら飛ぶか，弟と2人で頑張ってるとか。これ持続になってますよね。びっくりしたり驚いたりへえと思った，っていう内発的な動機付けが生きてるんですね。(後略)」

語り2-11　「もう1枚はこのビッグティーチャーやったこの先生の，が，小学6年生へ送ったメッセージなんです。下線したところが特にね，研究に関わるところが，理科の土屋先生，木炭電池はどうしてだろうなぜだろう，っていうことを考えると楽しく学習をすることができる，と思いますよ，っていうことをあらためて言ってる。数学の□□先生は自分の考えを表現したり友達と話し合って課題を解決しようとしていた，です

ね。学校の勉強を身の回りの生活に当てはめて見つめるっていうと，楽しいかもしれませんね，とか。技術の先生は，クリップの留める位置によって飛行機の飛び方が変わる，ってことに，探究を目的とした授業だったので，みんなよくやってくれた。探究する姿を見ることができて嬉しかったっていうね。こういうところは，授業者も考えてやったし，児童の反応を見て，あぁやっぱりそうなんだろうな，というふうに思ったところなんですが。(中略)〔3年生の生徒のコメントについて〕でも次のようなコメントがある。僕は■◆先生の授業で，考えることが苦でなくなりました。課題を考え解決策を導くというやり方が，いいと思うようになりました。自分でも世の中が，変えられるんではないかと思えるようになりました。これこのまま言ったんですよ。1人でもこういうね，コメントが出てきたってことで，私はほんとに嬉しく思うし，問題解決的な授業ってことで，この■◆先生はずっと不評な，保護者にも不評なんですよ，この授業のやり方難しい，何やってるのか分かんない，もっと受験本位の，ものをやってくれなんて言われながら，やってたんですけども，生徒は，とうとう最後は響く，響いたのが出てきたのでね，良かったなぁーと思っております。」

語り2-2　「この主体的というのを一歩進めて自立的な学習者，になってほしいと。この自立的なっていうのは，自分ひとりで，っていうことじゃなくて，協同(協働)とか協力，連携，これにもとづいて，まぁ社会人として，ひとりの個人として，自立的に，自ら，学習を生涯にわたって続けるっていうそんな意味合いなんですけれども。その基礎をつけてほしいと，思っているところです。ですから学力1点2点，10点上がったとかっていう結果じゃなくて，学習に取り組む姿勢や態度，つまり自分で課題見つけて，自分で課題を解決していこうっていう，意欲ですよね。それを，身に付けさせたい，と思っているところなんですね。」

■資料Sa8：教師達の学習を支えている行為が表出している語り
語り2-35　「私が教員のためにやってることっていうのは，後づけをしてあげることなんです。もうめっちゃくちゃ忙しいので自分たちいいことやってるのに，それを，検証したり，ふり

返ったりする時間がないんですよ。だからこのビッグティーチャーでもリトルティーチャーでも，こういった学校だよりっていう形で，先生方がやってきたことはこういうことなんですよ，誰を対象に，作ってらっしゃるんですか，ってさっき資料ね，おっしゃったけども，これはまず教員なんです，教員に見てもらいたいんです。それから，保護者地域に見てもらいたい，まずは教員なんですよ。先生がやったことはこういうことなんですよ，それを示してあげることは大切ですよね。だから，次はこれでしょっていうのが出していけるわけなんですね。皆さんがやったことは，こういった意味があります，っていったことを，きちんと明確に示してあげる。それを元に，だからあとはこういうことが必要ですよね，こういうふうにやっていきましょうねって言って（後略）」

語り 1-23　「(前略) ここ撮った写真がこれが技術科の時間なんです，終わった後です。授業が終わった後にこの子が分かんないって言ったら女の子が教え始めたんです。休み時間に。この姿ですね。授業改善の，最終的な姿のひとつ。すべてとは言わないけど。これはいい写真だなぁと思うんです。」
（筆者発言：確かに。）
「で技術科の先生は新卒の，新卒1年目なんです。で2年目は担任やってもらってるんです。校長先生私が目指してる姿これなんです。よく撮ってくださった。感激してましたけど。

あとがき

　本書は，博士学位申請論文「変容的学習としての教師の実践的知識の発達に関する研究」(2017年3月，立教大学に提出，2017年9月，博士（教育学）学位取得）の一部分を構成し直し，加筆・修正したものです。なお，本書の事例分析の一部分の初出は，次の論文です。
　・第1章・第2節：「変容的学習論に基づく教師の実践的知識の発達過程に関する研究　―若手教師の事例分析を通しての一考察―」『日本学習社会学会年報』第12号，2016年
　・第2章・第2節：「教師における実践的思考の変容的発達に関する一考察　変容的学習論の視点からの事例分析」『立教大学教育学科研究年報』第57号，2014年
　・第2章・他者との関係性について：「教師の変容的発達とコミュニティの変容についての一考察　変容的学習論の視点からの事例分析」『立教大学教育学科研究年報』第58号，2015年
　・第3章・第2節：「教師の実践的知識の変容的発達に関する一考察」『日本学習社会学会年報』第11号，2015年

　まえがきにも記しましたが，教師の力量形成はその個人だけの問題ではなく，その個人をとりまく人をも含めた環境に依るという問題意識から本書は出発しています。この問題意識は，修士時代に行った，小中連携・一貫教育という現代的な教育課題に取り組んだ先生方の意識の変容についての研究からもたらされたものです。また，成人学習論ともこの時に出会いました。この時は，メジローの「変容的学習」を実践的に展開していたクラントンの述べるところの「意識変容の学習」(原語は双方とも transformative learning) を援用し，分析を行いました。しかし，一般の成人と専門性を有する教師との異なりを明確にする必要があると思っていました。そのような中で，「学び続ける教員」という，成人学習に通ずる概念が提言されるようになりました。しかし，その「学び続

ける教員像」は確立されておらず，その方策の一つとしてのフォーマルな研修においては，本書の事例にも示したように，教師の学習を阻害する事態も起こっています。現職教員の私にとって，もう一つの問題意識は，教員の学びは支えられていないという実感でした。

　このような思いから出発した研究でありましたが，はからずも，教師の学習は自律的であるという点も描き出すことができました。本研究のまとめにおいて，教師の学習は「自律的な変容的学習」と述べましたが，この「自律的な」という言葉には，教師の学習が自律的という意味だけではなく，「自律的な教師」という意味も込められています。自律的な教師は，自ら発達を遂げていくものであり，それが専門性を有する教師の発達のあり方ではないでしょうか。しかし，教師を取りまく状況や教師に対する見方は厳しい方向へと変化しています。そして，教師の発達が支えられていない場合には，最も悲惨な結果として，自ら命を絶つという事態も発生しています。そこまでいかなくとも，学校内で孤立し，苦しんでいる教師や，退職していく教師もいます。そのような追い詰められる経験は，私にもありました。研修や校内研究の充実だけではなく，より多角的な視野から，教師の発達とそれを支える環境が研究されていくことを望みます。そして，私もその一助となるべく，読者の皆様からのご批判を受け止め，今後も研鑽していきたいと思います。

　本書の刊行に至るには，多くの方々にお世話になりました。まず最初に，調査に協力してくださった先生方に御礼を申し上げます。数年にわたる調査でしたが，そのたびに快く迎えていただき，喜びだけではなく苦悩しながらの実践の日々を語ってくださいました。書面の都合から，貴重な語りを割愛せざるを得ませんでしたが，先生方の語りをお聞きしながら，また分析しながら，私も一教員として，新しいことに挑戦していく力を分けていただきました。

　前田一男先生（立教大学教授）には，教職と並行しながらの博士課程在学を支え，導いていただきました。膨大なデータを前に，それをどのように形にしていくのかを模索していた時，見守りつつも的確な視点を示し，研究の方向性を修正してくださいました。

　森田満夫先生（立教大学教授）には，博士論文を査読いただきました。中間審

あとがき

査の折には，わざわざ資料を用意してくださり，私の研究の幅が広がるように導いてくださいました。

山﨑準二先生（学習院大学教授）には，修士時代からこれまで変わらずご教示いただき，また，挫折しそうになった時に，幾度も励ましていただきました。質的研究という荒波にもまれ，到達点が見えなくなる中で，ご自身の研究方法開拓のご苦労を話してくださり，まだまだ私ごときが泣き言をいうのは早いと思ったことを昨日のように思い出します。

三輪健二先生（元お茶の水女子大学教授）には，変容的学習論について，ご教示いただきました。メジローやクラントンの述べるところの解釈に迷っていた，当時の私のつたない質問に応えてくださいました。

臼井智美先生（大阪教育大学准教授）には，修士修了後も，長きにわたって研究を見守っていただきました。学会等発表のおりには，時々のコメントとともに励ましてくださいました。

前田先生主催の「裏ゼミ」に集う諸先生，大学院生の皆様には，私の論文について様々な角度から議論していただきました。その視点を活かして，少しずつ研究を形にしていくことができました。

最後になってしまいましたが，本書の出版は，立教大学の出版助成を受けております。また，今回の出版を快諾してくださった学文社・田中千津子社長，実質的にお骨折りくださった二村和樹氏に，心より感謝申し上げます。

2018 年 11 月

田中　里佳

[著者紹介]

田中　里佳　　上野学園大学准教授　　博士（教育学）

略　歴
　東京音楽大学卒業，東京都公立中学校，海外日本人学校（長期在外教育施設派遣研修）の教員として勤務後，東京都公立小学校の教員勤務と並行して東京学芸大学大学院修士課程修了，立教大学大学院博士課程修了を経て現職（教職課程，及び音楽教育担当）。

主な著作
　「成人学習理論の視点を用いた教師の意識変容に関する研究―小中連携・一貫教育事業に参加した教師たちの事例分析」『日本教師教育学会年報』第20号（2011）
　「教師の変容的発達とコミュニティの変容についての一考察―変容的学習論の視点からの事例分析」『立教大学教育学科研究年報』第58号（2015）
　「教師の実践的知識の変容的発達に関する一考察」『日本学習社会学会年報』第11号（2015）
　「音楽科の学習を協同的な学習として位置づける試み―実践を通じての提案」日本音楽教育学会『音楽教育実践ジャーナル』vol.13. no.1（2015）

教師の実践的知識の発達
―変容的学習として分析する

2019年1月30日　第1版第1刷発行

　　　　　　　　　　　　　　　　　　　　　著者　田中　里佳

発行者　田中千津子　　〒153-0064　東京都目黒区下目黒3-6-1
　　　　　　　　　　　　　　　　電話　03（3715）1501 ㈹
発行所　株式会社　学文社　　　　FAX　03（3715）2012
　　　　　　　　　　　　　　　　http://www.gakubunsha.com

Ⓒ Rika TANAKA 2019　　　　　　　　　　　印刷　倉敷印刷

乱丁・落丁の場合は本社でお取替えします。
定価は売上カード，カバーに表示。

ISBN 978-4-7620-2857-1